An Intellectual History of Ukraine

ウクライナ・インテレクチュアル・ヒストリー

中井和夫 著

群像社

ウクライナ・インテレクチュアル・ヒストリー　目次

はじめに　多様なウクライナ　多様な思想　9

第一章　コサックの学問所——キエフ・モヒラ・アカデミー　17

一　ペトロ・モヒラの学校　17　二　モヒラ・コレギウムとコサック　27

三　コレギウムからアカデミーへ　37　四　卒業生　52

第二章　コサックの基本法——ピリプ・オルリクの憲法　57

一　はじめに　57　二　ピリプ・オルリクの生涯　58　三　憲法の構成　61

四　オルリクの『旅行日誌』　79

第三章　コサックの神話——『イストーリア・ルーソフ』　99

一　内容　99　二　影響　104　三　謎の著者　111

第四章　キエフの三人の若者　117

一　タラス・シェフチェンコ　117

（1）青年時代　117　（2）『コブザール』　121　（3）キエフにて　130　（4）キリル‐メトディー兄弟団　133

（5）逮捕　135

二　ニコライ・コストマーロフ　141
（1）「ルーシの二つの民族」　141　（2）両民族の「対話」　147
三　パンテレイモン・クリシ　154
（1）クリシとシェフチェンコ、コストマーロフ　154　（2）クリシのウクライナ文化論　167
（3）クリシのウクライナ史論　178

第五章　政治的自由とフロマーダ主義――ミハイロ・ドラホマノフ　190
一　はじめに　190　二　一八六〇年代の人々とヴァルーエフシチナ　195
三　ドラホマノフとエムス法　203　四　ドラホマノフの思想　214
五　ドラホマノフの孤立　242　六　キエフ・フロマーダとの訣別　249
七　ドラホマノフとガリツィア（ハリチナ）　256　八　おわりに　262

第六章　ガリツィアの星――イヴァン・フランコ　267
一　田園の少年時代　267　二　リヴィウ時代　271　三　社会主義者として　285

第七章　貴族政と保守のイデオローグ――ヴャチェスラフ・リピンスキー　295
一　その生涯　295　二　リピンスキーの思想　316

第八章　歴史家と政治家の間――ミハイロ・フルシェフスキー　347
一　生い立ちと学生時代　347　二　リヴィウ時代　349　三　中央ラーダ　360
四　ウクライナへの帰国　370

あとがき　378

主な参考文献　381
作品名・事項名　388
人名解説付索引（巻末）　i

ウクライナ・インテレクチュアル・ヒストリー

はじめに　多様なウクライナ　多様な思想

ウクライナはユーラシア大陸の中ほどに位置し、北東にロシア、北にベラルーシ、西にポーランド、スロヴァアキア、ハンガリー、南西にルーマニア、モルドヴァ、南に黒海を挟んでトルコと隣接している。隣りあっている地方や国を動かすことはできない。所与の条件として考えることになる。ウクライナはドニプロ河によって右岸（下流に向かって右、ここでは西）ウクライナと左岸ウクライナに分かれている。ウクライナ自体が多様性の中に存在している。地域の多様性は、西のガリツィア、東のドンバス、南のクリミア（汗（ハン）のウクライナとも呼ばれる）、南西のカルパティア、北西のポリシア、北東のスロビツカ・ウクライナ（自由ウクライナ）などに表れている。

文化も多様で、言語を見ると、ウクライナ語、ロシア語、その二つの混淆語のスルジク、タタール語、ポーランド語、ベラルーシ語、ルーマニア語、モルドヴァ語、イーディッシュ語などが使われている。宗教は、ウクライナ正教、ロシア正教、ギリシア・カトリック教会（ユニエイト、東方典礼カトリック教会、教義（ドグマ）はカトリック、典礼は東方正教）、カトリック、メンノー派（再洗礼派、兵役拒否の平和主義）、ユダヤ教、イスラム教などの信徒を抱えている。

本書は、九世紀に成立したキエフ・ルーシの系譜を引くウクライナにおける、十七世紀から二十世紀に至る思想の展開を跡づける一つの試みである。

本書で扱う思想家も多様である。正教の神学者、連邦主義者、貴族政主義者、社会主義者、西欧主義者、民族主義者、人民主義者など様々である。ただ様々ながら彼らに共通しているのは、ウクライナの現在と将来における体制と社会を考えていることと、ロシア、ポーランド、トルコなどとの関係を考えていることである。ロシア、あるいはポーランドと離れて独立した道を歩むか、ロシア、ポーランドなどと協調し、何らかの連合、例えば連邦制を考えるのか、あるいはベラルーシを含めた東スラヴ全体の統合を目指そうとするのかである。

古くはルーシと呼ばれていた、ウクライナ＝ルーシの地において、写本が残されている最初の文献は、『オストロミルの福音書』（一〇五七年）と『（スヴャトスラフの）イズボルニク（典礼文集）』（一〇七三年）である。これらはビザンツ、ブルガリア、モラヴィアから、キリスト教とともにキエフにもたらされた書物であり、祈禱書、聖人伝、頌歌などとして、ギリシア語やブルガリア語から教会スラヴ語への翻訳も伝えられている。キエフ洞窟修道院の修道士ネストルによって編纂されたといわれる『原初年代記（過ぎし年々の物語）』（一一一三年）は失われたが、転写した『ラヴレンティー本』（一三七七年）と『イパティー本』（十五世紀）はその写本が残されている。さらに時代を下れば『ガリツィア（ハーリチ）年代記』（一二八八年）もある。これらは西および南からの文化の流入であった。

ギリシア語に続いて、ラテン語、ポーランド語の書物がカトリック教会、イエズス会等によりウクライナに持ち込まれた。これらは北からの流入と言えよう。このようにウクライナは、「多くの世界」の文化が混在した地域であった。

地元の言葉であるルーシ語での文献は、キエフ洞窟修道院に付属する印刷所によって出版された書物を嚆矢とする。そして、同じ時期に洞窟修道院にペトロ・モヒラによってつくられた神学校が発展して、キエフ・モヒラ・アカデミーとなる。これは、東ヨーロッパでは、イエズス会のアカデミーに次いで古い高等教育研究機関である。

キエフ・アカデミーは、ウクライナのコサックと密接な関係をもち、コサックの子弟はこぞってここに学んだ。外国語を習得し、教養ある若者がアカデミーを卒業して、コサック社会のリーダーとしてウクライナ各地で活躍したのである。

このようにウクライナにおける思想史の展開を辿ることは現在に連なるウクライナのアイデンティティとその多様性を理解するために重要であり、本書を世に問う理由と考えている。

本書の構成はおおよそ次の通りである。

コサックの学問所――キエフ・モヒラ・アカデミー

十七世紀前半、モルダヴィア出身の修道士ペトロ・モヒラが、洞窟修道院学校を基にキエフ・モヒラ・コレギウムを設立した。この神学校がアカデミーへと発展した。その経緯、アカデミーのカリキュラム、卒業生の目覚ましい活躍を紹介した。

コサックの基本法――ピリプ・オルリクの憲法

一七〇九年のポルタヴァの戦いで敗北したウクライナ・コサックは、モルダヴィアのベンデリで憲法を発布した。これは東ヨーロッパのみならず、ヨーロッパ全体で最初の憲法であった。独立後のウクライナでも、最高会議がこの憲法をウクライナで最初の憲法として公表している。オルリク憲法の文書発見の経緯と、その全文を翻訳して紹介した。

コサックの神話――『イストーリア・ルーソフ』

『イストーリア・ルーソフ』は十九世紀初めに書かれた、ウクライナ・コサックの栄光を謳い上げた書物であるが、以前からその著者をめぐって議論があり、著者探索の研究が多くある。発行された当時には、ベラルーシの主教コニスキーの著とされていたが、真の著者は別にいることが研究者の一致するところとなっている。この本が重要なのは、その後のウクライナ・インテリゲンツィアに大きな影響を与えたからである。詩人シェフチェンコはこれに刺激を受けてウクライナの過去を偲ぶ多くの詩を書いた。

キエフの三人の若者――シェフチェンコ、コストマーロフ、クリシ

十九世紀の半ば、キエフで三人の若者が遭遇した。後にウクライナの国民詩人と称されるタラス・シェフチェンコは農奴の出身で、画才を認められて農奴身分から解放され、詩集『コブザール』で一躍、文壇の寵児となったが、その詩の反ロシア的な内容のため、無期流刑となった。ニコライ・コストマーロフはロシア人地主の父親とウクライナ人農奴の母親から生まれ、ロシア史の大家となる人物

である。ステンカ・ラージンについての大著は、晩年のマルクスが熱心に読んだことで知られている。パンテレイモン・クリシは、コサック上層部＝スタルシナの家に生まれ、聖書のウクライナ語への訳者である。彼は独自のウクライナ観の持ち主だった。この三人は、ウクライナ思想史上、極めて大きな思想の足跡を残した人々である。

政治的自由とフロマーダ主義――ミハイロ・ドラホマノフ

ミハイロ・ドラホマノフは、一八七六年のエムス法（ウクライナ語に対する禁止令）をきっかけに、キエフからスイスのジュネーヴに亡命し、ロシアにおける政治的自由とウクライナの将来の社会をフロマーダ（共同体、コミューン）の連合として描きだした独創的な思想家である。ドラホマノフは亡命先からウクライナの抱える問題について発信し続けた。その主張は独自かつ正鵠を射たものだったが、あるいはそれ故に孤立した。

ガリツィアの星――イヴァン・フランコ

かつてアーノルド・トインビーが「ウクライナのピエモンテ」と呼んだガリツィア（ハリチナ）は、オーストリアやポーランドの支配下にあった時期が長く、ドニプロ・ウクライナ（ガリツィアを除くウクライナの呼称）とは異なった歴史を経験している。十九世紀後半から二十世紀初めにかけて、ガリツィアに生まれ、ガリツィアに死んだイヴァン・フランコは、詩人、小説家、評論家として精力的に執筆活動に携わり、その作品を集めた全集は五十巻に達する。ガリツィアは一九一七年のロシア革命前、フルシェフスキーがリヴィウ大学の教授として赴任したこともあり、ウクライナ人の運動の中心地となる。フランコはフルシェフスキーと協力して、ウクライナの在外学術組織としてのシェフチェンコ学術協会を支えていった。

貴族政と保守のイデオローグ――ヴャチェスラフ・リピンスキー

ヴャチェスラフ・リピンスキーは、ポーランド貴族の家の生まれだが、ポーランドからウクライナへの「民族転換」を自ら図った思想家である。彼は革命とポピュリズムに反対し、大衆はエリートによって指導されなければならず、貴族を持たない民族は消滅するか近隣の民族に支配される、と主張した。彼はヘトマン（コサックの頭領）体制の支持者で、一九一八年のヘトマン政府の外交官を務めた。彼も革命のユーフォリアの中では少数派であった。

歴史家と政治家の間――ミハイロ・フルシェフスキー

ミハイロ・フルシェフスキーは、『ウクライナ＝ルーシの歴史』全十巻を著わしたウクライナを代表する歴史家である。また、彼は一九一八年のウクライナ人民共和国の初代大統領でもあった。彼は当初、民主ロシアとの連邦制も考えていたが、ロシア軍の侵攻に敗北し、亡命した。一九二〇年代に入り、学問研究にのみ専念するという条件で、ウクライナに帰国することができた。一九三四年十一月、カフカスのキスロヴォツクで不審死した。『ウクライナ＝ルーシの歴史』はカナダで英訳が刊行されている。

【初出一覧】

第一章　書き下ろし

第二章　書き下ろし

第三章　「うそからでたまこと——ウクライナの偽書『イストーリア・ルーソフ』」、和田春樹編『ロシア史の新しい世界』（山川出版社、一九八六年、一九－三五頁）に加筆した。

第四章　シェフチェンコについては、Kazuo Nakai, "Taras Shevchenko i Rossiiska Imperia"（「シェフチェンコとロシア帝国」ウクライナ語）、*Novy mir istorii Rossii: Form iaponskikh i russkikh istorikov*, AIRO (Moscow), 2000, pp. 324-336. を筆者が翻訳。修正を加えた。

コストマーロフについては、「ウクライナ人とロシア人」、『講座世界史5　強者の論理——帝国主義の時代』（東京大学出版会、一九九五年、三九三－四〇六頁）に修正を加えた。

クリシについては、「パンテレイモン・クリシのウクライナ観」、原暉之、山内昌之編『講座スラヴの世界2』、（弘文堂、一九九五年、二〇一－二三一頁）に修正を加えた。

第五章　「ドラホマノフ覚書」、『ロシア史研究』38号（一九八三年、二一－一一三頁）に修正を加えた。

第六章　書き下ろし

第七章　書き下ろし

第八章　書き下ろし

第一章　コサックの学問所――キエフ・モヒラ・アカデミー

一　ペトロ・モヒラの学校

ペトロ・モヒラは、一五九六年十二月二日（諸説あり）、モルダヴィアのスチャーバに生まれ、一六四六年十二月二二日（新暦一六四七年一月一日）にウクライナのキエフで没した。五十歳だった。父親、シメオン・モヒラは、モルダヴィア公国の総督であった兄イェレミア・モヒラの家臣だった。「モヒラ」は、モルダヴィア語で「丘」あるいは「山」を意味する。モルダヴィアは元々、教会法の上では、ハーリチ（十二世紀のハリチナ公国の首都、リヴィウの前の時代のハリチナ〔ガリツィア〕の中心都市）に従属していたが、ポーランドがモルダヴィアに進出し、ポーランドの支配下に置かれた。モルダヴィアでは、十八世紀まで、教会スラヴ語が行政語で、ポーランド語も使用されていた。

ペトロ・モヒラ

一五九三年、モヒラ家は、ポーランド＝リトアニア国家のなかで、貴族の権利を与えられた。一五九五年、イェレミア・モヒラは、ポーランド国王の家臣として、モルダヴィアの総督に任じられた。ペトロ・モヒラは、子供時代をモルダヴィアで過ごした。父が一六〇八年に殺害された後、一家は、ウクライナ西部、当時ポーランド領だったリヴィウに移り住んだ。ポーランド政府と近い関係にあったにもかかわらず、モヒラ家は、ペトロも含めて、正教の熱心な支持者だった。

ペトロ・モヒラは、リヴィウの修道会で最初の教育を受けた可能性がある。この修道会からは、トマシュ・ザモイスキのように後にヘトマン（コサックの頭領）になったものや、スタニスワフ・ジュウキェフスキのように宰相となった者もいた。モヒラの姉妹は、ヴィシネヴェツキーやポトツキー家といったウクライナやポーランドのマグナート（大貴族）の家の者と結婚した。或る資料によると、モヒラはソルボンヌで教育を受けた。また、別の資料によると、イエズス会のラ・フレーシュ（フランス）神学校で学んだという。さらに別の研究者は、モヒラがオランダの大学で学んだと述べている。しかし、いずれも正確な資料の裏付けはない。また、ポーランドのザモイスキ・アカデミー（ザモシチ市）で学んだ可能性もある。

モヒラがこの間、集めた図書には、神学、哲学、数学、医学関係のものがあり、ラテン語、ギリシア語、ヘブライ語、教会スラヴ語、モルダヴィア語、ルテニア（現在のウクライナ西部ガリツィアを中心に居住するルシーン人のドイツ語読み）語、ポーランド語、ロシア語の本が並んでいた。モヒラの書架には、古今東西の重要な書籍が揃っていた。十一世紀前半に、ヴェネツィアで出版されたギリシア語の聖書、マキアヴェリ、ヨーロッパのユマニスト、コペルニクスから、アビセンナ（イブン＝シーナー）、『コーラン』や『サラセン史』まであった。しかし彼の蔵書は、一六五〇年代に焼けたという。モヒラは一六四五年に、『聖職者の言葉』をポーランド語とルテニア語で、キエフで出版した。モヒラの著作には、ユダヤ教のタルムードやカバラからの引用があり、ラビの学者やユダヤ人の歴史家についての記述もある。キエフのアカデミーでは、ユダヤ人の子供、ラビの息子たちが学んでおり、ユダヤ人の卒業生で、アカデミーの教授、コサックの連隊長、ヘトマン国家の総財務官になった者さえいた。

モヒラの主著、『祈禱書（Trebnyk あるいは Euchologion）』は、彼が創設したキエフ洞窟修道院印刷所で、一六四六年に印刷された。これはウクライナ正教会の、歴史的な、文化記念碑となっている。『祈禱書』は、正教徒はもちろん、ユニエイトの間にも、人気を博した。モヒラは、この本の印刷が完成した二週間後に昇天した。モヒラの別の著書、『正教の信仰告白』は、彼の死後、アムステルダムにおいて一六六七年にギリシア語で刊行されたが、元はラテン語で、さらにその前はルテニア語で書かれていたと伝えられる。この本は、その後、ラテン語、ドイツ語、ルーマニア語等で出版され、アラビア語版さえあるという。十七世紀のルーシのエリートの使用言語は、教会スラヴ語、ルテニア語、ポーランド語、ラテン語の四つだった。

モヒラは、この書で、正教信仰の本質を、第一に愛、第二に慈悲、第三に忍耐であると説いている。第二の原則である慈悲は、第一の原則、愛の、論理的継続である。第三の原則である忍耐も、第一の原則、愛の、継続である。忍耐は、寛容よりも大きな、全体的な概念である。モヒラは、西の教会に対して、寛容を説く。ただし、正教の強化が最優先であるが。寛容は、キリスト教徒以外にも適用される。モヒラは、理性と心を対立的に捉えない。彼は、人は世界、隣人、自分自身と神を、心によって認識し、理解する、人の心があるところに人はいる、と言う。

モヒラは、グロチウス（オランダの法学者、一五八三～一六四五）の『戦争と平和の法について』（一六二五）を読んでおり、その内容は『祈禱書』などの著作に取り入れられ、そこでは正当な裁判と、すべての人の平等が、かなりの比重をもって主張されている。モヒラの法についての考えは、ユーリー・ネミリチ（ウクライナのコサック時代の政治家、一六一二～一六五九）とイヴァン・ヴィホフスキー（コサックのヘトマン、一六〇八～一六六四）を通じて、イヴァン・マゼッパ（ヘトマン、一六三九～一七〇九）とピリプ・オルリク（亡命ヘトマン、一六七二～一七四二）へ受け継がれた。オルリクの「ヨーロッパ諸国の政府への宣言」と、五十年前に書かれたユーリー・ネミリチの「ヨーロッパの諸君主への宣言」には、共通点が多い。

教育を終えた後、モヒラは兵役に就き、一六一七年にヘトマン、ジュウキェフスキの宮廷にいた。一六二一年にはトルコとのホティンの戦いに、リトアニアの大ヘトマン、ホトキェヴィチの側について参加した。その後モヒラはウクライナに移り、キエフ近くに所領を購入した。そしてキエフ市の洞窟修道院（キエフ・ペチェルスカ・ラヴラ）に入り、修道士になった。

ルーシ・ウクライナの知識人層は、ルーシが、西のカトリックの進歩と、東の正教の停滞の間のギャップにあることを認識していた。世襲制のルーシと、西の身分制の間で引き裂かれた分裂のメンタリティーが、ルーシ・インテリゲンツィアの間で進展した。彼らは、ルーシの文化的伝統を美化して、自らを氏族（gens）と見なした。他方、ポーランド・カトリックの政治的達成は、民族（natio）を構成しうる段階にまで発展した、と考えた。それにより、世襲の氏族と、身分制の民族の両方にメンバーとして属することが可能だった。

「gente Ruthenus, natione Polonus（ルテニア氏族、ポーランド民族）」という考えを最初に述べたのは、スタニスワフ・オリホヴィウス＝オジェホウスキ（一五一三〜一五六六）だった。彼はプシェミシルの、ローマ・カトリックの司祭で、ルーシの出身だった。「氏族（gens）」の意味するところは、カトリック国家に住み、文語として、彼らの日常語ではなく教会スラヴ語を使い、国家を求めず、世俗の文化を求めない集団である。一方、民族（natio）は、ポーランドのカトリックで、ラテン語とポーランド語で、民族の世俗文化を発展させ、国家を形成する。つまり、先の言い方は、「生まれはルテニア人、民族はポーランド人」と言い換えることができる。そして、ウクライナ人に必要なのは、民族となり、国家を持つことである。ポーランド人は、国家を持っているのだから。

一六三二年、モヒラは、キエフ・ペチェルスカ・ラヴラ、洞窟修道院の院長に就任した。就任の説教は、ポーランド化したルテニア語だった。洞窟修道院長としてのモヒラの前任者は、ザハリヤ・コピステンスキー（一五九〇?〜一六二七、修道院長一六二四〜一六二七）だった。彼は、正教会の立場から、ユニエイトを批判する論争的な作品である『パリノディア』を、一六一九年から一六二一年にかけて執筆したことで知られている。

キエフには、一六一五年に、貴族のハリシュカ・フレヴィチヴナの寄付によって設立されたキエフ顕現友愛団学校が存在していた。一方、モヒラは一六三一年秋に、洞窟修道院に付属する学校（ギムナジウム）を開設した。その教育用建物は、ルネサンス様式の二階建てで、十分に大きなものだった。学生用宿舎もかなり大きなものが建てられ、今も残っている。さらにその年の十二月二〇日、モヒラのギムナジウムと顕現友愛団学校が合流して、キエフ・モヒラ・コレギウムが成立した。学校の建物は、それまでのペチェルスカ地区からポディル（キエフの下町）に移された。

モヒラは、学校を設置して、東方正教を正しく教え、正教を維持するために、教育は西のレベルを得なければならないと考えていた。それは実際には、ポーランドの、イエズス会の教育をするということだった。モヒラの学校があれば、正教を学ぶために若者を西に送る必要がない。モヒラの新しい学校は、正教の伝統的な、ギリシア-教会スラヴの学問ではなく、ラテン-ポーランド風の教育を行った。

モヒラは一六三三年に、キエフ・ハーリチ・全ルーシの大主教、略してキエフ大主教の座に就いた。その前年、一六三二年に、キエフ洞窟修道院出版所が出版した『Eucaristerion（聖体）』は、復活祭の祝いの日に際しての、モヒラに対する賛辞の書で、表紙の裏側にモヒラの紋章と十行の詩と家系図が掲げられている。モヒラの紋章には、剣と十字架と百合が描かれている。二つの剣は勇敢と騎士道を示し、百合と十字架はキリスト教信仰を示す。そして「この家族には誠実な敬虔が住み、その不滅の栄光は永遠に続く」という詩が添えられている。

モヒラは、歴史的建造物の保存に熱心だった。彼は、キエフと国内各所の記念碑を修復する作業のイニシアティヴを取った。その中で、キエフの聖ソフィア寺院の修復は、キエフ市民を勇気づけた。キエフ市民は、ソフィア寺院が建っている限り、キエフ市は破壊から免れると信じていたのである。またモヒラは、ヴォロディーミル聖公の遺骨をソフィア寺院に改葬したと伝えられている。キエフのベレストヴォ救世主教会も、十二世紀前半にヴォロディーミル・モノマフ（一〇五三〜一一二五、大公在位、一一一三～一一二五）キエフ大公が建築し、その後荒廃していたのを、モヒラが一六四三／四四年に修復、再建した教会である。さらに、十世紀末にヴォロディーミル聖公によって建てられた、「すべての教会の母なる教会」と呼ばれたキエフ最古の石造りの教会、十分の一教会も再建した。

当時の東中欧に住んでいた正教の活動家は、一つの世界のみに属することはできなかった。イーホル・シェフチェンコ（ハーバード大学教授、ビザンツ学、一九二二～二〇〇九）が言ったように、ペトロ・モヒラは多くの世界の人だった。彼は、当時の東欧の教育、宗教組織が生み出した、最も傑出した人物だった。モヒラは、権威ある地位に就くと、正教のルーシが発展させてきたシステムを完成させた。十七～十八世紀、ウクライナはロシア文化に、ロシアはウクライナ文化にそれぞれ影響を与えたが、モヒラの正教教育機関は、その橋渡し役を担った。

キエフ洞窟（ペチェルスク）修道院には印刷所が付設され、十七世紀の初頭から、書籍、紙のイコン、カレンダー、印刷された織物などを作っていた。学校の教科書もここで印刷された。宗教的な図像を描いた木版画、銅版画が、巡礼者や各地の教会、修道院で販売され、修道院の収入になった。モヒラの時代、ウクライナには、すでに二五の印刷所が、一七の都市と農村にあった。製紙工場の最初のものは、一五四一年に、リヴィウ州のブズクという町に建造された。その後すぐに、ヴォルイニ、キエフ、左岸ウクライナにもつくられ、十七世紀初めにはウクライナ全土で七つの製紙工場があったが、一番大きかったのはキエフ洞窟修道院のものだった。モヒラは印刷所を、一六二七年から二十年間、つまり死ぬまで、直接、管理、指導した。それを補佐したのは、エリセイ・プレテネツキーとザハリヤ・コピスティンスキーだった。洞窟修道院には絵画の学校もあり、エッチングの技法も教えられていた。そこを卒業した銅版画師によって、モヒラの著作は版画で飾られた。絵入りの聖書も出版された。

モヒラの主な関心は、西の文化の最新の成果を正教のルーシを守る目的のために採用することだった。十七世紀半ばは、もはやルネサンスの人文主義（ユマニスム）、大陸発見、宗教改革の時代ではない。その代わりに、反宗教改革、バロックの時代だった。モヒラの活動したルーシの地は、宗教改革なしの反宗教改革、ルネサンスを知らずしてバロックという、普通でない状況を経験していた。それは、土台無しで、文化の大建築を建てるようなものだった。

学校、コレギウムの創始者であるペトロ・モヒラは、その目的として、卒業した教養ある聖職者が「真の信仰」すなわち正教を擁護し、「ラテン」とユニエイトと論争できる人物になるよう教育することを目指した。そして、生まれた地元の、ルテニア文化と言語を広めることができるように教育することを目指した。

コレギウム、後のアカデミーがヨーロッパの教育を採用したことは、十七世紀初期のウクライナ社会の社会的、宗教的必要によって、大きく条件づけられていた。ルネサンスや宗教改革にほとんど触れることがなかったので、ウクライナの日常語に価値を置くことが少なく、ウクライナ社会は世俗文化の必要も感じなかった。それゆえ、正教信仰の維持に第一の関心を置いた。アカデミーによって養育された知的エリートは、防衛的、保守的態度に慣れ、ヘトマン国家によって提供された新しい機会を十分に利用することに失敗した。十八世紀にアカデミーは、外国の教会ヒエラルキーと、帝国権力による増大する制限に自らをできうる限り、適合させた。コレギウムは、全般的に、西ヨーロッパ・モデルのポーランド・バージョンとしてスタートした。

ポーランドには、反宗教改革の運動の中で、イエズス会のコレギウム（神学校）が設立されていた。モヒラの学校はそのイエズス会の学校をモデルにしており、授業のカリキュラムから学校の運営にいたるまで、イエズス会のシステムから多くを借用していた。これは、敵と闘うには敵の武器で、ということだった。

しかし新しい学校のラテン的性格は、イエズス会にとって看過できないことだった。モヒラのコレギウムは、ポーランド政府からも支援は得られなかった。宰相トマシュ・ザモイスキは、高等教育が「未開の」ルテニア人によって運営されることを喜ばなかった。特にイエズス会は、ウクライナにおける自分たちの学校（一六二〇年にキエフのポディルに創設された）との競合を恐れており、彼らは政府に圧力をかけた。これを受けて、一六三四年に国王ヴワディスワフ四世は、モヒラに、ラテン学校とラテン語で印刷された新聞を廃止するように命じた。それにもかかわらず、一年後の一六三五年に国王は、キエフのモヒラの学校を条件付きで承認した。その条件として、神学（哲学と神学という説もある）は教えるのを禁止するが、ラテン語、弁証法、論理学、その他のリベラルアーツは許可された。リベラルアーツは自由七科で、文法、修辞、論理の言語系三科と、算術、幾何、音楽、天文学の数学系四科からなる。イエズス会の学校は前者のみの三科制だったが、モヒラの学校は後者の数学系四科を、それに加えて教えた。より多面的だったと言えるだろう。

結局、十七世紀後半までモヒラの学校では、神学が正式科目として常時教えられてはいなかった。ポーランド国王ヴワディスワフ四世は、モヒラの学校に公式に神学を教える権利を持つアカデミーの地位を与えていなかった。しかしモヒラは、ポーランド国王の忠誠な臣民だった。ヴワディスワフ四世の即位式にモヒラは祝詩を贈ったが、そこで「われらの祖国」という場合の「祖国」は、ポーランド＝リトアニア共和国を指している。モヒラは、政治的に、反モスクワだった。十七世紀の終わりまで、「キエフ・モヒラ・コレギウム」という名称で、モヒラの学校は続いていくことになる。

モヒラは、キエフ以外にも同じような教育機関を創った。ヴィンニッツャと西ウクライナのホシチャである。ホシチャのコレギウムの学長にはイノケンティイ・ギゼリが任ぜられた。

正教の側からの攻撃を避けるため、モヒラは一六三一年に、学校の創立について、コンスタンティノープルの総主教の認可を獲得した。当時の証人によれば、モヒラの学校は、ラテンとポーランドの学問の学校だった。コレギウムは、一六三一年秋、百人以上の生徒を集めて教育が始まった。キエフの正教の保守派と狂信者は、そこで何が教えられているかについて、非友好的な噂を広めた。そしてそこで教えている教師はユニエイトに傾いている者であると糾弾された。この噂がキエフの庶民を狼狽させ、コサックたちもその非難を知った時、モヒラは危機に陥った。コレギウムの教師の一人で、後のキエフ府主教、シリヴェストル・コソフは、回想の中で、モヒラの反対者は、ドニプロ河のチョウザメと学校の先生を（袋に）詰めて（ドニプロに投げ込んで）しまおう、と相談していたと述べている。

このようなウクライナでの学校教育とは別のところで、最初のルテニア語の文法書が現れた。それは、一六四三年にソルボンヌで発行された『スラヴ語文法』であった。著者はイヴァン・ウジェヴィチで、ラテン語で書かれている。ウジェヴィチについては詳しいことは知られていないが、一六三七年にクラクフ大学に入学し、一六四三年からソルボンヌで神学を学んでいる。ソルボンヌで学んでいたウクライナ人貴族は他にもいたようで、一六三三年には、やはりソルボンヌで、ソッツィーニ派（イタリアの神学者ソッツィーニによる非三位一体論）のユーリー・ネミリチが書いた歴史書『モスクワとの戦争についての考察』が出版されている。

二　モヒラ・コレギウムとコサック

イエズス会、ポーランド政府、正教保守派からの様々な抑圧や攻撃の中で、モヒラのコレギウムを支持し、支援し、保護したのが、ウクライナのコサックだった。コサックの上層部、スタルシナ（長老）は最初からモヒラの学校に精神的、物質的支援を供給した。ヘトマン、ペトロ・サハイダーチヌイ（ヘトマン在位一六一六〜二二）は、キエフの顕現友愛団の学校を保護し、資金援助をした。彼はザポロージエ軍団の金庫から大金を寄付して、学校の維持と発展に貢献した。さらに、ザポロージエ軍団全員を友愛団のメンバーに登録して会員とし、コサックの守備隊をキエフに駐留させ、敵対的な地元の行政組織の攻撃から学校を守った。サハイダーチヌイの意志で、彼によって残されたかなりの財産が学校に遺贈された。

このように、ヘトマン・サハイダーチヌイの行動は、学校の支援と保護において、続くヘトマンたちの先例となった。顕現友愛団の学校の最初の三人の学長、ボレツキー、スモトリツキー、サコヴィチは、コサックを、ヤペテ（旧約聖書創世記、ノアの三人の息子の一人）とルーシの王オレフ（キエフ大公オレグ）の戦士の子孫であり、「ヴォロディーミル時代からの正教信仰の保護者」と呼んだ。サハイダーチヌイが一六二二年に没した時、学校は、詩の朗読会という特別のセレモニーで、その保護者にして後援者の栄誉を称えた。

サハイダーチヌイの後継者の一人、ヘトマン、イヴァン・ペトリジッキーは、一六三二年三月一二日、カーニフからの手紙で、ヘトマンの声明を発し、新しい大主教ペトロ・モヒラの執務所を得たいという企てを支持し、許可した。顕現友愛団の学校と洞窟修道院の学校が合流してモヒラ・コレギウムが設立される時にも、ヘトマンは、設立許可証を与え、それへの支援を誓約した。さらにヘトマンは、地方のコサックの連隊長アタマンたちに友愛団とモヒラの学校の合同を支援するよう手紙で乞うた。各地の学校はこれに応えて、教育によって様々な分野でのエリートを続々と送り出すことになる。

とはいえその後、こうしたコサックと正教の教育者の連合は常に続いたわけではない。モヒラとその周辺の仲間はポーランド王の好意に依拠しており、彼らはその要求を、合法的なルテニア人のポーランド国会への代表を通して進めていた。それを担っていたのはキシル、ドゥレヴィンスキー、チェトヴェルティンスキー、ステトケヴィチなどである。同時にコサックは、登録コサック（ポーランド国王と政府によって南の辺境の防衛のために雇われ登録されたコサック）の数の問題で、ポーランド政府との一連の争いに引き込まれることとなる。コサックのスリマ、パヴリューク、オストリャニンの蜂起は失敗に終わり、コサックの登録数は減らされ、彼らの影響力は弱まった。ポーランド政府は、コサックをこれ以上、必要としなくなったのである。すぐにコサックは、聖職者、インテリから見捨てられる。さらにコサックは反乱ゆえに貶(おとし)められさえした。一六四一年、当時のモヒラ・コレギウムの学長、イフナート・オクセノヴィチ・スタルシチは、コサックのことを「主人に嚙み付く狂犬」と呼んだ。

コレギウムの行政トップは学長と学部長からなる。学長は修道院長でもあり、所有地の支配者を意味していた。結果的に、学長はコレギウムの予算の役人のトップだった。彼は、哲学、後に神学を教えた。学部長は視学官と行政官で、学生のリクルートと食事に責任を持つ。彼は教授で、修辞学を教えた。通常の教授は才能ある学生に助けられる。「指導学生」と呼ばれる学生で、授業の前に科目の説明をしたり、寄宿舎での学習を監督したりする。今日のイギリスのコレッジのチューターに当たる者である。

コレギウムのカリキュラムはイエズス会のコレギウムをモデルとしており、卒業には五年間を要した。クラスは、初等クラス、文法(古典文献学を含む)、統語論、詩学、修辞学からなっている。これらのクラスは、ギリシア、ラテン、スラヴ、ポーランド語学の授業で、この時に同時に、教理問答、教会の聖歌、算数が教えられる。

ラテン語の教科書には、一五七五年にヴェネツィアで出版されたマニュエル・アルヴァレスの『ラテン文典』が使われた。アルヴァレスが完了すると、オウィディウス、キケロ、カトゥルス、ヴェルギリウス、ティブルス、イソップが読まれる。中級レベルでは、学生は、ラテン語の詩と散文を作り始める。カエサル、サルスティウス、リヴィウス、クルティウス、マルティアリス、ヴェルギリウス、ホラティウスの書いたものの、綿密な勉強をする。さらに、キケロとアリストテレスの『詩学』は、エレガントな作文の規則をマスターするコースで勉強される。そこで学生は、多くの散文と詩、世俗と聖書の歴史、神話、古典的地理について学ぶ。それは知識のためにではなく、修辞法の上達のためである。

詩学のクラスでは、文学理論、文学ジャンル、神話学が講義される。修辞学のクラスでは、祝辞、感謝のスピーチ、挨拶、別れ、葬式の辞等、式辞の作り方やルールが教えられた。論理学のクラスでは、学問的討論の訓練、問答の古風な手続き、科目の細分について、授業で知識が提供された。哲学は、アリストテレス（あるいは、その注釈者）に拠って、ラテン語で教えられ、論理学、医学、形而上学、倫理学に分けられていた。コースは三年間で、教科書は、ヨゼフ・コノノヴィチ-ホルバツキー、インノケンティー・ギゼル、シメオン・ポロツキーのような、著名な人物が執筆したものが使われた。テオファン・プロコポヴィチによる詩のマニュアルも教科書として使われたが、それはラテン語とポーランド語で書かれていた。

一六四〇年代、正教の支配層がポーランド王の側に立ち、反乱するコサックと対立した時でも、コサックの息子たちの大きなグループがコレギウムに出席し続けた。彼らは、フメリニツキーとその後継者のヘトマン在職中に有力な勢力となった。コレギウムの学生で、後にヘトマンになった者には、イヴァン・ヴィホフスキー（ヘトマン在位一六五七〜一六五九）、パヴロ・テテリャ（在位一六六三〜一六六五）、イヴァン・サモイロヴィチ（在位一六七二〜一六八七）、イヴァン・マゼッパ（在位一六八七〜一七〇八）がおり、コサック軍の参謀幕僚になった者には、フェディル・ラボダ、ティミシ・ノサチ、イヴァン・チェルニャタ、イヴァン・クラフチェンコ、セメン・トレチャク、イヴァン・フルシャなどがいる。彼らのクラスメイトには後の著名な聖職者や作家もいる。イォアンニキ・ガリャトフスキー、バルラアム・ヤシンスキー、フェオドシイ・サファノヴィチ、アントニー・ラディヴィロフスキー、エピファニイ・スラヴィネツキー、ハヴリイル・ドメツキー、ダマスキン・プティツキー、イフナティイ・イェヴレヴィチ、アルセニイ・サタノフスキー、そして、モスクワから来て、後にモスクワ大主教アドリアンになったイアキム・サヴァレフのような人物さえいた。

ボフダン・フメリニツキー（ヘトマン在位一六四八〜一六五七）の時代、モヒラ・コレギウムとコサック政府の関係は、ウクライナにおける政治の焦点となった。フメリニツキーは、ヘトマンがコレギウムの維持のためにコレギウムに土地、現金、特権を授与するという伝統を確立した。特に土地の授与は、続くヘトマンたちとその政府による寄付の中心となった。その寛大さが、学校を次の一世紀半の間、維持することになる。

コレギウムの維持のために、フメリニツキーは校長ラザル・バラノヴィチに次の村々を、製粉所、牧草地、養魚池付きで与えた。クサヴェリ、プリスネスケ、チョルノホロドカ、サルノヴィチ、キエフ近くのオブヒフ、ファスティフ近くのバザル、ポリシアのミホイディなどである。また彼は、コレギウムを監督していた友愛団の修道院に、ウイスキーと蜂蜜酒を醸造する特別許可を与えて、そこから上がる利益も、コレギウムの維持のために使用された。そうすることによって修道院の援助を前任者のサハイダーチヌイから受け継いだのである。さらにヘトマンは、自分の息子、ユーリーをモヒラの学校に送った。

コレギウムへの寄付に加えて、フメリニツキーは、ポーランドと二つの条約を結んでコレギウムの地位と存在を保証した。一六四九年のズボリフ条約は新しいコサック国家の存在を認めたものだが、その第十条には「以前から領域内にあるすべての学校は存続しつづける」と書かれ、コレギウムは、これにより保護された。破滅的なベレステチコの戦い（一六五一年）の後、フメリニツキーは同年にビラ・ツェルクヴァ合意を結んだ。その第六条で、「キエフ・コレギウムは、自由な存在として存続を保証される」ことになった。

フメリニツキーのこうした努力は、特にヘトマン在位の初期において、コレギウムの教授団に評価された。一六四八年十二月、戦闘に勝利して、クリスマスの日にザモシチから帰還した時には「解放の詩」が作られ、フメリニツキーを称えて、キエフの学生によって読まれた。フメリニツキーは、「モーセ、解放者、救世主、ポーランドの束縛からの人民の解放者、ボフダン＝神によって与えられた者」と称えられた。ズボリフ条約の後と、一六五七年のヘトマンの死の時には、もっと多くの賛辞が寄せられた。

フメリニツキーは東ウクライナをポーランドの支配から解放した。また正教を国家の宗教とし、様々な修道院へ気前良く贈与を行った。ヘトマン国家の首都チヒリンや、住居地スボティフに多くの教会を建て、キエフ・モヒラ・コレギウムを支援し、正教会の大主教、シリヴェストル・コソフ（?〜一六五七、大主教在位一六四七〜一六五七）をポーランド国会へ上院議員として送り込むことにも大変な努力を惜しまなかった。

こうしたことからフメリニツキーは、キエフの聖職者、宗教知識人と素晴らしく良好な関係を享受していたと見えるかもしれないが、実際には、キエフの聖職者たちのヘトマンとその政府に対する態度には曖昧なところがあった。コソフ大主教は、コレギウムの学長だった、ギゼリとバラノヴィチと並んで、モヒラの伝統を守る正統主義者だった。フメリニツキーがヘトマンの時、コソフは、フメリニツキーやキエフのコサック政府とやりとりするよりも、ポーランド宮廷の王権伯（王権を持つ領主）のアダム・キシルと取引きする方を好んだ。シルヴェストル・コソフ大主教は、ロシアとのいかなる連合にも反対で、一六五四年のペレヤスラフ協定を非難してやまなかった。彼は、独立したルテニア正教会を主張し、維持し続けたので、宗教組織の独立は、政治的独立の喪失（ペレヤスラフ協定でロシアの保護国化）から三十年間、保たれた。

修道院の農民はコサックの暴力的な社会的動乱の時に土地を離れ、戦争から帰還すると、修道院の土地に復帰して再び働くのを望まなかった。そして一六四八〜四九年にはコレギウムでの授業は行われなかった。それは、多くの生徒と幾人かの修道士が、フメリニツキーの軍に加わるために去ったからだった。

一六五四年のペレヤスラフ協定にキエフの聖職者はこぞって反対したため、コサックとウクライナの正教会の関係はひどく悪化した。これによって、ウクライナ正教会の自治は破滅すると予想されたからである。

コサック-ポーランド戦争（一六四八〜五七）と「ルイナ（破滅）」（一六五七〜八七、フメリニツキー死後の三十年間をウクライナ史で「ルイナ」と呼ぶ）の間、コレギウムの活動はひどく混乱させられ、中断も経験した。その建物と財産は、何度も、モスクワとポーランドの軍によって略奪され、破壊された。

フメリニツキーの後継者の時、特に十七世紀後半の「ルイナ（破滅）」の時期にも、なお、コサックのヘトマンたちはキエフ・コレギウムに新しい土地の寄付をして、コレギウムを支援し続けた。なお、ペトロ・モヒラは一六四七年一月に死亡しているので、彼のフメリニツキー評は伝わっていない。

イヴァン・ヴィホフスキー（ヘトマン在位一六五七～五九）がヘトマンだった時は、コレギウムとヘトマンの良好な関係の実例である。ヴィホフスキーは、モヒラ・アカデミーの卒業生で、学長のイォアンニキ・ガリャトフスキーや新しい大主教ディオニシイ・バラバンを含む聖職者、教育者の間に多くの友人を持っていた。

ヴィホフスキーは、一六五八年にポーランドとハーデャチ条約を結んだ。この条約の二つの条項がキエフ・モヒラ・コレギウムの地位について扱っている。（a）キエフのコレギウムとクラクフのコレギウムは同等である。（b）ウクライナの別の都市にキエフのコレギウムと同等の権利を持つものが組織され、予備学校と他の教育機関も同様に組織される。こうしたヴィホフスキーの方策は大主教バラバンによって評価された。しかし同年、キエフに駐屯していたロシア守備隊を追放する戦闘の最中、コレギウムがあった建物がコサックの砲兵隊によって燃やされるという事件が起こった。このことが多くの聖職者とガリャトフスキー学長を憤激させ、彼は抗議のため辞任した。この一六五八年の破壊は、続く三十年間の「ルイナ（破滅）」の時期の、コレギウムの苦難の始まりに過ぎなかった。ヴィホフスキーは、翌一六五九年にモスクワ軍をコノトプで打ち破って、ペレヤスラフ協定を無効にした。これはキエフの聖職者を満足させた。

一六六一年に、キエフ・コレギウムの学長イノケンティイ・ギゼリはツァーリに対して、教会財産の破壊と、モスクワの部隊によって犯された人命のロスについて不満を述べている。四年後、一六六四年のポーランドの左岸ウクライナ侵攻の時、コレギウムは再度、燃えた。四年後、ヘトマン、イヴァン・ブリュホヴェツキー（在位一六六三～一六六八）は、ヘトマン国家からモスクワ部隊を追放することに成功した。しかし、その間にコレギウムはモスクワ部隊によって略奪され、学生は離散した。略奪のために侵入していたポーランドの傭兵、ピヴォ大佐は、コレギウムの所領だったノヴォシキ村を破壊した。ファスティフ近くのいくつかの村は、一六六七年のアンドルソヴォの条約によって失われた。その条約は、ヘトマン国家を、ロシアとポーランドの地域に分割した。これによってコレギウムは、右岸ウクライナからの租税収入を失った。キエフに駐屯するモスクワの軍司令官たちは、コレギウムの内部の問題に干渉し、右岸ウクライナからの学生の出席を禁止した。

様々な軍の略奪、戦争の常態化、ヘトマンのしばしばの交代、そして全般的な不安定状態が、多くのモヒラの弟子を落胆させ、弟子たちはこの状態についてコサック政府を非難した。コレギウムの学長ガリャトフスキーは、彼の著作『学びへの鍵』の中で、「人々は逃げ出し、（自分は）死を待つ、という時だった」と後に回想している。コレギウムの輝かしい人物である、ギゼリ、バラノヴィチ、ガリャトフスキー、ラディヴィロフスキー、ヤシンスキーなどは、多量のパンフレット、弁証学、論争学、詩を残したが、皆、コサック国家から逃れた。彼らは、コサック国家の状況の永久的解決のために、モスクワとロシアのツァーリの方を見始めた。そしてキエフ・コレギウムの卒業生に、モスクワの行政ポストやロシアの教会の聖職者のポストを受け入れるように勧めた。

その最も暗い時期でも、コレギウムは、ボフダン・フメリニツキーの時ほど気前良くではないにしても、ヘトマンとコサック政府からの絶え間ない資金援助に依拠して運営された。ヘトマン、ユーリー・フメリニツキー（ボフダンの息子、在位一六五九〜一六六三）は、コレギウムの卒業生だったが、前任者であるヴィホフスキーのキエフの財産を没収して、それを修道院に与えた。ヘトマン、ペトロ・ドロシェンコ（在位一六六五〜一六七六）は、ドニプロ河のスタイキ町近くの、横断フェリーからの収入を修道院友愛団に寄贈した。ヘトマン、イヴァン・ブリュホヴェツキーとデミアン・ムノホフリシヌイ（在位一六六八〜一六七二）でさえ、キエフ連隊の小さな財産を、修道院友愛団に割り当て、譲渡した。これらのヘトマンたちは、コレギウムが、数百人の若者を教育し、勉学の完了の暁にはコサック政府のメンバーに入り、ヘトマン国家を支え、強化するのをわかっていたのである。

「ルイナ（破滅）」の後、左岸ウクライナで生起した強いヘトマン国家がコレギウムの発展に好ましい状況を与えた。ヘトマン、サモイロヴィチ（在位一六七二〜一六八七）は、定期的かつ気前の良い支援を、コレギウムに対して再開した。サモイロヴィチ自身、コレギウムの卒業生で、毎年、大きな金銭、財産の寄付を始めた。それが、学校の財政的困難を除去した。サモイロヴィチは、「ルイナ（破滅）」が終わり、内戦が中止し、平和が回復された時のヘトマンだった。ヘトマン支配の領域は、今や、左岸ウクライナのみに減少していたが、サモイロヴィチは、ヘトマン体制の全体構造を再建し、教会、修道院、キエフ・コレギウムに惜しみなく、寛大に寄付をした。彼の気前の良さは、彼を称える賛歌の中で感謝を込めて歌われている。

この間に、新しい学生がコレギウムにやってきた。そのうち幾人かは、後に著名なコサック将校となる。ステパン・マクシモヴィチ（スタロドゥブ連隊の隊長代理、一七二五）、オレクシイ・トゥランスキー（総書記官、一七〇九〜一七一六）、アンドリイ・ルノフスキー（総書記官代理、一七四一〜一七四九）、コンスタンティン・シラムチェンコ（キエフ連隊オリシフカの大尉、一七一五〜一七二五）、ミハイロ・モクリエヴィチ（チェルニヒフ連隊の判事、一七三〇年代）、ステパン・コズロフスキー（スタロドゥプ連隊ノヴォ・ミストの大尉、一七二三）などである。その他、学生の中には、総補給将校イヴァン・ロミコフスキー、プリルヒの連隊長ドミトロ・ホルレンコ、コムパニイツィ連隊の傭兵隊長イリヤ・ノヴィツキーらの息子もいた。

三　コレギウムからアカデミーへ

イヴァン・マゼッパがヘトマンの時（一六八七〜一七〇九）が、キエフ・モヒラ・コレギウムの「黄金時代」だった。その頃、在籍者数は二千人を超えた。一六九四年にコレギウムは、ツァーリ（イヴァン五世とピョートル一世）からアカデミーとしての全面的特権を授与され、一七〇一年九月二六日にピョートル一世から、アカデミーという称号を授与され、名実共にアカデミーとなった。

アカデミーの教員には、ラザル・バラノヴィチ、イヴァン・マクシモヴィチ、ドミトリイ・トゥプタロ、ステファン・ヤヴォルスキー、テオファン・プロコポヴィチ、イオアサフ・クロコフスキー、シルイアン・オゼルスキー、イオアンニキ・ヴァリァフスキーなどがいた。マゼッパは、当時の大主教バルラアム・ヤシンスキーを始めとする聖職者エリートたちと友好な関係を深めた。上記の教員以外にも、フェディル・ウフリツキー、ザハリイ・コルニロヴィチ、インノケンティイ・モナスティルスキーなどがいた。

この中で、テオファン（フェオファン）・プロコポヴィチは、コレギウム、アカデミーにとっても、正教会全体にとっても重要な足跡を残した人物である。プロコポヴィチは、一六八一年、キエフの小売店主の息子として生まれた。一六九八年にキエフ・モヒラ・コレギウムを卒業し、ユニエイトのコレギウムで学んだ後、さらにローマの聖アタナシウス・カトリック・アカデミーで学んだ。一七〇一年、ローマを去り、フランス、スイスを経て、ドイツのハレで学んだ後、一七〇四年にキエフに帰って来た。翌一七〇五年初めから、キエフ・モヒラ・アカデミーで、修辞学、詩学、哲学、そして新たに言語学を教え始めた。

一七〇五年は、アカデミーにとって本質的な変化がプロコポヴィチによってもたらされた年だった。彼は、卓越した詩人、理論家で、教会のリーダー、政治家としても活躍した。また神学の教育を改革し、それまでの正教教育の衒学的なシステムを、ドイツの神学者の歴史的方法に換えた。プロコポヴィチは、伝統を壊すことなく、標準的・理論的な資料に基づいて、教育システムを修正していった。その際、彼自身のものも含めて、当時の著作からの資料を選択した。この年彼は、ヘトマン、イヴァン・マゼッパに捧げる悲喜劇『ヴラディーミル』を書いた。ローマから帰った後、彼は、オウィディウスの『悲嘆の詩』をポーランド語と教会スラヴ語に訳した。

プロコポヴィチは、一七〇七年から、キエフ・モヒラ・アカデミーの学事長となった。一七一一年、ポルタヴァの戦い（一七〇九年）の記念日の式典で、彼は説教を行った。ピョートル一世は、この説教の雄弁さに打たれ、プロコポヴィチをキエフ・モヒラ・アカデミーの学長と神学の教授に任命した。彼は、国家にとっての学問の重要性を、「学問の光なければ、国家の良き目的は無い」という言葉に残した。彼は、一七一六年にペテルブルクに呼ばれ、一七一八年にはプスコフの主教に昇進し、一七二五年にはノヴゴロドの大主教に任じられた。一七三六年、五五歳の時、ペテルブルクで没した。プロコポヴィチはアカデミーの卒業生で、アカデミーの学長の後、ロシアの正教会の重要人物となり、活躍した人物として記憶されている。

マゼッパがヘトマンの時代のモヒラ・アカデミーの卒業生には、コサックの将校の息子で、著名になった人がいる。イヴァン・オビドフスキー（ニジンの連隊長、一六九五〜一七〇一、一七〇一年、スウェーデンに対する遠征時のヘトマン代理）、セメン・チェイケヴィチ（総書記官代理、一七二七）、ピリプ・オルリク（総書記官、一七〇六〜一七〇九、亡命ヘトマン、一七〇九〜一七三九）、ベルロ兄弟（後にペレヤスラフ連隊の将校）などである。

マゼッパは、その治世の間に数百万ドゥカート金貨を、ウクライナの新しい教会の建築と古い教会の修復と装飾に費やした。マゼッパの行為は、コサックの富裕な貴族たちに影響を与えた。彼らは、マゼッパに倣って、教会や修道院に気前良く寄付をした。総補給将校ヴァシル・ドゥニン-ボルコフスキーは、チェルニヒフのイェレツ修道院の後援者となり、プリルヒの連隊長ドミトロ・ホルレンコは、フスティン修道院に教会を建てた。ポルタヴァの連隊長パヴロ・ヘルツィクは、キエフの洞窟修道院に寄付をした。チェルニヒフの連隊長ユヒム・ロゾフプは、クルピッツ修道院の一部を修繕した。ミルホロドの連隊長で後のヘトマン、ダニロ・アポストロは、ソロチンツィに石の教会を建てた。こうした中で、各地に建築とそれに関連する芸術と工芸が花開き、「コサック・バロック」と呼ばれる独特のスタイルが創り出された。

アカデミーは、「コサックのウクライナ」と、「ラテンのウクライナ」を結びつけた。アカデミーは、ウクライナとヨーロッパの、またキエフ・ルーシと現代ウクライナの、媒体の役割を果たした。

キエフ・アカデミーも、コサック指導層の寛大さの恩恵を分かち合った。マゼッパは一七〇三〜一七〇四年に、アカデミーのために石の建造物を建てた。アカデミーの財政基盤を拡げるために、彼は、修道院友愛団に、六つの村と四つの小村落、キエフ市内の十六の土地を寄贈または返還した。それに加え、アカデミーに年千金ドゥカートを補助した。アカデミーのメンバーによって毎年、マゼッパへの称賛詩が作られたのも不思議ではない。後のシベリア大主教は書いている、「これまで彼のような人はいなかったし、彼のような人は二度と現れないだろう」。テオファン・プロコポヴィチは、彼のドラマ、『ヴラディーミル』をマゼッパに捧げた。マゼッパを彼は、「モヒラ-マゼッパ・アカデミーの偉大なパトロン」と呼んだ。一七〇五年には、アカデミーの学生によって、マゼッパを称賛する劇が上演された。

アカデミーの教員のうち何人かは、ピョートル一世のロシアにおける教育改革に資する役割を果たした。モスクワ・アカデミーは、キエフのそれを手本としたし、数多くのロシアの学校は、キエフ・アカデミーの卒業生の主教によって組織された。すべての社会階層の若者に開かれたアカデミーは、正教世界の様々な地域からの学生を惹き付けた。より才能があり意欲のある学生は、ヴィリニュスやザモシチのカトリック・アカデミー、さらにはヨーロッパのアカデミーや大学で勉学を続け、故郷に帰り、キエフとヨーロッパの思想様式を彼らの生地の伝統に編み込んだ。

同時に、モスクワの拡大する政治的権力と、ウクライナ問題への増大する干渉は、アカデミーの自由と繁栄、安寧を脅かした。一六八六年にキエフ大主教を統制する権力を手に入れて、モスクワの総主教は、モスクワ社会へのキエフの知的影響を終わらせるために、ほとんどすべてのキエフの刊行物を、異端書の禁止リストに入れた。ルテニア（ウクライナ）語での本の印刷は禁止された。そこには教会スラヴ語の、ウクライナ語の校訂による聖書も含まれていた。宗教的テクストの出版の禁止は、アカデミーへの強い打撃となった。一六九三年にアドリアン総主教は言語的制限を緩和したが、それにもかかわらず、ウクライナ語の本はモスクワに入ることを拒否された。

ツァーリの指令によるウクライナ語の印刷禁止にも関わらず、ウクライナ語は印刷され続けた。ヘトマン国家の組織の中で、総軍事書記局、総法廷、連隊、百人隊、裁判法、総書記局、ヘトマンのウニヴェルサール（布告）、年代記、日記、手紙などが、ウクライナ語で書かれ、印刷された。

アカデミーの黄金時代は、一七〇九年のポルタヴァの戦いでのイヴァン・マゼッパの敗北とともに突然終わった。学校の財産は、ロシアの部隊によって略奪された。ポーランド領だった右岸ウクライナからの学生は、入学するのを思いとどまらされた。学生の多くは離散し、一七一一年には、わずか一一六名が残るのみとなった。ウクライナ正教会のヒエラルキーは、かつてのパトロンで、後援者のヘトマン・マゼッパを破門することを強いられた。

ポルタヴァ敗北の影は、ピョートル一世が死去する一七二五年まで、アカデミーを覆った。アカデミーの印刷所は、ウクライナ語の本の印刷を禁止された。アカデミーの卒業生は、モスクワあるいは新しい首都サンクトペテルブルクに行くように、そしてその地で職を探すように勧められた。そこで彼らは、新しい帝国ロシアの行政、教会、教育機関の主力となった。アカデミーの卒業生で、教授をしていたテオファン・プロコポヴィチのあとを追って、彼らは、アカデミーとウクライナを離れた。例えば、卒業生の一人キリャク・コンドラトヴィチは、ペテルブルク・アカデミーで翻訳官を務めた。アルテム・ヴェデリは一七八七年の卒業生だが、作曲家として知られ、ウクライナ各地やモスクワで作曲し、指揮者としても活躍した。作曲家では、マクシム・ベレゾフスキーも有名である。建築家イヴァン・フリホロヴィチ゠バルスキーや、彫刻家イヴァン・シチルスキーなども、アカデミーの卒業生である。ピョートルの死後、イヴァン・マゼッパのかつての寄付はアカデミーに返却された。

モヒラ・アカデミーは、すべての世界に開かれていた。アカデミーは、外国の若者を惹き付けた。ベラルーシ、ロシア、モルドヴァ、ワラキア、ブルガリア、ボスニア、モンテネグロ、セルビア、ギリシアなどから、人々が勉学に訪れた。アカデミーからの、最大の文化的流れの先は、モスクワとロシア帝国だった。コレギウムとアカデミーの卒業生はロシア文化の向上に貢献し、学校（モスクワに一六四九年、最初の学校設立）、印刷所、劇場を作り、ウクライナからモスクワに、本や衣服まで持ち込んだ。彼らは、ヴォロネジからイルクーツクまで、アルハンゲリスクからアストラハンまで、学校を建てた。特にステファン・ヤヴォルスキーは、ロシアで最初の高等教育の学校を創った。モスクワ・スラヴ゠ギリシア゠ラテン・アカデミーである。モスクワ・アカデミーの歴史を書いたS・スミルノフによると、その学校に、ヤヴォルスキーは自分の魂と目的を注入した。

一七〇一年から一七六二年の間、ツァーリの命令により、モヒラ・アカデミーから九五人の学者がモスクワ・アカデミーに来て、働いた。その間、モスクワ・アカデミーの二三人の学長のうち、一八人がキエフ・アカデミーの出身、二五人の学部長のうち、二三人がキエフ・アカデミーの出身だった。キエフの学者はロシアで教科書を作り、音節詩を作り始め、劇の上演を始め、哲学の基礎と外国語を教えた。モヒラ・アカデミーからモスクワにやって来たテオファン・プロコポヴィチは、ロシア学術アカデミーの創設を助けた。多くのモヒラ・アカデミーの学生が、新しく開かれたモスクワ大学（一七五五年創立）の最初の聴講生となった。

キエフ・モヒラ・アカデミーは、十八世紀に再生した。ヘトマン、ダニロ・アポストル（ヘトマン在位一七二七～一七三四）の支援と、大主教ラファイル・ザボロフスキー（キエフ大主教在位一七三一～一七四七）の行政手腕のおかげで。アポストルは、一度マゼッパによって授与された保有地を、アカデミーに返した。そして、新しいいくつかの財産を割り当てた。一七三二年一月四日の布告で彼は、年間二百枚の金貨を、ヘトマン政府の金庫からアカデミーへの給付金として復活させた。ヘトマン、スコロパツキーの死後、この行為は、ロシアの小ロシア・コレギウムによって停止された。

ザボロフスキーは有能な教会行政管理者だった。彼はアカデミーの建物に二階部分を追加し、学校の財政を適切にし、教科書をロシアの例に従って変更し、いかなる「分離主義」の疑いもクリアに晴らし、ウクライナ語での印刷を禁止する一七二〇年の指令を厳格に守らせた。ザボロフスキーの教育カリキュラム改編では、外国語（現代）、歴史、地理、数学、医学が、伝統的教科に加えられた。在籍者数は、一七三八～三九年に四四四人、一七四四～四五年に一一〇〇人、一七六八～六九年には一七〇八人だった。

ザボロフスキーの大主教在位の後半になると、多くのアカデミーの卒業生がアカデミーの費用で、ヨーロッパの大学で彼らの教育を完成させるために出かけた。ヴァシルとヤキフ・ドゥニン＝バルコフスキーはプロイセンに。ペトロとヤキフ・スコロパッキーはブレスラウに。クリャプコ兄弟はヴィッテンベルクで勉強した（一七五〇年代）。イヴァン・ペシュコフスキーはライプツィヒで（一七六四年）。シモン・トドルスキーはハレで（一七二九年）。ハレで学んだ者には、トドルスキー以外にも、ヴァルラアム・リャシチェフスキー、ダヴィド・ナシチンスキーがいる。

彼らは帰国すると、アカデミーで外国語の教師として働いた。リャシチェフスキーはトドルスキーのギリシア語文法の授業を、一七四六年に本にしてドイツで出版した。このギリシア語の教科書は、十九世紀初めまで、ロシア帝国で最もポピュラーな教科書だった。やはり卒業生のヤキフ・ブロニツキーは、スラヴ語＝ギリシア語＝ラテン語と、ギリシア語＝スラヴ語の辞書を作った。

ペトロ・シモノフスキーはパリで学んだ。ヤキム・ボルスクはベルリンで（一七四四年）、アポロン・コチュベイはオクスフォードで、ヤキム・スリマとヘオルヒイ・ミロラドヴィチはゲッティンゲンで、F・ポリトフスキーはライデンで、それぞれ学んだ。彼らは富裕なコサックの家族の子弟だったが、彼らがどのように暮らしていたかは、総旗手ミコラ・ハネンコ（一六九三～一七六〇）と、キール大学で一七四六～一七五九年に学んでいた息子ヴァシルとの間の、三五通の手紙が最も良い実例である。

アカデミーの多くの学生は、コサックの息子か聖職者の息子だった。一七三六／三七年の文法のクラス五一名のうち、コサックの息子が一六名で、聖職者の息子が一五名だった。一七六三／六四年には、詩のクラスの一六六名の学生のうち、八七名が聖職者の息子、三六名がコサックの息子、四三名がその他だった。

十八世紀後半における教育のフルコースは、十年間だった。いわゆる通常のクラスでは、三つの文法、詩学、修辞学、哲学、神学を学んだ。哲学では、合理主義、倫理学、自然哲学、論理学、心理学が講義された。哲学コースは三年間で、神学の導入部と見られていた。神学コースは十八世紀前半まで、通常、四年間だった。特別のクラスでは、外国語――ギリシア語、ポーランド語、ドイツ語、フランス語、ヘブライ語、ロシア語（教会スラヴ語、ルーシ語、あるいはウクライナ文章語とラテン語は文法の授業で教えられた）、歴史、地理、高等数学（代数学と幾何学）を学んだ。さらに別のクラスでは、光学、光屈折学、物理学、静水力学、水力学、民生と軍事の建築学、力学などが教えられた。音楽と絵画のクラスも設けられた。

十八世紀末に、アカデミーでは追加のクラスが開かれた。家庭および農業経済と医学である。学生は全部で三〇～三五の科目を選ぶ。使用言語は、教会スラヴ語、ギリシア語、ラテン語、ポーランド語だった。特にポーランド語は、十六～十七世紀のウクライナでは教養層の言葉であり、文学の言葉であった。

アカデミーの教授の中には、教会スラヴ語とラテン語に代わって、ウクライナ文章語を使用する者が出てきた。言語学、哲学、歴史学、神学の分野で、ウクライナ文語が形成された。十七世紀初めから、アカデミーで、その試みが始まっている。

理論的言語学者としては、まず、メレティイ・スモトリツキー（一五七七？～一六三三）が挙げられる。

彼は一六一八〜一六二〇年に、キエフ顕現友愛団学校の学長兼教授を務め、一六二〇年からポラツクの大主教になった。その間、一六一九年に『スラヴ正統語法文法』を出版した。この本は各地で使われていた教会スラヴ語に影響を与え、簡略版は学校の教科書として使用された。パムヴォ・ベリンダ（一五五五／六〇〜一六三二）は、一六一九年からキエフ洞窟修道院印刷所で働いていた、作家、詩人、辞書編集者であるが、一六二七年に教会スラヴ語をウクライナ語に翻訳した辞書を出版した。これは、最初のウクライナ語辞書と言える。また、オレクシイ・パヴロフスキー（一七七三〜一八二二頃、一七八九年キエフ・モヒラ・アカデミー卒）は、一八一八年に、ペテルブルクで『小ロシア方言文法』を出版した。これは、話し言葉のウクライナ語について、基本的な音声学と形態論を説明した、最初の業績だった。

モヒラ・アカデミーで使用される教科書、祈禱書、教会暦、その他の宗教関係の出版物の印刷、出版を一手に引き受けていたのは、キエフ洞窟修道院（ラヴラ）の印刷所だった。そこでは、ペトロ・モヒラの『祈禱書』、メノロギオン（月別聖人伝教会暦）、オロロギオン（時課経）、アカシスト（賛美歌）、礼拝用祈禱書、リトゥルギコン、またはスルジェブニク（典礼典）などが大量に印刷され、各地の信徒に販売、配布された。

アカデミーの教師たちは、ポーランドや他のヨーロッパの学校の教師と同じように、彼ら自身の、詩とレトリック（修辞学）のマニュアル（手引書）を準備した。十七世紀と十八世紀のマニュアルが、およそ一二〇、残されている。その中には、テオファン・プロコポヴィチの、詩学と修辞学のマニュアルも含まれている。

三年間の哲学プログラムは、それに続く四年間の神学への道を準備するものだった。一六八〇年代半ばには、哲学と神学のすべてのプログラムがカリキュラムの中に恒久的な場所を与えられた。論理学、物理学、形而上学が、哲学プログラムの主要な部分だった。

学校の教授によって準備された哲学マニュアルのうち、約八〇が残っている。マニュアルには、一様なシステムはなく、それぞれのコースに教師の好みと能力が反映されている。学校で教えられるアリストテレスの哲学は、アリストテレス自身の著作によってではなく、中世の解説者、アウグスティヌス、トマス・アクィナス、エラスムス、ウィリアム・オッカム、メランヒトン、スアレス、モリナなどの著作によって、教えられる。十八世紀の初め、テオファン・プロコポヴィチは、デカルトとベーコンに興味を示した。また十八世紀の半ばから、シノド（宗務院）の命令により、アカデミーはドイツの哲学者クリスティアン・ヴォルフの哲学を採用した。アカデミーの神学コースは、ロベルト・ベラミーネ、フランシスコ・スアレス、トマシュ・ムウォジャノフスキの註解（書）から構成されていた。結局、独立した神学システムを作りあげようという唯一の試みは、ペトロ・モヒラの『正教信仰告白』（一六四〇）だった。

十八世紀半ばはアカデミーにおける哲学の教育にとってターニングポイントとなった。一七五五年、キエフ大主教ティモフィイ・シチェルバツキーは、キエフ・モヒラ・アカデミーの学事長ダヴィド・ナシチンスキーに対して指令を発した。それはアカデミーが哲学の授業で採用している教科書についてのものであった。それまで使われていた、ドイツの哲学者ヨハン・ハインリッヒ・ヴィンクレルの著書にのっとって哲学を講義することを禁止する、というのである。そしてそれに代えて、フランスの哲学者エドモン・プルショーの教科書で教えるように、という命令であった。それは、アリストテレス主義からデカルト主義への移行を意味していた。

しかし、学事長のナシチンスキーはこれを拒否して、ヴィンクレルと、やはりドイツの哲学者クリスティアン・バウマイステルに言及し、バウマイステルの教科書を使って講義を続けることを提案した。バウマイステルの先生はドイツの哲学者で近世自然法論者のクリスティアン・ヴォルフであり、モヒラ・アカデミーの前学長で、当時、ベラルーシの大主教だったゲオルギー・コニスキーも、バウマイステルの哲学を推進した。結局、一七五五年以降、キエフ・モヒラ・アカデミーは「バウマイステル時代」に入り、それは一八一七年の学校の改革まで続いた。

モヒラ・アカデミーにおける講義の中で、哲学は最も重要な科目と言ってよいだろう。それゆえ、哲学を講じた教授は、その名前が記憶されている。教授たちは、それぞれ自筆で哲学の授業のマニュアル（手引書、講義ノート）を作っており、それらはほとんどのものが、完全な形か、その一部が残されている。そのすべてはキエフの国立ヴェルナツキー図書館に保管されている。以下、マニュアルを残している、哲学の教授を担当年度順に挙げる。

一六四五／四六～一六四六／四七、イノケンティイ・ギゼリ
一六九一／九二～一六九二／九三、ステファン・ヤヴォルスキー
一七〇一／一七〇二、イノケンティイ・ポポフスキー
一七〇二／〇三～一七〇三／〇四、フリストフォル・チャルヌツキー
一七〇四／〇五～一七〇五／〇六、イラリオン・ヤロシェヴィツキーとフリストフォル・チャル

ヌツキー
一七〇六／〇七～一七〇七／〇八、テオファン・プロコポヴィチ
一七一一／一二～一七一二／一三、シルヴェストル・ピノフスキー
一七一五／一六～一七一八／一九、ヨシフ・ヴォルチャンスキー
一七一九／二〇～一七二〇／二一、イラリオン・レヴィツキー
一七二一／二二～一七二二／二三、プラトン・マリノフスキー
一七二三／二四～一七二四／二五、イラリオン・レヴィツキー
一七二五／二六～一七二八／二九、アムヴロシイ・ドゥブネヴィチ
一七二九／三〇～一七三〇／三一、ステパン・カリノフスキー
一七三三／三四～一七三四／三五、イエロニム・ミトケヴィチ
一七三五／三六～一七三八／三九、シリヴェストル・クリャブカ
一七三九／四〇～一七四四／四五、ミハイロ・コザチンスキー
一七四五／四六～一七四六／四七、ゲデオン・スロミンスキー
一七四七／四八～一七五〇／五一、ゲオルギー・コニスキー

アカデミーの哲学のクラスは次のような構成だった。（1）弁証法（小論理）──学年度の最初の二ヶ月で、アリストテレスの三段論法に従って論理学の形式的ルールを含む。（2）論理学（大論理、合理性の哲学）──続く六～七ヶ月、認識論と形而上学の試験を含む。（3）物理学（自然哲学）──続く八～九ヶ月。（4）形而上学──一ヶ月以内、形而上学の試験を含む。テオファン・プロコポヴィ

チのマニュアルを見ると、以上の四つに加えて、数学と倫理学の部門があった。プロコポヴィチのコースは、イエズス会のひな形とかなり異なっている。少し後の一七四〇年代から、アカデミーの哲学のコースはイエズス会から離れていっている。これはその先駆けと言えるだろう。また、ステパン・カリノフスキーのコース（一七二九／三〇／三一学年度）からは、倫理学が必修となっている。

十八世紀を通じて、アカデミーは、ヘトマン国家とロシア帝国の、世俗すなわち行政上級職を目指す若い人々と、聖職者のエリートの教育を行い、養成し続けた。聖職者を希望する者は、在俗か修道僧としての経歴かを選ぶことができた。修道僧の場合は選択肢として、多くの修道院、教会、司祭職を選ぶことができた。世俗を望めばヘトマン国家の様々な役人職、また、一〇〇〇以上の小学校の教師や、大きな教会の聖歌隊の前唱者にもなることができた。

しかし、より大きな機会と報酬が、北から誘った。そこではアカデミーの多くの卒業生が、ロシア政府、行政のあらゆるレベルで働いていた。最も有名なのはオレクサンデル・ベズボロヂコ（ロシア名、アレクサンドル・ベズボロトコ）であり、彼は一七五六年のクラスの卒業生で、ロシア帝国の宰相になった。ドミトロ・トロシチンスキーは一七七四年の卒業生で、一八一四年に法務大臣になった。ペトロ・ザヴァドフスキーは一七六〇年の卒業生で、一八〇二年に教育大臣になった。それでも相当の数のアカデミーの学生が、家に帰り、ヘトマン国家の衰亡の時に、ヘトマンの維持、再生の考えを持ち続けた。

ヘトマン体制が一七八三年に廃止された後、ウクライナ主義の意識の再生への希望を抱き始めた者たちがいた。それは、コサック、ヘトマン国家の役人たち、ディヴォヴィチ、ポカス、カリンスキー、ステファノヴィチ、ヴェリチコと、コサックの貴族、ボロズナ、モフチャン、ポルボテク、ハネンコ、クリャプカ、ルコムスキー、ポレティカ、フラビャンカなどである。彼らは、コサック国家再生という願いを共同で、ベラルーシ、マヒリョウ（モギリョフ）の大主教ゲオルギー・コニスキーの名を借りて、『イストーリア・ルーソフ（ルーシの歴史）』という作品に表した。ゲオルギー・コニスキー（一七一七〜一七九五）は一七四三年にモヒラ・アカデミーを卒業し、アカデミーの教授として、詩学、修辞学、哲学、神学を教えた。哲学のコースは二度、教えている。一七五二〜五五年には、学長も務めた。一七七五年にはマヒリョウとベラルーシの主教になり、一七八三年には大主教に昇進した。彼はその地に、一七五七年、神学セミナーを設立した。コニスキーは、詩集、説教集、哲学の教科書、歴史書など多作で知られているが、『イストーリヤ・ルーソフ』の著者として、その表紙に名前が書かれている。名前を貸したのか、使われたのか、あるいは実際に関与していたのかは、定かでない。

ヘトマン国家と同じく、アカデミー自身も衰退していった。エカチェリーナ二世による、一七六四年のヘトマン、キリロ・ロズモフスキーの解任、一七八二年のヘトマン体制の廃止、そして、一七九〇年の修道院の世俗化の後、アカデミーはその財政的独立を奪われた。学校は、ロシア帝国政府の被保護者となり、その重要度は急速に低下、十八世紀の終わりには一つの主教のセミナールとなった。一八一一年には、一一九八人の学生のうち、一〇六九人が聖職者（司祭）の候補者だった。しかし一八一七年にアカデミーは閉鎖され、二年後に、その場所にキエフ神学校が開かれ、一九一七年の革命まで存在した。一九九一年に国立キエフ・モヒラ・アカデミー大学が設置され、翌一九九二年から学生に門扉が開かれた。

四　卒業生

アカデミーの卒業生としては、まず、コサック上層部、ヘトマン、長老、連隊長、ヘトマン国家の公務員がいる。あらゆる階層の聖職者、教師、作家、聖歌隊長、音楽家、歌手もいた。中には放浪生活を送った者もいる。彼らは学校を建て、教科書を作り、子供を教えた。教会を建て、礼拝を行った。宗教的な展示をし、ヴェルテップ（携帯型人形劇）を上演して見せるなどした。

年代記作者のサミイロ・ヴェリチコ、フリホリイ・フラビャンカ、翻訳家セメン・ディヴォヴィチ、作家アファナシイ・リュビセヴィチなどが、卒業生である。

アカデミーの卒業生で、後にヘトマンとなったのは以下の人物である。イヴァン・ヴィホフスキー、ユーリー・フメリニツキー、パヴロ・テテリャ、イヴァン・ブリュホベツキー、ペトロ・ドロシェンコ、デミアン・ムノホフリシヌイ、ミコラ・ハネンコ、イヴァン・サモイロヴィチ、イヴァン・マゼッパ、ピリプ・オルリク、イヴァン・スコロパツキー、パヴロ・ポルボトク、ダニロ・アポストルなど。長老や連隊長としては、コスティアンティン・ホルディイエンコ、イヴァン・フロバ、ヴォロディーミル・ソカリスキーなどがモヒラ・アカデミー出身である。

マゼッパの敗北後、ロシア帝国の様々な組織の指導的な地位にアカデミーの出身者が就いた。ロシア帝国法典編纂委員会（一七二八～四三）には、フリホリイ・ポレティカ、ヴォロディーミル・ゾロトニツキー、ヤキフ・コゼリスキーが入ったが、いずれもアカデミーの卒業生だった。フリホリイ・ポレティカは一七三七〜一七四五年の間、アカデミーの学生だった。

十八世紀後半、モスクワやペテルブルクで、アカデミーの卒業生が、翻訳家、講師、発行人、作家、ジャーナリストとして活動した。その中に、ミハイロ・アントノフスキー（出版者、翻訳家、ジャーナリスト）、フリホリイ・ブライコ（ジャーナリスト、翻訳家、外交官）、イヴァン・ヴァンスロフ（翻訳家、外交官）、ヴォロディーミル・ゾロトニツキー（法学者、作家、哲学者、翻訳家）、ヤキフ・コゼリスキー（作家、哲学者、講師）、フリホリイ・コジツキー（講師、政治批評家、ジャーナリスト、国家書記）、ミコラ・モトニス（文学者、翻訳家、文献学者、講師）、ヴァシル・ルバン（作家、翻訳家、歴史家、国家公務員）、ルカ・シチカリョフ（作家、翻訳家、教育者、上級法務官）などがいた。

フリホリイ・スコヴォロダー（一七二二〜一七九四）は、異色の卒業生だった。ドミトロ・チジェフスキーは、スコヴォロダーを「思想家、詩人、神秘主義者」と呼んでいる。彼は一七三四年から二度の中断を挟んで一七五三年まで、キエフ・モヒラ・アカデミーで詩学や神学を学んだ後、ハリコフ・コレギウムで詩学、統語論、ギリシア語、倫理学の教鞭をとり、その後の人生二十年以上を、ウクライナ東部、スロビツカ・ウクライナ（自由ウクライナ、ハリコフ周辺）を放浪して過ごした。放浪しながら、思索と執筆と作曲に専念し、詩集『神の歌の庭』、寓話集などを残した。宗教音楽家としても知られ、自分の詩に曲を付けている。彼はウクライナのソクラテスとも呼ばれる。

十八世紀から十九世紀前半において、ロシア帝国の医者の三人に一人は、キエフ・モヒラ・アカデミーの出身だった。彼らの多くは、外国で学んだ後、帰って来て教授の職に就いた。アカデミー出身の疫学者には、ダニロ・サモイロヴィチ、ペトロ・ポホレッツキー、カシヤン・ヤゲリスキーがいる。マトヴィイ・クルテニは、最初の生理学者と見なされている。ネストル・アムボディク－マクシモヴィチは、最初の産科医および理学療法士だった。病院学校の教授であったサヴァ・レオントヴィチ、さらにペテルブルク、エリサヴェトグラド、ハリコフなどで医学者として指導的地位にあったクジマ・ロジャリン、薬学のホマ・ティホルスキーなども、皆、ウクライナの出身で、モヒラ・アカデミーの卒業生である。

十八世紀の七〇年代まで、ロシアの上級聖職者の多くは、モヒラ・アカデミーの卒業生で占められていた。トボリスクとシベリアの大主教フィロフェイ・レシチンスキー、同じくパヴロ・コニュシケヴィチ、アルセニイ・マツィエヴィチもアカデミーからの赴任者であった。ロストフとヤロスラフの大主教ドミトリイ・トゥプタロ、プスコフとナルヴァの主教テオファン・プロコポヴィチ、キエフの大主教ラファイル・ザボロフスキー、リャザンとムーロムの大主教ステファン・ヤヴォルスキー、リャザンとムーロムの主教ハヴリイル・ブジンスキー、サンクトペテルブルクの大主教シルヴェストル・クリャブカ、スモレンスクとドロホブズの大主教ゲデオン・ヴィシネフスキーなどの大主教や主教も、モヒラ・アカデミーの出身だった。

また、修道院では、聖セルギウス三位一体大修道院の院長アムヴロシイ・ドゥブネヴィチ、ヤクーツクのスパスク修道院長イラリオン・レジャイスキー、スルツクの三位一体修道院長ミハイロ・コザチンスキー、モスクワ・ドンスキー・聖母マリア修道院長ヴァルラアム・リャシチェフスキー、モスクワ最古のスパスキー修道院長ゲデオン・スロニムスキーなども、モヒラ・アカデミー出身だった。一七二二年から一七六六年の間、聖セルギウス三位一体大修道院のすべての修道院長は、モヒラ・アカデミーの卒業生だった。

このようにアカデミーの卒業生は、ウクライナを離れて、ロシア帝国各地で、主教や修道院長を務めた。リャザンとムーロムの大主教をやり、シノド（宗務院）の総裁も務めたステファン・ヤヴォルスキーは、常に、ウクライナに帰りたいという希望を持っていたという。彼は、キエフ・モヒラ・アカデミーから「桂冠詩人」の称号を授与され、「ラヴラ（洞窟修道院）の詩人」と称えられた、当代随一の詩人だった。

十八世紀末から十九世紀初めにかけて、チェルニヒフとノヴゴロド・シーヴェルスキーに、自治の思想を持つ、文化的、芸術的グループができた。ノヴゴロド・シーヴェルスキーのグループには、アカデミーの卒業生である、ヴァルラアム・シシチャツキー、オパナス・ロビセヴィチ、オレクサ・ディヴォヴィチ、ハヴリロ・ラチンスキー、ティモフィイ・カリンスキー、フリホリイ・ポレティカ、アルヒプ・フドルバ、イヴァン・トゥマンスキー、ペトロ・シモノフスキー、パヴロ・コロプチェフスキー、その他のメンバーがいた。オレクサンデル・オフロブリン（一八九九〜一九九二、歴史家）によると、彼らは単に文化的再生だけでなく、政治的なウクライナの再生を志向する、ウクライナ国家主義者だった。彼らは十八世紀末から十九世紀初頭に現れた『イストーリア・ルーソフ』の著者たちと見なされている。

一七八四年に、ロシア帝国の宰相になったアレクサンドル・ベズボロトコ（一七四七〜一七九九）も、アカデミーの卒業生だった。ベズボロトコは、ニジンにエリートのための高等教育機関を創った。そこに図書を寄付し、学生に奨学金を給付した。ベズボロトコと彼の遺産によって、ウクライナの各地に教育機関ができた。実際にそうした教育機関を運営し教育を行ったのは、アカデミーの卒業生だった。彼らは、チェルニゴフ、ペレヤスラフ、ハリコフのコレギウム、ポルタヴァのスラヴ・セミナール、ノヴォモスクワ、カテリノスラフ、ノヴゴロド＝シーヴェルスキーのギムナジウム、ニジンのリツェイ（ロシアの貴族のための教育機関）、キエフのギムナジウム、ハリコフ大学（一八〇四年創立）などの高等教育機関を、創立し、指導した。

一七四〇～四八年に、ニジン連隊の地域には二〇二の集落があり、二一七の学校があった。ルブニには二四七集落に一七二の学校、ペレヤスラフには一七四集落に一一九校、ポルタヴァには六一集落に九八校、プリルツクには一〇二集落に六九校、ミルホロドには八四集落に三七校が存在していた。いずれの学校もアカデミー出身者が運営、教育をしていた。彼らアカデミーの卒業生たちは、赴任先の地域で、啓蒙活動を熱心に行った。図書館や劇場を建て、その地の肖像画を蒐集し、古い衣服、武器、皿、楽器なども集めた。彼らは、ウクライナ各地に、自分たちが学んだ文化と教養を広め、次の世代の文化の担い手を育てていったのである。

第二章　コサックの基本法——ピリプ・オルリクの憲法

一　はじめに

ウクライナで初めての憲法は、一七一〇年七月一〇日にヘトマン、ピリプ・オルリクによって発布された。これは欧米の憲法よりも半世紀ほど早いものであった。ちなみにアメリカで最初の憲法が発布されたのは一七八八年であり、フランスとポーランドでは一七九一年のことだった。

ピリプ・オルリク
（ナタリヤ・パヴルセンコ画　2022年）

一七〇九年、ポルタヴァの戦いでロシアのピョートル大帝に敗北したヘトマン、イヴァン・マゼッパは、四五名のスタルシナ（長老）を含む八千人の疲労困憊し襤褸（ぼろ）をまとったコサックの兵士とともにオスマン帝国領のベンデリ（現在はモルドヴァ領）に逃げ、一七〇九年九月二二日、そこで死亡した。マゼッパを継いでヘトマンに選出されたのがピリプ・オルリクであった。オルリクは、マゼッパとともにベンデリに逃げ、そこで憲法を印刷・発布したので、この憲法はベンデリ憲法とも呼ばれる。その内容は、十八世紀初めのウクライナの生活の様相のすべてを扱っている。

この憲法は、ラテン語と十八世紀初めのウクライナ語で書かれており、どちらも正文とされている。ラテン語については、その短縮版がストックホルムのスウェーデン国立公文書館に保管されており、ウクライナ語のものはモスクワのロシア国立古文書アルヒーフ（RGADA）に保存されている。後者については、二〇〇〇年にローマン・シュポルルク教授に捧げられた論文集の中で、ハーヴァード大学のオメリャン・プリツァク教授がモスクワのアルヒーフでコピーしたもののファクシミリが掲載されている。また、一九九四年にウクライナ最高会議がオルリクの憲法の現代ウクライナ語訳を公表しており、本書では訳出にあたってこれを利用した。ただし、これには「オルリクの宣誓」と「カール十二世の裁可」は入っていないため、その部分については、Omeljan Pritsak, "The Constitution of Ukraine (5 April 1710)", in *Culture and Nations of Central and Eastern Europe. Essays in Honor of Roman Szporluk*, Cambridge, Mass., 2000, pp.471-496 によった。

二　ピリプ・オルリクの生涯

ピリプ・オルリクは、一六七二年十一月三日（グレゴリウス暦、新暦）、リトアニアのヴィリニュス近くのカスタ村で生まれた。祖先はボヘミアの貴族だったが、十五世紀のフス戦争の時にポーランドのクラクフに移り、さらに十七世紀にリトアニアのヴィリニュスの近くに所領を得ていた。両親は地元で尊敬されていたが、裕福な家庭ではなかった。父ステファンはカトリック教徒で母イリーナ（旧姓マラホフカ）は正教徒だった。父は一六七三年、トルコ軍相手のホティンの戦いで戦死した。

ピリプは最初、ヴィリニュスのイエズス会アカデミーで学んだ。好きな科目は哲学だった。その後、キエフに来て、モヒラ・アカデミーで学んだ。ここで、教師をしていたステファン・ヤヴォルスキーの目に止まり、彼は最愛の先生、のちに腹心の友、後援者となる。オルリクはモヒラ・アカデミーで、ラテン語、詩、文体論、修辞学、論理学などを修めた。彼の詩は注目に値したようで、アカデミーによって刊行されたラテン詩の範例集に含まれた。それにはヤヴォルスキーやテオファン・プロコポヴィチのような泰斗が寄稿していた。

オルリクは、アカデミーでの成功の結果、キャリアを積む機会が与えられた。すなわち、一六九三年、多分ヤヴォルスキーの助けにより、キエフ大主教の宗教法院（教会会議）の書記官（秘書）の職を得たのである。そしてそのすこし後に、ヘトマンの総書記に関連した役人となり、ポルタヴァに移った。そこはヘトマン政府の中枢部であったので、オルリクはコサックのエリートたちとの関係を深めた。そこで彼は書記の仕事である、頌徳文を幾つも書いた。最初は、コサックの長老、スタルシナの有力メンバーへの賛辞を書いた。一六九五年には、ヘトマンであるマゼッパへの頌徳文、称賛の辞を書いた。そのタイトルは「ロシアのアルキデス（ヘラクレス）」で、この文章はヴィリニュスで刊行された。もう一つの頌徳文は、一六九八年にものしたニジンの連隊長イヴァン・オビドフスキーへの辞である。オビドフスキーは、マゼッパの親戚で、当時、ザポロージエ軍団の総書記であったヴァシル・コチュベイの義理の息子にあたり、オルリクの直接の上司でもあった。

オルリクは、アンナ・ヘルツィクと一六九八年十一月六日に結婚した。アンナは、ポルタヴァの連隊長の娘であったから、この婚姻によってリトアニアの貴族がコサックの最上層の仲間入りをしたことになる。一六九九年頃、オルリクは上級書記に任命され、ヘトマンの居住地バトゥーリンに赴いた。一七〇二年、オルリクの最初の息子が生まれると、マゼッパが名付け親になり、フリホル（フリホリイ）と命名された。

この時期、オルリクはその土地保有を増やしていた。新しい領地は、スタロドゥブ、チェルニヒフ、ポルタヴァで与えられた。

一七〇六年、彼のキャリアはヘトマンの後ろ楯を受けてめざましい上昇を遂げた。彼はザポロージエ軍団の総書記となったが、総書記はヘトマン国家の重要なポストであった。というのも、その役職にある者はヘトマンの内外との通信、往復信書の作業を取り仕切るからである。さらにヘトマンのウニヴェルサール（布告）を練り上げ、文章化し、公文書を管理する業務もあった。これによって、オルリクはヘトマンに極めて近い関係の場所にいることになり、そのことはオルリクに大きな影響力を付与することになった。例えば、マゼッパがポーランド人やスウェーデン人と秘密の通信を始める時は、オルリクは何が起きているかを知るばかりでなく、これらの連絡を助けたのだった。オルリクは、ヘトマンのすることの賢明さを疑ったことがあった、と後に述べている。それでも彼は、ヘトマンの指令に忠実に従った。そしてその後のすべての不幸な時期を通じて、マゼッパに忠誠であり続けた。

オルリクの『旅行日誌』に散在しているコメントと個人的なメモは、オルリクが温かく穏やかで、情感に満ちた、しかも上品な人物という印象を与える。彼は付き合いが良く、仲間を好み、特に家族を大事にする人物だったと思われる。彼の教育の背景、経歴、素養を考慮に入れると、オルリクが書籍に関心を持っていたことは不思議ではない。オルリクは書籍の蒐集家として知られている。彼は亡命者としての広範囲の旅行の間、各地の図書館や図書収蔵所を必ずと言っていいほど訪ねている。

オルリクは単に知的な人物だけではなく、原則の人であり、決断の人でもあった。その肩に、「ウクライナを恐ろしいモスクワの軛（くびき）から解放する」という重荷を負いながら、彼はその荷を三十年以上、運び続けた。一七四二年五月二四日にヤシ（現ルーマニア領）で死ぬまで。

三　憲法の構成

憲法は四つの部分からなっている。（1）前文、（2）一六条からなる憲法、（3）オルリクの宣誓、（4）保護者にしてスウェーデン国王カール十二世の裁可憲章、である。さらに、ピリプ・オルリクと息子のフリホリイ・オルリクの憲法についての「所見」が別途、残されている。

一六条の内容は、（1）宗教について、（2）領域と国境、（3）クリミアとの関係、（4・5）ザポロージエ軍団の特別な問題について、（6）国の行政とラーダ（議会）について（短い憲法）、（7）司法について、（8）軍事について、（9）財政について、（10）農民の保護について、（11）寡婦と孤児の保護について、（12）都市の自治の安全と不可侵、（13）首都キエフについて、（14）都市の財政規律について、(15) 国の財政の経済的問題について、(16) 借地人と収税吏の権利の制限についてとなっており、極めて広い範囲に及んでいることが分かる。

憲法は、亡命ヘトマンが帰還した場合の、ウクライナにおける政治的、社会的諸関係を規定しており、ウクライナ・コサックの政治的諸価値を最も完全に表明し、書き記したものと考えられている。オルリクの前のヘトマン、マゼッパの専制的支配を反省して、ヘトマンに権力が集中しないよう、その権力の縮小が図られている。

(1) 前文

まず題名は、「条約と法の盟約。ザポロージエ軍団の権利と自由。新しく選ばれたザポロージエ軍団のヘトマン、ピリプ・オルリク殿下とザポロージエ軍団の将軍、連隊長の間で完全に合意され、正式の宣誓によって確認され、双方によって正式に発布された。自由な選挙で選ばれた前記ヘトマンの宣誓によりベンデリにおいて確認された。われらが主の一七一〇年四月五日に」である。そのあとに、ピリプ・オルリクの紋章とオルリク時代のウクライナ旗が掲げられている。前文のさらに前には、「父と子と精霊の名において神は聖なる三位一体を称えられた」「ザポロージエ軍団とすべての小ロシアの人々の栄光と記憶よ、永遠なれ」と記されている。以下、段落に従って前文の抄訳を試みることにする。

以前、ハザール (kozar) と呼ばれていた勇敢なコサック (kozak) の人々は、永遠の平和を望んで、王の息子とハザール公の娘との結婚を執り行った。神は不正と不法を罰するために、コサックの民をついにポーランド国王、ボレスラフ・ホロブロフとステファン・バトーリに支配させ、従属させた。

ボフダン・フメリニツキーが、ポーランド支配からかつての自由をとり戻すために、スウェーデン国王カール十世、クリミア国家、ザポロージエ軍団、さらに同じ信仰を持つモスクワ国家の支援を仰いだ。しかし、ボフダン・フメリニツキーの死後、モスクワ国家は巧妙な方法で、ザポロージエ軍団の権利と自由を制限し、完全に破壊した。これに対してザポロージエ軍団は暴力に耐え、幾度も血を流させられて、勇敢に自分の完全な権利を守り、神はそれを支援された。

そしてついにイヴァン・マゼッパ殿下がヘトマンの時、モスクワ国家は、コサックを正規軍に組み込み、都市を自分の県に併合し、連隊の権利と自由を破砕し、下流（早瀬）のザポロージエ軍団を根絶し、その名を永久に消し去ろうとした。その時、イヴァン・マゼッパは祖国の一体性、軍団の権利と自由に不安を抱き、自分がヘトマンの時も、自分の死後にも自分の名が永遠に記憶され、祖国が華麗で豊かとなり、都市と下流のザポロージエ軍団が不動にして確固たるだけでなく、より広汎な自由の中にあることを心から望んだ。そしてそのためにスウェーデン国王カール十二世の保護の下に入った。カール十二世は麾下の軍隊とともにウクライナに入った。ヘトマン、イヴァン・マゼッパは、栄光ある記憶の中にある先駆者であり、勝利をもたらすヘトマン、ボフダン・フメリニツキーの支持者であり、後継者である。そのフメリニツキーは、最も輝かしいスウェーデンの国王、祖父カール十世殿下の堅実な軍隊と軍略によって祖国をポーランドによる苛酷な隷属から解放した。しかし運命とは分からないものだ！　イヴァン・マゼッパの意図は、変わりやすい軍事の運命により実現しなかった。

そして彼自身はベンデリで死んだ。

しかし、マゼッパの死後、孤児となったザポロージエ軍団の連隊は、自由への望みを失わず、神の助けを仰ぎ、最も輝かしく、神の恩寵を受けるスウェーデン国王の庇護の下に、また常にそれによって勝利してきた正義の下に自らを置いた。それを軍の美しき隊列の支持のもとに長老総会で決定した。庇護者である、最も輝かしいスウェーデン国王閣下の意思と自らの意思を一致させ決定した。こうして新しいヘトマンを選出した。規定に従い、選挙の場所であるベンデリに集まり、アタマン隊長コスティアンティン・ホルディエンコをリーダーとした全体集会によって選出した。そして全員一緒に、長老全員、下流のザポロージエ軍団の使節とともに、古来のならわし通り、軍団の自由な投票の権利により、全員一致で、神の恩寵を受けるピリプ・オルリクをヘトマンに選出した。ヘトマンの誉れに相応しく、神の助けを受けて能力のあるヘトマンである。最も輝かしいスウェーデン国王閣下の助けも受け、その知性と能力のおかげでかくも困難な時期に、祖国小ロシアの利益を顧慮し、ヘトマン政府を維持していくのである。ザポロージエ軍団の前のヘトマンにあっては、モスクワの専制君主の下にあり、古来の秩序と軍団の正義と自由に大きな損害を与え、すべての人々に重荷を押しつけた。それゆえ現在のザポロージエ軍団の長老総会と連隊長アタマンは、そのような不正義を避けようとして、当時の最も好ましい選択として、最も輝かしく卓越したスウェーデン王国の庇護の下に入ることとし、自らの軍の権利と自由を復活させるために確固たる協定を結んだ。新しく選ばれたヘトマン、ピリプ・オルリクと合意し、決定した。その決定と条約は、名声高いヘトマンの支配の時にだけ堅持されるのではなく、将来のザポロージエ軍団の他のヘトマンたちにも守られ堅持される。今、ここで書かれた通りに。

（2）条文

第一条　三つの信仰の中から第一位に東方の聖なる正教を、ハザールの可汗の支配の時からすでに勝利のコサックの人々の信仰であった正教を、他のいかなる異教にも決して動かされることなく信仰した。栄光ある記憶のボフダン・フメリニツキーがザポロージエ軍団とともに蜂起し、軍団の権利と自由のためにポーランド王国に対して正義の戦争を始めたことは秘密ではない。しかし、何よりも聖なる正教信仰のために蜂起したのだ。正教信仰はポーランド政府とローマ教会によって強いられて様々な重荷を負わされていた。われらの祖国から異教を根絶した後、ザポロージエ軍団と小ロシアの人々は進んで降伏しモスクワ国家の保護下に入った。単に正教という同じ信仰ということで。そして新しく選ばれたヘトマンは、全能の神の下、スウェーデン国王閣下の庇護により、わが祖国小ロシアをモスクワの軛から軍隊の力によって解放しなければならない。そしてわが祖国にいかなる異教徒も受け入れないようにしなければならない。もし異教徒が密かにあるいははっきりと現れれば、その時には自らの力でそれを根絶しなければならない。彼らに説教と普及を許してはならない。ウクライナに異教徒、特にユダヤの邪教が入り、暮らすのを許さない。聖なるコンスタンティノープルの主教座の権威の下に永遠に認可された希望の正教信仰のためにあらゆる努力をしなければならない。そして神への限りない称賛と華麗にして聖なる教会を自由な小ロシアの息子たちの間に広めた。それは、あたかも異教徒の国々の間にある白い百合の花のように咲き誇り栄えた。最も輝かしいヘトマンは、祖国をモスクワの軛から解放した後、小ロシアで最初に、コンスタンティノープルの権威、普遍にして聖なる権威の下、キエフ大主教の祭壇と宗教上の行政権を獲得した。

第二条　いかなる国家も国境の一体性の不可侵を確認する。われらの祖国小ロシアの国境は、ポーランド王国、最も輝かしいトルコとモスクワ国家との条約によって確認される。それはボフダン・フメリニツキーがヘトマンの時にスルチ川沿いのポーランド王国からヘトマン軍団の土地までと、永遠に条約によって約束された。これは決して動かされることなく、神の恩寵を受けた、最も輝かしいヘトマンと最も輝かしいスウェーデン国王との約束によって守られるものである、必要な時には。特にこれについて最も輝かしい神の恩寵を受けるわれらの守り神、保護者であるスウェーデン国王に不満をのべることは誰にもできない。軍団の権利と自由と国境を動かしたり盗んだりすることを許してはならない。最も輝かしいヘトマンは、スウェーデン国王陛下にそのような条約を要請し、陛下と後継者の最も輝かしい国王に永遠のウクライナの保護者という称号を奉る。わが祖国の力を強くしそれに与えられた権利と国境を守る者として。同時に輝かしいヘトマンは、モスクワ国家とスウェーデン陛下の条約を請わなければならなかった。現在、モスクワ国家にいるわれらの捕虜を、戦争が終わった時に、われらのところに自由の身として帰ることを、また、現在の戦争によりウクライナが被った被害はすべて賠償されなければならないことを、スウェーデン国王に実現してもらうよう、お願いしなければならない。

第三条　われわれにはクリミア国家との隣人としての友愛が常に必要で、彼らの助けのおかげでザポロージエ軍団の防衛が一度ならず成功した。今回もそれが可能である。最も輝くヘトマンは大使をクリミア汗閣下に送り、かつてのクリミア国家との友愛と、軍の合同と永遠の友好を確認し、ウクライナを服従させ、いつかは暴力を振るおうと望んでいる隣国を注視しなければならない。戦争が終わった後、神の助けを得て、新しく選ばれたヘトマンは、自分の居所にいて、平和への希望と期待を変わることなく、注視し続けなくてはならない。政府に対しては、クリミア政府との友好と友愛が短気で浅はかな人々によって動揺させられることのないように監視しなければならない。そういう人々は隣人との調和と友好に慣れてしまい、平和の同盟を破壊するのである。

第四条 下流のザポロージエ軍団は栄光ある不死の多くの勇敢な行いによって、海と陸地の少ない贈り物を共同の生活と産業のために報酬として与えられた。そしてモスクワ国家は様々な方法によって、ザポロージエ軍団に圧力をかけ、崩壊させるために軍団の土地に、サマラ川の都市に、またドニプロ河沿いに要塞を建設した。下流ザポロージエ軍団に、漁業と狩猟において損害をもたらすことを望んでのことである。そのような耐えられない仕方で違法行為を行い、人々を落胆させた。そしてついにはザポロージエ軍団の安息の地であるシーチ（本営）を攻撃して掘り返した。神よ、幸いにも戦争が終わった暁には、（もし、ザポロージエ軍団の土地とドニプロ河が、モスクワの暴力から、汚れを逃れ自由になることができないなら）輝かしいスウェーデン国王とモスクワ国家との条約に際して、ヘトマンは平和をもたらさなければならない。町と要塞、そしてドニプロ河と土地をモスクワの支配から解放し、ザポロージエ軍団の領域を返還しなければならない。そしてそこに将来誰も要塞を建設せず、町を塞がず、大村を占領せず、そしていかなる他の方法によっても軍隊の居住地を荒廃させてはならない。栄光あるヘトマンは、決してそれを許してはならない。また、下流ザポロージエ軍団をその防衛のためにあらゆる手段で支援することを義務とする。

第五条　テレフテミリフの町は昔からザポロージエ軍団に属しており、病院の町と呼ばれていた。神よ、祖国がモスクワによる隷属から解放されたあと、ヘトマン殿下は下流のザポロージエ軍団にすべての土地とドニプロ河から搬出されたものを返還しなければならない。テレフテミリフの地には、老いた者、貧しき者、負傷したコサックのために、軍団の費用で病院を建て、衣食を支給する。

同時に、上流から下流のペレヴォロチナまでのドニプロ河全流域、ケレベルダの町、ポルタヴァ連隊の領域にあるヴォルスクラ川の製粉所、コダク要塞とその全財産はすべてヘトマン殿下のものとなる。そして彼のあとの後継者とその政府に対して、ザポロージエ軍団の古くからの法により権利が守られる。そして、いかなる聖俗の権力も、ペレヴォロチナより下流にダムを造ったり、漁業を営むことは許されない。平原、大小の川、すべての土地はオチャキフまで永遠にザポロージエ軍団にのみ属し、他のいかなる者にも属さない。

第六条　独裁国家では、戦時でも平時でも常に、また私的にも公にも、独裁が称賛され、社会的に有利な秩序、祖国の全般的な幸福のための忠告に、いかなる専制君主も悩まされることはない。大臣や相談役の議論にも悩まされることはない。なぜ自由な人々の間ではそのような良い秩序が維持されえないのか？　ザポロージエ軍団では、ヘトマンは古くからの法と自由に従い、それを絶対に守るが、幾人かの軍団のヘトマンは不正かつ不法に権力を簒奪し、そのことを独裁的に合法化し、自分の思うままに行動した。そのようなヘトマン政府には本来無いはずの専制主義によって祖国とザポロージエ軍団の中に法律違反や自由の侵害がはびこり、破滅した。人々への強制的な重荷、政府と軍の堕落が、長老や連隊長、かなりの仲間に対する侮蔑感を育ててしまった。それゆえわれら長老総会、連隊長、コショヴィイ（首）・オタマン、すべてのザポロージエ軍団は皆、同意の上、次のように決定した。ヘトマン殿下の選出に際して、上記の法律はザポロージエ軍団によって永遠に遵守されるべきものであること。われらが祖国にあっては、政府に対する尊敬を維持しつつ、長老総会が相談者の間では優先されること。またその長老総会はヘトマンの居住地で行われること。それに次ぐ相談者は都市の連隊長で、彼らは市民の相談役に尊敬されている人であること。それ以外に総員ラーダ（集会）には、連隊から一人、卓越した、慎重な、功績ある人物を選ぶ必要がある。全般的相談役はヘトマンの合意の上で選ばれる。これらすべての個人、連隊長、全般的相談役に、現在のヘトマンと後継者は、祖国の一体性と繁栄について相談し、すべての公共の事柄について相談し、彼らの意思なしでは、何ごとも始めず、確定せず、決定しないようにしなければならない。

このために今、ヘトマンの選挙に際して、全員一致の決定により、総ラーダの年三回の開催の時を定めた。それはヘトマンの居住地において行われる。第一はクリスマス、第二は復活祭、第三は生神女庇護祭（十月一日）である。それには、連隊長、長老、百人隊長だけでなく、全連隊の全般的相談役（ラードニク）だけでなく、下流のザポロージエ軍団からの大使が、聴取と討議のために決められた時期を固く守って、ヘトマンの委任状を受け取った後、到着しなければならない。もしヘトマン殿下から総ラーダに対して何かしら提案のあった時には自他の利害を離れて、すべて規則に法って、人非人のような嫉妬や敵意を離れて勧告をする義務がある。その勧告はヘトマンの名誉を損ねることがないように、祖国に全般的な負担をもたらすことのないように、神よ、祖国が切り裂かれたり、壊滅したりすることがないように。

もし何か社会的問題が起こり、それが早急に認定し調整しなければならないものなら、ヘトマン殿下が長老会議の勧告を聴いた上で、最高権力者としてヘトマンの真正な規範に従って解決する。

また同じく、もしヘトマン殿下に外国から書簡が送られてきたら、殿下はそれらを長老会議に公表し、翻訳された返事を説明し、それらのいかなる通信も隠さない。特に外国のもの、祖国の一体性と市民の財産を損なう可能性のあるものを隠さない。ヘトマン殿下と、長老総会、連隊長、総顧問官との秘密あるいは公開の会議においては、有効で相互的な信頼、彼らはいずれも祖国への忠誠、自分の連隊への献身、地位に相応しい自己規範を固く保持することを公開で宣誓しなければならない。そうすれば彼らは常に受け入れられるだろう。

もしヘトマン殿下の行動に、何か法と自由に合致しないものが見られたなら、祖国にとって有害であり無益であるなら、その時には長老総会、連隊長、総顧問官は自由な投票によって全権を与えられる。その投票は秘密か、もし必要なら公開で行われる。そしてその会議では、権利と自由の侵害に関して、殿下を非難する。連隊の高き名誉に対しては、非難しない、あるいは最小限の非難にとどめる。ヘトマン殿下はそうした非難に対し、決して反撃せず、逆に混乱を調整するよう努力しなければならない。

特に、自分の連隊から選ばれる総顧問官は、都市連隊長とともに秩序を追求する権限を持ち、他の者は、人々の損害を補償しつつ、総ラーダにより統治する。総長老、連隊長、総顧問官は、ヘトマン殿下を尊敬し、彼に相応しい誉れと真の服従を示し見せなければならない。またヘトマン殿下も相互的に仲間として彼らを尊敬しなければならない。彼らを仕事の助手や召使いのように扱ってはならない。彼らの名誉を意図的に低め恥をかかせることを強いてはならない。もちろん、それが必要な時を除いて。

第七条 総ラーダの人々、総顧問官、重要な仲間、あるいはその他の軍の書記、特に普通の人々のうち誰かがヘトマンの名誉を侮辱したり、何か他の誤りを犯したら、ヘトマン殿下は自分ではそれを罰する権利を持たない。それは、刑事あるいは非刑事問題の総軍事裁判に付さなければならない。そして、いかなる偽善や虚偽にも判決は影響されることなく、罪ある者は誰でもその判決を受諾しなければならない。

第八条 国家および軍事の問題についてヘトマン殿下に報告するのは、ヘトマンの居住地に常住している総ラーダの人物が、役目に従って行う。軍事の問題や国家の利害に関心もない、家庭の召使いなどが、口を出すべきものではない。

第九条 以前、ザポロージエ軍団には常に総財務官がいた。それは、軍の財産、製粉所、収益を軍の財務官に管理させ、その知識によりヘトマンが財務処理をした。そして今、全条約により確実に秩序を確立し、神は聴き入れたもう、われらが祖国がモスクワの軛から解放された後、ヘトマンの合意と全体の決定により総財務官が選ばれた。人物は卓越した、資格のある、誠実な人である。その人が軍の財産、製粉所を管理し、国家のあらゆる収益を管理し、ヘトマンの認知とともにそれを社会と軍の必要に当てた。ただし、私的にではなく。

ヘトマン殿下自身は、軍の財務官とはいかなる関係も持ってはならず、その金を私用に使ってはならず、ヘトマン個人と職杖のためにあらかじめ予定された収益と収入で満足しなければならない。

これは授与である。ハーデャチ連隊の集会、シェプタキ百人隊、ペチェピフとオボロンその他の富からの授与である。それは古くにヘトマン政府に対して、決定され、確認されたもので、それ以上は、富と土地を、ヘトマン殿下は恣意的に奪ったりする権利を持たない。それらを他の人物に分配する権利を持たない。ザポロージエ軍団に功績の小さな人、特に修道士、司祭、子供のいない寡婦、社会と軍の小役人、自分の召使い、何か私的な人物に富や土地を分配してはならない。

ヘトマンの下には、軍の財産を管理する総財務官が選ばれて、ヘトマンの居住地にとどまる。それだけでなく、個々の連隊にそれぞれ二人の財務官がいなければならない。この人々は、連隊長と軍長老と市民の決定により、卓越した、裕福な者が選ばれる。彼らは、連隊と都市の収益、社会の税について知らされなければならず、それらを管理し、その処理について毎年報告する。連隊の財務官は、総財務官の直接の部下であり、自分の連隊にいて、軍の財産である軍の収益を上げなければならない。それについて知り、集めて、総財務官の手に渡さなければならない。連隊長も、連隊の財産に関心を持ってはならないし、その地位に相応しい収入と土地で満足しなければならない。

第一〇条 ヘトマン殿下はその地位のために祖国ザポロージエの秩序に注意を払わなければならない。特に、軍と農民に重荷がかからないように、抑圧と強奪が行われないように注意を払わなければならない。それによって彼ら農民が家屋を捨て、外国に避難を求めに行くことがないようにしなければならない。このために、連隊長、百人長、オタマンとすべての軍人と農民の役人が、農奴制そして労働で支払いをするようなことを自分の私的な経営において導入することを決めたりしてはならない。その際、力によってコサックや農民を使ってはならない。特に、政府にも、彼らにも直接属していないものを使ってはならない。枯れ草集めの草刈り、畑での収穫作業、堤防作りを強制してはならない。強制的に土地を奪い、売却してはならない。いかなる罪に対しても動産、不動産を奪ってはならない。職人に対して無償で家仕事を行わせてはいけない。コサックを私的な遠征に強制的に動員してはいけない。すべてこれらは、ヘトマン殿下が自己の権限で禁止し、他の者に対する良き手本として注意し、それを行わせないようにしなければならない。

最も大きな悪は、貧しい人々を迫害し、強奪し、苦しめることである。権力欲に固まった収賄者による重荷、自分の功績によってではなく、自分の強欲と悪欲により、軍と農民の政府の中で自分の富を増大させることである。彼らはヘトマンの心を誘惑し、腐敗のおかげで、完全な選挙なしに、正義と法に背いて、連隊の政府の中で軽蔑されるか、あるいは他の地位を受け入れるかだ。それゆえヘトマン殿下はついに決定した。誰も大きな贈り物、収賄によって、軍と農民の政府に地位を与えられず、誰も任命されないことを決定した。軍と農民の役人、特に連隊の役人は、常に自由な選挙で選ばれなければならない。そして選ばれた後に、ヘトマンの権限によってそれが確認されなければならない。しかし、そのような役人の選挙は、ヘトマンの意思なしには行うことができない。同時にその法は堅持されなければならず、すべての百人隊長、その他の地位も、自由な選挙なしでは、就くことを許してはならない。そして自分の考えで政府から追放してはならない。

第一一条 コサックの寡婦とコサックの孤児および、コサックが何か遠征に出かけているか、あるいは何かしら他の軍務に就いている時は、コサック不在の時のコサックの屋敷と夫人は、あらゆる社会的義務に引き出されることはないし、税の支払いも免除される。そのように同意し、定められた。

第一二条　大きな負担がウクライナの都市にかかっている。社会的活動を遂行するに際して、かつて重荷が多くの農村にかけられ、割り当てられていたために様々な聖俗の借地人が私有地から立ち去った。農村では人口不足になりながら、与えられた義務を遂行しなければならない。かつては選ばれた村々が重荷を背負わなければならなかった。それゆえ、われらの祖国が戦争の騒乱と、モスクワへの従属から解放され、穏やかな平和が到来した時、神よ、特別に選ばれた兵站（へいたん）長官によって、領主の所有となっているすべての財産の総調査が行われなければならず、その結果が、ヘトマンの出席の下、総ラーダに報告される。そこで、軍の土地と財産について、誰が私用する権利を持っており、誰が権利を持っていないかが決定される。またいかなる義務を封建領主に履行しなければならないのかを決定する。

さらに貧しい人々に追加の重荷が課されているので、多くのコサックは人々と財産を彼らに課された義務から守り、土地と家屋を持たない農民を自分に受け入れるが、裕福な商人は、一方でヘトマンのウニヴェルサールを、連隊と百人隊の保護を守りながらも、一方で市民の共通の義務の遂行には俯いてしまい、貧しい人々を助けることを欲しない。そのため、ヘトマン殿下は、ウニヴェルサールによって、コサックも商人も市民の義務を怠ることのないように強いなければならない。

第一三条　首都キエフとその他のウクライナの都市は自治議会を持ち、法によって彼らに与えられたすべての権利と特権を有する。それは永続的に守られる。このことは、特別の法令によって制定され、将来のヘトマン政権に伝えられ、確認される。

第一四条　ウクライナの一般の人々にとって最大の重荷は、旅行者の保護と、彼らに乗り物を授与することにある。それはつまり、コサックのために彼らの付き添いをすることであった。このことは、幾人かの人々を困窮に追いやった。現在、旅人に乗り物と付き添い同行を与えることは、完全に変更されなければならない。旅人の誰も、いかなる乗り物も、食事も、飲み物も要求する権利を持たない。誰か、公的な理由で旅行するのでない限り、である。例えば、ヘトマン殿下のための旅行でない限り、である。しかし、そのような場合でも、いかなる贈り物もしてはならず、許されているのは旅人のために記載されている乗り物の提供だけである。特に、軍人もその召使いもヘトマン殿下の召使いも、軍事的理由でなく、私的な旅行であるならば、そういう人たちは、乗り物も、食事も、飲み物も、人々の挨拶も、付き添い同行も要求してはならない。なぜなら、それによって都市が滅んでいき、貧しい人々が貧窮化するからである。いかなる個人も、軍のではなく、連隊の旅行ではないなら、都市でも農村でも、自分の費用で移動しなければならない。乗り物や付き添い同行を要求してはならず、決して力を行使してはならない。

第一五条　土地の賃貸料に関しては、軽騎兵と護衛への毎年の支払い、同じく軍のその他の費用は、小ロシアの軍人と一般人のすべての住民にとって社会的重荷と見なされているし、護衛と軽騎兵のための宿舎の確保は社会にとって煩わしく厄介なものである。それゆえ、賃貸料も前述した宿舎も完全に変更されねばならない。

総ラーダにおいて、あらゆる種類の、公共のそして軍隊の費用には足りない軍の財産をいかに刷新するかを決定しなければならない。そして戦争が終わったあと、給料を出す軽騎兵と歩兵を軍務にどれだけ維持するかを、ヘトマン閣下は決めなければならない。

第一六条　しばしば貧しい人々は、国税徴収官と税役人の側からのおびただしい強奪を訴えている。また、同じく、定期市の騎馬役人についても訴えている。貧しい人々は、定期市でいかなる物品も、全く売ることができない。自分の貧窮を緩和しようとしてそうしているのに。また、何か自分に必要なものを買うこともできない、定期市の代金を払わないでは。なんということだ、神よ。何かしら借金があると、定期市の騎馬役人によって、足から頭までぼろぼろにされるだろう。

それゆえ、徴税吏と税役人が国庫に集めるのは、関税と、条約によって公布されている物品への税のみとし、それ以上、商人から何も要求せず、貧しい人々からの強奪をしないこととする。同じように、定期市の騎馬役人は、払わなければならない人からのみ関税を集め、定期市にやってきた人々から徴収しないこと。彼らは、自分に必要な物を売り買いしているのだから。いかなる問題、犯罪の問題だけでなく、通常の問題も、あからさまに暴露してはならない。人々と都市に対して恒常的な略奪をしてはならない。この願いに対して、ヘトマン殿下は、自己の賢明なる配慮と権力によって、われらの祖国のあらゆる悪しきことを正し、軍の権利と自由を堅く守る。

この条約と決定は、猊下が承認し、自筆の署名のみならず、正式の宣誓と国の印章の刻印によって確認されることで、真に有効となる。

（3）オルリクの宣誓

我、ピリプ・オルリク、ザポロージエ軍団の新しく選ばれたヘトマンは、三位一体によって称えられた、われらの主、キリストに誓う。古くからの法と慣行に従って、また、われらの保護者であるスウェーデン国王陛下の同意とともに、自由な投票によって、また、将官とザポロージエ軍団全体と、下流の軍団からの外交使節からの代表によって同意され、ヘトマンという最高の地位に選ばれた者である我は、全員一致で受け入れられ、法律とされた、この文書の、すべての条文、コンマ、ピリオドによる、我とザポロージエ軍団がこの選挙により確認した盟約を、必ず実行することを誓う。我はさらに誓う。われらの母である、ルーシ（ロクソナラエ）を愛すること、ルーシに忠誠を尽くし、世話をし、自分の実力、知恵、能力の許す限り努力することを。ルーシの共通の幸福と統一のために、そしてザポロージエ軍団の権利と自由の拡大のために努力することを。我は誓う、外国とその人々と、またはわれらの祖国の中でも、祖国に破滅か害をもたらすようないかなる合意も決して結ばないことを。我は誓う、わが祖国とザポロージエ軍団の権利と自由を害するような他の国からの秘密のメッセージを、将校、連隊長、その他の適切な人物に知らしめることを。我は約束し誓う、ザポロージエ軍団の中で、称賛に値する人物を、尊敬を持って遇することを。軍団に相応しく行動するすべての高位、低位の戦友を愛することを。そして犯罪者には、法律の条文に従って処罰を与える。それゆえ、神よ、我を助けたまえ。この神聖なる福音とキリストの受難とともに。我は以上すべてを認証し確認する。自分の署名と公の印章によって。

ベンデリにおいて制定された。主の一七一〇年四月五日

（4）スウェーデン国王の裁可

（この憲法は、スウェーデン国王カール十二世によって一七一〇年五月一〇日、裁可された）

（A）ピリプ・オルリクの所見

1．私自身が条約（憲法）のほとんどを書いた。そして条約（憲法）全体を編集した。私はそれを、他の国によって書かれた公の条約にならって、一定のプランに従って書いた。私は、（グスタフ・ヘンリク・フォン・）ミュレルルン氏の図書館にある実例を使用した。条約の異なる条文を彼に示すのが常だった。

2．この資料（憲法）の条文について熟考した諸氏は、（アンドリイ・）ヴォイナロフスキー（マゼッパの甥、一七一六年ハンブルクでロシアにより誘拐された。この時、ピリプ・オルリクも危うく誘拐されるところだった）、（コスチ・）ホルディイエンコ、（イリヤ・）ロミコフスキー、（フェディル・）ミロヴィチ、（イヴァン・）マクシモヴィチ、イヴァネンコ（？）、コステンコ（？）の各氏である。幾人かの名前は、時間の経過の故に、もはや思い出せない。しかし、私と聖俗の身分の者、そして多くの卓越した人々がわれわれの決定をウクライナにもたらした。

3．私が幾つかのポイントを、より正確に強調したい時に、何度も私は（私の同僚に）言われる、私の献身を信頼し、総記に満足していると。

4．われわれは、これ（憲法第六条）に一ヶ月以上働いた。私の使者たちはウクライナに二往復した。このことは私に負担を負わせた。それは、私はこの憲法を暗号化しなければならなかったから。

ウクライナの有名な指揮官のために。ヴォイナロフスキー氏がこの作業で助けてくれた。

（B）フリホリイ・オルリクの所見（フランス語からの翻訳）

この長い憲章（憲法）は長い前文がある。それは私が所有している。コサックの言語で書かれている。そして、コサックの人々の幸運と不幸を叙述している。この前文は、短い議論の後で、満場一致で認められた。前文の一節に、コサックの人々は常に専制政治に反対の声を挙げてきた、を入れたのは私の父親自身である。

コサックの人々が、ハザール国家の末裔であるという考えに関しては、私の父は、古いラテン語の著者たちと、一人の聖職者（パルテニウス）から学んだ。彼は教育ある人物で、私の父の友人であり、神学書の中に同じ証拠を見つけた人である。私の父は、また、私に書いた。もしコサックの人々が、彼らの古い公を守り続けていたら、それらの公たちは、東の帝国の世襲により大きな権利を有していただろう、今のロシア帝国の女帝（エリザヴェート）より、と。

四　オルリクの『旅行日誌』

1　『旅行日誌』について

一七二〇年秋、カール十二世が死んで二年後、オルリクは家族と随行者と亡命して五年間を過ごしたスウェーデンを離れた。彼の目的は、政治的な支持を得る望みを持って、ヨーロッパの宮廷を訪ねることだった。オルリクは一七二〇年一〇月一〇日に『旅行日誌』を書き始めた。毎日、日誌を書いて、一七三三年一月まで書き続けた（理由は説明されていないが、一七二五年と一七三一年の分はない）。一七三三年一月は、オルリクがテサロニカ（ラテン語名）をまさに去ろうとしていた時であった。オスマン政府は、亡命していたヘトマンがロシアとの戦争を引き起こすのではないか、あるいはロシアに寝返るのではないかと恐れて、彼を十二年近くも拘留したのである。

日誌は全一一巻からなっており、二つの部分に分けられる。初めの七巻は、一七二〇〜一七二二年の期間の実際の旅行日誌であり、オルリクの熱狂的な遍歴が綴られている。ドイツ、オーストリア、ボヘミア、ポーランド、オスマン帝国を廻り、毎日の短い記載、注目すべき出来事、会合、会話の記録、さらにオルリクの大量の通信の一覧表が書かれている（最初の部分には、五〇〇以上の手紙がリストアップされているが、その内訳は二〇〇ほどの家族への手紙、一〇〇の友人への手紙、残りは政治的人物への手紙である）。

しかし、『旅行日誌（Diariusz podorozny）』の大部分は、一七二三年から一七三三年に亘る、第八巻から第一一巻である。こちらは旅行日誌とは呼べないもので、オルリクがテサロニカで、オスマンにより強制的に拘束されていた時期にほぼ重なっている。その拘束は比較的快適なものであり、一七三三年にオスマン政府がロシアに対抗してオルリクを解放するまで続いた。拘束されている間、オルリクには時間があったので、『旅行日誌』のこの部分の日々の記載は、長く詳しい。重要なのは、オルリクが彼の通信をリストアップしているだけでなく、日誌の中に、彼がテサロニカで送り、受け取った手紙の写しを掲載していることである。この後半部分は、こうして日誌と彼の個人的な保管記録からなっている。

テサロニカにいる間、オルリクはポーランド、フランス、オーストリア、そしてオスマン政府の有力な政治家に宛てて、彼自身とウクライナの苦境について書いている。『旅行日誌』には、そのような手紙の写しが二七〇通、含まれている（うち一八〇通がオルリクによって書かれたもの、九〇通が受けとったもの）。同時に、どのように受け取り、発送したか、についてのオルリクのメモが含まれている。さらに、彼はしばしば、それらの手紙の評価や感想を付け加えている。この通信に対する几帳面な扱いは、明らかに、彼のマゼッパの書記、ザポロージエ軍団の総書記としての経験を反映している。

オルリクは『旅行日誌』で、三つの言語を使用している。日々の記載と説明はポーランド語に頻繁にラテン語が混入したものである。通信の多くは、ラテン語とフランス語である（フランス語は独学で、新聞を読んだり、フランス語の作品を翻訳して学んだ。ラテン語が素晴らしくできたのは、ヴィリニュスとキエフのアカデミーでの学生時代の習得にさかのぼる）。大体においてオルリクは、オスマン政府と、幾人かの宗教界の人物との通信にはラテン語を用い、フランス語はヨーロッパの外交官との通信に使用した。フランス語については、一七二〇年代にますます堪能になっていた。

注目すべきことは、オルリクはマゼッパの書記として、明らかに、ウクライナ語を素晴らしく自由に操る能力を持ち、それを「彼の」ザポロージエ軍への頻繁な手紙で使用していることである。ヤヴォルスキーへのウクライナ語の長い手紙が残されている。しかし、何らかの理由から、オルリクは自分がキリル文字で書いた手紙を『旅行日誌』に含めていない。彼の日々の記載と叙述が示しているのは、彼にとってポーランド語の方がより気楽だったということであろう。

『旅行日誌』のオリジナルは五巻本に製本されていて、二〇〇〇ページ以上からなっている。そして「Diariusz podorozny」のタイトルのもと、パリのフランス外務省のアルヒーフに良い状態で保管されている。そこでは「回想と資料」の部に、「Pologne（ポーランド）（1720）。Vols.7-11」として所蔵されている。『旅行日誌』の簡略版のコピーは、およそ八〇〇ページの一冊本として、クラクフのチャルトリスキ図書館に「MS. No.1977」として保管されている。MSはmanuscriptの略と思われる。この版には日々の記載の多くが含まれていない。また、これにも一七二五年と一七三一年の分は欠けていて無い。

2 『旅行日誌』の内容

『旅行日誌』の中の資料は、四つのカテゴリーに分けることができる。①政治、宗教問題、②ヨーロッパの旅行とテサロニカでの生活の観察、③オルリクの個人的な苦境、彼の生涯の異常な事件、④彼の個性、そして世界観についての記述である。

軍事、外交に関する資料は、ほとんどの手紙に含まれている。全体として、政治、軍事、外交はオルリクの記述の中心的テーマになっている。それは、ロシア帝国、オスマン帝国、ポーランド＝リトアニア共和国、ヨーロッパの同盟国を一緒に巻き込んだいかなる争いにおいても、亡命中のヘトマンと「彼の」ザポロージエ軍団が決定的な役割を演じるだろう、ということである。

一七二一年から一七二七年にかけて、オルリクがロシア宮廷との和解を試みていた時、彼は自分のロシアにとっての有用性と、自身が異教徒の側に立って戦うことの不本意さを強調していた。しかし一七二七年以降、彼が（ロシアによる）恩赦を受けることを諦め、もう一度、オスマンとフランスが後援するポーランド国王の候補者スタニスワフ・レシチンスキーと協力した後には、彼は、彼と「彼の軍」が、ロシアに対して使用できる、と主張した。しかし、すべての場合、オルリクのメッセージは、亡命へトマン、ザポロージエの人々、ウクライナの利害を考慮にいれることは、大国にとって利益をもたらすものだ、ということであった。

オルリクの通信の中に、ウクライナの話題が、重大なものとして現れてきた。特に、一七二七年以降、彼が公然と反ロシアの方針を再び採用してからは。オスマン政府と、フランス、イギリス、オランダといったヨーロッパの強国への手紙の中で、彼はウクライナの大きな戦略的重要性を強調した。オスマンに対しては、オスマンとロシアの対決の場合に、コサック、特にザポロージエの人々が、いかに有用であるかを指摘した。フランスにとっては、ヴェルサイユの計画した反ロシアの緩衝地帯の中の一つの環として、ウクライナがいかに役に立つかを強調した。その緩衝地帯は、北はポーランドとスウェーデン、南はオスマンからなっている。オルリクは彼の通信相手の多くがウクライナについてあまり知らないことを悟り、手紙の中にしばしば、フメリニッキーからマゼッパに至るコサックの歴史の概観を挿入した。

彼の手紙と毎日の記載には、数多くの情報の項目、ウクライナにおけるその最近の展開についてが含まれていた。これらは、アトス山へ行く途中のウクライナの修道士やウクライナで商売をしているギリシア人商人から集めたものである。それどころか、誰か彼の祖国についての情報を持っている者がテサロニカに到着すると、オルリクは必ずその人から情報を聞き出すのだった。その結果、オルリクは、ウクライナにおけるツァーリの政策について、民衆のロシア人に対する態度について良く知っていた。また、スコロパツキー（亡命ヘトマン。オルリクは彼を高く評価していた）、アポストル（オルリクは彼を軽蔑していた）、ポルボトク、ヴォイナロフスキー、ヘルツィク、プロコポヴィチ、そして彼の最も敬愛する人、ヤヴォルスキーのような重要な人物についてもよく知っていた。日誌はまた、ザポロージエの人々が、クリミア・ハンの宗主権下にあった時（一七一一～一七三四）のザポロージエの人々についての情報で満ちている。

オルリクは、ロシアについて良いことはほとんど言っていない。特に、彼がレシチンスキ、フランス、オスマンと同盟したあとは。彼は繰り返し、ロシア人は信用できないと強調している。例えば、彼は一七三〇年に記す、「モスクワの信仰が何かを知らぬ者は、軽卒にそれに依拠させたら良い！私はその人々（ロシア人）の生まれつきの陰険さ、嘘つき、人を欺くことについて、多くの経験をしている」。

もう一つの繰り返されたテーマは、専制君主的な「モスクワの軛」に関することである。それは、ピョートル一世がウクライナに押しつけたものである。一七三〇年、大宰相（オスマンの）への手紙でオルリクは書いている。最近（一七二五年）没した父アレクセイ・ミハイロヴィチのあとを継いだ時、ピョートル一世は父とコサックの間の約束を守ると言った。しかし、強くなるとすべてを破壊した。ヘトマンの自由選挙を禁止し、ヘトマンの職を永遠に廃止し、協定条項（Pacta conventa）を破った。人々を拷問し、殺し、流刑にし、投獄した。全住民を重くて巨大な軛につないだ。三万名のコサックを、ペテルブルクの運河を掘らせるために送った。同じ数をしばしばペルシアに送り、要塞を建築させた。戻ってきた者はいない。

オルリクは言う、ロシアはウクライナだけでなく、すべての隣人に脅威を与えた。彼はその主張の正しさを強化するために、ロシアの拡張主義の構想を証明するものとして「秘密のプロジェクト」を挙げる。それはウクライナ・コサックを使ってオスマン帝国と戦うという、ピョートルの企図である。

一七二〇年代、スタニスワフ・レシチンスキがポーランド国王になるべく二度目の努力をしていたその時、彼はベンデリ時代からの仲間であるオルリクとの関係を再建しようとした。彼らの手紙のやり取りは、「ウクライナ革命」という考えを巡って展開される。一七二七年、レシチンスキはオルリクへの手紙で、フランス、イギリス、オランダの外交使節と連絡を取り、モスクワに対する牽制行動をやめないように要請している。

レシチンスキは、そのような革命の脅威が、彼を国王候補にすることに反対するロシアの決意を鈍らせるだろうと信じていた。そしてそれは、彼のヨーロッパの支持者を勇気づけるだろうと。

一方、オルリクは、そのような「ウクライナ革命」についての要請が広まることによって、ヨーロッパの大国の注意を引きつけ、彼自身がオスマン帝国から解放されるという利益がもたらされると考えていた。オルリクのレシチンスキへの手紙は、ヨーロッパ宮廷の間で配られることを結果的に意味していたが、その手紙はレシチンスキと彼のフランスの支持者たちが聴きたがっていたメッセージを含んでいた。「モスクワの専制」のために、ウクライナの、特にザポロージエのシーチの状況は一触即発だと、オルリクは主張した。彼は記す、ウクライナからの修道士たちが、次のように語ったと。聖職者も一般大衆も彼を待っている。地獄の辺土の長老としてキリストを待つかのように。そして彼らは彼ら自身を叱責する。全員一致で今は亡きマゼッパに従おうとしなかったことを。マゼッパは、彼らの今の運命を彼らに鮮明に予言したのに。オルリクは結論する。「ウクライナにおける革命は、疑いえない。炎は塵芥の下で燻っている。誰かが息を吹きかけるだけだ」。

オルリクは、レシチンスキとの手紙のコピーを掲載するのに加えて、この文通に関する高度に意味深いコメントを日誌に挿入した。彼の文書による支持の表明にもかかわらず、付けられた注釈から明らかなように、亡命中のヘトマンはレシチンスキの成功には疑問を持っていた。「ウクライナ革命」についての手紙のコピーの後に彼は次のように加えている。「誰も私の書いたことに憤慨しないように。なぜなら、政治は、私が書いたようなことを要求するのだから」。同じような意味深いコメントが『旅行日誌』に掲載されている多くの手紙に付されている。

もう一つの重要な手紙のやりとりは、オルリクと息子のフリホルの間で行われた。一七三〇年から一七三二年の間に、フリホルはフランスによって、オスマン帝国とクリミアへ二度の秘密の使節として送られた。この仕事の準備をさせるために、オルリクは息子に、ムスリムといかに交渉するかなど、豊富な情報と指示を手紙で与えた。これらの長い信書には、最近のザポロージエとタタールの関係、クリミア・ハンとオスマン帝国の結びつき、そしてクリミアとオスマンのリーダーたちの分析について、素晴らしい詳説が含まれていた。それに応えて、フリホルは父に報告した。クリミア・ハンとオスマンの大宰相の、オルリクと「ウクライナ革命」についての見解を。さらに彼の手紙には、クリミアの宗主権下のザポロージエの人々の状況についての観察が含まれていた。父と息子の間に存在していた明らかな信頼のゆえに、彼らの手紙には通常、各自の意見の率直で直接的な開陳が含まれている。

オルリクは、ヨーロッパとオスマン帝国の政治的進展に遅れないように大変な努力をした。ヨーロッパの宮廷についての情報は、主にヨーロッパの、特にイタリアの新聞と、テサロニカのフランス、イギリスの領事、訪れる商人たちから得ていた。オルリクは、オスマン帝国の政治的変化について、コンスタンティノープルのイエズス会との関係のおかげでよく知っていた。一七三〇年代初めにフリホルがコンスタンティノープルを訪れた時、この情報――これは日誌に多く入っているが――の流れはさらに大きくなった。特に注目すべきは、ロシアのペルシアとグルジアへの侵攻に対するオスマンの反応、パトロナ・ハリルの反乱（一七三〇年、コンスタンティノープルにて）についての、同じくオスマンの様々な役人の特徴描写の記述である。

政治に加えて、オルリクの大きな関心は宗教の問題だった。彼は、教義上の、そして神学上の論点について進んで議論した。様々なキリスト教の教会間の関係、そして地元の聖職者の態度を。そういったことは、彼が暇な時間に、教会に出席した時の地元の聖職者や神学者との議論として現れる。それゆえ、通信の中にではなく、日々の記載の中に、彼の議論と観察の要約の記載の中に、オルリクが宗教上の話題について何を言っているかの多くを見出すのである。亡命へトマンの洗練された理解の一例は、教義上の、そして神学上の論点、例えば、化体説と背教の場合の破門のような話題についての、地元の神学者との会話に関する記述の中に現れる。特に、イスラムに改宗したクリスチャンの破門についての議論の中に含まれている。

オルリクの宗教への鋭い関心を考えると、オルリクの自身の宗派がはっきりしないのは、むしろ不思議である。多くの歴史家が、彼が正教か、カトリックか、ユニエイトかの問題について議論してきた。オルリクの『旅行日誌』によると、彼はほとんど毎日、正教の教会に行き礼拝に参加している。しかし、彼はしばしばフランスのカトリック教会を訪れ、テサロニカとコンスタンティノープルのイエズス会士との非常に良い関係を維持した。オルリクは、法王とエルサレムの総主教の両方と文通していた。明らかに、キリスト教会間の関係に魅せられていたオルリクは日誌の中で、権威ある六巻の歴史書の第三巻の翻訳を終えたと記述している。もし彼の長い、注目すべき宗教問題についてのフリホルへの手紙、その中での父親らしい忠告がその表れだとすれば、オルリクは、キリスト教徒の統合の堅い擁護者であった。彼はイスラム教徒を激しく嫌悪しており、プロテスタントの宗派を嫌っていた。それは彼の見解によれば、キリスト教徒の団結を阻害するものだった。

オルリクは広く教義上、神学上のレベルで宗教問題を扱っただけでなく、テサロニカの宗教生活の鋭い観察者でもあった。『旅行日誌』には、テサロニカ市のギリシア人住民の間での宗教儀式の描写と祝日の観察が数多く含まれている。オルリクは、テサロニカのすべての主要な聖職者と知り合いになり、しばしば彼らの欠点と宗教上の罪について叙述している。広く行われている聖職売買にオルリクは非常に怒り、日誌の中に、いかに多くのそういう取引が行われているか、重要な職に払われている代価をリストアップし、金額が上昇するさま、価格が決まる条件、そして交渉の方法について詳述している。

日誌は、テサロニカだけでなく、オスマン帝国の正教会の聖職者の性格描写も含んでいる。例えば、オルリクは、アンティオキアの総主教であるシルヴェステルの素性と見識について長々と叙述している（オルリクの持っているイエズス会の資料によると、彼は隠れカトリックで、オスマンの手先、傀儡だった）。同じように有益な情報を提供するのは、アンティオキアの総主教とテサロニカの大司教の間の関係についての叙述である。イエズス会士とのつながりのため、オルリクは法王の政策をよく理解していたし、カトリックの高僧ともいくらか懇意にしていた。

テサロニカはアトス山の偉大な修道院群に近かったので、日誌は、正教修道士の収入、お互いの関係、上司との諍いについての情報を含んでいる。これらの中で特に面白いのは、アトス山の聖パンテレイモン・ルテニア（ルスキ）修道院についての、オルリクのコメントである。その修道院はほとんどウクライナからの修道士によって構成されている（オルリクは、彼らのことを一貫して「ウクライナ人修道士」と言っている）。彼はこの「悲惨な」修道院の貧しい物質的状況、その修道士が、ウクライナで資金の寄付を懇願する時に出会う困難と、「ギリシア修道士」との間で起こる、しばしば命を失うこともある衝突を叙述している。

おそらく、オルリクのキリスト教への深い関わりの最も多くを物語る「表明」は、個人的な性格を持っている。例えば、亡命へトマンは、彼の召使いであるとともにザポロージエのごろつきであるシテンスキーについて、繰り返し後悔して、悲しげに愚痴をこぼす。彼は賢く、酔っぱらって大騒ぎをしても罰を逃れる。毎回、オルリクが彼を鞭打とうとすると、召使いはキリスト教を棄ててイスラムに改宗すると脅迫するのだった。明らかに一人のキリスト教徒を失い、「呪われた異教徒」にするという思いが、常にオルリクをしてシテンスキーを罰することを控えさせた。

全く異なった調子で、オルリクは非常に長い一つのエピソードを書いている。それはオルリクを、精神的存在の深いところで、その信念をぐらつかせたことだった。それは別の召使いである、聖職を奪われたポーランド人修道士カジミェシの悲劇的運命に関するものだった。

理由の説明もなく、そして不安定な状態で、カジミェシは急にテサロニカのパシャの前に現れ、自ら進んでイスラムに改宗すると宣言した。しかし、翌日、彼は正気を取り戻し、自分のしたことが恐ろしくなり、自身のした決定を取り消したいと望んだ。このことはパシャを激怒させ、パシャはカジミェシに、もし取り消したら死だ、と脅した。オルリクはパシャに取り成して、彼の召使いを救おうと試みた。しかしそれに失敗すると、オルリクはカジミェシに対して、ムスリムとして生きるよりクリスチャンとして死ぬという彼の決断を支持した。召使いが処刑された後、オルリクは精神的苦悩と深い祈りのうちに日々を過ごした。後に、彼はカジミェシを殉教者として列聖する試みを始めた。この感動的でドラマティックなエピソードは、『旅行日誌』が唯一無二のものであることを明確にしている。ウクライナ史の資料の中で、オルリクの日誌ほど、その著者の個性と、知性への深い洞察を提示しているものは少ない。

テサロニカの生活に関心がある者にとっては、一七二二年から一七三二年の期間の『旅行日誌』は、抜群の、そして、多分この上ない資料である。それは、市において最も重要な存在であるオスマンの行政官たちの素性と責任についての情報と彼らの仕事に対する評価を含んでいる。さらに、クリスチャンとムスリムの間の関係の特質についても数多くのコメントがある。

洞察力のある観察者であるオルリクは、ギリシア人の様々な習慣を注意深く記述し、ギリシア人の洗礼式、埋葬と婚礼の詳しい描写を提供している。ギリシアの相続法について長い記述があるし、ギリシアの婦人の行動についてのコメントがある。彼は幾人かのユダヤ人を翻訳者と医者として雇っていたので、テサロニカの大きなユダヤ人社会について熟知していた。それに加えて、市の西ヨーロッパ人の小さな居住地区と非常に親しい関係を維持していた。日誌は、著名なフランスとイギリスの領事と商人について業務と余暇の両方を叙述している。オルリクはまた、テサロニカで周期的に猛威をふるう伝染病についても、またそれに対する対処法についても論じている。

『旅行日誌』は、オルリクの個性と関心について、その意味深い洞察力を提示している。その日々の記載と注釈は、彼の気分のバロメーターである。オスマンの領域での彼の生活の中で、気分が昂揚している喜びの時と、そしてそれよりずっと多い失意の時の落差を計るバロメーターである。それらは彼の好みと嫌悪、彼の思考のパターン、彼の行動様式を反映している。彼は驚くべき一貫性をもって、十年以上に亘って経験した、ほとんどすべての教会訪問、興味ある会話、注目すべき出来事、狩猟旅行、それどころか、すべての痛みや苦しみを記録している。その結果、多分、近代初期のウクライナ史の中で、これほど有名な人物は他にはいないと思われる。

疑いなく、彼の主要な個人的関心は大きな家族からの別離であり、彼らの幸福についての心配であった。誠実な父、夫として、オルリクは何百という手紙を家族に書いているし、定期的に彼らのためにミサ（正教の教会で）を行った。彼の夢は、オスマンの抑留から自らを解放し、クラクフで難しい状況の中に取り残されている妻と、そしてヨーロッパ中に散りぢりになっている子供たちと合流することだった。

オルリクの手紙は、彼が何を心配しているかを示している。子供が健康であること、彼らが正しいキリスト教徒としてふるまうこと、良い教育を受けること（その中でも必須の要素は、フランス語をマスターすること）、そして有力な人物との関係を打ち立てること、である。オルリクの家族の情報に加えて、『旅行日誌』は彼自身の経歴と系統についても多くの詳細な説明を提示している。

オルリクのザポロージエ軍団の尚書院長（大法官）とマゼッパの秘書（書記）という経歴を考えれば、彼が日誌で維持している、几帳面さと一貫性は驚くべきものではない。しかし『旅行日誌』は、事件、観察、そして文通の退屈な列挙ではない。上述したように、彼の人生の感動的な、あるいは緊張した瞬間の叙述に生じる、劇的なものを書き記すための天賦の才能を、彼は持っていた。例えば、彼が感動をもって書いているのは、フリホルが完璧なフランス語で書いた最初の手紙を受け取った時の誇りの感情から、それが最愛の娘アナスタシヤの死を知らせるものだと分かった時の悲痛の念に変わる時の感情を書いているくだりである。別のケースでは、彼はフリホルが巧みに変名でテサロニカに到着した時のことを描いている。父と息子が、九年間の離別にもかかわらず彼らの喜びを抑えて互いに知らぬふりをした時のことだ。また、ピョートル一世の手先が危うくオルリクを誘拐しようとした時の説明は、近代初期ウクライナ史の資料の中では、珍しく、冒険とサスペンスによるハラハラ感を引き起こす。

3 『旅行日誌』の来歴

オスマンがテサロニカでの拘留からオルリクを解放したあと、彼はモルダヴィアへ移動し、そこでロシアとの戦争においてオスマン政府を助けた。戦争が終わってからも、オルリクはロシアに対する仕事を続けた。一七四二年に赤貧のうちに死んだ時もなお、反ロシアの事業に没頭していた。オルリクがその死の時点で持っていた唯一の価値あるものは、明らかに、彼の文書であり、多分『旅行日誌』であった。

どのようにして『旅行日誌』は、ヤシ（ルーマニア北東部の都市）からフランス外務省のアルヒーフにたどりついたのか？ ヤシにいたフランス人外交官カステラーネによると、モルダヴィア総督のコンスタンティン・マヴロコルダトは、オルリクの文書を彼の死後、オスマン政府に送るよう命じられた。しかし、別の資料によると、マヴロコルダトがオルリクの文書の四つの小包を、オスマン駐在のフランス大使シャルル・ヴェルジェンヌ（後のフランス外相、政治家）へ移したのは、ようやく一七五七年になってのことだった。この事実について証拠はないけれども、ヴェルジェンヌがこれらの文書をフリホル・オルリクに渡し、フリホルはそれをダンテヴィルの彼の屋敷に保管していた。フリホルはフランス国王のために多くの微妙な使命を遂行していたので、彼と父親の文書は、一七五九年のフリホル・オルリクの死のあと、フランスの役人によって調査された。そのうちの『旅行日誌』を含むいくつかのものは押収され、フランス外務省アルヒーフに保管された。それにより、そこで今日見ることができる。残りのものはダンテヴィルに戻されたようだ。

イリコ・ボルシチャク（本名イッリヤ・バルシャク、一八九四〜一九五九、ウクライナ出身の歴史家、政治家、ジャーナリスト、一九二〇年以降パリで活動）は、オレスト・スブテルニイ（北米のウクライナ史家）が、場所を突きとめることができなかった、そして調べることができなかった（あるいはその存在を裏づけることさえできなかった）資料を引用して『旅行日誌』の出所について追加的な叙述をしている。彼は次のように主張している。

一七四四年五月、マヴロコルダトはオルリクのアルヒーフの小さな部分をコンスタンティノープルのフランス人外交使節に運んだ。その外交官はそれを数ヶ月後に市に到着したフリホルに手渡した。フリホルが失望したことには、『旅行日誌』を含む彼の父親の文書の大部分は失われたということが明らかになった。しかし一七五六年に、コンスタンティノープルのフランス人商人が、マヴロコルダトはピリプ・オルリクの文書をもっと持っている、と知らせた。ヴェルジェンヌの仲介により、フリホルは資料を四箱手に入れた。その中に『旅行日誌』もあった。

ボルシチャクはさらに主張している。フランスの役人が一七六〇年にフリホルの文書を押収した時、文書は十五箱あった。彼は加えて言う。ダンテヴィルに戻された文書の中には、ポルタヴァの戦闘の前のマゼッパの秘密の書簡、有名な「ウクライナの権利の継承」、いわゆるベンデリ憲法の写し、その他の重要な資料が含まれていた、と。スブテルニイがダンテヴィルで一九七一年八月に仕事をした時、彼は上述の資料のいかなる痕跡も発見できなかった。

ボルシチャクはまた、『旅行日誌』が一連の日誌の中でオルリクが生涯を通じて持っていた唯一のものだったと宣言している。再び確かめることができない資料を引用しながら、ボルシチャクは、オルリクの最初の（残存しない）日記は、ポルタヴァの戦いの前と後の時期を扱っていると主張した。残存する『旅行日誌』は一七二〇年から一七三二年を扱っていた。そして第三の日記は、恐らく一七三三年から一七三九年の間をカバーしていた。オルリクの文書一般、特に『旅行日誌』についてのボルシチャクのいくつかの主張には疑問があるが、それらをすべて完全に拒否することはできない。それは、オルリクのヤヴォルスキーへの詳細な手紙から、彼が確かに一七〇九年より前の出来事に関して記録を保持していたかもしれないということが浮かび上がってくるだろうからである。

4 『旅行日誌』の刊行

『旅行日誌』は、ピリプ・オルリクの死後、すぐに注目を集めた。フリホルは最終的にそれを手に入れるまで、何度も彼の父親の文書について尋ね、捜し、調べている。そしてフリホルの死後、フランス外相が素早く動いて、オルリク父子が残した資料を押収した。一七七〇年代初め、『旅行日誌』がすでにフランスのアルヒーフにあった時、身元不詳の読者（たち）が、注意深く、全体を精読し、多くのメモや注釈を欄外、あるいは当該巻の終わりに残している。

十八世紀末の少し前に、ポーランドの状況に関心があるか、またはポーランドに雇われた複数の筆写人が簡略版をつくり、それはポーランドに行き着いた。フランツィシェク・ラヴィタ‐ガヴロンスキによると、彼は十九世紀末にクラクフで、いわゆるチャルトリスキ・コピーを発見し、オルリクの『旅行日誌』の簡略版の存在について最初に書いた（オリジナルがパリにあることを知らずに）人物である。コピーは、最初、スタニスワフ・ザモイスキの所有だった。後にそれはプワヴィの有名な図書館の所有物となった。最終的に、一八三〇年以降のいつか、クラクフのチャルトリスキ図書館にやって来た。チャルトリスキのコピーには、検閲官の署名による草稿の出版許可のメモが含まれている。このことは、チャルトリスキ・コピーを印刷しようと、ラヴィタ–ガヴロンスキが考えていたことを示している。それは、一八三〇年のポーランド反乱で妨げられてしまったが。

第一次世界大戦前、フェディル・ゴリイチュークやアルフレッド・ジェンセンが、チャルトリスキ・コピーを利用した。しかし一九二〇年まで、オルリク研究、特に彼の『旅行日誌』に関して大きな躍進はなかった。その年、パリに拠点を置くウクライナ人亡命学者、イリコ・ボルシチャク（エリー・ボルシチャク）が、フランス外務省のアルヒーフで仕事をしている時に発見をした。彼は次のように述べている。

私が、ケドルセ〔フランス外務省〕のアルヒーフで、しばしば古い手書きのカタログを見た時、「オリーヴ」というタイトルの日記に出くわした。当然のことながら、私はいつも、この日記はよく知られた条約に関するものだと思った。それは、一六六〇年にポーランドとスウェーデンの間で、グダンスク郊外のオリヴァで結ばれたものだと思った。それには特に興味がなかったので、この写本は要求しなかった。

しかし、ある幸運な日、一九二〇年一〇月八日、「万一の場合」と彼らが言うので、私は「オリヴァの日記」を注文した。五つの分厚い手稿が運ばれて来た。私はそれを開けて見た。なんという驚き！　それらはオリヴァでの交渉ではなかった。主題はウクライナとなっていた。その手書きには、なんとなく見覚えがあった。私は、もっとしっかりと見た。これは、ピリプ・オルリクの手稿だ！　まるで夢の中のように、私は、手稿に一通り目を通した。疑いようがなかった。この手稿は、誰か十八世紀の官僚が間違って「オリヴァの日記」と題を付けたのだ。しかし、それはヘトマン・オルリクの日記に他ならなかったのだ。

彼がフランス外務省のアルヒーフで発見したその他の資料と、ダンテヴィルで捜し出されたと彼が主張している資料を『旅行日誌』と一緒に使用しつつ、ボルシチャクはピリプとフリホル・オルリクについての一連の研究を公刊した。これらの興味ある研究は、ガリツィアのウクライナ人の間に、また特に戦間期ヨーロッパのウクライナ人の間に、オルリクの名を広めた。彼らは、オルリクの運命を、典型的なウクライナ人亡命者のそれと同一視したのであった。

もっとずっと徹底的で真面目な取り扱いをオルリクについてしたのはボリス・クルプニッキーだった。しかし、彼のヘトマンについての古典的な研究で、彼はオルリクの『旅行日誌』の五巻のうち、第一巻しか利用できなかった。それは、第一巻だけしか公刊されなかったからである。

第二次世界大戦のあと、ポーランドの学者、ユゼフ・フェルドマンとエマニュエル・ロストヴェロウスキが、オルリクの日誌の簡略版、チャルトリスキ・コピーを広範に使用し、歴史家にとっての価値を強調した。より最近になって、スブテルニイはオルリクについて、彼の日記全部を利用して多くの研究を行い、成果を刊行した。

すでに述べた通り、オルリクの日記を印刷しようというプランは一八三〇年に遡る。パリのオリジナルが発見されてすぐ後に、著名なウクライナ人歴史家、ヴャチェスラフ・リピンスキーは書いている。『旅行日誌』の刊行は、ウクライナの政治的亡命者の第二世代の第一世代への尊敬の証しとなるだろう、と。一九二四年にボルシチャクは発表している。『旅行日誌』は、ウクライナ語の翻訳で印刷されるだろうと。一九四九年にも、彼は手稿の印刷の計画を、パリのウクライナ・カトリック教会の通報に書いている。しかし、どれも実現しなかった。

その間一九三六年に、ワルシャワのウクライナ研究所が、『旅行日誌』の最初の巻を、パリで手に入れたコピーに基づいて、ヤン・トカルジェフスキ=カラシェヴィチの編集によって刊行した。その後の巻の校正刷りは準備された。しかし、刊行は第二次世界大戦により妨げられた。この校正刷りは、編者の義弟、ボフダン・ロトツィキー博士からハーヴァード大学ウクライナ研究所に寄贈され、同大学のホートン図書館に保管されていたが、一九八九年にファクシミリ版で公刊された。

第三章　コサックの神話――『イストーリア・ルーソフ』

一　内容

『イストーリア・ルーソフ』（モスクワ、一八四六年刊）、すなわち『ルーシあるいは小ロシアの歴史』と題された一冊の本は、ウクライナの思想家ドラホマノフによれば、シェフチェンコ以前にウクライナについて書かれたものの中で最も重要で、興味深いものである。『イストーリア・ルーソフ』は、一九九一年にキエフでオリジナルが復刻され、同時に、詩人イヴァン・ドラチによる現代ウクライナ語訳が出版された。

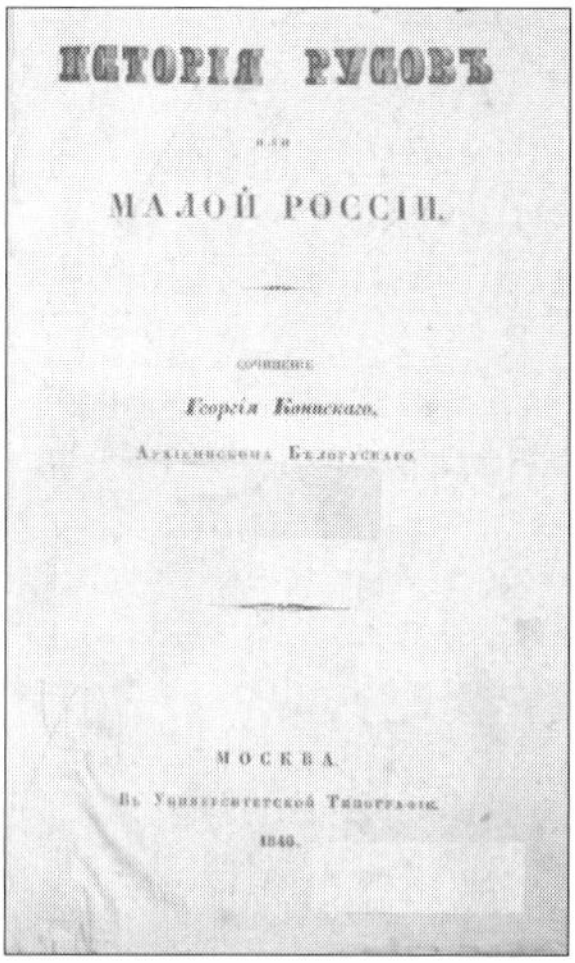

『イストーリア・ルーソフ』の表紙（1846年）

『イストーリア・ルーソフ』の著者は、それを書くにあたっての動機を次のように語っている。

――著者の生まれ育った国の過去の真実を描写したい。それはウクライナ国家の理念の基礎を見出すためだ。過去のウクライナ国家の持っていた特質を描写し、その後も維持されてきた特徴ある形態を保護し、将来のウクライナ国家の基礎とするためである。

著者はウクライナがこれまでいくたびも不幸な運命に見舞われてきたこと、外国の敵のたび重なる侵入、それに伴う破壊を挙げ、ウクライナ史の資料もそれによって多くが失われたことを指摘している。そのことがこれまで真のウクライナ史の叙述を困難にしてきたのである、と。

ウクライナについて書いている外国の歴史家たちは、ことごとく片寄っており、敵意と歪曲に満ち満ちている、と『イストーリア・ルーソフ』の著者は批判する。そもそもポーランドやリトアニアの歴史家たちはルーシの人々の歴史を自分たちの歴史に含まれるものとして叙述している、と著者は批判する。

『イストーリア・ルーソフ』の叙述の中心部分はウクライナのコサックの歴史であり、それに続くヘトマン国家についてであるが、キエフ・ルーシの時代から書きはじめられており、著者がキエフ・ルーシをウクライナ史の初めに置いていることがはっきりとしている。キエフ・ルーシの建国についてはアンチ・ノルマニスト（ノルマン人がキエフ・ルーシの建国者であるとする説に反対する人々）の立場がとられている。

十六世紀までの叙述は短く、その時期までのポーランドとウクライナとの関係は牧歌的であったと述べられている。しかしイエズス会を中心とする反宗教改革がポーランドで成功し、宗教的不寛容の雰囲気の中で行われた教会の合同（一五九六年、ブレストのカトリックと正教の教会合同）によってその牧歌的な関係は終わった。一部の正教の聖職者は利己的な利害からカトリックに移り、また一部は反対した。合同は理念的には平等であったが、実際には平等は実現されなかったためにポーランド人とウクライナ人の対立がこの合同によって顕在化するという結果となった、と書かれている。著者によれば、この教会合同とその後も続けられたウクライナのポーランド化（カトリック化）の努力がウクライナとポーランドの対立を厳しいものにした。

『イストーリア・ルーソフ』には、ウクライナ・コサックのヒーローたちがつぎつぎに登場する。コスィンスキー、ナリヴァイコ、タラス・トリャシロ、フンニャ、オストリャニン、サハイダーチヌイ、フメリニツキー、マゼッパ、ポルボトクなどである。著者は彼らの発言を通して自分の意見を語っているのである。フメリニツキー以前で著者が特に好感を寄せているのは、ザポロージエのコサックを正教信仰を核とした自覚的民族集団へとまとめあげ、キエフを再び東欧の一大文化センターへと再建したヘトマン、ペトロ・サハイダーチヌイ（?〜一六二二）である。

『イストーリア・ルーソフ』の最大のヒーローはポーランドに対する勝利のリーダー、ボフダン・フメリニツキー（一五九五〜一六五七）である。政治家、軍人、教養人としてフメリニツキーは高い評価が与えられ、名誉ある人物として描かれている。そこでは奴隷からの解放の戦士としてのコサックのイメージがフメリニツキーによって生き生きと語られている。それはモスクワからの使節団に対するフメリニツキーの発言という形をとっている。それによれば、コサックは自由そのものを体現した者たちであり、自由のためであれば最後の一人に至るまでその生命をさしだす用意が常にある。これは、コサックの生まれついての特徴であり、何よりも人間の奴隷化を心から憎んでいる。

フメリニツキーは、帝国への忠誠とコサックの特権の不可侵という二つの理想を追求するシンボルとして描かれている。フメリニツキーのあとのヘトマン、イヴァン・ヴィホフスキーはツァーリに対して反乱を起こしたが、彼は『イストーリア・ルーソフ』の中では最も否定的に描かれている。『イストーリア・ルーソフ』の著者はさらに歴史的人物に語らしめる。人々は外国人による専制支配に反対すると同時に、自分たち自身のリーダーによる抑圧からも身を守らなくてはならない。だから人々は、何よりも「自分自身の真実」の上に立たなくてはならないのだ、と。

『イストーリア・ルーソフ』の著者はモスクワとウクライナの比較を行っている。彼によれば道徳的・文化的に見てウクライナはモスクワより優位に立っている。ウクライナ人の特徴は寛大さと着実さと勇気であるのに対し、モスクワ人の特徴は野蛮と残酷である。ちなみにポーランド人は変節と移り気を特徴とする、と述べられている。

モスクワに対する批判はクリミア汗国の汗がフメリニツキーに語った言葉として語られている。タタールの汗は言う。――モスクワの人間は教養なく文盲である。残酷かつ傲慢である。特にタタールの汗はモスクワの農奴制を批判する。そこでは農民の状態は悲惨を極めており、物のように売り買いされる、と。さらにモスクワの兵士がいかに野蛮で、粗野で、他民族に対する蔑視に満ちているかを、タタールの汗はフメリニツキーに強調する。

フメリニツキー以降のヘトマンたち、すなわちヘトマン国家のリーダーたちに対する評価は一様ではない。まずイヴァン・ヴィホスキー、ペトロ・ドロシェンコに対して『イストーリア・ルーソフ』の著者は否定的評価を下している。イヴァン・マゼッパ（一六四四〜一七〇九）については複雑な両面的な評価となっている。一七〇五年にマゼッパが部下のコサックに行ったとして紹介されている演説は次のようなものである。――「われわれコサックはポーランド人、スウェーデン人、ロシア人いずれとも共に闘うべきではない。祖国を守るのは自分自身の力のみである。ウクライナは自由な国家として、かつて持っていたすべての権利を有するべきである。今、モスクワが持っているもの、例えば国家組織とか貴族とかいうものは、元々われわれが最初に持っていたものである。ルーシという名称すらわれわれのところから彼らのものになってしまった」。

ピョートル大帝は好意的に描かれているとは言えないが、名ざしで反感が明示されているわけではない。もっぱらその首席補佐官アレクサンドル・メンシコフが代わりに批判されている。マゼッパの首都バトゥーリンにおける住民虐殺（一七〇八年一一月二日）の犯人である、と。

ヘトマン、イヴァン・スコロパツキー（一六四六〜一七二二）のところからは、叙述がまるで実見したかのように細かくなってきている。そこではウクライナ人たちがどれだけ多くロシアの運河のための強制労働に徴用され悲惨な目にあったか、モスクワ軍のウクライナ駐留がどれだけ大きな負担となり荒廃をもたらしたか、モスクワの行政当局がウクライナ人にどのように暴力行為を働いたかが描写されている。

ヘトマン、パヴロ・ポルボトク（一六六〇〜一七二三）はウクライナの自治の擁護者として好意的に描かれており、モスクワはウクライナを併合することにより多大の利益を得たのだ、というポルボトクの発言を紹介している。

ヘトマン国家最後のヘトマン、キリロ・ロズモフスキー（一七二八〜一八〇三）に対しては当然ながら低い評価が与えられている。彼はヘトマン国家の廃止を許した、と批判されている。『イストーリア・ルーソフ』の著者の批判はコサックの上層部（スタルシナ）にも向けられている。彼らはロシア帝国の地主に横すべりするという、裏切られることの分かっている期待をもって、ヘトマン国家廃止を傍観していたのである、と。

『イストーリア・ルーソフ』の記述は、「一七六九年初めトルコとの戦争がはじまった、どのように終わるか、神のみぞ知る！」という文章で終わっている。

スラヴ学の碩学ドミトロ・チジェフスキーは『ウクライナ文学史』の中で、『イストーリア・ルーソフ』の文章、文体に触れ、これがロシア語で書かれているとはいえ、当時のウクライナ人貴族の口語に近く、極めて多量のウクライナ的要素に満ちている、と説明している。

二　影響

デカブリスト（一八二五年十二月〔デカブリャ〕にロシア帝国で起こった貴族の将校の反乱の参加者）のコンドラティイ・ルイレーエフ（一七九五～一八二六）はウクライナをテーマにした詩をいくつか書いている。一八二五年に彼が書いた詩的小説「ヴォイナロフスキー」が直接『イストーリア・ルーソフ』に依拠したものかどうかについては研究者の間に意見の相違があるが、同じ頃書かれた「ドゥームィ」および「ナリヴァイコの告白」、「ナリヴァイコの祈り」は、『イストーリア・ルーソフ』に描かれた物語を詩でうたったものである。セヴェレン・ナリヴァイコは、コサックの頭領の一人で、一五九七年にポーランド軍に捕らえられ処刑された。

一八三三年にイ・ゴロタは小説『ナリヴァイコ、あるいは小ロシアの悲劇の時期』を発表し、エフヘン・フレビンカはナリヴァイコの戦闘場面を歌うコブザール（121頁参照）を描いた『ウクライナの吟遊詩人』を発表した。このどちらもルイレーエフの影響か、あるいは『イストーリア・ルーソフ』の直接の影響かのどちらかである。

ハリコフ・ロマン主義グループ（一八三〇年代から一八四〇年代にかけてハリコフ大学の学生や教授を中心に形成されたグループ。詩人やフォークロア研究家が多い）の一人で後のペテルブルク大学教授、イズマイル・スレジネフスキーは当時大変熱心なウクライナ・フォークロアの採集家であった。彼は一八三三年、雑誌『ザポロージエの遺産』に自ら採集したウクライナ・フォークロアを発表した。熱心なフォークロア採集家が時にやるように彼は自ら創作したフォークロアを採集したものとして掲載した。例えば「チヒリンの戦闘」、「ナリヴァイコの処刑」、「セルピャーハのドゥーマ」、「スヴィルホフスキーの死の歌」、「サハイダーチヌイの戦闘」などがそれである。そしてそれらの創作のドゥーマ（ウクライナの叙事詩、フォークロア）はすべて『イストーリア・ルーソフ』を読んで触発されたものであり、それに依拠している。

アレクサンドル・プーシキンの作品『ポルタヴァ』（一八二九）に登場するマゼッパの像には『イストーリア・ルーソフ』の影響がはっきりと表れている。プーシキンは『イストーリア・ルーソフ』の存在をルイレーエフかミハイロ・マクシモヴィチの仲介で知った。『ポルタヴァ』のためのノートで、プーシキンはピョートル大帝とマゼッパに関するシーンを詳しく書いているが、そのシーンは『イストーリア・ルーソフ』に依拠している。

プーシキンは一八三六年、自ら主宰した雑誌『ソヴレメンニク（同時代人）』の創刊号に『イストーリア・ルーソフ』に対する熱狂的論文を書いた。彼は、『イストーリア・ルーソフ』の多くのシーンが偉大な芸術家の絵筆によって描かれている、と称えた。プーシキンは同じ号に、『イストーリア・ルーソフ』の中の二つの章をそのまま掲載した。「教会合同ウニヤの導入」と「オストラニツァの拷問」である。

ウクライナ出身のロシア作家ニコライ・ゴーゴリもまた、手稿段階の『イストーリア・ルーソフ』を手にし、その影響を受けた人物である。一八三四年三月にゴーゴリはスレジネフスキーに手紙を書き、『イストーリア・ルーソフ』の著者コニスキーを卓越したクロニクル作家と称えている。一八三一年にゴーゴリが書いた『タラス・ブーリバ』の主な資料は『イストーリア・ルーソフ』であった。『タラス・ブーリバ』の中のいくつかのエピソード、例えば「オスタプの拷問」などは『イストーリア・ルーソフ』に描かれているものと全く同じである。ゴーゴリが『イストーリア・ルーソフ』から借りたのはエピソードや歴史的事実描写だけではない。『タラス・ブーリバ』に満ちているアンチ・カトリック、アンチ・ポーランド的傾向をも借りているのである。ゴーゴリはこの他、一八三一年に『ヘトマン』と題する歴史小説を書いているが、その一章のヒーロー、オストラニツァの描写ももっぱら『イストーリア・ルーソフ』に依拠している。

ウクライナ史家ミコラ・マルケヴィチ（一八〇四〜一八六〇）は一八四二年から一八四三年にかけてその代表作『小ロシア史』全五巻を刊行したが、これに対する主要な影響も『イストーリア・ルーソフ』が与えている。むしろマルケヴィチの『小ロシア史』は『イストーリア・ルーソフ』をパラフレイズしたものとさえ言えるのであった。

後にキエフ大学の初代学長となったミハイロ・マクシモヴィチ（一八〇四～一八七三）もまた『イストーリア・ルーソフ』の愛読者であった。彼は『イストーリア・ルーソフ』がそれまでのコサック・クロニクルをまとめあげたものであり、その作業が画期的な人物コニスキーによってなされた前提にはコサックたちの流された血があるのだ、と書いた。マクシモヴィチもまたウクライナ・フォークロア、ドゥーマの採集をしていたが、一八三四年に『ウクライナ民謡』を出版した。それには解説として「歴史的ノート」が付されているが、それもまた『イストーリア・ルーソフ』に依拠して付けられたものである。

ウクライナの思想家、小説家、歴史家、詩人そして聖書のウクライナ語訳者であるパンテレイモン・クリシ（一八一九～一八九七）が一八四三年に刊行した『ウクライナのはじまりからフメリニツキーまで』にもはっきりと『イストーリア・ルーソフ』の影響、というより『イストーリア・ルーソフ』そのものを見出すことができる。この著作はウクライナの歴史をフォークロア、ドゥーマで綴っているものであるが、適当なドゥーマが歴史全体を途切れなく覆っているわけではないので、クリシは躊躇することなく欠けているところを、それに対応する『イストーリア・ルーソフ』の章の詩的なパラフレイズで補っている。また同じく一八四三年にキエフで出版されたクリシのロシア語の小説『ミハイロ・チャルヌイシェンコ』に登場するヒーロー、ハーデヤチのクルイジャノフスキーは『イストーリア・ルーソフ』からとられている。

十九世紀後半のロシア史の大家ニコライ（ミコラ）・コストマーロフ（一八一七～一八八五、父親がロシア人で母親がウクライナ人）も『イストーリア・ルーソフ』の熱烈なファンであった。コストマーロフが若い頃に書いた小説『ペレヤスラフの夜』、『サウヴァ・チャーリー』、『コスィンスキー』はいずれも『イストーリア・ルーソフ』に刺激を受けて書かれたものである。彼は歴史家としても絶えず『イストーリア・ルーソフ』を参照している。当然ながら権威ある歴史書として参照していたのである。

コストマーロフは修士論文を事情があって二度提出したが、第一回目の修士論文（一八四一）は教会合同に関するもので、『イストーリア・ルーソフ』の決定的影響がその解釈に見られる。二度目の修士論文『ロシア民衆の詩の歴史的意味について』（一八四三）でも『イストーリア・ルーソフ』の影響は色濃い。

コストマーロフが後に恥じることになる一つの例を挙げよう。彼はその二度目の修士論文の中で、ヘトマン、イヴァン・スヴィルホフスキーについての採集されたドゥーマとセルピャーハについての採集されたドゥーマが、コニスキーの物語、すなわち『イストーリア・ルーソフ』の叙述と極めて正確に対応しているということを強調している。つまりコストマーロフは、ここで採集されたドゥーマと『イストーリア・ルーソフ』の両者を比較してテクスト・クリティークを行っているのである。しかし、すでに述べたようにコストマーロフが挙げている二つのドゥーマは実際に採集されたものではなく、スレジネフスキーが『イストーリア・ルーソフ』から題材をとって自ら創作したドゥーマなのである。したがってコストマーロフがテクスト・クリティークとして比較している二つのものはもともと一つである。このことは歴史家コストマーロフとしては痛恨の一事となる。

コストマーロフ一人の筆になるものかは明らかでないが、キリル-メトディー団の綱領的文書『ウクライナ民族の創世記』、『キリル－メトディー団規約』の両文書に見られるウクライナ史についての考えにも『イストーリア・ルーソフ』の影響が考えられるし、後にコストマーロフが雑誌『オスノーヴァ』に掲載した論文「二つのルーシの民族」――そこではロシア人とウクライナ人の歴史的発展のちがい、それによって形成された性格のちがいを叙述しているのだが――も、『イストーリア・ルーソフ』のモスクワとウクライナの比較にその元があるように思われる。

十九世紀後半以降今日に至るまでのウクライナ史における最も重要な象徴的人物であるタラス・シェフチェンコ（一八一四～一八六一）もまた『イストーリア・ルーソフ』に魅せられた一人であった。他の人々と同じようにシェフチェンコも『イストーリア・ルーソフ』を手稿の写本の段階で読んでいた。一八四二年に書いた長編叙事詩「ハイダマキ」に自ら付した参照文献に『イストーリア・ルーソフ』が挙げられている。中央アジアに兵卒として無期流刑となったシェフチェンコが『イストーリア・ルーソフ』を刊行したオシプ・ボジャンスキーに宛てた一八五〇年一月の手紙には次のように書かれている。「どうか私に『コニスキー』(『イストーリア・ルーソフ』)を送ってください。そうすればあなたは私に親切を施したことになる。それによって私は少なくとも私たちの不幸なウクライナの歴史を読むことができるのですから。」

ウクライナの思想家ミハイロ・ドラホマノフ(一八四一～一八九五)は、シェフチェンコに『イストーリア・ルーソフ』ほどの影響を与えていたものは聖書を除けば何もないだろう、と語っている。シェフチェンコの詩の数々、「イヴァン・ピドコヴァ」、「タラスの夜」、「ハイダマキ」、「ナリヴァイコの選出」といった歴史的作品のすべてに『イストーリア・ルーソフ』のはっきりとした影響が見られる。

『イストーリア・ルーソフ』に強いインスピレーションを受け、詩のかたちで文学的高みにまでさらに引きあげて歌いあげたのである。

ドラホマノフは『イストーリア・ルーソフ』を、ウクライナ政治思想の記念碑であり、ウクライナ・リベラル・イデオロギーの最初の表明だと考えた。そこに書かれた、コサック社会の民主的特徴こそ、ウクライナを権威主義的なロシアにではなく、西欧に結びつけるものであると述べた。

『イストーリア・ルーソフ』は厳密な意味での歴史書というよりはフィクションである。ウクライナの過去の栄光のロマンをアピールし、ウクライナの読者のそれに対する情感を呼びおこすことを大きな目的としている。歴史的事実においては正確な記述ではない、というより正確であるかどうかを全く気にしていない。極めてよく考えぬかれた政治的パンフレットとする見方もある。

しかし、『イストーリア・ルーソフ』の叙述にはプーシキンも述べている通り、詩的なちからがあり、精神を鼓舞する点において高い価値を持っており、ゴーゴリ、プーシキンさえ巻き込んでロシア、ウクライナの作家、知識人たちに広く深い影響を与えたのである。ウクライナ人たちは『イストーリア・ルーソフ』の叙述に栄光ある祖国の歴史、まさに彼らの求めていた歴史を見出したのであり、ロシアの作家にとっては魅力ある、いわばエキゾティックなストーリーの材料がそこにあったのである。影響はクリシ、コストマーロフ等を除けば、主に文学作品に反映されたが、彼らにとっては『イストーリア・ルーソフ』は権威ある歴史書だったのである。

三　謎の著者

歴史家オレクサンデル・ラザレフスキー（一八三四～一九〇二）によると『イストーリア・ルーソフ』の手稿は以下のようにして人々の間に広まった。一八二八年頃、ウクライナのスタロドゥブ地方のフリニフにある図書館の整理中に手稿が発見された。その図書は元来ベズボロヂコ、ライケヴィチ、ハマリヤといった貴族の図書を集めたヤコフ・ロバノフ－ロストフスキー公の所有になるもので、それをセルゲイ・ゴリーツィン公が受けついだものであった。発見された手稿はチェルニヒフの貴族団長ステパン・シライに送られ、シライは複数の写本をつくりその一部がドミトロ・バンティシ－カメンスキーに送られ、バンティシ－カメンスキーは一八三〇年に出版した彼の『小ロシア史』の第二版にその手稿を早くも利用した。

マクシモヴィチによれば彼はその手稿の存在を一八二九年に知っており、一八三〇年には多くの写本が回覧されていた、と書いている。その頃には写本がウクライナだけでなくロシアやベラルーシにも伝わっていた。

その後、一八一八年にすでに手稿が発見されていることが明らかとなったので、今では一八一〇年代、それも一八一五年から一八一八年の間に書かれたか少なくとも現在のかたちにまとめられた、と考えられている。そして一八二〇年代から三〇年代に手稿の写本の形で流布し読まれ、一八四六年に初めて刊行されたことになる。一八四六年に創刊された『モスクワ大学付属帝国ロシア歴史学会雑誌』の創刊号にその編集者オシプ・ボジャンスキーによって掲載されたのである。

『イストーリア・ルーソフ』の書かれた場所はノヴゴロド-セーヴェルスキーの近隣、スタロドゥブであるということが歴史家たちの間での共通の理解となっているが、問題はその著者である。今なお、『イストーリア・ルーソフ』の著者は確定されていない。二世紀にわたって歴史家たちは少なくとも二十人以上の候補者を挙げてきた。しかし明確な証拠がない。そもそも著者が意図的にその名を隠しているのである。

手稿には著者のサインはない。しかし序文には以下の記述がある。――小ロシアの貴族ポレティカはウクライナ史に関心を持ち学びはじめた。ポレティカは小ロシア生まれのベラルーシの主教へオルヒイ（ゲオルギー）・コニスキー（一七一八～一七九五）を訪れた。コニスキーはポレティカの先生であり、キエフ・アカデミーの校長でもあった。コニスキーはポレティカに一冊の手稿を示し、それが、ユーリー・フメリニツキーが父ボフダンから受けついだ多くの資料や小ロシアの多くの修道院にある資料をもとにして書かれたものだと説明した。ポレティカはこれを他の本と比べ最上のものであると理解した。

このように序文には書かれている。つまり『イストーリア・ルーソフ』自体の序文ではコニスキーが著者と説明されているように見える。一八四六年に初めて公刊された時もコニスキー著と表紙に書かれている。しかしそのリベラルな見解、時に反教会的立場といった『イストーリア・ルーソフ』の内容は、かなり早い時期から著者としてのコニスキーに疑問を生じさせている。コニスキーは十八世紀後半には知らぬ人とてないような高名な聖職者であり、学者であった。彼はコサックの将校の家に生まれ、キエフ・モヒラ・アカデミーに学び、そこの教授、学長を務めた後、モヒリョフ（モギリョフ）の主教になった人物である。『イストーリア・ルーソフ』という本の権威づけのためにコニスキーの名が使用されたものと思われる。序文には資料としてフメリニツキー文書が示されているが、これも実際には存在しない。

プーシキンは著者コニスキーに疑問を投げかけた最初の人物の一人である。プーシキンはすでに述べた通り一八三六年（つまりまだ『イストーリア・ルーソフ』が公刊される前）に雑誌『ソヴレメンニク』に『イストーリア・ルーソフ』についての論文を書いた。プーシキンはコニスキーの本がまだ手稿のままであることを紹介したあと、コニスキーの本には歴史家に欠くべからざる批判精神と詩的な新鮮さが並存している、と賞讃した。プーシキンは著者を「小ロシアのリヴィウス」、「偉大な芸術家」と呼んだ。そしてプーシキンはコニスキーが真の著者であることに疑念を呈し、著者はその高貴な心の高まりを修道士の法衣で隠そうとしたのではないか、と述べた。

マクシモヴィチは一八七〇年に編集者ボジャンスキーに次のような手紙を書いた。――バンティシ－カメンスキーがステパン・シライから受けとった手稿の写本がどこにあるのか探すべきである。私は事実に不正確な点があるが高い芸術性をそなえたこの小ロシア史の才能ある著者の名を知りたい。私はこの本の著者がコニスキーではなくて、十九世紀の初めの四半世紀に生きていた誰か別の人物であることを確信している、と。

この後、多くの歴史家が『イストーリア・ルーソフ』の真の著者探しを行った。

一八九一年にラザレフスキーは、『イストーリア・ルーソフ』の著者はフリホリイ・ポレティカであるという結論を発表した。一九二〇年代にミハイロ・スラブチェンコ、パヴロ・クレパツキー、アンドリイ・ヤコヴリフ、ミハイロ・ヴォズニャクらは、オレクサンデル（アレクサンドル）・ベズボロヂコ公が著者であることを証明しようとした。ミコラ・ペトロフスキーはヴァシル・ルカシェヴィチ、オレクサンデル・オフロブリンはオパナス・ロゼセヴィチを著者であるとした。イリヤ・ボルシャクはヴァシル・ポレティカを挙げた。ミハイロ・フルシェフスキーやドミトロ・ドロシェンコなどのように著者を複数と見る歴史家も多いが、その際の最も有力な候補はフリホリイ・ポレティカとヴァシル・ポレティカの父と子両人である。

結局いまだに著者は確定できていないのだが、これまでで最も有力な候補者であるフリホリイ・ポレティカ（一七二五～一七八四）について述べておこう。彼はポルタヴァの古いコサックの家に生まれ、キエフ・アカデミーで教育を受けた。卒業後一七四六年からペテルブルクの帝国アカデミーの翻訳官に採用され、一七四八年には宗務員の翻訳官に移り一七六一年まで勤務した。一七六四年からは海軍アカデミーの監督官を務めた。一七六七年にエカチェリーナ二世の新法典編纂委員会のメンバーとなった。

ウクライナの貴族の代表の一人として彼はヘトマン国家の自治の熱心な擁護者であった。彼は委員の一人として多くの報告を書き、そのすべてでヘトマン国家が独立した民族的統合体であり、国際条約により自発的にロシアに結合したものである、と主張し、その自治の制限に反対した。彼は一七七三年に職を辞し著作に専念した。息子のヴァシルによればフリホリイ・ポレティカは歴史を書いていた。一七八四年にペテルブルクでフリホリイ・ポレティカは死んだ。

『イストーリア・ルーソフ』について批判的書評を書いた最初の人物はミハイロ・マクシモヴィチ

である。彼は事実に誤りのあることを指摘した。しかし同時にこの書を歴史的ドゥーマ（フォークロア）であると呼び、ウクライナの過去を高度に芸術的に描写したと賞讃した。

しかし、自らも歴史家として成長し、年をとったコストマーロフとクリシの二人は、若い頃に欺かれた「偽書」、強烈なインスピレーションを受け、多くの作品までつくりあげた「偽書」に対してマクシモヴィチほどに寛容にはなれなかった。コストマーロフは一八八〇年に、自分が「ペレヤスラフの夜」などを書いていた若い頃、偽コニスキーの悪しき影響下にあり、誤りを犯した、と述べている。彼は大著『ボフダン・フメリニツキー』の文献リストから『イストーリア・ルーソフ』を第三版以降削除している。

クリシはウクライナ・インテリゲンツィアの間違ったイデオロギーは偽コニスキーの『イストーリア・ルーソフ』と『ザポロージエの遺産』にある、と後に手厳しく『イストーリア・ルーソフ』を批判している。ウクライナの、私たちの歴史を歪め、まるで青銅の牛のようなつくりばなしにしてしまったのが『イストーリア・ルーソフ』である、と言うのである。『ザポロージエの遺産』は、スレジネフスキーを中心とするハリコフ・ロマン主義者たちが発行した雑誌で、『イストーリア・ルーソフ』に触発されてつくったいくつかのドゥーマを掲載した。

ウクライナ史家のセルヒイ・プロヒー（一九五七〜）は、二〇一二年の著書『コサックの神話』で、『イストーリア・ルーソフ』の著者として退役軍人でチェルニヒフの貴族団長だったステパン・シライを指名している。ただし、複数の著者の可能性にも言及していて、その場合には、シライ以外に、イヴァン・ラシケヴィチ、ヤキフ・ラドケヴィチ、ペトロとヴァシル・ボロズドナ父子などを挙げている。いずれもスタロドゥブ、ノヴホロドーシヴェルスキー周辺のコサックの子孫の貴族である。

プロヒーは、ステパン・シライを『イストーリア・ルーソフ』の著者の有力な候補者に挙げた理由としては、まず、使われているロシア語の特徴、ステパン・シライの軍務と官僚としての経歴、生まれ育った地域の特徴、そして友人・知人および所蔵していた文献の影響、ウクライナ・コサックの貴族の将来への危惧などを挙げている。

神話はそれをつくる者とそれを運ぶ者とがいる。『イストーリア・ルーソフ』はひとつの神話である。しかしこれがかくも大きな影響力を持つことになったのは詩人シェフチェンコがその運び役を務めたからである。格調高い力強いウクライナ語でシェフチェンコはこの神話をウクライナ社会に広く深く運び込んだのである。

第四章　キエフの三人の若者

一　タラス・シェフチェンコ

（1）青年時代

シェフチェンコ自画像
（1840-41 冬）

一八四六年春、三人の若者がロシア帝国のキエフにやってきた。生まれも育ちも異なる三人だったが、磁力に引き寄せられるようにキエフにやってきた。これは偶然だろうか。それとも何か見えないちからが働いたのだろうか。三人は、ウクライナ史の中で、それぞれが重要な役割をになう知識人となる。それは、タラス・シェフチェンコ、ミコラ・コストマーロフ、パンテレイモン・クリシの三人だった。

シェフチェンコの出現は、ウクライナ史に限らず、ウクライナ民族にとっても、また、ウクライナとロシアの関係にとっても重要な出来事だった。彼の詩と生涯は、ウクライナの将来の発展に深い影響を与えた。シェフチェンコのウクライナへの影響は、あまりに大きく、どれほど大きく評価しても、しすぎることはない。しかし過大評価することはできない。その影響を理解する鍵はシェフチェンコの生涯にある。

タラス・シェフチェンコは、一八一四年三月九日、キエフ県モリンツィ村に生まれた。父フリホリイ、母カテリーナは、ともに農奴だった。モリンツィ村は、ロシア人の大地主で退役した将軍、貴族のヴァシル・エンゲリガルトの領地の一つだった。タラスの父は、同じエンゲリガルトの領地である隣村キリリフカの生まれで、一八一五年に家族はそこに移った。父はタラスを、村の輔祭のもとに、読み書きを習うために通わせた。年老いた祖父、イヴァン・シェフチェンコは、若い頃、コリイーフシチナと呼ばれる、一七八六年のポーランド地主に対する血なまぐさい農民の反乱、ハイダマキの乱に参加した経験があった。荒れ狂う嵐のような時についての祖父の物語は、後に、孫の詩「ハイダマキ」に反映された。

タラスの母はタラスが九歳半の時に死亡し、父は二年後、一八二五年の初めに死んだ。死の直前、父フリホリイ・シェフチェンコは家族に語った。「息子タラスには、財産は何も必要ない。彼は、通常の人間にはならないだろう。何か素晴らしい立派なものになるか、あるいはとてつもないろくでなしになるだろう。私からの相続はなんの意味もないし、彼の助けにもならないだろう。」

一八二八年に主人のヴァシル・エンゲリガルトが死に、村は息子、パヴロのものになった。一八二九年秋、シェフチェンコは、主人の滞在地、ヴィリノの屋敷の召使いとしてその地に送られた。シェフチェンコの絵の才能に気付いたパヴロは、ヴィリノで有名な画家、ヤン・ルステムのもとに、タラスを弟子入りさせた。将来、屋敷の内装を担当させることができるかもしれないと思ったのだ。

この時期、シェフチェンコにとって重要な出来事が二つあった。それはいずれも、シェフチェンコの世界観の形成に少なからぬ影響をもたらした「ポーランド」との接触であった。第一は、若いタラスが、ポーランドの少女、縫い子のジュナ・グシコフスカと知り合ったことだった。彼女はポーランド語以外で話すのを拒否したので、シェフチェンコはポーランド語を必死に学習し、二人はポーランド語で話すようになった。農奴ではないジュナと知り合いになることによって、「初めて私は思い当たった、われわれ惨めな農奴は、自由な人とは全く違うのだと」、このようにシェフチェンコは後に書いている。

二番目の出来事は、ヴィリノで一八三〇年の末にロシアに対するポーランド反乱の目撃者となったことである。数日のうちに反乱側が優勢になった。エンゲリガルトは、大急ぎでペテルブルクに逃げ帰った。しかし、タラスを含む召使いたちは、ヴィリノに残された。召使いたちはペテルブルクで主人に合流するよう命じられ、ロシア軍と反乱兵が戦っている危険な中を通って行かなければならなかった。ロシア人の主人には逃亡防止のため鎖でつながれ、ポーランド人からは石を投げつけられた。ウクライナ人農奴としてロシアに対する反乱を間近に見たことは、シェフチェンコにとって大きな衝撃であったことは疑えない。

ペテルブルクでシェフチェンコは、有名な画家で装飾家ヴァシーリー・シリャエフに弟子入りさせられた。自由な時間に、しばしば、レートニー・サード（夏の庭）に赴き、そこに置かれている彫像をデッサンの練習に描いていた。そこで、シェフチェンコのその後の生涯を運命づける偶然の出会いがあった。ペテルブルクの白夜の晩、見知らぬ人物が近づいてきて、シェフチェンコの絵に見入った。その人物は、美術アカデミーの学生で、同郷ウクライナ出身の、イヴァン・ソシェンコだった。ソシェンコは、シェフチェンコの絵に強い感銘を受け、この才能ある若者をなんとかして今の境遇から救い出したいと願った。

天賦の才に恵まれた、しかし農奴に生まれた青年は、人々の関心を惹き付けた。その中に当代随一の画家、カール・ブリューロフと高名な詩人、ヴァシーリー・ジュコフスキーがいた。ブリューロフがジュコフスキーの肖像画を描き、その絵が一八三八年四月にアニチコフ宮殿で競売に付され、二五〇〇ルーブリの値がついた。エンゲリガルトにそれが支払われ、四月二二日、シェフチェンコは農奴身分から解放された。自由な身分となり、帝国美術アカデミーの学生となったシェフチェンコには、生活していくのに十分な奨学金が与えられた。一八三九年五月には、描いた絵に対して銀メダルが授与された。続く美術アカデミーでの六年間、様々な分野の知識を広く学び、吸収していった。

シェフチェンコは、一八三七年から詩作を始めた。バラード「プリチンナ（魔法にかかった者）」は一八三七年に書かれた。翌年、彼は四つの「ドゥムカ（想い）」を書き、さらに「コトリャレフスキーの永遠なる記憶のために」、「タラスの夜」、「カテリーナ」という詩を書いた。この時、シェフチェンコはすでに、手稿の形で流布していた『イストーリア・ルーソフ』を読んでいた。

一八三八年に書いた詩の中で最後のものは、ジュコフスキーに捧げられた、七五〇行の長詩「カテリーナ」である。ジュコフスキー自身、ロシア人地主と、トルコ人の召使い娘との間に生まれた非嫡出子だった。この詩は、シェフチェンコの初期の代表作と言える、傑作である。その内容は、ロシアの将校に辱められ、捨てられた、ウクライナの農村の娘についての物語である。恥辱を受け、両親の家を追い出されたカテリーナは、ロシアの将校イヴァンを探してさまよう。ようやくのことで、彼を見つけるが、彼はカテリーナを認めようとはせず、馬に乗って去ってしまう。絶望したカテリーナは男の子を生んだ後、入水して死んでしまう。男の子は、コブザ弾きの吟遊詩人に拾われ、ウクライナを広く旅して成長していく。シェフチェンコは、この詩を題材にした絵を自分で描いている。

(2)『コブザール』

シェフチェンコの最初の詩集『コブザール』(コブザを弾く吟遊詩人)の出版許可は、一八四〇年二月一二日におりた。本の販売は四月後半からで、一一四頁の小冊子だった。八編の詩、「わが想い、わが想い」、「ペレベンジャ(道化師)」、「カテリーナ」、「トポーリャ(ポプラ)」、「想い」(「なぜわたしに黒い眉」)、「オスノヴャネンコに」、「イヴァン・ピドコヴァ」、「タラスの夜」が入っている。口絵は、ヴァシーリー・シテルンベルグの、盲目のコブザールを描いたエッチングが使われている。コブザはウクライナの古い弦楽器で、元々六弦だったが、七弦やその他のものもある。時代が下って、バンドゥーラがよく使われるようになった。バンドゥーラの弦は、当初、五弦から一二弦だったが、二十世紀に入ると三二弦、さらに五六弦から六八弦のものも登場した。

『コブザール』の出現は、ウクライナ文学史の中で、最も重要な出来事である。シェフチェンコの言葉は、どこか特定の地方の方言や一般庶民の日常語に基づいたものではない。それは三つの方言(南東、北、南西)と教会スラヴ語の混合した言葉である。

『コブザール』出版の主な目的は、ウクライナの過去の栄光の記憶を呼び起こすことだった。シェフチェンコの作品の内容の根本的な意味もそこにあった。シェフチェンコは、過去と現在のウクライナの状況を比較する。そしてシェフチェンコの作品を読む人に、ウクライナの衰退と破滅の原因を考えるように訴える。そうした方法によって、詩人は祖国への愛を喚起した。それは、古くから、また至るところにあるナショナリズムという、民族の共通性が政治的な国家の意識に変形したものであった。ウクライナでは、これは新しい思想だった。シェフチェンコの歴史的な詩を読んだ者は、明らかに、過去と現在の比較を同じように行った。ウクライナの独立の消滅とエカチェリーナ二世による農奴制の導入の責任は、直接、ロシアにある、と。

『コブザール』の出版に対して、ロシアの七つの出版物に書評が出た。そのうち五つが雑誌で、『祖国の息子』、『読書のための図書室』、『ソヴレメンニク（同時代人）』、『祖国雑記』、『マヤーク（燈台）』である。あとの二つの書評は新聞に掲載された。『文学新聞』と『蜂』である。すべての書評が著者の詩的才能を評価した。そして一つの書評を除いて、ロシア語ではなく、死滅しかかっている——彼らの考えであるが——ウクライナ語で書かれていることに失望感を表明している。

ただ一つの例外は、『祖国雑記』の無署名の書評であった。数人のソヴェト時代の研究者（例えば、ヴァシーリー・スピリドーノフやプリイマ）は、当時、その雑誌の書評担当の責任者だったヴィッサリオン・ベリンスキーが書いたものだと主張した。ベリンスキーは後に、シェフチェンコに対してだけでなくウクライナ文学全般に激しい敵意をもって対するのであるが、この二人のソヴェトの文学研究者は、シェフチェンコの最初の本に対してむしろポジティヴな評価を下していることを示して、ベリンスキーの「理不尽な」評価の衝撃を緩和しようとしたのである。しかしこの書評は、本質的にポジティヴなものではなく、評者がシェフチェンコを評価しているように見えるだけである。この書評の筆者が本当にベリンスキーであるかどうかについては、文体などを巡って長い論争がある。

多くの書評者は、シェフチェンコがロシア語で書かなかったことを残念がった。このことは彼らが詩人自らの意図を全く理解しなかったことを示している。『コブザール』は全編ウクライナ語で書かれているのである。一八三九年十一月一五日付けの兄弟ミキタへの手紙でシェフチェンコはこう書いている。「どうか、私に、私が、あなたに書いているように、モスクワの言葉ではなく、われわれの言葉で書いてください」、と。

ペテルブルクのシェフチェンコの友人たちは、『コブザール』の出現を興奮して迎えた。ウクライナ人は文字通り、歓喜した。フリホリイ・クヴィトカ－オスノヴヤネンコは、『コブザール』を読んで信じられないほど感動した。一八四〇年十月二三日付けの彼のシェフチェンコへの手紙では、いかにこの本が彼の心を摑んだかが記されている。

あなたをとても尊敬する。あなたの想いは、わたしの魂の中に入っている。そして、『カテリーナ』だ！　神様、美しい！　もうこれ以上話せない。こうやって、モスカーリ〔ロシア人（兵）に対する蔑称〕、兵士がわれわれの娘たちを欺いてきたのだ！

ミコラ・コストマーロフが『コブザール』を手にした時のことを、同時代人のコルスンが書いている。

ミコラ・イヴァノヴィチ〔コストマーロフ〕と一緒に教会のミサに行った後、本屋に立ち寄った。店主のアナリンに、何か新しいものはあるかと尋ねた。アナリンは薄い本、『コブザール』を差し出した。われわれは本屋の中に座って、昼食を取るのも忘れて、全部、読み通した。これは、何か全く特別な、新しい、オリジナルなものだった。われわれは、皆、『コブザール』に打ちのめされてしまった!

若い詩人はロシアの批評家たちの忠告を無視することができなかった。しばらくの間、彼は何度かロシア語で書くことを試みた。しかし、一八四一年、出版を準備していた長詩「ハイダマキ」の序文に次のような詩の行をつけ加えて、ベリンスキーやその他のロシアの批評家の、ロシア語で書くようにという忠告をきっぱりと拒否した。

暖かい羊の毛皮は必要ない
わたしには　着せないで
あなたの　賢い言葉には
嘘が　つまっている

これが、詩人の答えだった。

一八四一年十二月に、ペテルブルクにおいて、シェフチェンコは詩「ハイダマキ」を自費で出版した。この詩はシェフチェンコの詩の中で最も長い詩で、二五六九行ある。そのほとんどはハイダマキの反乱についての民間の言い伝えに基づいているが、中には詩人が幼い時に祖父から直接、聞いた物語も含まれている。

ロシアの批評家は「ハイダマキ」から距離をおいて、避けようとした。一八四二年四月一二日付けの『文学新聞』は、シェフチェンコの詩人としての才能を誉めながら、ウクライナ語で書くことに不満を表明した。最も辛辣な攻撃は、ベリンスキーから来た。

『祖国雑記』の読者には、いわゆる小ロシア文学の作品に対するわれわれの見解はよく知られている。ここでそれをまた繰り返すことはしない。ただ、これだけは言っておこう。小ロシアの特権的な詩人、シェフチェンコ氏の新しい唄の試み、このたぐいの作品の出版は著者自身の趣味と自己満足のためにのみ行われており、著者以外に読者はいないだろう。それを一層、確信する。

シェフチェンコは、一八四三年一月二五日付けのタルノフスキーへの手紙で書いている。

ここで、モスカーリは、わたしのことを狂信者、愚か者と呼んでいる。神よ、彼を許したまえ。わたしは、百姓（ムジーク）の詩人の道を行く。わたしにはそれ以上何もないし、必要としない。

一八四三年に、シェフチェンコはキエフに赴いた。そこで彼は、作家のパンテレイモン・クリシと会った。シェフチェンコにとって、クリシとの出会いは大きな意味をもった。クリシは、彼らの最初の出会いを次のように回想している。

私がイーゼルのそばに座っていると、まだ会ったことのないシェフチェンコが、厚い上着に、コサックがかぶるような先の尖ったベレー帽で現れた。「誰だと思う?」。これが、タラスの最初の言葉だった。明るく、魅力的で、気楽な声だった。婦人や子供を惹き付けるような声だった。私は答えた、「シェフチェンコ」。「そのとおり」と、タラスは、若者らしく笑った。まだひげを生やしておらず、その顔は女性のようだった。「一杯のホリルカ〔ウクライナの酒〕はない?」、これが、私が聞いた、シェフチェンコの第二声だった。その質問は、私を少しいらいらさせた。

この最初のやりとりに、シェフチェンコとクリシの二人の対照的な個性が窺える。二人の個性の違いについては、クリシが後に、自伝で述べている。

クリシは、シェフチェンコをそのシニシズムゆえに、好んでいなかった。それがシェフチェンコの才能を曇らせているとクリシは考えていた。一方、シェフチェンコは、クリシの貴族趣味に我慢がならなかった。クリシは正確さを愛し、自分の周囲を美しく維持し、言葉にも時間にも正確さを愛していた。クリシが下品な言葉を発するのを、誰も聞いたことがない。二人は、コサックの異なる部分からの代表だ。シェフチェンコは、アンドルシフ条約の後、スタルシナなしで放っておかれ、ポーランドの軛につながれ、シーチに逃げ込み、シーチからポーランド人地主の財産をハイダマキとして襲う、右岸のコサックを代表しているのだ。

クリシは、ツァーリの大貴族を喜ばせ、ツァーリ、ピョートルのために「小ロシア・コレギウム」を設置し、エカチェリーナ女帝が「命令」を書くのを手助けし、ウクライナに、古い教会付属学校の代わりに、教育施設を導入するようなコサックの出身である。

シェフチェンコは、クリシと出会って初めてウクライナのインテリゲンツィアを知ったのだった。

その年の九月、シェフチェンコは、ようやく故郷のキリリフカ村を訪れることができた。自分の現在の生活と家族の農奴としての生活の差異に、シェフチェンコはひどく傷ついた。彼は、少しでも家族の重荷を軽くしようと、物質的援助をしようとした。暇な時に、彼は古い家屋や、まだ元気だった祖父イヴァンの肖像を描いた。この後、詩人は「あばかれた墳墓」という詩を書いた。

静かな世界　愛しい土地
わたしの　ウクライナ！
なぜ　おまえは　荒れ果ててしまったのか
なぜ　母よ　逝ってしまったのか？

故郷での八ヶ月の滞在は、とても温かく迎えられたのだが、シェフチェンコは大きく変わったのだった。貴族の贅沢な暮らしと農奴の貧窮の、あまりのちがいに衝撃を受けたのである。ペテルブルクで夢見ていたのとは異なるウクライナの現実を目の当たりにしたのである。豊かで美しい大地は、ロシアとウクライナの悪徳商人によって荒れ果ててしまった。数ヶ月後、シェフチェンコは、知人のクハレンコに次のように書いている。

去年、私はウクライナに行った。メジヒルスク救世主（修道院）に行った。ホルティィツァ〔ドニプロ河中流、ウクライナ・コサックの本営シーチのあった島〕にも行ったが、ずっと泣いていた。われわれのウクライナは、モスカーリによって滅ぼされてしまった。

一八四四年にペテルブルクで書かれた詩の中で、「ソン（夢）」と題された、特別な詩がある。これは、明らかに、印刷することを考えなかった詩である。「夢」は、複雑な想像力の産物である。この詩の本質は、全ロシアの専制支配のシステムの恥辱の暴露である。シェフチェンコは、抒情的な詩句で、巧みに、ロシア帝国とニコライ一世を風刺して見せた。「夢」という詩は、専制支配を辛辣にかつ明瞭に暴いた作品だった。詩人は、ツァーリや皇后、その取り巻きを、容赦なく嘲笑う。「豚のように太り、鯉のような太鼓腹」、と。詩人は、さらに、現在のツァーリだけでなく、その祖先、ピョートル一世やエカチェリーナ二世も、ウクライナから自治を奪った者として、あざけり笑う。

「夢」は、手稿のまま次々に手渡しで広まっていった。「夢」は、シェフチェンコが逮捕された時、その人生に下された厳しい評決の根拠となった。

一八四四年十二月、シェフチェンコは、一度も会ったことのないゴーゴリに宛てた詩を書いた。

想いが次々に飛んでいく
一つは心を押しつぶし　もう一つは切り裂かれ
三つ目は　静かに穏やかに泣く
その心を　神は見ていないのかも
〔中略〕
すべての聾が　身をかがめる
足鎖につながれ　それにも無関心
きみは笑う　わたしは泣く
偉大な　わたしの友よ
〔中略〕
いいだろう　友よ
われわれは　泣き　笑うのだ

なぜシェフチェンコはゴーゴリのことを考えたのか？　シェフチェンコはゴーゴリを母国の運命に無関心ではいられないウクライナ人だと思っている。シェフチェンコはゴーゴリと自分の作品の方向性が逆であると言いたかったのである。ゴーゴリは、何よりも風刺作家、ユーモア作家であり、悲劇的悲嘆を癒す作家である（きみは笑う　わたしは泣く）。

この詩の中で示されているゴーゴリの作品は、『タラス・ブーリバ』である。シェフチェンコの詩「ハイダマキ」ではヒーローが地主の息子を殺すのだが、タラス・ブーリバは自分の息子、アンドリイを背教者として殺した。二人の作家の道は、はっきりと分かれていることが分かる。シェフチェンコはゴーゴリの笑いの中にロシアに対する批判を見た。そして同郷人の「不朽」の作品を称賛した。シェフチェンコはウクライナの作家として、ゴーゴリと互いに補い合っていると考えていた。

（3）キエフにて

一八四五年三月、シェフチェンコは帝国美術アカデミーを卒業した。同年六月、キエフに行き、古文書調査臨時委員会に雇われ、ウクライナ各地の歴史的記念碑を絵に描く仕事に就いた。これは、シェフチェンコに打って付けの仕事だった。夏から秋にかけて、キエフ、ポルタヴァ、ズヴェニホロド、プリルキ、ロムニ、ミルホロド、ルブニ、ペレヤスラフなどを訪れた。

この年の秋、シェフチェンコは「ナイミチカ」と「カフカス」の二つの詩を書いた。後者の詩を、シェフチェンコは、フランス系のウクライナの地主で、良き友にして詩人の熱狂的な支持者だったヤキウ・デ・バリメンに捧げている。その半年ほど前に、デ・バリメンは、ロシアの遠征隊に加わって、カフカスで戦死した。自由なカフカスの住民に対するロシアの侵略戦争での彼の死は、シェフチェンコをして、すぐにこの詩を書かせた。

ここでは、ロシア帝国の中で抑圧された諸民族のシンボルとしてプロメテウスが描かれている。

ロシア帝国では、「モルダヴィアからフィンまで、すべての言葉が沈黙している」、とシェフチェンコは書いた。

その後シェフチェンコは重い病気に罹り、最悪の事態を恐れ、感動的な詩「遺言」（一八四五年十二月二五日）を書いた。

死んだら　葬ってくれ
わたしを　墳墓（モヒラ）に
ひろびろとした ステップに
愛しい　ウクライナの
広大な　穀物畠と
ドニプロと　断崖とが
見えるように　聞こえるように
ほえる　流れが
ウクライナから　押しながす
青い　海へ
敵の血を
畠も　山も
すべて　捨てよう　飛び去ろう

神のもとへ
祈りもしよう　だが今は
わたしは　神を知らない
私を埋めて　立ち上がれ
足鎖を　断ち切れ
暴虐な　敵の　血潮で
自由を　噴き出させるのだ
そして　わたしを　偉大な　家族の
自由な　新しい　家族の　ひとりとして
鎮魂の　ミサを　忘れないでくれ
優しい　静かな　ことばで

一八四六年の春、シェフチェンコはキエフに着いた。彼はこの間ずっと考古学委員会の仕事をしていて、教会や修道院、各地の墳墓、古い家屋、歴史的建築などの写生を作って旅するという、その仕事が非常に気に入っていた。キエフでシェフチェンコは、幾人かの若いウクライナ人と知り合い、ごく近い友人となった。そのうちの一人がミコラ・コストマーロフ（一八一七〜一八八五）だった。彼の父イヴァンは古いロシアの貴族の家に生まれ、自分の領地のウクライナ人農奴の娘、テチャナと結婚した。

一八四四年にコストマーロフは、「ロシア民衆詩の歴史的意味について」と題する修士論文をハリコフ大学に提出し、修士の学位を得た。コストマーロフは、その後、リヴノのギムナジウムで教師をし、一八四五年からキエフのギムナジウムに移った。キエフでコストマーロフは、同じく教師をしていたパンテレイモン・クリシと知り合った。

（4）キリル－メトディー兄弟団

一八四五年か一八四六年のいつか、今述べた若い人たちがキリスト教の信仰の理念を実現しようと、共に集まった。「まさに、ここキエフで、最初に、兄弟団をつくろうという考えが現れた。それは、スラヴの共通性と、諸民族の完全な自由と自治を原則としたスラヴ諸民族の将来における連邦制の考えを広めることを目的としていた」。ウクライナの古くからの、教会の兄弟（友愛）団の伝統に倣って、この団体は「聖キリル－メトディー兄弟団」と名付けられた。この秘密結社の綱領が作られ、メンバーは刻印された金の指輪を付ける約束をした。

この結社の目指す目的は『神の法』と『ウクライナ民族の創世記』（以下、『創世記』）という文書に示されている。『創世記』の著者は間違いなくコストマーロフで、彼と、ミコラ・フラク、ヴァシル・ビロゼルスキーの三人が、結社の主な組織者だった。その他のメンバーは、パンテレイモン・クリシ、ユーリー・アンドルズキー、オレクサンデル・ナヴロツキー、ドミトロ・ピリチキフ、О・トゥルブ、イヴァン・ポシャーダ、М・サヴィチ、オパナス・マルコヴィチ、それにシェフチェンコだった。クリシがメンバーだった可能性については、本人は否定しているが、否定しきれない。シェフチェンコが結社に参加したことも疑いがない。

『創世記』において、ウクライナの過去は『イストーリア・ルーソフ』と同様に理想化されている。しかし、この二つの本には大きな相違がある。『イストーリア・ルーソフ』が同時代人に過去を思い起こさせるために書かれた歴史であるのに対して、『創世記』は政治的な綱領の説明である。ウクライナのインテリゲンツィアは、過去の記憶をたどる民族意識の覚醒の段階から、新しい時代における民族的アイデンティティのリアルな自覚の段階への、長い道のりを歩いてきたのである。

このような新しい世界観の形成は、特に五人の人物の議論の結果であった。彼らはそれぞれ、自分の理想と結社のプランを持ち込んだと言える。五人とは、コストマーロフ、クリシ、フラク、ビロゼルスキー、そしてシェフチェンコである。

『創世記』には、最後の最後で、「ウクライナは、二つの隣人（「モスカーリ」とポーランド人）に、征服された」と書かれている。

そして、ウクライナは消滅した。しかし、そのように見えただけだった。なぜなら、ウクライナの声は聞こえていた。そして、ウクライナは自分の墳墓（モヒラ）から立ち上がり、すべてのスラヴの兄弟に呼びかけた。その叫びを聴き、スラヴの同胞が立ち上がった。そして、ウクライナは、スラヴの同盟の中の、独立した共和国となった。その時、ウクライナが描かれた地図の場所を指差し、すべての言葉がこう言った、「家造りらの捨てたる石は、隅のかしら石となれり」、と。

この言葉で、ウクライナ・ナショナリズムの最初の宣言は終わっている。ここには、メシア思想的なものが感じられるが、ウクライナの独立が、他のスラヴの独立諸共和国との同盟という中でのみ、慎重に語られていることに注意すべきである。

(5) 逮　捕

キリル＝メトディー団の登場により、ウクライナのインテレクチュアル・ヒストリーは新時代を迎えた。十九世紀のウクライナにおける、それまでの知識人の運動はすべて、ロシアの似たような現象（スラヴ派、ナロードニキ、歴史主義）の二番煎じに過ぎなかった。しばしばウクライナ人は、ウクライナの利益に少しでもなれば、ロシアの運動の中で満足していた。しかし、これ以降は、なお隣人たちの影響下にあっても、ウクライナの知識人は、生徒の時期を過ぎ、自分自身の考えを入念に作り上げはじめたのである。そして、その考えの中心は、彼らの民族の運命の問題だった。

一八四七年の初め、結社のメンバーはすべて逮捕された。フラクのアパートの隣の部屋に住んでいたオレクシイ・ペトロフが、壁を通して、結社のメンバーの会話を興味深く聴いた。ペトロフは重要な情報を集めて、結社について警察に密告した。

一八四七年三月、ペトロフの告発に関するキエフ総督ビビコフのレポートが、ペテルブルクの第三部（皇帝官房第三部、秘密政治警察。デカブリストの乱の翌一八二六年に設置）の責任者に届けられた。

第三部長官オルロフ伯爵は警察が「スラヴ-ウクライナ兄弟団」と呼んだ組織のメンバーの逮捕を指令した。次から次にメンバーは逮捕された。フラクはペテルブルクで。コストマーロフ、ポシャーダ、マルコヴィチ、アンドルズキー、トゥルブはキエフで。ビロゼルスキーとナヴロツキーはポルタヴァで。クリシは外国に出ようとして、ワルシャワで。第三部の要請で、全員がペテルブルクに送られた。

一八四七年四月五日、シェフチェンコはウクライナ旅行からキエフに帰ってきたところを警察によって即座に拘留された。翌日、キエフ総督の第三部長官に宛てた報告には、シェフチェンコの荷物の中に、「甚だ憤激せざるを得ない、犯罪的内容」の詩の草稿が発見されたことが記されていた。シェフチェンコはすぐに取り調べのためにペテルブルクに護送された。押収された文書の中には、シェフチェンコのいくつかの詩(「夢」と「カフカス」を含む)があった。第三部の役人は、それらの詩を翻訳し、次のような評価を記した。「著者は絶えずウクライナの現在の苦しい状況を訴えている。ロシア人の支配に対する憎しみを呼び起こそうとしている。かつての自由と、コサックの勝利と栄光を思い起こしている。そして、現在の世代の者たちの無関心を非難している」、と。

取り調べに対して、最も簡潔にしか応答せず、情報を与えなかったのはフラクだった。一方、コストマーロフは深い精神的な崩壊状態に陥り、詳細な、しかし、しばしば矛盾した証言をした。クリシを尋問した取り調べ官は、調書の署名の後に、クリシはコサックのヘトマンたちについて、まるでギムナジウムの生徒に向かって話すように熱弁を振るったが、兄弟団のメンバーであることは否定した、と記した。

シェフチェンコに対する尋問は、四月二一日に行われた。「わが政府に反対する感情を小ロシア人の間に引き起こさせるような詩を、なぜ書いたのか」、という問いが、シェフチェンコになされた。これに対してシェフチェンコは、次のように答えた。「小ロシア人に、私の詩が気に入ったのだ。私は、なんの目的もなく、それらを作り、読んだ。ただ、うっかりして隠さなかっただけだ」。

さらに農奴から解放されるのを助けていただいたツァーリについて不遜な詩を書いたのは間違ったことではないのか、と詰問されたシェフチェンコは次のように答えた。「ペテルブルクで、ツァーリと政府を非難する声を何度も聞いた。小ロシアに帰ると、立派な人たちから、もっと悪い言葉を聞いた。私はそこで惨状を見たし、地主貴族や管理人による農民に対する暴力的な迫害を目にした。そして、そういうことすべてが、皇帝と政府の名において行われているのだ」。

彼の詩の無礼さと反逆性のゆえにそれが人気を博したのではないか、という取り調べ官の咎め立てに対して、シェフチェンコは答える。「私の詩が好まれたのは、多分、小ロシア語で書いたことによるのだろう」、と。

一八四七年四月二八日、ニコライ一世への報告書でオルロフ伯はシェフチェンコの罪を次のような言葉で語った。

シェフチェンコは、自らを農奴身分から解放してくださったご家族に感謝の念を抱くどころか、憤慨せざるを得ないような詩を、小ロシア語で書いた。それらの詩で彼はウクライナの隷属と貧窮を嘆いた。そして、ヘトマン体制の栄光と昔のコサックの自由を誇らしげに称えた。彼自身が恩恵を施された帝室の御方に対して、信じられないような不遜な態度を取り、鉄面皮な誹謗を繰り返した。シェフチェンコは、友人たちの間で赫赫たる名声を得ている。だから彼の詩は、二倍に、有害で危険なのである。愛された詩は、ヘトマン国家の時代の幸せな思いを種蒔き、根付かせる。そして、その幸福な時代に戻り、ウクライナが独立した国家として存在する可能性を夢見させることになる。シェフチェンコがスラヴ-ウクライナ兄弟団に属していないことは明らかだが、彼は個人として行動し、自分で邪悪なるものを運んでいるのである。

取り調べの後、シェフチェンコに、オルロフの報告書に基づいて判決が言い渡された。オレンブルグ独立軍団に無期限に兵卒として送られる、という判決だった。ニコライ一世は、この判決を裁可する文書のシェフチェンコの名前のところに、次のような追加の文章を自ら書き足した。「最も厳格な監視の下に置き、書くことと描くことを禁ず」。

この判決の重さは、結社の他のメンバーの判決と比べて見るとよく分かる。フラクはシリッセルブルグ要塞に三年間の拘束の上、遠隔の県に流刑、「最も厳格な監視の下に」置くこと、とされた。コストマーロフはオレクシイフスク堡塁に一年間の投獄。クリシは四ヶ月の投獄の後、ロシアの奥地の県で勤務、であった。

シェフチェンコに対する厳しい判決について、ベリンスキーは悪意に満ちた反応を示した。彼は知人のアンネンコフに、一八四七年十二月に次のように書いた。

シェフチェンコは、カフカスに兵卒として送られた。私は、残念とは思わない。私が裁判官だったら、もっと重くしただろう。私は個人的に、このたぐいのリベラルには敵意を感じている。これは、すべての進歩の敵だ。こうした小生意気な愚か者が政府を憤激させ、政府を疑い深くさせる。彼らはならず者に騒ぎを呼びかけるだけで、立派なものは何一つない。文学と啓蒙にとって、破壊的な役割しか果たさない。

一体、無期の流刑より重い刑とはなんだろう。ベリンスキーはウクライナ人全体を侮蔑していて、ウクライナ人を「サーロ（豚の脂）食い」だと蔑んでいる。こういう人物に、なぜ、「革命的民主主義者」という評価が捧げられるのだろうか。

逮捕、投獄、流刑をもって、シェフチェンコの創作の、前期の時代は終わった。この後、兵士としての十年間を経て、一八六一年にシェフチェンコは、ペテルブルクで死亡した。シェフチェンコは、生前の希望通り、ドニプロの流れと、その左岸の広々としたステップの見える、カーニフの丘に葬られた。

ウクライナ文学におけるシェフチェンコの果たした役割は、いくら大きく評価しても、しすぎることはないだろう。シェフチェンコは、真の創始者だった。彼はその詩によって、ウクライナ語を芸術的な高みに引き上げた。ウクライナの思想史の中でも、彼の地位は際立って重要である。

シェフチェンコの詩によって、それまで誰もできなかったような明白な言葉で、民族の意識が表現された。「シェフチェンコの詩は、ウクライナ・ナショナリズムの発展の、開始の時を告げた」と書いたのは、イギリスの歴史家ヒュー・シートン＝ワトソンだった。ナショナリズムが人間の基本的権利（社会的、民族的、文化的、言語的）の擁護であるとすれば、シェフチェンコはまさしくナショナリストであった。彼の、社会的正義と民族的自己実現の要求は、本質的に独立宣言に他ならなかった。彼の、「足鎖（カイダン）を断ち切れ」という言葉の意味は、抑圧からの自由を闘い取れ、ということだった。

シェフチェンコは、ウクライナ語の詩で、ロシア帝国と戦ったのである。そして、詩と詩人が重んじられる国の魁（さきがけ）となったのである。

二　ニコライ・コストマーロフ

（1）「ルーシの二つの民族」

ニコライ（ミコラ）・コストマーロフ（一八一七～一八八一）は、十九世紀ロシアを代表するロシア史の大家として知られている。彼のラージンの乱についての著書を、マルクスがノートを取りながら丹念に読んだことでも知られている。

コストマーロフ

このコストマーロフは、ロシア人地主を父とし、ウクライナ人農奴を母としてヴォロネジ県に生まれ、ロシア人とウクライナ人の二重のアイデンティティーの中で成長した。若い時には、タラス・シェフチェンコやパンテレイモン・クリシとともにウクライナの秘密結社「キリル－メトディー団」に参加し、逮捕・流刑の経験もしている。そのコストマーロフが、一八六一年に「ルーシの二つの民族」と題する論文をペテルブルクで発行されていた『オスノーヴァ（礎）』というウクライナ知識人の雑誌に発表し、ルーシの二つの民族、すなわちウクライナ人とロシア人の比較を行っている。

コストマーロフはこの論文で、ウクライナとロシアの習慣、言語、宗教、社会組織、歴史的記憶について比較対照を試みている。そこではまず、ロシアとウクライナの歴史的起源の分析から始められている。コストマーロフは、それが別個のものだと考える。東スラヴは初期に多くの部族に分かれていたが、次第にキエフを中心とするウクライナ地域とウラジーミルを中心とするロシア地域に集中することとなった。この二つのグループの政治的・社会的構造は決定的に異なっていた。南のグループはクニャージ（公）を自ら選び、ヴェーチェ（民会）の決定は公より優位に立った。北においては公の支配は世襲であり、絶対的なものであった。南においては他の公に対する、ある公の支配を主張する欲求は小さかったし、民族的統一も緩やかなものだった。北方の中でノヴゴロドは例外的に南の習慣と同一であった。北において個人的自由は少なく、中央権力がより強く、統一国家を建設する欲求が強かった。後にモンゴル支配の中で、モスクワは意図的に他の地域に手を広げ植民地化した。キエフのスラヴ人が連邦思想を大切にしたのに対し、モスクワ人は征服を信じた。正教信仰はモスクワにあっては帝国思想に半ば聖なる権威を与えてそれを強化した、とコストマーロフは言う。

コストマーロフによれば、ウクライナ人は自由、自治、民主主義を重んじ、個人主義的特徴を持っており、これに対してロシア人は規律、組織、政府を重んじ、集団主義的特徴を持っている。ウクライナ人は自由を好み、自由を求める魂に満ちているが、ロシア人は本来独裁を好み、強い国家をつくり運営する能力に恵まれている。コストマーロフはどちらが良いとも述べていない。しかし、ウクライナ人とは異なりロシア人は強力で独立した国家を建設することができたが、それは農奴制と専制という犠牲の上にである、と書いている。

続けてコストマーロフは書く。ウクライナ人は個人主義によって特徴づけられるのに対して、ロシア人は集団主義によって特徴づけられる。政治的な面ではウクライナ人は自由な社会を創り出すことに成功した。そこでは統制は最小限であり、個人の自由を侵害することはなかった。ロシア人は堅い基盤の上に一つの精神で統一された集団的社会をつくろうとした。ウクライナ人の目指すところは連邦制であり、ロシア人は専制と堅固な君主制を目指した。

「ロシア的なるもの」というのは何か荘重で創造的であり、全体精神、統一への志向、実践的支配に特徴がある。ロシア人はあらゆる逆境を耐え抜いて、行動を起こすのに最も適した状況を選ぶことができる。ウクライナ人はそのような能力に欠けている。その自由な自然を尊ぶ生き方は、社会組織の崩壊へと彼らを導くか、あるいは民族の努力をあらゆる方向へ分散させてしまう争いの渦巻きへと導いてしまう。二つの民族のこうした傾向は歴史によって証明されている、とコストマーロフは言う。

最終的にその理想を具体的な形で実現しようとする努力の中で、ロシア人は物質主義に傾きがちであり、精神生活と詩に関してはウクライナ人に遅れをとっている。社会生活においても家庭生活においてもウクライナ人の生活のように詩的なものが少ない、というのがコストマーロフの観察の結果である。

コストマーロフによればロシア人は自然にあまり関心がない。ロシア人の農民は庭に花を植えるのを好まない。ウクライナでは農民の小屋は花でいっぱいである。それどころかロシア人はしばしば草木の敵である。ロシアで農民が家の周りの木を全部切り倒しているのをしばしば目にした、とコストマーロフは言う。彼らは木に囲まれていては見かけが悪いと考えているのである。教養ある人々でさえ自然の美しさには無関心な者が多い、とコストマーロフは書く。

ロシア人は想像力に欠けるところがある。迷信は少ないが多くの偏見を持っている。逆にウクライナ人は明らかに多くの迷信を信じている。特に西ウクライナ人はそうである。西ウクライナではほとんどすべての家から詩的な話が聞こえてくる。死んだ者たちが形を変えてどのように甦ってきたか、奇妙なやりかたのお呪い、様々な格好をした幽霊の世界、髪を逆立てたお化けたち、これらすべてが芸術的な描写で物語られる。時には物語の話し手も自分の話していることを信じていない。しかし彼らが美的センスを持っている限り、彼らは古い内容を新しい形に変えつづけるのである。ロシアでは人びとは悪魔や魔女を信じている。それは古い時代からの彼らの信仰である。しかし、ロシア人の間では空想的な話は少ない。悪魔たちでさえロシア人の話の中では物質的である。

コストマーロフはさらに続けて言う。異なった歴史的遺産の結果、ロシア人はウクライナ人とは異なった社会的信念を持っている。個々のものを一つの全体に統合しようとする強い衝動、社会的善の名による個人的利害の否定、社会的判断に対する最大の敬意、こうした特徴すべては、ロシア人の大家族的生活、ミール共同体への犠牲の中に証明されている。ロシア人の家族は財産も共有する一つの統合体である。ウクライナ人は逆にそうしたシステムを嫌う。自発的にではなく強制的に課される共同の義務をウクライナ人は大いなる重荷と見なす。ロシア人は個人的な自由のための闘争を犠牲にして共同体の義務に従っている。土地の強制的な共同使用や連帯責任制はウクライナ人にとっては最悪であり、最も不幸な奴隷的束縛である。ウクライナの歴史はウクライナ人に私的所有の観念を抑えることを教えなかったし、自分を何か抽象的な共同体の召使いと見なしたり、共同体の他のメンバーの責任も取るというようなことを教えなかった。

コストマーロフはこの「ルーシの二つの民族」の中で補足的にウクライナ人とポーランド人の関係についても述べている。それによると、言語的にはウクライナ人はロシア人よりポーランド人に近いとは言えないが、民族的な特徴ではむしろポーランド人に近いと言える。

しかし、ポーランド人とウクライナ人の間には永遠に埋まることのない深い溝がある、とコストマーロフは言う。率直に言えば、ポーランド人は貴族的であるのにウクライナ人は民主的である。しかしこの特徴は二つの民族の歴史を反映したものではない。ポーランドの貴族政は非常に民主的であったし、ウクライナの民主政は非常に貴族的であった。ポーランド貴族は自分たちの階級の枠内にとどまろうとしたが、ウクライナでは逆に人びとは平等の地位と権利を持ちながら、より高い地位に登りより多くを獲得しようとする個人をしばしば生み出し、また再び圧倒的大衆に呑み込まれるという事態を繰り返してきた。この闘争がしばしば社会的構造を弱め、強い共同体の価値を知っている他の民族にウクライナを掠め取る機会を与えることになった、とコストマーロフはウクライナ史をナロードニキ主義的観点から説明した。

コストマーロフは「ルーシの二つの民族」を書く前年の一八六〇年一月に、ゲルツェンの雑誌『コーロコル（鐘）』第六一号に「ウクライナ」と題する論文を書いている。そこで彼はウクライナ史の独自な発展を強調すると同時に、ロシアとの統一の不可避性についても述べている。コストマーロフはウクライナは歴史的に独自の発展をしてきた、と述べ、ウクライナはロシア人にもポーランド人にも属さないのであって、その地に太古の昔から今に至るまで住んでいる者、すなわちウクライナ人に属する、と書いている。

コストマーロフによればコサック社会はキエフ・ルーシのヴェーチェ（民会）体制の最後の反映であった。コサックはウクライナ的自由のチャンピオンであり、友愛と民主主義の権化であり、ウクライナ人の強い宗教性の代表でもある。コサックはイスラムの専制とポーランドの専制の双方と戦った自由の戦士であった。コストマーロフはこのようにザポロージエのコサックに対する彼の好意を語る。

しかしコストマーロフはウクライナ人の自由を愛する性質を称えると同時に、ウクライナ人の国家建設、経営の無力さをも指摘する。彼によれば、ウクライナ人はザポロージエのシーチ（本営）以上の国をつくることはできなかった。そしてシーチは長続きするものではない。したがってウクライナがモスクワの庇護の下に入るのは不可避であった。たとえモスクワが自由のない専制的で非文化的な国であったとしても、である、とコストマーロフはロシアによるウクライナの併合、植民地化を避けられなかったと結論している。

コストマーロフの「ルーシの二つの民族」、すなわちロシア人とウクライナ人について比較した見解はもちろんステレオタイプに属するものである、と言わねばならない。しかし、ステレオタイプに属するものであることは確かであるが、それがロシア人とウクライナ人の双方を熟知した者の手になる考察であるので、その中には当たっているものもある。

（2）両民族の「対話」

ウクライナとロシアの関係を通観してみて特徴的なことは、両者の間に本当の意味での「対話」が欠如していることである。「対話」の無いところに相互理解も相互信頼も生まれないし、まして共通のアイデンティティーの模索もありえない。

キエフ・ルーシ以来、両者は別個の道を歩んできたことはコストマーロフの語る通りだが、両民族の事実上の最初の意識的な出会いとなったのは一六五四年のペレヤスラフ協定の交渉の場であった。この最初の出会いから「対話」が成立しなかった。ロシアの歴史家、ヴァシーリー・クリュチェフスキーはこれについて次のように書いている。「一六五四年、ウクライナ人とロシア人は双方とも相手を理解せず、相手を信頼せず、考えていることを語らず、欲していないことを行った」。ペレヤスラフ協定はウクライナとロシアが初めて同盟関係を結んだ協定であるが、これが両者の不幸な歴史的関係の始まりでもあったのである。ロシアはこれによりウクライナを併合し、帝国化への道を歩むことになる。一七六二年にペテルブルク大学卒の通訳官セメン・ディヴォヴィチが『大ロシア－小ロシア（ウクライナ）会話集』を編纂したことは、当時ウクライナとロシアとの「対話」には通訳が必要であったことを示している。その会話集が編纂された二年後、エカチェリーナ二世はウクライナのコサックのヘトマン国家を廃止し、ウクライナの自治を一歩一歩廃止することでウクライナに対する帝国直轄支配を貫徹していった。

十九世紀前半に著わされたウクライナ・ロマン主義の最も重要な作品である『イストーリア・ルーソフ（ルーシの歴史）』は、ウクライナの歴史の独自性を謳い上げ、ウクライナ国家の再建をウクライナ民族に呼びかける内容のものだったが、ごく限られたウクライナの知識人の間で読まれただけだった。一方、同時期に出版されたロシア人歴史家ニコライ・カラムジンの『ロシア国家の歴史』は、帝国の必要性およびその専制と中央集権支配の合理性を説き、多くのロシア人を魅了していた。現代のロシアでは、このカラムジンが偉大な歴史家の一人として歴史の「パンテオン」に祀られ、彼のアナクロニズムな概念がもてはやされている。しかし、「帝国」支配の構造の中に「対話」の入る余地は無いのである。

ロシア-ウクライナ関係にとって決定的に重要だったのは十九世紀にこの地に達したロマン主義の影響であった。ロマン主義は、農村とフォークロアを人びとの注目するところまで引き上げ、農民の言葉を文学の言葉にまで昇華させ、新しいウクライナ文学とウクライナ文化を開始せしめた。しかし一方、ロマン主義はロシアにあってはニコライ一世の「公式民族（Official Nationality）」の形成を押し進めた。「公式民族」の形成は、ロシア帝国の中にあって、ユニヴァーサリズムと神秘主義的かつ官僚的愛国主義の発揚の基礎であった。それは帝国内コミュニケーションの手段としてのロシア語の強制とも結びついていた。まさにその時にウクライナでは詩人シェフチェンコが近代ウクライナ語を確立させていたし、「単一不可分」の帝国支配に反対し、連邦制を目指す秘密結社キリル-メトディー団を結成していた。そしてついにカラムジンのアンチ・テーゼとしてのフルシェフスキーのウクライナ史学を生み出したのである。

ロマン主義者はまた、歴史的民族と非歴史的民族についてのヘーゲル的概念をもこの地に持ち込んだ。それは後にマルクス、エンゲルスに受け継がれるものである。ロシア民族は歴史的民族であり、ウクライナ民族は非歴史的民族であるとするこの考えは、社会主義思想を抱く帝国の革命的青年たちの新しいシンボルとなった。彼らは非革命的な農村に惹きつけられると同時に、農村を、農村の文化を、そしてウクライナ語を、遅れた二流の存在と認識したのである。ロシア帝国もまた一八六一年と一八七六年のウクライナ語禁止令によって、ウクライナ民族に対する寛容な態度を改めることになった。このような状況では両民族の「対話」の可能性を考えることすらできなくなってしまったのである。

一九〇五年、ロシアの第一革命期にペテルブルクのロシア帝国アカデミーは、ロシア－ウクライナ関係にとって歴史に残る重要な文書を発表した。著名な二人の言語学者、アレクセイ・シャフマートフとテオドール・コルシのイニシアティヴによるこの宣言は、ウクライナ語がロシア語の方言ではなく、豊富な文学を生んだ、独立したスラヴ語の一つであると主張し、ウクライナ語禁止令の廃止を政府に勧告した。そして独自な文化を持つ民族としてのウクライナ民族の権利を擁護したのであった。

しかし、この画期的文書の草案者の一人で理想主義者のシャフマートフも、「帝国」の解体には賛成できなかった。独立した文化を認めることは、ウクライナの政治的独立を認めることにはつながらなかった。彼は一九一七年六月にウクライナ中央ラーダが発した第一次ウニヴェルサール（布告）に対し「ありえないこと」と否定的な態度を明らかにした。彼はウクライナの分離主義に反対する理由として、「ロシアが暖かい海、黒海を失うことになるからだ」と述べている。

レーニンは多くのロシア人と同様、当初いかなるウクライナ問題の存在も認識していなかった。彼がウクライナ問題の重要性に気付くのはやはり、一九〇五年革命以降である。しかし、彼のアプローチは典型的な「弁証法」的アプローチだった。ある時はウクライナ人の自決の権利を認め、またある時彼はウクライナに住むロシア人労働者との連帯を優位に置いた。彼はウクライナ人に対し独自の文化を持つことを認める用意があったが、一方で中央集権化された党による政治的コントロールを放棄するつもりはなかった。彼は、独立したウクライナ共産党の存在には一貫して反対したのである。

ロシア帝国のウクライナ問題について真摯な考察をした例外的なロシア人知識人はピョートル・ストルーヴェ(一八七〇~一九四四)である。ストルーヴェはロシアが「生まれたばかり」の国家であり、多民族帝国としてのオーストリア＝ハンガリーとは異なり、本当の意味での民族帝国として成長しなければならない、と主張する。そしてロシアは非ロシアの文化を同化する可能性を持っている、と。つまり、帝国の民族的統一は文化的に行われ、ロシア帝国にはただ一つの高い支配的な文化、ロシア文化だけが許容されるべきであり、ロシア語が古代末期ローマ帝国の「コイネー」やドイツのホッホドイチュのように共通の文化的言語の地位を授かるべきである、と述べる。ウクライナ人には限定された文化的地域的発展、主に初等教育と方言が認められる、とストルーヴェは言う。

ピョートル・ストルーヴェはソ連時代、公には積極的に評価された人物ではないし、ソ連の民族政策と帝国イデオロギーの基礎をつくりあげた人物とは評価されなかった。しかし、一九六〇年代半ばからペレストロイカの時期に至るソ連のウクライナに対する政策は、実際にはストルーヴェの二つの文化の概念、高度なロシアの文化と第二級のローカルなウクライナ文化という考え方以外の何ものでもない。一九七〇年代初頭に導入された新しい概念「ソヴェト人」こそ、ストルーヴェが考えていた民族帝国の住人に対する呼称であった。

一九二三年、ウクライナ共産党第二書記ドミトリー・レベジは「二つの文化の闘争」論を展開して、当時始められていたウクライナ化政策に反対した。彼はロシアのプロレタリア文化とウクライナの農民文化を対置し、この二つの文化の闘争ではより高度なロシアのプロレタリア文化が勝利することは目に見えているのだから、ウクライナ化政策は時間の無駄である、と述べた。

単一の帝国の高度なロシア文化というストルーヴェのテーゼのプロレタリア版である、このレベジの主張に反対したのはウクライナの共産主義者ミコラ・フヴィリョヴィーであった。フヴィリョヴィーは、ウクライナは高度な文化の担い手となるべきか、ローカルな小ロシアでありつづけるのか、と問い、選択肢は言うまでもない、と答える。彼は「アジアのルネサンス」という言葉でユーラシアの覚醒について語る。――西と東の間にあるウクライナは、ユーラシアの覚醒において先導的役割を果たさなければならない。「アジアのルネサンス」を成功させるためには、ウクライナが自らの「文化的エピゴーネン主義」――それは専制的な「不可分の」帝国における文化の関係が作りだしたものなのだが――を根絶する必要がある。そしてそれは「心理的ヨーロッパ」に接近することによってのみ可能となる、と彼は言う。「モスクワから離れよ！　ヨーロッパに向かえ！」がフヴィリョヴィーのスローガンである。モスクワの帝国的全体主義は、政治においてのみならず、文化においても、何世紀もの間、われわれを圧迫しつづけ、われわれの間に奴隷根性を染み込ませてしまった。フヴィリョヴィーは言う、ロシアは独立国家だろうか？　もちろん独立国家である。それでは同様にウクライナも独立国家であろうではないか、と。

ウクライナが帝国支配から離れ、ロシアと対等なパートナーとならなければならないと主張したフヴィリョヴィーの考えは、帝国強化に向かっていたスターリンの強い反発を招き、フヴィリョヴィーは批判され、ついには自殺を余儀なくされ、一九二〇年代のウクライナ自立の動きは封じられた。

一九三〇年代から一九四〇年代にかけては、ウクライナにとって最も苦難に満ちた時期となった。一九三二年から三三年にかけてウクライナは人口の一割以上を失う大規模な飢饉に見舞われたが、これは上からの強制的農業集団化とそれに伴う穀物の徴発によるものであった。大粛清の時期には多くのウクライナ人知識人や党活動家が「民族的偏向」を理由にテロルの犠牲者となった。独ソ戦期にはウクライナ蜂起軍（ＵＰＡ）がソ連からの独立を目指して戦ったが、結局鎮圧された。この時期にウクライナ民衆が受けた深い傷跡はいまだに癒されていない。

スターリン時代とその後の「停滞」時代を通じて、ウクライナ人は帝国中央から「永遠の弟」と見られ、永遠に成熟することのない、独立した存在となる権利をもたない者であった。ロシア人だけが創造的な思想家、詩人、学者、政治家となれるのであった。オリジナルなものはウクライナにあっては不要な悪であり、「民族主義」として容赦なく罰せられたのである。

ウクライナ人はソヴェト社会主義共和国の中で、理論的には独立国家の市民であり、ウクライナは国連の創設メンバーでもあり、その国連にはウクライナ外務省から代表も派遣されていた。この「独立国家」はしかしながら、事の大小を問わず、全連邦の「長兄」の同意なしには何事も決定することはできなかった。ウクライナ語は日に日に片隅に追いやられ、職場はもとより家庭においてもロシア語の使用が広がっていった。大学の講義はほとんどロシア語となり、博士論文はロシア語で書かなければならなかった。ウクライナ・カトリック教会（ユニエイト）やウクライナ正教会はいずれもロシア正教会に合流させられていた。

ウクライナとロシアの十六世紀以来の関係の歴史はおおよそ以上のようなものである。こうした植民地支配の関係は遅かれ早かれ清算されなければならない。そのためにはロシアもウクライナもこれまでとは異なる生き方を選択しなければならなかったのである。

一九九一年八月二四日、ウクライナ最高会議は一九一七年以来三度目となる独立宣言を採択した。そしてその年の十二月一日の国民投票によってウクライナ独立は確定した。ウクライナはこれによってロシアの「弟」であること、植民地支配を拒否したのであった。モスクワからの離脱、帝国支配に対する拒否の姿勢が投票者の九〇パーセント以上の賛成によって示された。

ウクライナとロシアの関係は、このウクライナの独立によって、ペレヤスラフ協定の前の状態に戻ったことになる。こうして、ペレヤスラフ協定以来、初めて本当の意味での両民族の「対話」、互いに対等のスラヴのパートナーとして、相互理解と尊重に基づいた、建設的で、支配‐被支配の関係ではない、新しい真摯な関係をそこから照射するような「対話」のための条件がようやく整ったところだと言えるだろう。

三　パンテレイモン・クリシ

(1) クリシとシェフチェンコ、コストマーロフ

十九世紀半ば、ウクライナの首都キエフで二十歳代後半の青年三人が偶然遭遇した。ウクライナの国民的詩人タラス・シェフチェンコ、後のロシア史の大家ニコライ・コストマーロフ、そしてパンテレイモン・クリシである。十九世紀ウクライナを代表する知識人三人は、運命の糸に曳かれるようにキエフに到着し出会った。三人の出会いは間もなくウクライナ史最初の政治的秘密結社キリル－メトディー団の結成を生み出したばかりでなく、十九世紀ウクライナ思想の展開を促すことになった。

パンテレイモン・クリシは、一八一九年七月二六日(旧ロシア暦)、チェルニゴフ(チェルニヒフ)県の古いコサックの家に生まれた。十六歳の時クリシはマクシモヴィチ編のウクライナ・フォークロアを集めた本を手にした。クリシの回想によれば、この本は彼を一日にして大ロシアのではなく小ロシア(ウクライナ)のナロードニキにした。彼は一八三八年の秋からキエフ大学の学生となった。キエフ大学はこの半年前にポーランド人学生の秘密結社が摘発され、ツァーリの命令で閉鎖されていたのが半年ぶりに再開された時だった。一八四二年、教師としてルツクに赴任したクリシはそこで最初の小説『ミハイロ・チャルヌイシェンコ』を書いて出版した。六百頁余りのこの小説は、

一七六〇年代のウクライナの若いコサックの冒険を描いたウォルター・スコット風の小説だった。
一八四二年秋にルックからキエフに帰ったクリシは、当時次第にウクライナの文化センターとなりつつあったキエフに各地から集まってきていた青年インテリゲンツィアたちと出会うことになった。その中でクリシに影響を与えた一人にポーランド人作家ミハウ・グラボウスキがいた。彼はウクライナにおけるポーランドの役割を建設的かつ文化的なものと見なし、コサックやフメリニツキーをアナーキーで秩序を破壊するものと捉えていた。しかし、クリシにとって最も重要な出会いはシェフチェンコおよびコストマーロフとのそれであった。シェフチェンコはすでにその詩によってキエフの青年たちに知られていた。ウクライナを歌ったその詩は青年たちの心を強く打つものだった。シェフチェンコの力強く詩的なウクライナ語はクリシにも衝撃を与えた。クリシはこの時『チョールナヤ・ラーダ（黒評議会、最初はロシア語）』という小説に着手していたが、プーシキンの言葉つまりロシア語で書いていたのをシェフチェンコの言葉つまりウクライナ語で書き直した。

クリシ
（シェフチェンコ画）

クリシとシェフチェンコが初めて会ったのは一八四三年六月のことだった。クリシが初夏のキエフのマロニエの街路樹の下に椅子を出して座っていると、まだ面識のないシェフチェンコがズタ袋のような上着にコサック風の帽子で現れた。「一杯ふるまうつもりはない？」とシェフチェンコは訊いた。クリシは面くらいながらも、ホリルカ（ウクライナのヴォトカ）を一瓶差し出した。「この土地のホリルカのうまいこと」。グラスを空にしたあとシェフチェンコは陽気に語り始めた。二人はあれこれと話をし、歌をうたった。シェフチェンコは素晴らしい声の持ち主であり、クリシは歌を数限りなく知っていた。二人はキエフの町を歩きまわり、ドニエプルの川辺に出てスケッチをし、釣りに興じた。こうして二人はすぐに親しい友人となった。

シェフチェンコとクリシは全く異なったパーソナリティーの持ち主であり、異なった背景に育ってきた。まさにそれゆえに、両人は互いに惹かれたのである。シェフチェンコの中にクリシはボヘミアン的ロマンチストを見た。そしてクリシはそれに惹かれると同時に不快感をも覚える。クリシは後に自伝に次のように書いている。

「クリシとシェフチェンコの出会いはコサックの本営（シーチ）からの下層コサックと都市の富裕なコサックの出会いとも言えた。実際に二人は二つのコサック社会の代表だった。一方は歴史をハイダマキのリーダーから直接学び、ウクライナの歴史を、コサックの敵ポーランド人の軛の下で苦しんだコサックの傷ついた心で読む。また、他方はウクライナ史を、一度も農奴制を知らぬ者たち、ヴィシネヴェツキーのような騎士による国境の防衛者たち、南部ルーシ、リトアニア、ポーランドの保護者たち、そして後には自発的にモスクワ防衛に参加した者たちの歴史と見る。両人ともウクライナのナロードノスチ（民衆性）の深い感覚を分かち合っているが、シェフチェンコの血は絶えず熱く脈打っているのに対し、クリシは感情と理性、WOLLEN と SOLLEN の平衡を求めていた。冷たいエネルギー、静かでかつ幸福によっても悲しみによっても征服されないエネルギー、それがクリシの理想であった。」

翌一八四四年の秋、クリシはキエフでコストマーロフに会った。生涯を通じてコストマーロフはクリシの最も親しい友人となる。クリシとコストマーロフは、ウクライナには何よりも学者とインテリゲンツィアが必要であるとの確信において初めから一致していた。クリシは早くからウクライナの **Kulturträger**（クルトゥアトレーガー、文化の担い手）たらんとしていたのである。

一八四五年秋、帝都ペテルブルクに出たクリシは精力的に活動を開始した。ウクライナのフォークロア、民俗学、民間伝承、歴史を研究する一方で彼の最高の短編『オリーシャ』を書いた。またウクライナ語を文学的レベルまで高める必要があると主張してウクライナ語の雑誌発行の可能性を模索した。

クリシは一八四六年に友人のオパナス・マルコヴィチに送った手紙の中でこう告白している。「ウクライナ語は私にとって本物の神殿だ。もし、わが同郷人の誰かがここペテルブルクで「Ne（ネ）」という発音を（ロシア語の「ニェ」の代わりとして）忘れることを拒否したとすれば、それだけで私は彼のことを好ましく思う」。ウクライナ語はクリシにとってかけがえのない母語であり、豊かで詩的な媒介物であるばかりでなく民族のあかしなのであった。

クリシはシェフチェンコの才能を誰よりも認め、その登場を熱烈に歓迎した。しかし同時にクリシはシェフチェンコに対してその友情のはじまりから終わりまで一貫して批判的でもあった。批判的ではあったが、それはシェフチェンコを支持しての批判であり、クリシはシェフチェンコの「粗野な」詩を磨こうとしたのだった。

一八四六年七月、シェフチェンコの『コブザール』と『ハイダマキ』についてクリシは手紙を書いた。クリシはまず、この両詩集の詩を皆暗唱できるほど非常に気に入っていると述べた後、次のような批判をシェフチェンコに呈している。

欠陥のいくつかは君の自惚れ、不注意、怠惰などから来ている。また別の欠陥は、君があまりに自分の持って生まれた力に寄りかかりすぎていて、それを芸術的に高める努力をしないことから来る。もしそれができれば神に授けられた才能と結びついて君はプーシキン以上の詩的衝撃を生み出せるだろう。君の仕事は君だけのものでもなければ、君の時代だけのものでもない。それは全ウクライナのものであり、永遠にウクライナのために語り続けるものとなるだろう。それゆえ私は君の想像と創造の問題に干渉するのだ。

クリシは手紙を次のように終える。

ここに書くのは、力強く調和のとれた声を世界中に広めるような詩人をウクライナが持つことができたらと心底望んでいる一人の男の気持ちである。君が私を受け入れるかどうかは別にして、少なくとも私は君の比類ない作品を厳しく批判し、断固とした忠告を与えるのに際しての私の動機の高貴さを君が疑うことのないように希望する。この手紙を捨ててしまわないようにお願いする。五年後に君が一般的称賛に飽き飽きし、大衆には近づき難い何か別の詩的な深い創造的満足を求めるようになった時にこれを参照できるように保存しておいてほしい。もし君が『コブザール』と『ハイダマキ』を修正するのに同意するなら私は外国滞在中にドイツ語訳をつくり、ドイツ語の前書きと注を付けてスラヴ世界のために出版したい。ウクライナ人の名をすべての言語で誉め称えさせようではないか。

シェフチェンコを鼓舞し、批判したクリシは、同じ時期にコストマーロフに送った三通の長い手紙でウクライナ民族の問題について語っている。一八四六年五月二日付けのコストマーロフへの手紙の末尾にクリシはこう書いた。

なぜ君は自分がウクライナ人でないなどと言うのか。ただヒューマニズム的理想のゆえにわれわれとつき合うなどとなぜ言うのか。われわれは君に〔ウクライナ人としての〕市民権を与える。それに君の母親はウクライナ人ではないか。君のことをウクライナ人と思っているからこそ、これほど君のことを愛しているのだ。

続いて六月二七日付けのコストマーロフ宛ての手紙でクリシは次のように書いている。

若い人々が小ロシアの勉強をしたからといってヨーロッパの教育を受けられないということではない。なぜそう極端なのか。誰でもわれわれの歌、伝説、クロニクルを諳(そら)んじながらヨーロッパ教育の高いレベルを獲得できる。ある一つのものは他のものを排斥すると君は言うが、全く理解し難いことだ。君はウクライナ語で書けるものは農民の話だけだと言う。しかし君の目の前にはシェフチェンコがいるではないか。そのシェフチェンコはウクライナ語で、高次の社会に相応しい感覚を表現しているではないか。より良いものは常に自分の外にあるものである、というようなひどいことがどうして言えるのか。それは違う。生き生きとした要素、それなしには君の学問と詩的努力の調和も不可能なそのような生き生きとした要素が君の中では枯れてしまっているのだ。仮に今日活躍しているすべての小ロシア人が文学の分野で萎んで無くなってしまったとしても私は慌てたりしないし、確信を持っている。新しい者たちが人々の中から生まれてくる。新鮮な心が現れ、自然と故郷に対する愛を教えるだろう。

さらにクリシは九月一一日付けのコストマーロフ宛の手紙で言う。

小ロシア史の講義で君が聴衆の心と魂を魅了したであろうことを私は知っている。しかし、お願いだから君の結論をもう一度よく考えて欲しい。……私は次のような結論は心配しない。「ウクライナのひどく無意味な運命は人々の魂の無意味さの結果である。」私はこの賢い句によって不安にされることはない。この句は、腕っ節の強いロシア人によって投げられた岩石のようである。私の心には人々の魂が息づいているから、それが無意味なものでないことを知っている。……なぜ君は人々の魂を攻撃するのか。……ウクライナの、砂漠での長いさまよい歩きに対し、短気に悔しがり、君はウクライナを究極的な罵りで攻撃する。ウクライナの存在自体を無意味と決めつける。待ってくれ。ウクライナのトランペットの音が壁や城塞を粉砕する時が多分来るだろう。……魂が無意味だと断じてはならない。それは神への許されざる冒瀆である。

これらの手紙から窺えることは、当時のコストマーロフが自分自身をウクライナ人とは考えられないと感じていたこと、おそらくコストマーロフは「ウクライナ人としての自己」に自信がないことをクリシに表明したのであろう。そしてウクライナの歴史にも将来の発展にも積極的なものを見出せないと考えていた。クリシはこれに反論して、ウクライナはその言語、文学、文化において高みにのぼることが可能であるし、またそうしなければならないと考えていた。クリシはそうした事業にコストマーロフを参加させるべく説得を試みているのである。

これらのクリシの熱のこもった手紙は、キリル‐メトディー団内部での、団の性格を巡っての議論をおそらく反映しているのであろう。キリル‐メトディー団の中でクリシはナショナルなものを強調し、コストマーロフはそれに対しヨーロッパ的なるものあるいはユニヴァーサルなものを強調したことを推察させる。コストマーロフとの議論でクリシはコストマーロフの中にウクライナ人の西欧主義者、キリスト教的ヒューマニズムを見た。コストマーロフはナショナリズムに対してやや冷淡であり、人々は自分自身か外国のものかどちらかを選ぶとし、コストマーロフ自身は外国のものを選ぶ。なぜなら人はより良いものを求め、外なるものはより良いからである。しかし、クリシにとっての二律背反はロシアと西欧ではなくウクライナとロシアであった。したがってコストマーロフがウクライナ版ザーパドニキ（西欧派）とすれば、クリシはウクライナ版スラヴ主義者であった。
一八四六年、クリシはペテルブルクに教職を得、年の暮れにキエフを訪れた。十二月二五日のクリスマス、キリル＝メトディー団のメンバーが後にコストマーロフのアパートとなるフラクのアパートに集まった。彼らはウクライナ文化の役割、他のスラヴ民族との関係、農奴制の問題など、ウクライナについてのあらゆる問題を長時間議論した。クリシはこの時の会合について書いている。

大学を終えた若者たちは知的なアジテーションの仕事を始める用意をしている。彼らは私がこれに加わるばかりでなく団体のリーダーになることを期待している。……私は物思わしげな顔、しかめっ面の顔、寄せた眉に包囲された。心の中で私は笑い、怒った。私の考えの冷淡さに彼らは驚き、私のことをロシアの帝都から来たエゴイストと見なした。しかしコストマーロフとシェフチェンコは相変わらず私の良き友人だった。

クリシは外国留学を控えた一八四七年二月、再びキエフに立ち寄りコストマーロフと会った。コストマーロフはシェフチェンコが最近キエフで書いた詩、「夢」と「カフカース」を朗読した。この詩は二人に衝撃を与えた。それは危険な詩だったが魅惑的な詩だった。コストマーロフはそれらを暗唱していた。特にシェフチェンコがコサックのヘトマン（頭領）たちをワルシャワの屑どもと呼んだのをコストマーロフは気に入っていた。二人の気分は揚々たるものだった。クリシは新妻を伴っての外国留学を目の前にしていたし、コストマーロフはと言えばついに理想の女性、ピアニストのアリーナを見つけ、彼らも数週間のうちに結婚することになっていた。すべてがバラ色に見えた。三月初め、クリシ夫妻はワルシャワに着いた。そして突然破局が来た。キリル＝メトディー団の一員として逮捕されたのである。

ペテルブルクに移送されたクリシは第三部による尋問を受けた。残っている史料によるとクリシは七九の質問に対してすべて穏やかに答えている。

コストマーロフへの手紙の中で「トランペットの音が壁や城塞を粉砕する時が多分来るだろう」と書いたことの意味を問われて、クリシはトランペットの意味するものはウクライナ文学であり、それによって地主が農奴を自発的に解放するためのもの、と答えた。モスクワ政府のウクライナへの影響を否定的なものと見なす理由について問われると、クリシはヘトマン時代のモスクワの政策はしばしば近視眼的なものだったと述べた。クリシは母語と詩に対する愛は自然なことであると述べ、ウクライナ人は独自な古い習慣と伝統を持っており、それらの伝統が今やシェフチェンコとクリシ（ここで自分の名を挙げているところにクリシのプライドと性格が窺える）といったウクライナ人作家によって守られていると語る。ロシア人をカツァプ（ロシア人に対する蔑称）と呼ぶことを好むだろうという告発をクリシは否定し、自分はただウクライナを愛しているだけだと述べた。

総じて、クリシは尋問に対して自尊心をもって穏やかに威厳に満ちて答えている。結局クリシは自分がキリル＝メトディー団のメンバーであることを否定したが、彼の行動や発言が誤解されて反逆と見なされる可能性のあることを認めた。

クリシに対する判決は、ビロゼルスキーへのそれと同じく四ヶ月の投獄とその後の流刑であった。

ツァーリはクリシの判決文に手書きで次のように書き添えた。「書くのを禁止。ヴォログダで勤務させる。」

尋問の間落ち着いた態度を保っていたクリシは、尋問が終わって数日すると悔悛の情を示し、許しを乞い始めた。四月二四日、クリシは第三部の取調官ドゥーベルト将軍に手紙を書いた。「起こったことを振り返り、心迷わされていたことを恐れをもって私は認める。私は多分他の人々を大きな不幸に導いた。私は盲目的に行動し、今になって私の哲学が導く結果の恐ろしさにようやく気付いた。」クリシは過ちを許してもらうように乞う。「人類に対する愛から、私の家族に対する同情から、私は閣下に対してツァーリ陛下が私の軽率に、度量の大きい許しを与えるよう御配慮くださるよう乞い願う。私は自分の向こう見ずな行為によって引き起こされたダメージを私のこれからの仕事を通じて克服するために私の全エネルギーを使うことを誓う。」

ロシア官憲へのこの声明はクリシの懺悔の始まりとなる。シェフチェンコは一貫して官憲に対して確固としたところを見せ、後になっても自分のしたことを一切後悔していない、と書いたが、クリシは罪を認めて陥落したのであった。クリシは自分が反体制派と見られるとは考えていなかった。彼は自分の考えや行為が決して反逆などではないことを確信していた。

シェフチェンコはその詩の中でツァーリを激しく攻撃し、ウクライナにおける民族的、社会的抑圧に対して大声で抗議した。一方クリシは合法的かつ知的な探求というものを考えていた。さらにクリシは気質的に見て保守的であり、ラディカリズムに対して批判的だった。それにクリシはキリルーメトディー団のいかなる陰謀的行動にも加わっていなかったと正直に言うことができた。そして突然逮捕され「スキャンダラス」な「破壊活動」により告発されたのである。彼の無邪気な無実の主張は否定され、厳しい判決を受けたのである。

判決が手渡された時、クリシは傷つき、恐れ、混乱した。従順で遵法的市民を自任していた彼は思いも寄らぬ厳しい判決を前にして、自分の無実を疑いはじめ、慈悲を乞うことに決めた。もし仮に許され、学者としてのキャリアと外国旅行を約束されたかつての地位を回復することができたら、改心し、告白し、なんでもする用意があった。ひょっとしたらツァーリが寛大さを示すかもしれなかった。かつての農奴シェフチェンコは頑固に反抗的態度をとり、無期流刑となった。「貴族」のクリシは妥協し、その褒美として罰なしで釈放となる期待を持ったのであった。

クリシのすべての感情は恐れの前に萎えてしまった。自分に対する厳しい判決に反抗しなかったクリシは、反抗者ではなかった。彼は方角を見失ったインテリゲンツィアであった。専制に挑む内的確信を持った者たちはより厳しい長期の判決を受けたが、クリシはこの確信に欠けていた。精神的崩壊の傷は深く、長く続いた。彼の内的自由は破壊され、その後数年間彼は苦しみながら、彼の「考え」を修正し、彼の「過ち」を説明しようとした。

判決のあとクリシはペテロ・パヴロ要塞監獄に投獄された。妻と友人たちはクリシが医者の診察を受けられるよう努力した。七月初め、彼は軍病院に移され、一ヶ月後、医師団はクリシが結核に冒され良くない健康状態であると報告した。これを受けて第三部長官オルロフ伯爵はツァーリに対してクリシを北方のヴォログダではなく南のトゥーラに流刑する許可を求めた。オルロフ伯への手紙にクリシは書いた。「私のような狂信者をかくも慈悲深く扱う政府はヨーロッパの中でロシアだけだろう。私は自分の本や手紙に書いた内容を今恥じている。」ツァーリの配慮に感謝してクリシはオルロフに約束する。「私が今やすべてを理解したということを将来あらゆる方法で示すであろうし、忠実な市民としての聖なる義務を果たすであろう。」

一八四七年九月九日、クリシは妻とともにトゥーラに着いた。すぐに特別書記という職を与えられたが、クリシはこの仕事に不満だった。その後十二月に新総督クルゼンシテルンによって地元の病院の監督官というより重要な職を与えられた。官舎付き年俸千ルーブリであった。最初彼はこれに満足していたが、次第にサラリーにも住居にも仕事にも不満を述べるようになった。

クリシの一番の不満は文筆活動に従事できないことであった。彼は自分の書いたものによって国と公式のイデオロギーに奉仕したいと考えていた。クリシはドゥーベルト将軍にこう書いた。

私が今や異なった人間であること、私の理想と政府の情け深い配慮が一致しているということを行動で示したくてうずうずしている。ここトゥーラで若い人々が私の『ヒロイズム』を称賛しているのを偶然聞いたが、これは私にとって苦い恥辱である。地上における正義の理想、人類に対する実践的愛がロシア政府に体現されていること、私がウクライナ史を恐れと残念な気持ちで見ていること、そして今やロシアにはピョートル大帝によって始められた素晴らしい国家としての全面的発展の時が来ている、ということを私は示したい。私の小説『黒評議会』はウクライナの過去の無秩序さを明確に示したものである。

こうして帝政ロシアに対する熱っぽい忠誠を表明したクリシは執筆を許され作品を書き、発表しはじめた。

一八五〇年十二月初め、ツァーリ在位二五年に際してクリシは恩赦により刑を解かれた。「小ロシアの首都を含めたいかなる場所にでも住み勤務することを許される。ただし、教育省によって任命されることを排除し、しばらくの間秘密警察の監視下に置かれる。」この知らせを受け取るとクリシは黙って去り、家に帰り一枚の紙に「自由」と書いて妻に示した。この紙は彼らの宝物として大事に保管されたという。

（2）クリシのウクライナ文化論

ペテルブルクに落ち着いたクリシはほとんど即座にウクライナへの学問的関心に戻った。かつてのキリル-メトディー団のメンバーとは義兄のビロゼルスキーを除いて用心のため接触しなかった。彼は初めは農業省ついで統計省に勤務した。仕事は退屈だったが時間は余裕があり、クリシは大いに読み、書くことができた。妻は英語を勉強しはじめピアノを弾いた。

クリシはまず一八五二年に没したゴーゴリの伝記を一八五六年に出版した。全二巻で六四一頁もあるこの伝記は、ゴーゴリの手紙やその草稿を多く含んでいる点で貴重である。ゴーゴリが破り捨てた手紙の草稿もいくつかクリシは復元している。

ゴーゴリの生涯を詳細に叙述する中でクリシが試みているのは、ゴーゴリのいわゆる「二つの魂」、

「引き裂かれたパーソナリティー」に対する反論であった。クリシによれば、ゴーゴリは一貫した人物であり、真のゴーゴリ像はウクライナ人インテリゲンツィアとしての彼の一貫した生き方の中にある。ウクライナに生まれたゴーゴリはロシアに「奪われた」。ゴーゴリはその作品によって、ロシア文学に貢献した。ウクライナ人がロシア文学、ロシアの文化、ロシアの生活に貢献するという問題はゴーゴリ個人の問題ではなく、ウクライナ人インテリゲンツィアの多くにとって共通の問題だった。クリシはゴーゴリの態度を支持し、自らもその方向で活動しようとしていた。したがってゴーゴリが「二つの魂」すなわちロシアとウクライナによって引き裂かれていたとする見方に反対し、ゴーゴリの態度はウクライナ人インテリゲンツィアとしてむしろ一貫した態度であると主張したのである。

一八五七年、クリシは長編小説『チョルナ・ラーダ（黒評議会）』を出版した。これは実際に一六六三年に開かれたコサックの大集会に題材をとった歴史小説である。この小説はゴーゴリの『タラス・ブーリバ』に対する一つのアンチ・テーゼという性格を持っている。

フメリニツキーの乱の後のいわゆる「ルイナ（破滅）」の時期にウクライナのコサック内に階層分化が起こった。その時のウクライナのディレンマについてクリシは一つの解釈をしめした。クリシの考えによれば、このディレンマはザポロージエの下層コサックと上層コサック、スタルシナ（長老）の間の社会的闘争に原因がある。ここには、ウクライナ史におけるおそらく最高度に重要と思われる問題の一つがある。コサックのエリート、スタルシナの子孫にクリシは属していたが、『チョルナ・ラーダ』の時代のスタルシナはロシアとの同盟・協力を模索していた。クリシはこの階層をウクライナ全体の民族的・国民的利益の代表と考えた。クリシは文化的階層であるスタルシナへの共感を表明し、ザポロージエの大衆コサックに対しては彼らがプラウダ（真実）と自由の擁護者ではなく、国家についての考えも祖国の自由についての考えもない、アナーキーな暗い破壊者であると考えていた。特に、クリシが最も高く評価する「文化の建設者」たりえないと見なしていた。この小説にはクリシのコサック社会についての、またウクライナとロシアの関係のありかたについての考えが明確に示されている。

『チョルナ・ラーダ』にはエピローグが付されていてそこでクリシはウクライナとロシアとの関係、そしてロシア帝国下でのウクライナ文化の問題を論じている。クリシはウクライナ人を南ルーシ人、ロシア人を北ルーシ人と呼び、両者が共通の起源を持っていること、そして北ルーシ人にとって、南ルーシの影響と遺産を認め、喜んで受け入れることが彼らにとっても利益となると主張した。そういうかたちでのロシアとウクライナの統一への願望を述べたのであった。そのような統一の良き例としてクリシはゴーゴリを挙げた。

さらに続けて、クリシは民族の生活、生命は国家の衰退によって衰えることはないと述べた。他の国家の下でもその民族は独立した精神生活を送れる、とクリシは言う。民族の証は母語による文学であり、ウクライナの農村のエトスを表現するにはウクライナ語でなければ不可能と主張した。このようにクリシは、ロシアへの貢献、ロシアとの統一をウクライナの政治的・国家的利益と考える一方、ウクライナ語によるウクライナ文化の独自な発展も可能であると主張したのであった。

ウクライナ文化が偏見と抑圧なしに発展し、花開くことが許されれば、その将来の成長はロシア文化の発展にとっても有益であり、両者は一つの共同関係を形成するだろうというクリシの考えはユートピア的に見える。しかしクリシはこの考えを生涯捨てなかった。クリシによれば、ウクライナ民族の歴史的使命は独立した国家を形成することにあるのではない。ウクライナは独自の文化、歴史、文学を持つけれども、政治的にはロシアから離れて独自の統一体を形成することは不可能とクリシは確信していた。クリシにとって文化的ナショナリズムは是であるが、政治的ナショナリズムは否であった。

クリシはウクライナ語の改良、普及のためにいくつかの実践的試みを行った。一八五六年に彼はウクライナについての百科事典的な書物である『南ルーシ雑記』を出版したが、ここで初めて「クリシウカ」と呼ばれる独自の正書法を使用した。「イ」と「イェ」、「ハ」と「ゲ」を明確に区別したこの正書法は、一八六〇年代以降西ウクライナのガリツィアでの出版物にほぼそのまま取り入れられ、後に近代ウクライナ語正書法の基礎となっていくのである。

さらに翌五七年、『フラマトカ』と題するウクライナ語の初級読本をクリシは刊行した。農民向けに書かれたこの本はかつてのキリル-メトディー団の企画の実現であった。クリシは序文で、文盲の撲滅は母語の拡大によらねばならず、学問を受けて外国人になってしまうような人々は自分の民族について語ることはできない、と書いた。本文はアルファベット、発音、音節練習のあとウクライナの諺や聖書からの引用、そして最後にウクライナ史の説明が書かれている。コサック時代についてクリシは、その栄光の記憶は残っていても、もはや昔に戻ることは不可能であり、ロシア帝国の中でウクライナ人は法によって守られ教育を通じて進歩することができる、ウクライナ人はロシア帝国の中で他の民族と同等の権利を享受している、と結んだ。しかしながらクリシのこうした希望的観測はロシア政府の政策によってやがて裏切られることになる。

キリル＝メトディー団事件で逮捕された者のうち誰よりも遅く釈放されたシェフチェンコがペテルブルクに住むようになって以降、かつての友人との交流が再開された。二人を隔てた時間と経験、二人の考え方の違いゆえに以前ほど親しい関係は戻らなかったけれども、クリシはシェフチェンコに精力的に手紙を書いた。一八五七年十二月に書いた手紙でクリシはシェフチェンコをなお「兄弟」と呼び、彼の詩才を愛していると述べつつ、その詩才を人々の前にジプシーのような、胸もあらわな、だらしない格好で登場させるのではなく、美しい娘として登場させよと忠告した。「私の忠告を無視しないでくれ。君と私は一つの偉大な仕事をしているのだから。」これがクリシの認識であった。

別の手紙では次のような忠告をしている。「君のすべての書き物は篩にかけられなければならない。最新作の詩「ネオフィティ（改宗者たち）」は美しい作品だが印刷向きではない。」クリシはこの詩に含まれているツァーリ批判を時期が悪いと言うのである。

こうしたクリシの意見をシェフチェンコはどう感じていたのだろうか。シェフチェンコからの返事は知られていない。多分書かなかったのであろう。しかし、一八五八年三月一八日の日記にシェフチェンコはこう書いている。「クリシ〔の意見〕を待つ必要がある。彼は厳しいけれども時に真実を語るからだ。」おそらくクリシほどシェフチェンコの書くものに深い関心を持ち、精力的に意見や忠告を送った者はいないだろう。それは時にシェフチェンコを辟易させるほどの使命感に支えられたものだった。一八六〇年にある雑誌にシェフチェンコの短い自伝が掲載されたが、これはシェフチェンコの同意のもとにクリシによって徹底的に編集されたものだった。
シェフチェンコが死んだ時、クリシは「あの世の兄弟タラスへ」と題するシェフチェンコを悼む長詩を書いた。

母なるウクライナは　われわれ二人を生んだ
農民の帽子の中へ　母はわれわれ二人を抱きしめた
広い野原で　ひとつの胸の中で
彼女はわれわれに同じ歌をうたった
われわれに同じ仕事を準備した……
この世界でどのように生きていけば良いのか
わが魂を失うことなく　君の喪に服し続けるか
あるいは君の仕事を私が終わらせるのか

わが兄弟よ　私はそれを終わらせるだろう
君は空しく死にはしない……
「二人の子供は異なった生涯を送った
しかし二人は一つの魂を持っていた
二人は世界中を放浪した　異なった道を

一つの目的のために」

やや恩着せがましいこの詩の調子の陰にクリシの真面目な決意、シェフチェンコの仕事を詩人として続けようという決意が秘められている。実際、クリシはシェフチェンコが生きている間は詩を書かなかったが、この後、詩を書き始めたのだった。シェフチェンコの死がクリシに残した傷は、ちょうどプーシキンの死によってゴーゴリが感じたものと似ていた。二人とも死んだ巨匠のマントを受け継ごうとしたのだ。

一八六一年二月二八日、ペテルブルクでシェフチェンコの埋葬が行われた。これにはドストエフスキー、ネクラーソフ、サルティコフ゠シチェドリンなども参葬した。この場でクリシは短いけれども感動的な埋葬の言葉を述べ、シェフチェンコはスラヴ文学全体の代表的人物であると語った。

一八六〇年にクリシは友人たちとウクライナ語の雑誌の刊行を計画した。それはキリル゠メトディー団の壊滅後、十年の沈黙を経たウクライナ文化運動の本格的再建の狼煙（のろし）となる筈のものだった。雑誌刊行の許可はビロゼルスキーに下り、編集責任者はビロゼルスキーとなった。このウクライナ語による最初の雑誌は『オスノーヴァ（礎）』と名付けられた。一八六一年から六二年の短い刊行期間、クリシはこれを全面的に支援し、その主な寄稿者となった。

『オスノーヴァ』第一巻は一八六一年一月一二日に約千部で発行された。実際の編集にはビロゼルスキーの他、クリシ、コストマーロフ、オレクサンドル・キスチャコフスキー、時にシェフチェンコも会議に参加した。六二年になって二人の若い学者、ヴォロディーミル・アントーノヴィチとタデイ・ルィリスキーが加わった。この二人はキエフ・フロマーダのメンバーだった。したがってこの雑誌は二つの世代、一八四〇年代と一八六〇年代の世代の橋渡し役を務めた。雑誌の目的はあらゆる面でウクライナ文化の発展を促進するということであったが、政治的には穏健路線で漸進的改革に好意的であった。ウクライナ人は独自の民族として「人類の一般的生活に貢献しなければならない」と雑誌は主張した。

『オスノーヴァ』についてロシア人批評家の間には様々な評価があったが、概して冷たい反応が多かった。イヴァン・ツルゲーネフは手紙の中で「オスノーヴァ OSNOVA」という名をからかい、これが「オー スノーヴァ O SNOVA（おー、またか）」と読めると書いた。ミハイル・カトコフは『オスノーヴァ』が発行されるとすぐにこれを非難し、独自のウクライナ語とかウクライナ文学など存在しないと主張した。

クリシは『オスノーヴァ』に合わせて六一にのぼる論文、小説、書評などを精力的に書いた。シェフチェンコの死後は詩も発表しはじめた。クリシはいくつかの評論において、ポーランド人、ロシア人に対してウクライナ文化がそのどちらの文化の一部でも地方文化でもないと書き、ウクライナ文学がロシア文学、ポーランド文学とも異なっているのはその「民主的」かつ「民衆的」な性格ゆえであるという深い確信を表明した。

一八六一年三月、農奴解放令が公布されるとクリシはそれをウクライナ語に翻訳する許可を申請した。その目的はウクライナ農民にもわかるように、ということであった。初め好意的回答を当局から得てクリシはこれを翻訳して提出したが、ツァーリの役人はロシア語と違う言葉だけをウクライナ語に訳すように要求した。クリシはこれに反対して全体を標準的なウクライナ語に訳し直さなければ意味がないと主張した。このためこの出版計画は御破算となった。

一八六一年から六三年にかけては、ウクライナ語とウクライナ文化に対するツァーリ政府の政策の変わり目の時期であった。またこの時期はウクライナ人インテリゲンツィアの新しい世代が登場し、コストマーロフやクリシと協力しはじめる時でもあった。両世代の出会いの場はすでに述べたように『オスノーヴァ』であった。若い世代の代表は一八三四年生まれのヴォロディーミル・アントーノヴィチ、後にキエフ大学教授となる歴史家である。

アントーノヴィチは一八六二年の『オスノーヴァ』に「わが告白」を発表した。それはシェフチェンコ、クリシ、コストマーロフの影響を受け、またウクライナにおける民族的再生に影響を受け、自らウクライナ人たらんとした宣言であった。それは単なる個人的声明ではなく、彼の属する世代の宣言でもあった。

アントーノヴィチは、古いウクライナにルーツを持つが、完全にポーランド化されていた家系の出であった。彼のウクライナのルーツを再発見する時が今や来たわけである。アントーノヴィチの告白は深い民族的悲嘆の感覚から発している。アントーノヴィチによれば、ウクライナのポーランドによる支配は理想的なものではなかった。ウクライナ人を匪賊とか愚かな大衆としてしか見ないポーランド人の見方は正されなくてはならない。ウクライナ人を血なまぐさい反乱に追いやったのはむしろポーランドの誤った支配であった。ポーランド人は宗教的ファナチシズム、階級的エゴイズムに満ちており、人権無視、農民の奴隷化に責任がある、とアントーノヴィチは言う。

確かに私は裏切り者である。運命の偶然によって私はウクライナにおけるシュラフタ〔ポーランド貴族〕として生まれた。しかし成長するにつれわたしはこの土地における私の立場を冷静に見るようになった。そして私の階級がその排他的な見解と、国と民衆に対する高慢な侵略を放棄しなければ、私の階級には希望がないことに気付いた。

こうしてアントーノヴィチは貴族としてポーランドに近づくのではなく、ウクライナにとどまることを選択した。それは、「私自身植民者であり、農場所有者であり、他人の労働の搾取者であり、民衆の発展を阻害する者である、という非難から自分を救うため」であった。こうした考えを持つアントーノヴィチに代表される若者たちは、ポーランド人貴族から軽蔑的に「フロポマン（農民を愛する者）」と呼ばれた。

アントーノヴィチとその友人たちは一八六一年にキエフ・フロマーダと呼ばれる組織を設立した。これはすぐに二百人以上のインテリゲンツィアのグループに発展し、ハリコフ、チェルニヒフ、ペテルブルクのフロマーダとも連絡をとるようになる。一八七〇年代にはこのグループはスタラ（古い）・フロマーダと呼ばれるようになる。キエフ・フロマーダの活動はウクライナ大衆の間での文化的、啓蒙的、合法的活動、具体的には日曜学校運営、教科書刊行、演劇、コンサートの開催などに限られていた。

一八六一年、クリシは「ウクライノフィル（ウクライナ主義者）へ」という論文を書いた。これはキエフ・フロマーダに結集する若い世代へのクリシの意見表明であった。クリシはそこでキエフ・フロマーダの活動を好まない、と書いた。それはキエフ・フロマーダのメンバーが農民に無意味にお辞儀をしているからであり、インテリを農民のレベルに落とす卑屈さが嫌だからだ、と述べた。クリシは以前からウクライナ貴族とインテリゲンツィアの最良の伝統を結びつけることを考えており、農民に近づいていく方向にウクライナ・インテリゲンツィアの課題はないと確信していた。このようなクリシの考えをアントーノヴィチたち若者は保守的なものと見なした。

しかしアントーノヴィチたちも自分たちの運動を決して急進的なものに導こうとは考えていなかった。合法的かつ穏健な立場を保ち、分離主義や社会主義とは無縁であることを常に確認していた。農民を煽動しているという非難が根拠のないものであり、彼らの教育活動はキリスト教的原則に基づいたものだと、彼らは声明した。

一八六二年三月、ピリプ・モラチェフスキーが新約聖書のウクライナ語訳を出版のため当局に提出した。これがきっかけとなって翌年ウクライナ語に対する禁止令、ヴァルーエフ指令が出された。クリシ自身、聖書の全訳を考えていたのでこの措置には無関心ではありえず、当然ウクライナ語禁止令には反対であったが、その意見を公表することも政府に抗議することもなかった。

一八六三年、ポーランド反乱鎮圧後のワルシャワにクリシは赴任する。クリシがそこで政府高官の地位を得たことは、多くのウクライナ人から見ると裏切り行為であり、勝利者の側に立とうとする奴隷根性の表れと非難する者もいた。クリシ自身は自分のポーランド行きを高い給料とポーランドにある古文書を調査研究する機会によって説明している。クリシの伝記作家ヴラディーミル・シェンロクは書いている。「クリシはこうしてルビコン川を越えた。彼の後の運命に大きな意味を持った一歩をクリシはこの時に踏み出した。」

クリシのポーランドに対する態度はアンビヴァレントである。一方で彼はポーランド文学を愛し、ポーランド人の友人を知識人として高く評価していたが、他方でイエズス会、ローマ・カトリック、そしてポーランド・ナショナリズムを嫌っていた。一八六七年十月、クリシはワルシャワでの職を解雇され、ヨーロッパを旅行した後ペテルブルクに帰った。

(3) クリシのウクライナ史論

クリシは一八七四年と七七年に全三巻の『ルーシ再合同の歴史』を出版した。この本はクリシのウクライナ史についての考えを集大成したものであるが、ウクライナ・インテリゲンツィアの主流の意見からは大きく離れたものだった。この作品はウクライナ史の「修正主義」的見解の最初の試みと見なされている。この中でシェフチェンコを厳しく攻撃したこともあって、同時代人には敵意と無関心をもって迎えられた作品である。

この本に好意的な書評が初めて書かれたのは一九二七年、フルシェフスキーによってであった。この本が多くのウクライナ人にとって受け入れられなかったのは、ウクライナ人にとっての「栄光」であるコサックを批判し、そのコサックを称えたシェフチェンコを批判し、逆にウクライナの「不倶戴天の敵」ピョートル大帝とエカチェリーナ女帝を称賛しているからである。

クリシは書く。

結局のところ、ピョートル大帝はウクライナの運命の女神を満足させた。それゆえコサックたちは残忍と呼ぶ割にはピョートルのことを悪く思っていないのだ。コサックは女帝にはもっと満足している。エカチェリーナはシーチ〔コサックの本営〕の破壊に責任があるにもかかわらずコサックは彼女を評価している。トルコとの戦争の時彼女の名は思い出され、尊敬をこめて歌にさえうたわれている。フォークロアを見ていけば大衆に好かれなかったのはむしろフメリニツキーであった。シェフチェンコの半ば酔った詩で描かれている評価とは正反対である。われわれの未来を安全なものとした二人、ピョートルとエカチェリーナがシェフチェンコの言うような処刑人とか人喰いであるはずがない。

こう書きながらクリシは、読者の受けるであろうショックを想像していた。そのためクリシは長い注を付けて彼の意見を説明しようとした。しかしそれがまたさらに物議をかもし出すものだった。「真実は読者の好みよりも高価である。」「シェフチェンコの『だらしのない』詩才によって作り出されたウクライナ史の賛美のイメージの逆の側を見るべき時である。」クリシは、ウクライナ人は常に君主政に対して大きな尊敬を示してきたとさえ主張した。

クリシによれば、コサックは一六四八年の蜂起までは古き良きウクライナの美徳の真の後継者であった。彼らはポーランドとロシアという強国の間で生きることを運命づけられていた。そしてそれまではこの二つの国や君主との諍いもなかった。コサックを反乱に追いやったのはポーランド王の下に寡頭政国家をつくろうと試みた小貴族シュラフタであり、クリシはコサックの運動をポーランド地主のウクライナ農民収奪、教会のラテン化、ウクライナ貴族のポーランド文化への屈従といったものに対する反動と見ていた。蜂起の時コサックは偉大な美徳を示し、大衆をポーランドの地主による搾取から救った。しかし彼らは最終的に失敗した。つまり彼ら自身の国家を創り出すことに失敗したのだ。だからクリシによればウクライナとロシアの合同はウクライナにとって良い解決法であった。

クリシは言う。シェフチェンコのようにコサックを褒めそやす必要はない。コサックの運動は結果としてウクライナに何ももたらさなかった。残ったのは荒廃であった。クリシはしばしば繰り返す、「ウクライナは血とともに流れ去った」と。クリシによれば、フメリニツキーの反乱の結果は荒廃であり、ハイダマキ（コサックの対ポーランド反乱部隊）の目指したのも荒廃であった。そこには人間的なものは何一つ見出せないのである。

『ルーシ再合同の歴史』はシェフチェンコのコサック像に対するアンチ・テーゼとして書かれたが、同時にコストマーロフのナロードニキ的コサック贔屓への反論としても書かれた。ウクライナ人が自前の国家を建設することができなかったという点ではクリシもコストマーロフも共通の認識を持っていた。しかしクリシは、ナロード（民衆）は国家の建設者たりえないと考えていた。ナロードは国家を必要としないのであって、必要とするのは文化である、とクリシは言う。クリシの貴族的、エリート主義的傾向がウクライナ史の中でもそういう傾向を求めさせたのである。クリシはこの本の中でコストマーロフのことを「異民族」と呼び、コストマーロフは異民族の人なのでわれわれの歴史を理解できないのだ、と書いた。コストマーロフはこの言葉にひどく傷つけられ、クリシを「冷やかしと冷笑の人」と批判し、長年の親友と決裂した。

一八七六年、ウクライナ語による出版、教育等、ウクライナ語の使用を全面的に禁止するエムス法の制定はクリシを暗澹かつ寒々とした気持ちにさせた。自ら穏健派をもって任じ、ロシアとウクライナの協力の主唱者である彼は、裏切られたと感じた。またエムス法の事実上の起草者がクリシの古くからの知人で保護者的人物でもあったミハイル・ユゼフォヴィチであったこともショックであった。クリシは特にこのウクライナ弾圧によってウクライナ・インテリゲンツィアが二極分解するのではないかという不安を抱いた。一八七六年六月にオレクサンドル・キスチャコフスキーへの手紙に彼はこう書いた。

ルーシの再合同に敵対する行為を行うのに何という時を選んだものか。これでは国外のウクライナ左翼の宣伝も今後正当化されてしまう。

エムス法の後、多くのウクライナ人はオーストリア領ガリツィア（ハリチナ）で作品や論稿を発表せざるを得なくなった。クリシも書いたものをガリツィアで発表するようになった。一八七六年、ガリツィアの雑誌『プラウダ』にクリシは「彩られたハイダマキ時代」を書いた。このエッセイはハイダマキをコサックの後継者と見なし、血と暴力に染められたものとして批判した。そしてコサックとハイダマキを誉め称える文学、コサック年代記、『イストーリア・ルーソフ』、シェフチェンコを批判した。このエッセイはウクライナ史の「聖なるヒーロー」コサックに対する悪意ある攻撃と取られ、ガリツィアのウクライナ人の支持はほとんど得られなかった。

クリシはコサック批判だけでなく、ウクライナとポーランドの関係、ウクライナとロシアとの関係についても多くの支持を得られないユニークな主張を展開した。

一八八二年、クリシは『ルーシ人とポーランド人のためのイースター・エッグ』をリヴィウで出版した。このパンフレットはシェフチェンコとアダム・ミツケーヴィチに捧げられている。クリシは両民族の間にある嫌悪の歴史的背景について述べる。その最も大きな理由はカトリックとビザンツに分かれた宗教である。ポーランド側ではイエズス会がウクライナの正教徒を改宗させようとしたことが非寛容な雰囲気を招いた。一方コサックも宗教的対立を激化させ、不毛な争いと荒廃を持ち込んだとして批判される。その上でクリシは、ポーランドによるウクライナ支配を搾取ではなく、文化的先進者による後進地域への植民として捉えるべきだと主張した。そしてウクライナ人にこの「歴史的真実」を認めて、ポーランド人と和解するように呼びかけた。

ウクライナの不幸はポーランドのせいばかりでなくウクライナ側にも責めるべき点がある、ポーランドとウクライナは相互理解の道を歩まなければならないという主張は、ガリツィアのウクライナ人からすれば、クリシが架けられない橋を架けようとしているように見えた。それに占領下のワルシャワにロシア政府の官吏として赴いたクリシがポーランドとウクライナの相互理解を説くことに納得できない人々も多かった。クリシはこうした批判にプーシキンの言葉を引いて答えようとする、「愚か者だけがその意見を変えない」、と。

クリシはウクライナとロシアの関係についてもガリツィアのウクライナ人たちの神経を逆撫でするような意見を述べた。歴史的に見て、真のウクライナ・インテリゲンツィアはロシア世界の影響のもとに形成された、ウクライナ文学は全ロシアの遺産の一部であり、ウクライナ文学の発展はロシアに反対するのではなくそれと調和してなされなければならない、とクリシは言う。クリシによればガリツィアの若い世代全体が偏狭な「ウクライナ主義」のもとに育てられてしまった。そして彼らはザポロージエのコサックたちの知的レベルまでも到達していない。彼らはシーチより広い世界の経験をした者たちを非難することしかしない。これではどこにも行くことができない。ここにあるのは反文明のしるしである、とクリシは慨嘆する。エムス法以降の抑圧的政策の中でもクリシはロシアとウクライナの協力関係の可能性を信じていた。

ウクライナ文学がロシア文学の一部であり、ウクライナ文学とロシア文学は調和し並行した発展を遂げなければならず、ウクライナ文学がロシア文学に対して優位に立っているというような偏狭な主張を退けたのは、若い世代のドラホマノフも同様であった。しかし、ドラホマノフがクリシと異なっていた点は、ウクライナ文学が生き残るためにはロシア政府の政策と闘わなければならないということであった。

一八八二年、クリシは『フートル（農家）の歌』と題する本を出版した。これはクリシの文学的到達点を示すと同時に、彼の苦悩と孤独の深さをも表した作品であった。同書は二五の詩と二つのエッセイから構成されているが、この一連の詩によってクリシは初めてシェフチェンコのモデルから逃れてオリジナルな詩人として自己を確立した。もっともそのような評価を最初にした人物は革命後のミコラ・ゼロフであったけれども。

クリシは「スラヴ頌詩」、「わが民族へ」の中で母語について歌う。人にとって最高の宝、それが母語である。母語は「神の真実」であり、ウクライナ人がその荒廃した民族としての存在の中で唯一救うことのできたものである、とクリシは言う。ウクライナの流血の過去、不統一、無知、そして圧倒的な隣人の抑圧、こうしたことすべてがウクライナを荒廃に導いた。クリシのいくつかの詩には痛烈なロシア批判（ピョートル大帝とエカチェリーナ女帝を除く）が展開されている。クリシによるとロシア人は全世界をその手で覆い尽くそうとしている。そして人間の心を押し込める監獄を建てようとしている。ロシア人は全スラヴの無実の血を水のように流している。ロシアもポーランドも彼らの力の源泉としてわれわれを認めようとしない今、わが民族の存在を喇叭（らっぱ）で知らしめなければならない、とクリシは言う。

『フートルの歌』は二つのエッセイを含んでいる。第一のものは「歴史的物語」で、一八四七年のキリル-メトディー団逮捕についての回想である。

クリシは一八四七年を振り返り、ウクライナ史の画期の年としているが、それはその時にウクライナでの母語の抑圧が始まったからである。クリシはこのエッセイでシェフチェンコについての非常に共感的な再評価を示した。シェフチェンコの言葉のすべてを理解しているのは自分だけである、とクリシは言う。一八四七年ごろクリシはシェフチェンコの印刷されなかった詩から強い影響を受け、それはまるで「天からの啓示」のようであった。それらの詩とその「予言的悲嘆」はクリシとキリル-メトディー団のメンバーの希望を明瞭なものにした、とクリシは述べる。

クリシはシェフチェンコとプーシキンを比較して、シェフチェンコの天賦の才はプーシキンより大きかったが、プーシキンは生活、文化、科学についてのより大きな知識ゆえに、より偉大な詩人となった、と書く。

また一八四七年の悲劇的な日々をクリシは詳細に回想する。クリシの結婚式、粉砕された外国旅行。そしてクリシはここで改めて「秘密政治結社」としてのキリル-メトディー団に加わっていたことを否定する。もっとも、メンバーたちの目的、その深い宗教的性格への共感は隠さなかったが。さらにクリシは逮捕された人々の尋問の過程を極めてリアルに描写し、オルロフ伯爵やドゥーベルト将軍、その他のツァーリの官吏を、またその取り調べの方法を嘲笑った。

第二のエッセイ「ウクライナ・インテリゲンツィアへのアピール」は、その内容から見て一種の綱領的文書である。

熱を込めてウクライナ文化を擁護しようとするクリシは、まず短くポーランド人によるウクライナ文化の抑圧について書いた後、主な鉾先をロシア帝国によるウクライナ文学の抑圧に向ける。ロシアの抑圧は言語、文学に限らず、すべてのウクライナの社会構造、法、教育、教会をも攻撃の対象とした。ウクライナ人エリートはポーランドとロシアの専制の下で民族文化を見捨てた。しかし、ウクライナ人に残された唯一のもの、「言葉」は不滅だった。本の形にならなくても「言葉」は滅びず、そのようにしてウクライナ文学も生き残ったのである。

クリシはこのことをウクライナ民族の滅びえない運命と結びつけて考える。ウクライナ語とその文学の存在は彼にとってウクライナの明るい未来の証明であった。クリシはそのことを確信して、最後に次のように書く。

ヴァリャーグとコサックが始めた仕事にわれわれも結集しよう。彼らは彼らの民族的努力を野蛮に行った。それは彼らが暗黒時代の人々だからである。われわれは科学によって啓蒙された人間としてわれわれの課題を合理的に遂行しよう。彼らは剣と拳で行動した。われわれはペンと善意で行動しよう。われわれの弱さこそわれわれの力である。ツァーリをして今は支配せしめよ。彼らが支配するには当然の理由がある。それは古い契約に基づいている。新しい契約はそのための新しいワインと皮袋をつくりだすであろう。

ウクライナ文化史へのクリシの貢献の中で特筆されるのは聖書のウクライナ語への翻訳である。クリシは聖書の翻訳をワルシャワ時代に開始した。したがってそれは三十年以上に亘る長い仕事となった。彼は死ぬまでに結局聖書全体の四分の三を訳した。残りはネチュイ・レヴィツキーが行い一九〇三年にウィーンで出版された。一九二八年にようやくクリシ訳の聖書がウクライナ国内のハリコフで出版され、今も聖書のスタンダードな訳としてウクライナ人の間で使用されている。

晩年のクリシが勢力を注いだもう一つの仕事はウイリアム・シェイクスピアの翻訳であった。クリシによれば、世界の最良の文学の翻訳を同郷人に与えることは、ウクライナをヨーロッパの文化と文明に組み込みたいという彼の望みの表れであり、ウクライナ文学の未来を信じているがゆえの仕事である。彼は死ぬまでに『マクベス』、『オセロ』、『ジュリアス・シーザー』、『ハムレット』など多くの作品を訳出した。

クリシの晩年の思想的遍歴の中で付け加えなければならないのは、イスラムへの傾斜である。彼はイスラム世界への関心を次第に強め、ウクライナ史におけるイスラム世界の役割を積極的なものと捉え始めた。これはウクライナにとって、いわばロシア、ポーランドに代わる第三の選択だった。彼は詩「マルーシャ・ボフスラフカ」を書き、コサック時代のウクライナにとって、クリミア・タタール、オスマン・トルコは敵ではなく逆に賢い友人であった、と言う。ウクライナ問題の答えをイスラムに求めるウクライナ人インテリゲンツィアはクリシの同時代には彼以外にはいない。当時のウクライナ・インテリゲンツィアにも大衆にも受け入れられなかった考えである。

一八九三年、クリシは詩集『鐘』を出版した。イヴァン・フランコはこの詩集について次のように書いた。

シェフチェンコ以来ウクライナの詩はこれほど素晴らしい雄弁な言葉で書かれたことはなかった。これらの詩、主観的、抒情的、叙事的な詩の故に、われわれはクリシのエセ政治的、エセ文化的、詩的でないこれまでの露骨で殺風景な無駄話を全部許しても良いくらいだ。

詩集『鐘』の中の一つ「パイオニア」でクリシはこう言う。

私は詩人ではない　歴史家でもない　ちがう
私は重い斧をもった開拓者だ
棘だらけの荆を　祖国の大地を
私は労働者の手で刈る
時に私の仕事は血をまき散らす
しかし私は喜びに満ちて進んでいく

一八九七年一月、クリシは肺炎に罹り、二月二日に死んだ。死の床でなお聖書の翻訳を続けていた、という。遺体は彼のフートル（農家）に葬られた。

翌三月、ペテルブルクでクリシを偲ぶ会が行われ、クリシはウクライナの文学的覚醒の鼓舞者、ウクライナのダンテと称えられた。ドラホマノフはクリシを政治的にはナイーブな人物だったが、独立独行の人と高く評価した一人だった。

クリシはわれわれの民族を高みにもちあげようと努力したのだ。彼はユニヴァーサルな人類の文化について考えた唯一のウクライナ主義者だった。

後に文芸誌『ウクライナの農家』に結集するミハイロ・コチュビンスキーなどのモダニストたちもクリシを高く評価したグループだった。彼らによれば、シェフチェンコが太陽ならクリシは夜の輝く星であった。クリシは文化的発展の道へウクライナを押し進めた最初の人物であった。そしてその道の途中でウクライナの歴史的な「文化の欠乏」の重みで倒れてしまったのである。クリシはウクライナ・インテリゲンツィアを理性的方向へ導こうとした人物と評価された。

革命後の一九二〇年代にウクライナ文化のナロードニキ的傾向、プロレタリア大衆文化に強く反対したミコラ・フヴィリョヴィーもクリシを高く評価した一人だった。フヴィリョヴィーによれば、革命前のウクライナ人の中で真にヨーロッパ的知識人と言えるのはクリシだけであり、ウクライナに必要なものは高い文化であることを一貫して主張した真の「文化の担い手（Kulturträger クルトゥアトレーガー。ここでは、クリシがウクライナ文化を高みに持ち上げ、それをウクライナに広く伝える役割を果たしたという意味で使っており、ドイツの東方進出に際して、ドイツ人が東欧に高い文化を運び込む、という意味ではない）」であったと称賛した。ウクライナの文化的ナショナリスト、ウクライナ文化のクルトゥアトレーガーたらんとしていたクリシ本人としては、このフヴィリョヴィーの評価が最も気に入るものであろう。

第五章　政治的自由とフロマーダ主義――ミハイロ・ドラホマノフ

一　はじめに

ミハイロ・ドラホマノフは、一八四一年、ウクライナのハーデャチに生まれて一八九五年にブルガリアのソフィアで没した。ドラホマノフの活動は大変に広く多岐に亘っている。彼はまず古代ローマ史の専門家であり、ウクライナのフォークロアを収集し解説を付した画期的業績を残したフォークロアの研究者であり、「ドラホマニウカ」と呼ばれる独自のウクライナ語正字法の考案、実践者でもある。彼が政治思想の分野で論じた対象も多岐に亘っており、その論考は数千点に達するようだ。

ひとことで言って、ドラホマノフの生涯とその活動や思想の全体像を短文の中に適確に示すことは手に余ることである。非力を顧みずに、ドラホマノフの思想の一部を断片的にしろ、書いてみたいと考えた理由は、彼の思想に魅力を感じたからである。シェフチェンコを読んだ者は誰でもその詩の力を感じる。ドラホマノフの思想にも同じような力がある。

ドラホマノフはまた決して「忘れられた思想家」というわけではない。ドラホマノフの選集は、これまで重要なものが四回刊行されている。まずボフダン・キスチャコフスキーの編集したパリ版二巻選集はドラホマノフがロシア語で書いた政治的論文、評論を集成したものである。その第二巻は一八七六年以降に書かれた七三の論文が収められている。キスチャコフスキーが第二巻の前書きとして書いたドラホマノフ論はリベラルの立場からのものだが、好評論となっている。

続いて一九〇八年に彼の政治的論考集が初めてロシア国内で出版された。これはドラホマノフが亡命する前に発表したものの集成で、四巻本の予定だったが、第一巻のみの刊行で終わった。一九三七年にプラハで出版された選集は全論考がウクライナ語に訳されている。これも第一巻しか出版されなかった。

一九七〇年になってソヴェト・ウクライナで初めてのドラホマノフ二巻選集が出版された。編者イ・ロマンチェンコはウクライナのドラホマノフ研究の第一人者である。ロマンチェンコにリヴィウで直接会ったイヴァン・ミフルによると、この選集に含める論考については党の厳格なる介入があり、例えばドラホマノフのパリ文学者大会でのエムス法についての報告など多くの論考が削除されたという。これ以外にも一九二〇年代にミハイロ・フルシェフスキーによって選集刊行が準備されたが実現しなかった。

ドラホマノフ

ドラホマノフの書いたもので公に刊行されたものは、雑誌『フロマーダ』をはじめとして、そのほとんどが入手可能な状況にある。草稿や手紙などの非刊行物のうち、ドラホマノフが没したソフィアには厖大なドラホマノフのアルヒーフが残されていて家族が管理していたが、一九三〇年代にワルシャワのウクライナ研究所がその大部分を買い取り、整理した後、順を追って刊行する予定であった。

まず手紙が整理され、キエフのフロマーダ組織との手紙のやり取りが一九三七年に刊行された。続いて姪のレーシャ・ウクラインカなど家族との手紙、キエフの若い世代のフロマーダとの手紙などが刊行される予定だったが、戦争によって不可能となった。戦後ワルシャワのこのアルヒーフは消息不明となり、現在に至っている。このアルヒーフの発見、刊行はこれからのドラホマノフ研究の決定的な課題となっている。

これとは別にソフィアに残された一部のアルヒーフ、家族が寄付したコロンビア大学所蔵の百通以上の手紙は現在、研究者によって読まれはじめている。手紙に関してはこの他に、リヴィウのイヴァン・フランコとの手紙が一九二八年にウクライナ学術アカデミーの手によって刊行されている。ドラホマノフからフランコへの手紙は、戦後リヴィウからキエフに移され、キエフのアルヒーフで読むことができる。筆者も一九八〇年に一年間そこに通って、ドラホマノフの悪筆と悪戦苦闘した経験がある。

ドラホマノフについて書かれたものは、論文、回想、評伝から小説に至るまで正確な数がわからないほど多い。一九二〇年代のウクライナでは、『レートピシ・レヴォリューツィー』、『ザ・ストー・リート』をはじめとする多くの雑誌にドラホマノフ関係の論考が数多く掲載された。ウクライナの歴史家D・ザスラフスキーはドラホマノフについての研究書を三回出版した。この三冊は、二〇年代、三〇年代、スターリン批判以降のそれぞれの時代のドラホマノフ評価を如実に示して興味深い。特に二四年版と三四年版では、とても同一人物の著書とは思えないような対照的内容となっている。

戦後のドラホマノフに対する「名誉回復」は一九五六年から始まった。A・チェルニショフは『祖国』誌、一九五六年十一月号に寄せた論文の中で、次のようにスターリン時代のドラホマノフ評価を批判した。

わが国の歴史家の中にはドラホマノフを無視することを当然と考えているものがいる。彼の名前が言及される場合には、彼の活動の弱い面が強調され、否定的な観点から言及される場合が多い。

これに続いてドラホマノフに貼られた様々な否定的ラベルが取り除かれていった。六〇年代半ばにザスラフスキーとロマンチェンコのドラホマノフについての新しい伝記をはじめとして、ルケレンコのモノグラフ、『ウクライナ歴史雑誌』のドラホマノフについての論考など、ドラホマノフを再評価する動きが活発となったが、中でも一九六五年、『祖国』誌に寄せられたウクライナの指導的歴史家、文学者十二名の声明「これは誰の偽造か」は、ドラホマノフ評価の決定的な転換を示している。ここでドラホマノフは「進歩的なウクライナ文化のリーダー」と呼ばれた。さらにこの声明は、ロシア人歴史家のドラホマノフ批判――ドラホマノフはロシア政府のエージェントという――に対する反批判というかたちで出されていることに注目する必要がある。

ロマンチェンコは、ドラホマノフの民族主義に対する態度を知ることなしにはドラホマノフの仕事全体を理解することは不可能であると述べ、ソヴェト・ウクライナではこの民族主義に対する態度についての研究が遅れていると指摘した。ドラホマノフの大きな功績は民族問題の理解にあり、ロシアにおけるツァリーズムに対する闘争において民族運動の政治的重要性をドラホマノフは、ロシアの革命的民主主義者よりもよりよく理解していた点、彼らよりも進んでいたという評価も現れた。ドラホマノフは、ウクライナ民族が自分自身の文化を持ち自分自身の言語を使用する権利のための闘争を支持した、とV・メリニクは書き、ドラホマノフのロシア化政策に対する批判はレーニンによって支持された、とヴラディミル・ソクレンコは主張した。

ドラホマノフの「名誉回復」にとって最も難しい点は、一八六三年のポーランド反乱をめぐってである。それは、この点に関してレーニンがはっきりとドラホマノフの立場を批判しているからである。

「名誉回復」派は、この点についても、いくつかの理由を挙げてドラホマノフの立場を擁護している。ドラホマノフがロシアの革命的民主主義者と違ってポーランド反乱を支持しなかったのは、彼が問題のウクライナ的側面に特に強い関心を抱いていたからであり、彼がウクライナ民族の解放のリーダーだったからである。右岸ウクライナの地主の多くはポーランド人であったこと、そして多くのウクライナ人インテリゲンツィアは、民族的にはウクライナ人の地域を含む「歴史的ポーランド」の再建に疑念を持っていたことが強調される。「名誉回復」派はドラホマノフとマルクス主義との関係について、ドラホマノフがアナーキズムに強く傾斜していたことを認めながらも、マルクス、エンゲルス、レーニンがドラホマノフの業績、特にその学問的業績を権威あるものとして利用したことを繰り返し指摘した。

こうしたドラホマノフ再評価の動きは、いわゆる「シェレスト時代」（シェレストは一九六五年から一九七二年、ウクライナ共産党第一書記。ウクライナ語やウクライナ文化を鼓舞したとされる。そのもとで、詩人、作家などの「六〇年代の人々」が登場した。七二年「民族的偏向」を理由に失脚した）の特徴であり、七三、七四年以降、ドラホマノフに対する肯定的な評価は影をひそめた。

結局のところ、これまでドラホマノフの評価は揺れつづけており、定まっていない。これまでに彼に貼られたレッテルは一人の人物に対するものとしては過分なほど多く、ブルジョア・ナショナリスト、ブルジョア民主主義者、リベラル民主主義者、ウクライナ社会主義者、貧農のイデオローグ等々、枚挙にいとまがない。「ウクライナ社会主義者」を取る人が多いと思われるが、このレッテルは、ソ連特にロシア人歴史家の間ではまさに「ウクライナ」を冠しているがゆえに不人気であり、逆に西側では「社会主義者」であるがゆえに好まれず、このためドラホマノフ研究は全面的には行われにくかった。この両者が分かちがたく結合しているところに、ドラホマノフの核心的特質と意義があり、ドラホマノフの全体像に近づく研究の方向が示されている。

二　一八六〇年代の人々とヴァルーエフシチナ

1　キエフ大学生

ドラホマノフがキエフ大学に入学した一八五九年当時は、農奴解放前夜の改革的雰囲気の中で、ウクライナ文化運動がキリル－メトディー団の壊滅以来の十年以上に亘る強いられた沈黙を破って各地で新たな組織化が進められている時であった。首都ペテルブルクではかつてのキリル－メトディー団のメンバーであったシェフチェンコ、クリシ、コストマーロフなどが再会し、ウクライナ文化運動の中心的機関誌の発行をはかった。それは一八六一年初頭から『オスノーヴァ（礎）』の刊行として結実した。『オスノーヴァ』の刊行は僅か十四ヶ月で停止したとはいえ、ウクライナ人インテリゲンツィアの最初の定期刊行物として、その影響は大きく、そこに掲載された多くの論考は後のウクライナの運動に決定的な影響を残した。

キエフでも後にキエフ・フロマーダの機関誌となる『キエフスキー・テレグラフ』の刊行が一八五九年にはじまったし、一八六〇年にはシェフチェンコの『コブザール』が再刊された。これとは別に右岸ウクライナではポーランド人学生の間にフロポマン運動（200頁参照）がはじまっていた。フロポマン運動は後に組織的にもまた運動としても直接キエフ・フロマーダの母体となり、大きな意味を持っている。こうした五〇年代末から六〇年代初めにかけてのウクライナ運動の活発化を担った人々は後に「六〇年代の人々」と呼ばれている。

一八五〇年代末、キエフ市の人口は約六万、当時のロシア帝国南西地区の政治的、文化的中心であった。文化的にはポーランドの影響が強く、公式行事などで使用される言葉はポーランド語だった。キエフ大学の学生数は当時約千人だったが、ここでも半分以上がポーランド人であった。キエフ大学のポーランド人学生は当時の全般的な蜂起準備の雰囲気の中で極めて民族的、革命的志向が強かった。そして彼らの大部分は地主の子弟であった。それに比べてウクライナ人学生は多くが、小地主、官僚、雑階級、聖職者の子弟だった。キエフ大学ではこの民族的、文化的、宗教的に相異なる二つのグループがポーランド反乱前夜の緊張した社会情勢の下で鋭く対立していた。

キエフの「フロポマン（農民を愛する者）」グループは五〇年代後半、ポーランド反乱の計画に関連したポーランド人子弟の右岸ウクライナにおける様々な活動に対抗する形で、ポーランド人学生およびポーランド化されたウクライナ人の子弟を中心に組織された。つまり彼らは右岸ウクライナにおけるポーランド反乱に批判的であった。彼らは自分たちの出自、ポーランド的背景を否定し、ウクライナ人の側に――ということは農民の側にということでもあった――自分の立場を置くことを決意した。ウクライナ地域に対するポーランドの「歴史的」要求を拒否し、ウクライナにおけるポーランド反乱のための活動を無意味なものと批判した。それゆえフロポマンたちはポーランド人からは裏切者と見なされた。

この「フロポマン」グループにウクライナ人学生が参加していわゆるキエフ・フロマーダが六〇年代初頭に形成された。この組織は一八六二年初めには約二百名を擁する団体となっていたが、その主な活動は文化的教育活動に集中していた。すなわちウクライナ人大衆の教育と出版活動であった。キエフ・フロマーダはウクライナの文化的活動の中心的組織として長期に亘って活動することになる。ドラホマノフはこのキエフ・フロマーダに一八六三年に加わった。

キエフ大学の学生時代、ドラホマノフは一八六一年に二回公衆の前で演説をした。最初はキエフ学区の教育主事ニコライ・ピロゴフの退官記念のパーティーにおいてであった。ピロゴフは進歩的な教育主事として知られており、彼の任官中に学校における軍隊的規律は廃止され、学生に対する体罰も禁止された。ドラホマノフは個人的にもギムナジウム放校処分をピロゴフの介入で助けられた経験を持っており、彼はパーティーの席上、大学生の代表の一人として演説し、ピロゴフの教育における進歩的改革に対し強い賛辞を述べた。この演説はキエフ大学の進歩的な教授たちの共感を得、ドラホマノフはこれを機会に彼らと知り合うようになった。

二度目の機会は一八六一年春、シェフチェンコの遺体がペテルブルクからカーニフに移される途中でキエフを通過した時だった。一八六一年五月六日、シェフチェンコの遺体がキエフに到着した。キエフ大学のウクライナ人学生はシェフチェンコの遺体を一時キエフ大学構内に安置することを要求したが政府、警察はこれを許さず、その晩は教会に安置された。翌日、シェフチェンコの兄弟が到着し、シェフチェンコの古い友人、キエフ第二ギムナジウムの美術の教師イヴァン・ソシェンコも加わった。遺体は埋葬地カーニフへ向けてドニエプル川の港から運ばれたが、その遺体をドニエプルまで見送る人々の列は二キロメートルにも達した。その行進の途中で多くの人々が演説を行って、その中の一人がドラホマノフだった。ドラホマノフの演説は最も急進的なものとして人々の記憶に残った。彼は「民衆に奉仕しようとするものは誰でも、いばらの冠をかぶる用意がなくてはならない」と、シェフチェンコの革命性を称えた。

ドラホマノフの学生時代の社会的活動の中で最も重要なものは、キエフにおける日曜学校の組織化とそれへの積極的な参加である。キエフの最初の日曜学校はドラホマノフが大学に入学してまもない一八五九年十月一一日にポディル地区に開設された。ドラホマノフもその組織者の一人だった。キエフの日曜学校はバルト地域を除けばロシア帝国で最初のものだった。キエフ大学のP・パヴロフ教授、ピロゴフ教育主事の強い支持のもとにはじめられた日曜学校はポディル地区に続いて二週間後にノヴィストロイ、ペチェルスク地区にも開設され、一八六〇年には六つのキエフ日曜学校が運営された。そのうち二つが女子学校だった。

キエフの学生たちがこの日曜学校を組織した最初の大きな動機は、ポーランド人学生の革命宣伝、ポーランド文化の強い影響力に抗して、ウクライナ人大衆を教育するということだった。キエフの最初の二つの日曜学校の資料によると約二五〇人の学生のうち、職人が一八五人で、二三〇人がロシア語を全く解さないか、ほんの少ししかできない者であった。つまり民族的にはウクライナ人が大部分だった。したがってここではウクライナ語で授業が行われたが、ドラホマノフは実地の経験から、ウクライナ人の間でのウクライナ語による教育の重要性、ウクライナ語教科書の必要性を実感した。

この日曜学校は次第にキエフの勤労大衆の間で大きな権威として見られるようになった。一八六二年になってロシア政府当局は、ウクライナ人学生によって組織されたこの日曜学校が「革命的宣伝の場」となっている危険性を強調し、これの閉鎖を指令した。しかし一方、政府当局はポーランド人のプロパガンダおよびポーランド人秘密学校に対抗するためのウクライナ人の間での教育の必要性をも認め、農村に学校を設置する準備として教師養成学校をキエフに設置することを定めた。こうして日曜学校に代わって「臨時教育学校」なる官製学校が設立された。ここでは学生教師は全員排除された。ドラホマノフの日曜学校における実際の教師としての経験は、彼の教育分野における、後の様々な論考、特にウクライナ人の間でのウクライナ語教育の必要性とその方法についての論考の基礎となっている。

2 ヴァルーエフ指令

一八五〇年代末から六〇年代初めにかけての出版、教育活動を中心としたウクライナの文化運動は、六二年から六三年にかけて大きな打撃を受けて交代を余儀なくされた。

まず一八六二年九月、十四ヶ月続いた『オスノーヴァ』の刊行がとまった。『オスノーヴァ』廃刊の理由としては財政困難、予約購読者数の不十分、雑誌経営のまずさ、そして検閲の厳格化などが挙げられる。第二に右に述べた日曜学校の閉鎖である。日曜学校の閉鎖は当局によって、日曜学校がポーランド反乱の影響下におちいるのを防ぐためと説明されたが、実際にはむしろウクライナ人の民族的自覚の高まりに対する警戒からであった。第三にフロポマン運動の弾圧がある。フロポマン運動といっても、具体的には、学生たちがウクライナの民族衣装を着たり、ウクライナ語の唄を歌い、農村を訪ねて農民と一緒になって働いたり、村の居酒屋で農民にウクライナの歴史を、コサックの戦争と反乱を、そしてウクライナの過去の自由と栄光を語って聞かせたりするようなものだったが、警察とその報告を受けた政府は、この運動を過大に評価し、危険なものと見なして大掛かりな弾圧を一八六二年夏に行った。ポルタヴァのギムナジウムでドラホマノフに強い影響を与えた歴史の教師オレクサンデル・ストロニンもその一人として逮捕され流刑となった。

しかし、決定的な打撃は一八六三年六月二〇日、アレクサンドル二世の承認のもとに、内相ピョートル・ヴァルーエフによって出された秘密の指令であった。ヴァルーエフは検閲局に対して、宗教的内容の本および一般教育を意図した本のウクライナ語による刊行を許可しないように指示した。純文学は制限の範囲から除外された。教育相アレクサンドル・ゴロヴニン（彼は内相の処置に反対だった）への手紙の中でヴァルーエフは、この処置をとった理由を五つ挙げた。それによると、①ウクライナのインテリゲンツィアがその政治的目的追求においてウクライナ農民大衆と結びつくのを防ぐためにこれが最も有効な方法であること、②まさに存在そのものが疑わしいような言語でウクライナ農民は教育されるべきではない。なぜならウクライナで「大衆によって使われている方言」は、ポーランドの影響によって歪められたロシア語に他ならないからである、③ウクライナ農民はウクライナ語よりもロシア語をよりよく理解するから、新しい言葉を学ぶ必要はないこと、④別個独自のウクライナ語の追求は、本当のところはウクライナのロシアからの分離の要求であること、⑤宗教的と否とにかかわらずウクライナ語による印刷刊行は「ロシアの利益」に反する。

ヴァルーエフは同じゴロヴニンへの手紙の中でウクライナ語は「存在しなかったし、存在していないし、これからも存在しえない」と決めつけたが、もしそうなら存在していないものに対する禁令を発したことになる。ヴァルーエフの理由付けは矛盾にみちてはいるが、指令を出すにあたって彼が何を考えていたかはよく窺うことができる。

ウクライナ語に対するこの弾圧は六〇年代はじめのロシア政府当局の危機感の産物である。農奴解放に関連した農民の不満、大学における学生の近代化を求める運動、ポーランド反乱といった社会不安がその背景にある。

しかしこの「ヴァルーエフシチナ（「シチナ」は、運動、事件、時期、体制、派などを意味する）」の直接の理由はポーランド反乱でもフロポマン運動でもなかった。そこにあったのは、ピリプ・モラチェフスキーによってつくられた聖書の最初のウクライナ語訳の出版を許可するか否かという問題であった。モラチェフスキーは、聖書の翻訳を「ウクライナ分離主義者」という立場からではなくロシアの忠誠な信仰厚い臣民として、彼の翻訳がウクライナの民衆にとって道徳的、精神的に利するものと確信してこれを行った。この翻訳は聖書のウクライナ語訳の最初の成功例であったため『オスノーヴァ』グループはそれを支援し、その出版の基金集めさえした。当時ロシア帝国ではロシア聖書協会のもとですでにカルムイク、トルコ、チュバシ語に至る約五〇種の翻訳出版がなされていたため、このウクライナ語聖書の問題がウクライナ語による出版をめぐる深刻な危機に発展するとは誰も考えていなかった。

一八六二年三月、モラチェフスキーはロシア帝国アカデミーのロシア語ロシア文学部門に彼の翻訳を提出した。そこでの審査の結果、この翻訳は「輝かしい成功」であると結論され、アカデミー総裁は翻訳の出版の許可を宗務院に要請することになり、モラチェフスキーの翻訳はアカデミーから宗務院にまわされた。これは当時のロシア帝国ではあらゆる宗教関係の出版は宗務院の検閲委員会の許可を必要としたからである。宗務院の三人の審査官のうち一人はノーコメント、一人は翻訳が表面的であるというコメントをつけて草稿を返した。三人目の審査官はキエフ・ポドリア、ヴォルイニ諸県の総督ニコライ・アンネンコフだった。彼は一八六三年三月に報告を送り、極めて強い調子で、この翻訳の出版に反対した。アンネンコフは反対の理由を五つ挙げた。①ウクライナ語は抽象的意味及び神意を表現する能力に欠けている、②ウクライナ民衆はこの翻訳を必要としていない、③翻訳は宗教的な考慮からではなく政治的な配慮が動機となって行われている、④この翻訳の出版を許可すればウクライナ語に独立言語としての地位を与えることになり、その結果、ウクライナ人に政治的自治の要求の根拠を与えることになる、⑤そのような展開はロシアの安全にとって極めて危険である。

一八六三年三月二七日、アレクサンドル二世はこのアンネンコフの意見を全面的に採用することに決定した。決定に従って六月二〇日、ヴァルーエフは検閲局に対し、宗教分野および一般教育を意図した出版物のウクライナ語による出版を許可しないように指示した。続いて七月三日、宗務院はその検閲委員会に対して宗教関係の出版物のウクライナ語による出版を一切許可しないことを知らせた。

こうした公式の、しかし秘密の指令と並行して多くのロシアの新聞、雑誌では反ウクライナ宣伝が繰り広げられ、特にウクライナの運動が実際には「ポーランドの陰謀」であるという宣伝は、ポーランド反乱直後のロシア人の間での反ポーランド感情とも合致して広くいきわたった。「ヴァルーエフシチナ」はウクライナ文化の発展に大きな影響を与えた。これによってウクライナ人は自分たちの言語で書き出版する基本的な権利を奪われた。多くの若いウクライナ人たちはロシア政府に対する敵意を強め、文化活動の基盤を失って、反ツァリーズムの革命運動へと身を投じていった。

三　ドラホマノフとエムス法

ドラホマノフは一八六三年にキエフ大学を卒業した。前年の一八六二年、歴史学教授シュリギンは退官するにあたって、大学評議会に対しドラホマノフを将来の歴史学教授候補として推薦し、彼を外国留学に派遣するよう提案した。

一八六四年、ドラホマノフは、古代ローマのティベリウス帝についての論文を『キエフ大学通報』に発表した。ここで彼はタキトゥスのゲルマン寄りの史観を批判して――ということは当時優勢であったドイツ史学に挑戦したということを意味する――タキトゥスは歴史家というよりもモラリストであり、ローマ帝国を不当に暗く描写しているとして、ティベリウス帝の「名誉回復」をはかった。一八六四年五月ドラホマノフは、私講師（プリヴァト・ドツェント）となり、歴史学一般の講義をキエフ大学ではじめた。年俸は六百ルーブリであった。さらに一八六九年、その修士論文「ローマ帝国の歴史的意味とタキトゥス」を書き、公開審査にパスし、キエフ大学教授（シタトヌイ・ドツェント）に任命され、大学の経費で外国留学に派遣されることになった。

しかしドラホマノフの進歩的思想および「ウクライナ分離主義」を嫌ったキエフ学区教育主事は、キエフ大学のこの決定に対する裁可をすぐには行わず、一八七三年にドラホマノフが外国留学から帰るまでの間は、ドラホマノフのキエフ大学教授の地位は確認されないことになった。このためドラホマノフは外国留学中、予定よりはるかに少ない額の奨学金しか受けとることができなかった。このいやがらせ的措置が、かえって彼を「ウクライナ的」方向に進ませる結果となった。

ドラホマノフはこうして古代ローマ史の専門家として学界でその地歩を固めていった。彼の古代ローマ史研究については、ソ連時代の史学界でも高くそのオリジナリティーが評価されていた。

しかし彼は学問研究にのみ没頭することはできなかった。原因は経済的な問題だった。大学を卒業した一八六三年にドラホマノフの父親が死亡し、翌年母親が死亡し、二人の弟と一人の妹を養わなければならなくなった。さらに同年、婚約者の母が死亡し、婚約者も孤児となり、予定していたより早く結婚しなければならなくなった。都合四人の家族を養うことになり年六百ルーブリのキエフ大学講師の収入では足りなくなったのである。ドラホマノフは首都の比較的リベラルな雑誌『サンクトペテルブルク彙報』に時事的な論考をのせはじめた。一八七〇年以降は『ヨーロッパ通報』にも彼の論考がのりはじめた。そしてこの、経済的必要からはじめたジャーナリスティックな活動が、むしろその後のドラホマノフの道を規定していくことになるのである。

一八六六年四月、ドラホマノフは『サンクトペテルブルク彙報』に「小ロシア語の教育的意義について」という論考を寄せた。そこで、キエフ学区教育主事シフマトフによって発行されたウクライナ学校での読本を批判して、ウクライナ人子弟はまずその母語で教育を受けることが最も望ましく、必要であると主張した。これは彼のキエフ日曜学校での経験に基づく主張であった。

この論考が出された直後、ドミトリー・カラコーゾフによる皇帝暗殺未遂事件が起こり、ミハイル・カトコフは『モスクワ通報』に反ロシア的ウクライナ主義の擡頭を指弾する論考をのせ、その典型例としてドラホマノフの論考を挙げた。さらにそうした潮流とカラコーゾフ事件を関連したものとしてつなげて論じた。ドラホマノフによって直接批判された教育主事シフマトフは、この件でドラホマノフを批判し、ドラホマノフをウクライナ主義者で分離主義者であると教育相に通報した。ドラホマノフはこのため、厳重注意と監督処分を受け、このことがすでに述べた教授としての地位の確認を受けられない理由となった。

ドラホマノフは一八七〇年秋、外国留学に出た。当初二年の予定だったが、結局三年間外国に滞在した。滞在地はベルリン、ハイデルベルク、フィレンツェ、チューリヒ、ウィーン、プラハ、リヴィウなどで、主に各大学で専門の講義を聴講し、様々な図書館で資料を収集したが、同時に各地で労働者の集会に参加したりして西欧の社会主義運動についての見聞をひろめた。普仏戦争の時にはベルリンにいて、汎ゲルマン主義の問題性を認識し、一八七二年の『ヨーロッパ通報』誌に、「ドイツの東方政策とロシア化」を書いた。また、各地で、特にウィーン、リヴィウでウクライナ人インテリゲンツィア、学生と初めて接触し、ガリツィア(ハリチナ)に強い関心を持ちだしたのもこれ以降のことである。

一八七三年二月、キエフにロシア地理学協会南西(キエフ)支部がもうけられた。支部設立の目的はウクライナ諸県の民俗学的および統計資料の収集と公刊であった。地理学協会キエフ支部の創設の公式のイニシアティブをとったのはキエフ総督のドンドゥコフ-コルサコフであったが、ウクライナ人がその積極的な担い手であった。創立時のメンバー二二名のうち一六名がウクライナ人であり、指導的メンバー一五名は同時にキエフ・フロマーダのメンバーであった。ヴォロディーミル・アントノヴィチ、パヴロ・チュビンスキー、オレクサンデル・ルソフ、オレクサンドル・キスチャコフスキー、フェディル・ヴォウコ、コスティアンティン・ミハリチューク、ミコラ・ジーベル、ドラホマノフなどがそれに含まれる。

このキエフ支部は事実上、キエフ・フロマーダの合法機関的性格を帯びてくる。キエフ支部は七三年に図書館と博物館を開設し、経済から音楽に至るウクライナ関係のテーマで公開講演会を次々に開催した。ドラホマノフは七三年秋に帰国し、正式にキエフ大学の教授に任命され、古代史の講義をはじめる一方、このキエフ支部の様々な活動に積極的に参加した。

地理学協会キエフ支部は一八七四年三月二日、キエフ市とその周辺で「キエフ一日調査」を実施した。住民についての母語調査を含む様々な調査をし、統計は三月下旬、チュビンスキーによって結果がレポートとして刊行された。キエフの反ウクライナ主義的新聞『キエヴリャニン』紙は、この「キエフ一日調査」が非学問的調査であり、政治的目的によってなされたものであり、反ロシア的なウクライナ分離主義を鼓吹する目的で行われたものであると非難した。

また同年八月一四日から九月三日にかけてキエフで行われた第三回世界考古学大会で、地理学協会キエフ支部はホスト役を務め、十名の支部メンバーがウクライナについての報告を行い、諸外国の専門家に強い印象を与えた。

キエフ支部は一八七四年から七五年にかけて、アントーノヴィチとドラホマノフの共同編集になる二巻本の『小ロシア民族の歴史的歌謡』を刊行した。これはウクライナの歴史的歌謡を収集し、それに詳しいコメントを加えたものである。ドラホマノフはこの業績により、一躍フォークロアの研究者として西欧でも知られるようになる。後にフルシェフスキーはこの業績を高く評価し、これは単なる民俗学的資料の収集ではなく、詩の形で語られたウクライナ史そのものであると述べた。

さらにキエフ支部は一八七四年末から七五年初めにかけてキエフの新聞『キエフスキー・テレグラフ』の編集権を掌握したが、それにより同紙は一種の機関紙化し、多くのウクライナ関係の論考を掲載した。

こうしたウクライナ人たちの積極的な文化、出版活動に対しては、すでに一八七四年から反ウクライナ・キャンペーンがはじまった。キエフの『キエヴリャニン』紙を中心とする反ウクライナ主義グループは「キエフ一日調査」以来、ロシア地理学協会キエフ支部に対する攻撃をしていたが、八月の考古学大会に対しても、そこでウクライナ主義者たちがウクライナ文化のロシア文化からの完全な分離を宣伝したとして非難を加えた。彼らはキエフ支部が学術団体というかくれみののもとに事実上、ウクライナ主義者たちの政治的参謀本部となっていると決めつけた。キエフ支部の有力なメンバーであったユゼフォヴィチとヴィタリイ・シュリギンはキエフ支部がロシア国家とロシア民族に反対する非合法政治活動のセンターとなっていることに抗議してこれを脱会した。

特にドラホマノフとチュビンスキーに対する非難が集中し、チュビンスキーはそのためにキエフ支部会長を辞任せざるを得なくなった。ドラホマノフは「赤色教授」のレッテルを貼られ、彼の大学での講義は社会主義宣伝であると非難された。さらにドラホマノフが外国の雑誌、特にガリツィアのウクライナ主義者（ナロドフツィ）の雑誌『プラウダ』に発表した論文で、ウクライナのロシアからの分離、ポーランドとの合同を宣伝していると非難された。ドラホマノフに対する非難は教育主事から教育相に伝達され、ドラホマノフは教育相から辞職勧告を受けた。ドラホマノフの理由説明要求に対し、教育主事はドラホマノフが外国刊行物に「ロシアからの小ロシアの分離、小ロシアのポーランドへの併合」を主張する論考を寄せたことを挙げた。ドラホマノフはこの批判が根拠のないものであることを示すために、ポーランドの雑誌に掲載されたドラホマノフ非難、すなわちドラホマノフがロシア国家の愛国者であり、モスクワの「エージェント」であるという非難を示してこの辞職勧告を拒否した。

一八七四年終盤、ロシア政府当局はロシア帝国地理学協会キエフ支部のウクライナ主義的活動についていくつかの警告を受けとった。その一つは汎スラブ協会キエフ支部長で、反ウクライナ新聞『キエヴリャニン』の常連寄稿者ニコライ・リーゲルマンからのものだった。彼のこの第三部長官への覚書は教育相ドミトリー・トルストイに回された。リーゲルマンは次のようにキエフにおけるウクライナ人の反ロシア「陰謀」を列挙した。すなわち、キエフのウクライナ人がガリツィアの『プラウダ』を通じて他のスラヴ人の間に反ロシア的感情を伝播していること、ウクライナの政治的独立を画策していること、ポーランド人との和解を工作していること、ロシア地理学協会キエフ支部をウクライナ組織にしてしまっていること、『キエフスキー・テレグラフ』紙をウクライナ人の新聞としてキエフ大学のウクライナ人学生などの見解発表の場としていること。教育相トルストイはリーゲルマンの告発を受けて、キエフ学区に対して反ロシア思想の拡大を防ぐためにウクライナ人学生が公立学校の教員となるのを禁止する措置を即刻とるように指令した。

しかし、ウクライナの運動がロシアの安全を脅かすものであるという、もっと強い警鐘はミハイル・ユゼフォヴィチによって鳴らされた。ユゼフォヴィチ自身、地理学協会キエフ支部の創設に尽力し、一八七五年に脱会するまで、その指導的メンバーの一人であった。

一八七五年五月、ユゼフォヴィチはペテルブルクに、キエフのウクライナ人の活動を批判する二通の覚書を送った。一つは第三部長官宛に、もう一つは内相宛てに。二通の覚書はどちらもウクライナ人の運動が革命運動であり、ロシアの利益にとって危険であることを主張したものであった。

ユゼフォヴィチは、地理学協会キエフ支部がウクライナ人の会合場所になっていること、『キエフスキー・テレグラフ』紙がウクライナ分離主義を宣伝していること、特にガリツィアのウクライナ人はロシアに対抗するためポーランド人との連合を模索していることなどを挙げてリーゲルマンの告発を繰り返した。ユゼフォヴィチはさらに、ウクライナ人たちは農奴解放に伴う土地改革に批判的であること、農民の青年層の注意を引こうとしていること、政府のあらゆる動きをウクライナ宣伝のために利用しようとしていることを挙げた。彼はウクライナの運動の代表的人物として、クリシ、シェフチェンコからコストマーロフ、ドラホマノフに至るまで名を挙げて非難した。ユゼフォヴィチは結論として、一八七〇年代のロシアにおける革命的騒動はウクライナ人の宣伝の産物であるとし、政府がこれを取り除くために決定的な措置をとるように勧めた。

一八七五年九月初め、皇帝アレクサンドル二世はキエフを訪れ、その際、ウクライナ人の宣伝活動を調査するための特別委員会の設置を指示し、ドラホマノフについては皇帝自らの決定により再度辞職勧告がなされることになった。九月七日、ドラホマノフが二度目の辞職勧告を拒否したのち、彼は「第三項」(解雇理由を示さず、さらに一切の公職につく権利の剝奪を意味する)により解職された。キエフ大学でドラホマノフの解雇に強く抗議したのはジーベル一人であった。ジーベルは彼自身、「第三項」により同年解雇され、ドラホマノフより数週間早く国外に出てスイスに向かった。

一方、アレクサンドル二世の指示によりつくられた特別委員会は内相を長とし、その他に教育相、第三部長官、宗務院の代表、それにユゼフォヴィチがメンバーであった。この委員会はウクライナ人の運動をロシアの利益のために危険であると結論し、以下の勧告を行った。

①印刷局長官の特別許可がない限り、ウクライナ語のあらゆる書物の輸入を内務省は禁止する。
②ロシアにおいてオリジナルと翻訳とにかかわらず、あらゆるウクライナ語の書物の出版を停止する。ただし、歴史的な文献でしかもロシア語の正字法に従い、さらに印刷局の許可を受けたものについては例外とする。
③ウクライナ語によるあらゆる舞台上演とウクライナ語による音楽演奏、ウクライナ人による公開講演を禁止する。なぜならこれらはウクライナ運動を助けるからである。
④『キエフスキー・テレグラフ』紙はロシアの利益のために危険であるからこれを廃刊とする。
⑤ガリツィアの反ウクライナ新聞『スローヴォ』に年間千ルーブリの資金援助をする。

さらに委員会は教育省に対して次の措置をとるよう勧告した。

①小学校においていかなる科目でもウクライナ語で教えることを禁止する。
②ウクライナの小学校、中学校の図書館からウクライナ語の本、あるいはウクライナ人による本すべてを除去すること。
③キエフ、ハリコフ、オデッサ学区の教師に対する注意深い調査をし、ウクライナ主義的観点を保持している人物をロシアの諸学区に移動させること。
④将来、ウクライナの学区での教師の選択には最も注意深くあるべきこと。

⑤疑わしい学生と教師の学校からの追放。
⑥ハリコフ、オデッサ、キエフ学区の教師はロシア人であるべきという一般ルールを承認すること（ウクライナ人はペテルブルク、カザン、オレンブルク学区で採用されうる）。
⑦帝国地理学協会キエフ支部を無期限で閉鎖すること。
最後に委員会は、第三部に対して、
⑧ドラホマノフとチュビンスキーの両名をウクライナから追放するように勧めた。

一八七六年五月一八日、アレクサンドル二世は委員会のこの一三項目からなる勧告をドイツのエムスで全面的に承認、署名し、こうしてこの委員会の勧告は法としての効力を持つに至った。一八七六年五月一八日のエムス法の目的は明確である。一八六三年六月二日の「ヴァルーエフ指令」を徹底的に強化し、ウクライナの運動を根絶することがその目的だった。ウクライナ語で書かれたものは文学、政治、教育などの分野に限らず、歌詞やダンテ、シェイクスピアのウクライナ語への翻訳に至るまで出版が不可能となった。一八七六年以降ロシア帝国におけるウクライナ語の出版物は文字通りゼロとなった。唯一の例外、ウクライナの過去の資料の収集発表が細々とロシア語の定期刊行物に寄せられた。こののち一八八一年および一九〇五年革命直後の部分的な措置緩和の時期を除いて、七六年のエムス法は基本的に変更されず、一九一七年の革命まで続いた。

一八七六年九月に書かれたアレクサンドル二世の遺書で、彼は後継者に次のような警告を与えている。「ロシアの強さは国の統一に基づいている。それゆえ、その統一を弱めるようなものすべて、そして様々な民族の分離主義的発展はロシアにとって致命的であり、許容されえない。」

解雇されたドラホマノフに対してキエフ・フロマーダは、彼を外国に送り出してウクライナの運動を続けさせることにした。キエフ・フロマーダの有力メンバー十二人による「十二人委員会」はドラホマノフに対し、キエフ・フロマーダを代表してその委託を受けて、国外、特にガリツィア（ハリチナ）でウクライナの運動とりわけ出版、宣伝活動を続行するよう要請した。具体的には論集『フロマーダ』の出版、『歴史的歌謡』の続刊、宣伝文書の出版を任務とした。そしてキエフ・フロマーダは、ドラホマノフに出版および学術研究の可能性を与える物質的保証を約束し、家族も含めた生活費として年一五〇〇ルーブリ、刊行資金として年一六〇〇ルーブリを送金する約束をした。このようにドラホマノフの国外亡命は彼個人だけの考えでも、彼個人だけの決定でもなかった。

一方、穏健ウクライナ主義者に敵対的ではなかった当時のキエフ総督ドンドゥコフ＝コルサコフは、さらなる迫害、弾圧を避けるために即刻、出国ビザを申請するようドラホマノフに忠告した。ドラホマノフのビザ申請は一八七六年一月に許可され、ドラホマノフは三月初め国外に旅立った。ドラホマノフに対する出国ビザを認可しないようにというアレクサンドル二世からの直接の指令はこれに間に合わなかった。

こうしてドラホマノフは国外、当初の予定ではリヴィウかウィーンでキエフ・フロマーダの機関誌『フロマーダ』を刊行するためにウクライナを去り、政治的亡命生活をはじめることになった。彼自身は近いうちにウクライナに戻ることを考えていたが、生涯故郷の地を踏むことはできなかった。

四　ドラホマノフの思想

1　ジュネーヴへ

　ドラホマノフがロシアからオーストリア＝ハンガリー帝国に到着した一八七六年前半は、リヴィウ、ウィーンなどでオーストリア官憲によるウクライナ人社会主義者たちの刊行物の没収、出版禁止といった弾圧が強化されていた時期であった。ドラホマノフの友人で、ウィーンのウクライナ社会主義者のリーダーの一人、オスタプ・テルレツキーは、オーストリアでウクライナ社会主義の定期刊行物はおろか、パンフレットの出版も不可能であることをドラホマノフに伝えた。実際、ドラホマノフのオーストリアでの最初の出版の試みも止められた。そのためドラホマノフは、当初の予定地リヴィウあるいはウィーンでの『フロマーダ』刊行を断念せざるを得ず、代わりにジュネーヴあるいはロンドンに拠点を移さざるをえなくなった。ドラホマノフは、ロンドンはウクライナから遠すぎることを理由にジュネーヴを選び、一八七六年秋、そこに移った。

　ドラホマノフがジュネーヴに移った直後の一八七七年一月と六月にオーストリア領ガリツィアではウクライナ人社会主義者の大量逮捕がはじまり、ミハイロ・パヴリク、イヴァン・フランコなど主要な人物が逮捕された。裁判では不在ながらドラホマノフも中心人物として非難された。ドラホマノフのジュネーヴ移住は時宜を得ていたということができるであろう。

　ドラホマノフはジュネーヴのロシア帝国からの亡命人社会の中で最も有名で影響力の強い人物の一人だった。特にドラホマノフがジュネーヴに到着した当初から一八八〇年代初めまではそうであった。ウクライナ人亡命者だけではなく、ロシア人亡命者の間でも影響力をもっていた。ヴェーラ・ザスーリチは次のように書いている。

私が一八七八年夏、ジュネーヴに着いた時、ドラホマノフは亡命者の中心人物だった。新しく到着した者は誰でもまず彼のところに連れていかれた。毎週日曜日には彼のところにほとんどすべての亡命者が集まった。

ドラホマノフの影響力についてレフ・ヂェイチは次のように書いている。

ドラホマノフは、雑誌『オプシチーナ』——その雑誌には殆どすべてのスイス在住の亡命者が結集していたのだが——に対して大きな影響力を持っており、その影響力はますます増大しつつあった。

ロシア人革命家の中にあって、終始変わらぬドラホマノフに対する温かい気持ちを持ちつづけた例外的人物ステプニャク-クラフチンスキーはドラホマノフについて書いている。「最高に興味深い人物！」と。

アクセリロートもまた、ドラホマノフに深い敬意を表している。ドラホマノフが全く正直誠実な人物で、自分に対しても他人に対しても要求が厳しい人物であることを亡命人社会の皆が知っており、彼の権威は高かった。ヴラディミル・デボゴリイ=モクリエヴィチは、ドラホマノフの皮肉を交じえた静かな語り口について回想している。また、ユダヤ人活動家ベン=アミは、ドラホマノフのジュネーヴにおける家庭生活について次のように書いている。

私はドラホマノフのようなすばらしい家庭人を見たことがない。彼はカフェーとか居酒屋とかレストランというものがどういうものか本当に知らない。そういう場所に彼は一度も顔を出したことがない。彼は人をほろりとさせるほど、奥さんや子供の面倒を見ている。そして、奥さんが病気の時など、よく家事をやっていた。彼の家では常に温かい家族的な居心地の良さが支配していた。

ドラホマノフは一八七六年から七八年の間に三つの露土戦争関係のパンフレットを刊行した。『国内における奴隷制と解放戦争』、『何のためのたたかいか?』などで、彼は、専制国家は解放者たりえないという主張を展開し、ツァーリ政府のバルカンにおける政策を批判するとともに、ロシア国内における政治的自由を訴えた。ドラホマノフはそのパンフレットで、ロシア国内で官僚が完全な支配をつづけ、ロシア社会が沈黙を強いられている限り、ロシアは外交政策ましてや対外戦争を成功裏に遂行することはできない、「解放者」が「内なるトルコ」に支配されている限り、「スラヴの同胞」を「外なるトルコ」から解放することはできない、自由とは廉潔な事業であり、よごれていない手を必要とする、と主張した。

一八七六年のエムス法については、すでにその年の七月、ウィーンの日刊紙や、『フペリョート』

の七月一五日号のピョートル・ラヴロフ論文などにより、その存在が知られていたが、ドラホマノフは、一八七八年五月にパリで行われた世界文学者大会にジュネーヴから赴き、エムス法によってウクライナ語とウクライナ文学を抹殺しようとしているロシア政府の政策を弾劾するパンフレットを配布した。この時の文学者大会の議長はヴィクトル・ユーゴー、副議長はイヴァン・ツルゲーネフだった。

ドラホマノフはパンフレットの中で、まずウクライナ民族とその文化、文学の歴史を簡単に述べ、フメリニツキーの乱、シェフチェンコの詩についてふれたあと、ウクライナ民族の文化、文学がロシア政府によって迫害され、その文学が完全に禁止されてしまっていることを明らかにした。こうした迫害行為に対して文学者大会が関心を持ち、ウクライナ民族とその文化、文学をロシア政府に対する抗議によって支援するよう要請した。大会は抗議声明を採択するには至らなかったが、ドラホマノフのこの活動は、エムス法の存在をひろく西欧の知識人に知らしめたという点で意義のあるものだった。

さて、ドラホマノフ亡命の最大の目的であった論集『フロマーダ』の刊行は一八七八年になってようやく実現した。印刷のために、亡命者の間で「クジマー」と呼ばれていたアントン・ラホッキーが一人で植字から印刷までを引き受ける小さなウクライナ出版所が設けられた。論集『フロマーダ』は一八七八年に二巻までが刊行された。

第一巻は「『フロマーダ』への序文」のみからなっている。ドラホマノフによって書かれたこの長大な「序文」は『フロマーダ』の綱領的文書であり、ドラホマノフ自身の社会主義思想の展開であると同時にウクライナ社会主義運動の記念碑的作品でもある。第二巻は五八二頁の分厚い論集で、その三分の二はウクライナからの複数の詳細な手紙を掲載したものであり、ウクライナ農村の状況を伝える内容となっている。その他この巻にはドラホマノフの二つの論文、「ウクライナにおける大衆のための学校」、「ウクライナと中欧」が掲載されている。

論集『フロマーダ』第三巻はすべて、一八七〇年代の若いウクライナ人革命家を扱ったパナス・ミールヌイ(パナス・ルトチェンコ)の小説「悪魔の人々」(初版)にあてられている。第四巻(一八七九年)は、プラハ版のシェフチェンコ『コブザール』をめぐる論集であり、この巻にはドラホマノフの長大な論文「シェフチェンコ、ウクライナ主義者、社会主義」が寄せられている。その後のシェフチェンコ研究と評価に決定的な影響を与えることになるこの重要な論文は、直接にはシェフチェンコに対するヴォルコフの評価への反論として書かれたものである。この巻にはその他、ヨーロッパおよびロシアにおける資本主義の発展に関する研究論文などが掲載されている。第五巻は同じく一八七九年にすでに準備されていたが、経済上の理由から刊行は一八八二年まで遅れた。この巻もほとんどドラホマノフによって書かれ、ポーランドその他のヨーロッパにおける社会主義運動に関する論考と、ウクライナからのニュースが掲載されている。

論集『フロマーダ』は五巻で刊行を終えたが、この間、一八八一年にドラホマノフ、ポドリンスキー、パヴリクの共同編集でこれとは別に雑誌『フロマーダ』が二冊刊行された。『フロマーダ』はウクライナとガリツィアのウクライナ人青年の間で熱心に読まれた。『フロマーダ』はウクライナ社会主義の規範的文書として長い間ウクライナ・インテリゲンツィアの思想に影響を与えた。アンドレイ・ジェリャーボフはドラホマノフへの手紙の中でウクライナ人青年は『フロマーダ』を読み、ドラホマノフをラディカルな運動の指導者と見なすようになったと書いている。第一版ソヴェト大百科は、『フロマーダ』は若い世代のウクライナ人にとって基本的な政治的自己啓発の源泉となったと書いている。

2　ドラホマノフの社会主義

ドラホマノフの社会主義思想を最もよく表しているのは「『フロマーダ』への序文」、「シェフチェンコ、ウクライナ主義者、社会主義」、「歴史的ポーランドと大ロシア民主主義」、そして「一八八〇年の綱領」である。

「『フロマーダ』への序文」は、将来のウクライナの理想的社会秩序を描いた綱領である。これはオーストリア＝ハンガリーとロシアの両方のウクライナ人に宛てて書かれている。ドラホマノフの描き出すところの将来のウクライナ社会の究極的な理想はプルードン的「アナーキー」である。すなわち、自由な個人によって構成されるコミューンの自発的な連合である。「フロマーダ」（コミューン）こそ、ドラホマノフの社会主義理論の基本的な社会的政治的単位である。ウクライナ社会主義は党ではなくフロマーダ（コミューン）である。それゆえ彼は自分の思想を「フロマーダ主義」と読んだ。ウクライナ民族にとって最も自然な状態は、「連合の連合、フロマーダの連邦」である。

「フロマーダは自由な人々の連合でなければならない」、そして人々は「小さな国、あるいはむしろフロマーダ、連合」のメンバーとしてのみその自由を実現しうる。ドラホマノフの設定するゴールは、当時存在していたあらゆる国家とは完全に異なり、大小の社会的団体が自由な人々によって構成され、それが共通の作業と相互援助のために自発的に結合するような状況である。このゴールは個々人の自治と、人とグループの自由な連合の状態すなわちアナーキーである。理想的な政治形態は直接民主主義である。そのような理想的システムに対応しうるのはただ小さなコミュニティーだけである。選ばれた代表は専制支配者に転化しうる。

ドラホマノフはウクライナの歴史的過去を例に挙げ、ウクライナ大衆のアナーキーの理想への明確な傾向を指摘した。

わがザポロージエのコサックのシーチ〈本営〉は自由な連合そのものであった。あらゆる人々は加わるのも去るのも自由であった。あらゆるクリーニ〔シーチの地域的軍事的単位〕は軍事的経済的友愛組織であり、一つの集団として働き、その財産を共同使用する。全部で三八のクリーニがシーチ共和国を形成する。共和国はその領域のすべての資源を共同で使用する。すべてのクリーニとシーチの長老は一年あるいは合意された年限で選挙される。シーチの例は自由な秩序が決して想像の産物ではないことを示している。二百年以上にわたってシーチの兄弟団はそのような条件で存在していた。

フェデラリズムはドラホマノフの思想の中で特別に重要な意味を持っていた。ドラホマノフにとってフェデラリズムは単に社会的なシステムではなく、政治的、文化的、そしてモラル的システムでさえあった。自由なフロマーダの連合が自由な人々の連合を基礎にすることを彼が繰り返し強調したのは偶然ではない。ドラホマノフのフェデラリズムは個人主義を基礎にしており、個人の自主性を不可侵のものとし、個々のフロマーダの自主性もまた不可侵のものと認めることを基礎にしている。こうした彼のフェデラリズムは政治的自由のための闘いを必然的なものとした。

ドラホマノフはウクライナの社会主義者であった。社会主義者として彼は、農業と農民の問題について書いた。これは当時のウクライナが圧倒的な農業地帯であり、都市の発展が西欧に比べてはるかに遅れ、ウクライナ人はそのほとんどが農民であったことを考えれば当然のことである。ドラホマノフは個々の民族の力はその農民に存しているとし、ウクライナ民族のいまだ分化していない農民的性格はドラホマノフの目には欠点ではなくウクライナ民族の美徳であった。ウクライナの社会主義にとって農民は決定的な要因であり、この農民が自由で啓蒙された人間として行動することが前提条件であるとドラホマノフは考えた。したがってインテリゲンツィアによる社会主義宣伝を通して、農民の間に具体的な文化運動を展開する必要がある。ドラホマノフは書く。

わがウクライナは聖職者も貴族も商人階級も持たず、ただ農民階級からのみ構成されている。ウクライナではアナーキーと友愛的社会秩序の観念は親近感をもって受け入れられる。それゆえ社会主義者、特にウクライナで育った社会主義者がそこで活動する好条件がととのっている。

ドラホマノフによればすべての自覚的なウクライナ人、徹底したウクライナ主義者は社会主義者とならざるを得ないし、逆にウクライナのすべての社会主義者はウクライナ主義者となるはずである。ウクライナのインテリゲンツィアの使命は、十八世紀に破壊されたウクライナ史の糸をひろいあげ、農民によって確立された社会主義的伝統を復活させ、それをヨーロッパの人たちが発展させた科学的思想の網の目に組み込んで編みあげることである。ウクライナ農民の間での活動において、社会主義者は搾取者の文化（すなわち国家民族による非国家民族の搾取の上に成り立っている文化）との絆を断ち切らなければならず、ポーランド、ロシアの社会主義者としてではなく、ウクライナ社会主義者として行動しなければならない。「ウクライナを去るすべての者、ウクライナ以外の大義のために費やされる一コペイカ、外国語で語られるすべてのことばは、ウクライナ農民の財産の浪費であり、現在の状況では決して回復しえない浪費である。」とドラホマノフは述べてウクライナ人社会主義者の立場を明確にした。

ドラホマノフは、農民共同体を理想化しなかったし、ロシアの発展の独自性を信ずる考えにも同意しなかったし、農民運動の自然発生性の力を信ずる考えにも与しなかった。彼はむしろ、社会主義的自覚の段階的増大、そしてロシアもまた西ヨーロッパがたどった道を行くべきだという考えに賛成していた。

ドラホマノフは社会主義をその理想としながらも、その理想への道は、ゆっくりと段階的に追求されるべきで、大衆が高度な発展段階に達すること、すなわち血なまぐさい蜂起ではなく知的なプロパガンダによって達成されるべきと考えていた。

人類は決して、一足飛びにその最終的な目標、社会的発展の最終の段階であるアナーキーに達することはできない。社会革命すなわちフロマーダの自由な連合という状態への移行はずっと遠い未来のことである。ロシアは西欧の国家のように立憲王政、議会制民主主義の段階を経なければならない。ウクライナはオーストリアとロシアに分割されている。オーストリアではウクライナ人は独自の社会主義政党の組織化が任務であるが、一方ロシアでは何よりもまず政治的自由の獲得が先決である。健全な基礎を持った社会主義は憲法のない、議会のない国では打ち立てられない。立憲国家でのみ富者の支配が明確に観察しうるからである。

ドラホマノフは原則的に社会変革の方法としての革命蜂起に反対した。十九世紀には多くの革命が起こったが、一つとして完全に社会経済秩序、いや政治的秩序をさえ変えることに成功したものはない、と彼は書いている。

蜂起それ自体は、社会的経済的秩序を含めて、新しい秩序をつくりだすことはできない。もし大衆の経済的必要をなんらかのかたちで満たすような何かによって移し替えられなければ、打倒された古い秩序、特に社会経済的秩序は「革命の翌朝に」何の変化もなく帰ってくる。

ドラホマノフにとって社会主義は、下からの変革なしには考えられないものだった。農民は教育を受け、ヨーロッパ文明の生活をインテリゲンツィアとともに分かちあうようにならなければならない。それは社会主義革命の結果としてではなく、社会主義の確立の前提としてであった。インテリゲンツィアはそのための産婆役として農民に奉仕しなければならない。ロシア帝国のウクライナでは、農民の間での活動は専制に憲法がとって代わらなければはじめることができない。それゆえ民主的改革がロシアでは社会主義綱領の最初の要求でなければならない。

ドラホマノフはさらに、ウクライナにおける社会主義宣伝、教化について、それがウクライナ語で行われなければならず、ウクライナ社会主義者は自分たちの自立した組織を持たなければならないとし、ロシア帝国内の様々な民族の社会主義者にとって必要なことは自民族の中で宣伝、教化活動をすることであると主張した。

ドラホマノフの立場は極めて独特なものと言える。彼はナロードニキに反対しロシアが西ヨーロッパ型の発展をすべきであると述べると同時に革命的手段を否定し、さらにウクライナ人社会主義者のウクライナ発展のための排他的任務を主張することによっていわゆる社会主義インターナショナリズムに反対している。ドラホマノフの主張は、言ってみれば当時の社会主義勢力の潮流の思想にことごとく反対しているとも言えよう。しかし注意深く彼の著作を読めば、ナロードニキ批判は後のロシア・マルクス主義者のナロードニキ批判そのものであり、ウクライナ社会主義者としての立場の主張は、革命後のスクリプニクに代表されるウクライナの民族共産主義者の主張でもある。

3　ポドリンスキーとドラホマノフ

ドラホマノフはセルヒイ・ポドリンスキー、パヴリクとの共同編集で雑誌『フロマーダ』を刊行した。

ポドリンスキーは一八五〇年、キエフの裕福な家庭に生まれた。一八六七年にキエフ大学理学部に入学し七一年に卒業した。在学中に若いマルクス経済学者ミコラ・ジーベルと知り合った。卒業と同時に外国に留学し医学を勉強した。

ポドリンスキーはジーベルと並んでウクライナの初期の社会主義者、マルクス主義者として知られている。パリ、チューリヒで学んだあと一八七六年にブレスラウで医学博士となった。一八七二年にパリでラヴロフに会ったポドリンスキーはラヴロフの『フペリョート』刊行に参画し、一八七四年半ば頃までそのラヴロフ派の運動の中で中心的人物の一人だった。ラヴロフを通して彼は一八七二年にロンドンでマルクスとエンゲルスにも会った。ポドリンスキーはラヴロフを尊敬しており、『フペリョート』の組織化にエネルギーを注ぎ込み、論文を書き、資金を集めた。さらにロシアへの持ち込みルートの確立と偵察のために七三年秋にはロシアに一時帰国した。

ポドリンスキーはキエフで、パーヴェル・アクセリロート、ジェリャーボフなどと会合し全ロシア的革命組織の創立を企図したが結実しなかった。ポドリンスキーはこの間、七二年から七三年にかけてウィーンに三回出かけ、ウクライナ主義者のグループ「シーチ」のメンバー、ブチンスキーやオスタプ・テルレッキーと会った。オスタプ・テルレッキーはウィーン大学の図書館に勤めていて、ウィーンのウクライナ人の間で中心的な人物であり、七四年以来ドラホマノフの熱心な支持者であった。

ポドリンスキーは一八七五年にウィーンで、ウクライナ語による最初の社会主義的パンフレット『蒸気機関』を発行し、続いて『貧困について』、『農業について』を刊行した。これはポドリンスキーにとってもウクライナ語で書く最初の試みだった。一八七四年以来ポドリンスキーはラヴロフ派から離れていったが、両者の関係を疎遠にしていく最大の原因はポドリンスキーのウクライナ運動への傾斜であった。ポドリンスキーは社会主義の道を通じてウクライナ主義者となっていたと言えよう。

ポドリンスキーはロシアの革命家グループの中央集権主義に反対しており、ウクライナの独立した社会主義運動の可能性を追求するようになっていった。一八七五年五月にスミルノフ宛てに書かれた手紙にはそれが示されている。さらにポドリンスキーはロシアの革命家グループが一般に民族問題に無関心で、ウクライナ主義にあからさまな敵意を示すことにも不満だった。このようにしてポドリンスキーは、次第にラヴロフ派から離れて「ウクライナ陣営」へと近づいていった。

ポドリンスキーは一八八〇年夏、ジュネーヴに来て、『フロマーダ』の定期刊行物化、ドラホマノフ、パヴリク、ポドリンスキー三人の共同編集化をドラホマノフに提案した。ドラホマノフは当初、この提案に反対だったが、彼自身の論集『フロマーダ』が財政危機を主な理由として刊行が停止していたこともあり、結局ポドリンスキーの提案を受け入れた。

こうして三人の共同編集になる新たな雑誌『フロマーダ』が一八八一年に二冊刊行された。刊行資金はポドリンスキーが提供した。新しい『フロマーダ』の第一号には、ポドリンスキーの手になる「社会主義とダーウィンの理論」、「イギリスにおける社会主義運動」、そしてドラホマノフの二つの論文が掲載された。第二号にはガリツィアの農村の社会主義運動についての論考が掲載された。新たな雑誌『フロマーダ』のための綱領は三人の連名で発表されたが、事実上ポドリンスキーの草案になるもので、生産手段の私的所有の否定、経済分野における集団経営などマルクス主義的色彩が強くなっている。また武装蜂起の必要性を排除しない点、文化的プロパガンダを強調しないなど、従来のドラホマノフの主張とは食いちがっていた。

ポドリンスキーの提供した資金はキエフの両親からの送金によるものだったが、ロシア政府当局はこの年老いた両親に圧力をかけて送金を停止させた。両親はポドリンスキーに、送金が革命雑誌に使用される限り送金を停止する、と書き送らなければならなかった。さらにキエフの日刊紙『キエヴリャニン』には、ドラホマノフがポドリンスキーに対する送金を革命雑誌に使用している、青年を革命運動にまき込んでいる、というような非難が寄せられた。

一八八二年、ポドリンスキーは、キエフからの送金が一切止まって、その直後に末の息子が突然脳膜炎で急死するという悲劇に見舞われた。ポドリンスキーの妻ナタリヤはロシアの革命グループの熱心な支持者で、ドラホマノフの「ウクライナ主義」を嫌い、ポドリンスキーのドラホマノフとの共同行動を「裏切り」行為と強く責めていた。送金の停止はポドリンスキー一家を極端な貧困状態に追い込み、ポドリンスキーは息子の埋葬費をドラホマノフに借りなければならなかった。

こうした状況の中でポドリンスキーは神経衰弱に陥り、一八八二年に精神病院に入院した。フランスでしばらく治療した後、キエフの母親は一八八五年にポドリンスキーをキエフに連れ帰った。ポドリンスキーは一八九一年にキエフの精神病院で、四一歳の若さで死亡した。ポドリンスキーの両親はポドリンスキーの資金をドラホマノフが自分の出版活動のために使用したと非難する文章をロシアの刊行物に発表し、ドラホマノフはこの非難に対して苦渋に満ちた反論を書かねばならなかった。

エドゥアルト・ベルンシュタインはポドリンスキーについての思い出の中で、「すらりとしたポドリンスキーは、ひどく静かで、その顔もその声も何かしらメランコリックで、あたかも自分の近い死を予測していたかのようだった」と書いている。なおポドリンスキーはマルクス、エンゲルスとも知己であり、太陽エネルギーについての自分の論文をマルクスに送って意見を求めている。

こうして共同編集の雑誌『フロマーダ』の刊行は二冊で終わった。ドラホマノフは後に、ポドリンスキーとの共同編集の『フロマーダ』刊行を生涯で最も馬鹿げたことの一つと後悔している。

フルシェフスキーはドラホマノフの思想の時代区分をして、一八七三年から一八八一年の間はプルードン的アナーキズムに依拠したウクライナ社会主義の時期としている。その最後の年、一八八一年にポドリンスキーとの共同編集の『フロマーダ』が刊行されたのである。これによって、ドラホマノフは『フロマーダ』をポドリンスキーに「明け渡し」、同時に急速にロシアの革命派諸グループと対立し、革命的フェデラリズムから立憲議会主義的フェデラリズムに思想を移行させていった、とフルシェフスキーは見ている。

4　ポーランド問題

ドラホマノフは一八七〇年代終わりから八〇年代初めにかけて、その政治的主張によりロシアの革命的諸党派、特にナロードナヤ・ヴォーリヤ（人民の意志党）との対立を深め、次第にロシア亡命社会の中で孤立していった。彼のロシア人革命諸党派に対する批判は多岐にわたるが、その中で重要なのはポーランド問題、政治的手段としてのテロルの否定、中央集権主義批判、ユダヤ人問題およびポグロム（ユダヤ人に対する集団的暴力）の問題である。

一八六三年のポーランド反乱はドラホマノフの政治思想の形成を考える上で極めて重要であり、それに与えた影響は大きい。ドニプロ（ドニエプル）左岸に生まれたドラホマノフは、ロシア専制支配に対するポーランド人の運動を評価すると同時に、ポーランド人のウクライナ人迫害についても歴史的な知識を得ていた。しかし左岸ウクライナと右岸ウクライナでは、ポーランド人とウクライナ人の関係は歴史的に異なっており、ドラホマノフはキエフに移ってからそれを目のあたりにした。キエフでドラホマノフは、ポーランド人が貴族であり、ウクライナ人大衆とは全くかけはなれた、むしろそれに敵対するものであることを実感した。ここでは地主とポーランド人が同義語であった。ドラホマノフは、キエフ大学のポーランド人学生がウクライナ人従僕をなぐるのを目撃してひどく傷つけられたことを回想している。

ポーランド反乱当時、社会主義者も含めたあらゆるポーランド人党派は、いわゆる「歴史的ポーランド」の再興をそのスローガンにかかげていた。「歴史的ポーランド」とはすなわち、一七七二年のポーランド国家——第一次ポーランド分割以前の——の再建である。ドラホマノフはこの「歴史的ポーランド」国家の再建という立場を批判した。それは言葉を換えれば、ウクライナ民族をポーランドあるいはロシア民族の一分派としてではなく独立した民族として認めるかどうかという問題であった。

ジュネーヴのポーランド人社会主義者たちの大部分、特に『ロウノスチ（平等）』グループのリマノウスキ派は、一方でロシア人革命家に対してはポーランドの民族的政治的独立の完全な承認を求めながら、かつてのポーランドの領域に住んでいるウクライナ人、ベロルシア人の同様の要求を承認することを拒否していた。ドラホマノフはこの「歴史的ポーランド」国家が、現在のロシア帝国と同じように少数民族の抑圧の上に成立していたことを指摘し、特にヴィスワ川支流のシャン川の東と南では非ポーランド人、すなわちリトアニア人、ベロルシア人、ウクライナ（ルテニア）人が多数を占めており、さらにキエフ、ヴォルイニ、ポドリアの右岸ウクライナではポーランド人は全くの少数であるにもかかわらず、ポーランド人党派がその地域も新たなポーランド独立国家の領域に含めることを要求していることは妥当でないと批判した。

東ガリツィア（ハリチナ）ではウクライナ人は人口の七〇パーセントを占め、ポーランド人は二〇パーセントである。右岸ウクライナではポーランド人はもっと少なくなり、最も集中しているキエフ市でさえ六・四パーセントである。ポーランド分割によって右岸ウクライナがロシア帝国領となった後も、ポーランド人地主のウクライナ人農民支配の構造は何ら変化しなかったことをドラホマノフは指摘し、このポーランド貴族のロシア政府に対する反乱の試みに対して、ウクライナ農民が常に否定的な対応をとり、むしろ十七世紀から十八世紀の対ポーランド闘争、ハイダマキ運動の再組織化をはかったことを、この状況によって説明している。

ドラホマノフによれば、東ガリツィア、右岸ウクライナを含めた「歴史的ポーランド」国家の再建を主張することは、ウクライナ民族の権利を無視し踏みにじるものであり、それが特にポーランド人地主とウクライナ人農民という構造の維持、強化の上で語られているところに問題がある。ドラホマノフは当然、ポーランド民族が独立国家を形成する権利については無条件に支持しつつも、それをポーランド人地域に限ることを主張したのである。つまり、ドラホマノフはポーランド人社会主義者がポーランド国家の再建を言う時に、一体どのポーランドを意味しているのか、ポーランド民族の国家なのか、東ガリツィア、右岸ウクライナを含んだ「歴史的ポーランド」なのか、を常に問うたわけである。そして彼は「歴史的ポーランド」国家の再建に一貫して反対したのである。

ポーランド反乱に対するドラホマノフの態度――ポーランド反乱そのものに反対したわけではなく、つまりポーランドのロシア帝国に対する独立運動に反対したわけではなく、東ガリツィアと右岸ウクライナにおけるポーランド反乱の持っている意味についての疑念、その地域をも含めた「歴史的ポーランド」国家再建に反対した――は、ポーランド反乱前後の右から左までのあらゆるポーランド人諸党派が一致していた一七七二年の「歴史的ポーランド」国家再建に対してウクライナ人として異議をはさんだものであり、ポーランド人諸党派の憤激を買った。一八八一年の国際社会主義者大会ではポーランドからリマノウスキが演説したが、彼ははっきりと東ガリツィア、右岸ウクライナへの領土的要求を示し、「歴史的ポーランド」の再建を主張した。ドラホマノフはこうした態度、主張をポーランド・ショーヴィニズムであると批判し、ポーランド社会主義者たちの民族主義的傾向を批判した。このドラホマノフの批判はポーランド人社会主義者のみならず、彼らを支持する「チョールヌイ・ペレジェール」派などロシア人諸党派の多くの憤激を買い、ドラホマノフ批判の文章が多く発表された。

ロシア人社会主義者、革命家たちは一般に言って、ドラホマノフの問題提起にあまり関心を示さなかった。一八八〇年にジュネーヴで一八三〇年のポーランド反乱を記念する会合が開かれロシア社会主義者を代表してザスーリチが演説したが、ここでも彼女はウクライナ人の権利については一言も語らなかった。むしろロシア人諸党派の多くは、ツァーリ体制に対するポーランド人との共同の戦線を維持することの方を重要と考え、ポーランド人の「歴史的」要求を支持し、ドラホマノフのウクライナ側からの異議を不必要かつ民族主義的なものと見なした。これをポーランド内の少数民族問題とし、より本質的でない問題とし、ポーランド反乱の「全ロシア的意義」を強調したのはゲルツェンのみではなかったのである。

ドラホマノフのウクライナ人社会主義者としての位置、そして彼のポーランド人諸党派、ロシア人諸党派に対する態度、関係を見る上で、ポーランド反乱、ポーランド問題は一つの鍵であると言えよう。

5　テロリズムと中央集権主義

ドラホマノフはロシア・ナロードニキの多くのユートピア的見解に反対だった。そしてロシア・ナロードドニキに対する厳しい批判者の最初期の一人だった。ドラホマノフは農民革命と「ミール」(農村共同体)の理想化に賛成しなかった。農村共同体は彼にとって社会主義的秩序の基礎でも母体でもなかった。またドラホマノフはロシア的ジャコバン主義にも反対した。彼は亡命ナロードニキ、トカチョフの機関誌『ナバート(警鐘)』を評して「大ロシア的なえせ国際主義」に他ならない、と批判した。

ドラホマノフは一八八〇年の「テロリズムと自由」など一連の論文で、政治闘争としてのテロルをはっきりと否定する主張をした。「廉潔な事業は清潔な手段を要求する」と、彼は露土戦争の時にロシア政府を批判したが、それは革命においても同様であると主張した。当時政治闘争としてのテロルをはっきりと否定したのは亡命者の中でもごく僅かで、ドラホマノフはその一人だった。ドラホマノフは、個々人の英雄的闘争、テロルは大衆の消極性を強めること、陰謀的組織の強化は社会の公然たる反抗の無力化を進めるだけであることを指摘した。ロシアにおける当面の最大の任務、すなわち政治的自由の獲得のためには、テロル、政治的暗殺は否定的な意味しか持っていない。政治的暗殺は政府を傷つけるが、打倒はしないし、結局政府にいかなる変化ももたらさない。ロシアを新しい道に進ませることは、その政治体制に対する公然たる攻撃、それも正しく組織された政治的団体による言論と行動による攻撃によってのみ可能である、と主張した。

ドラホマノフは、政治闘争としてのテロルの採用は革命運動にとって有害である、テロルという破壊的手段によって社会運動は社会主義的方向から純粋なジャコバン的方向へ踏み込んでしまっている、と語り、テロルは運動を、組織を、そして人間を破壊する、しかも内面から破壊する、と述べた。ドラホマノフは一八八一年のアレクサンドル二世の暗殺にも否定的な反応を示した。彼は皇帝殺害を「カニバリズム」という言葉を使って評した。政治的な暗殺もまた殺人であり、皇帝殺害も殺人であり、殺人には反対すると述べた。

ドラホマノフは一八八二年、「ナロードナヤ・ヴォーリャ——ロシアにおける革命闘争の中央集権化について」という論文を発表して、ナロードナヤ・ヴォーリャの中央集権主義を批判した。ナロードナヤ・ヴォーリャは「アクチヴな自覚的革命勢力を政府中心地に結集し」、「臨時政府」の形成を主張し、あらゆる非中央集権化の試みに反対し、「革命闘争のあらゆる期間、革命の勝利がゆるぎなきものになるまで、厳格な中央集権化されたタイプの組織が、目的にかなった最良のものであり唯一のものである」、「革命の獲得物が強固なものとなり、新体制の共通の基礎が堅く確立したそのあとでのみ、個々の民族は全体の国家との政治的関係を決定する権利を持つ」と主張した。

ドラホマノフはこうしたナロードナヤ・ヴォーリャの中央集権化志向が当時のロシアの政治状況に規定されていることを認めつつ、この傾向は革命運動をより狭い陰謀に、果ては独裁に導く危険があることを指摘し、テロリスト的傾向がより一層の中央集権主義化を助長していると批判した。ドラホマノフによれば中央集権主義は何よりもまず革命運動そのものにとって致命的であり、中央集権主義は革命運動を、フランス大革命がそうだったように、中央集権的ジャコバン主義によって終わらせる危険がある。ジャコバン主義は名称は革命的でも、その実反革命のはじまりであり、ボナパルティズムに道を開くものである、とドラホマノフは指摘した。

もし革命というものが、現存する秩序の打倒と別の秩序確立への一定のエネルギーの表出であるとするならばジャコバン主義はもちろん、まさに革命的である。しかしもし革命運動の意味するところが、形式においてもその思想においても真に新しい秩序の確立をはかる進歩的な運動であるとすると、ジャコバン主義は革命的ではない。なぜなら彼らの確立する秩序はすでに存在していた官僚的中央集権体制と本質的にほとんど変わらないからである。この観点から見るならば、共和主義的フェデラリズム、そして立憲君主主義的自由主義さえもジャコバン主義よりはるかに革命的である、とドラホマノフは書く。

中央集権化と自由は互いに相いれないものである、とドラホマノフは言う。ナロードナヤ・ヴォーリャは「革命の最初の時から、その成果の獲得の確実化まで」中央集権化が必要であると主張する。しかし、中央集権的権力機構というものは、それが古いままのものでも新しくつくられたものでも、革命の進展の中で、ある者の手から他の者の手に、例えば何々委員会の手から独裁者などの手に移るものである。ロシアにおいては、中央集権化はたとえそれが革命的な中央集権化であろうと自由の大義のためには危険なものである。なぜならロシアでは大衆が未発達という条件のもとで、一時的な進歩的革命の成功のあとでさえ、極めて急速に全く反動的な独裁に陥る危険性が大きいからである。それゆえロシアでは、あらゆる種類の進歩派、特に社会主義者たちは中央集権化の原則から実践においても理論においても袂を分かつ努力をしなければならない。そして変革に至る過程でも、変革の最中でも、変革の後でも、その計画と実践を全く逆の原則すなわち非中央集権化とフェデレイションの原則の上に打ち立てなければならない、とドラホマノフは主張する。

ドラホマノフは、フェデレイションがいかなるものにしろ運動の力を弱め、それをちりぢりにするという考えが正しくなく、また中央集権化がそれ自体、力を、統一を得るものだという考え方が誤りであると主張する。中央集権化こそ社会的な勢力を弱め（最も近い要素を互いに孤立化させ）、はるか中央からの指令を待つようにさせ、個人と地方のイニシアチヴを低める。まさに中央集権化こそ力をちりぢりにし、不一致を生む。なぜならそれはあらゆる多様なものを一つの型にはめようとするからである、とドラホマノフは主張する。

ナロードナヤ・ヴォーリャの中央集権主義的綱領では一切自治というものを約束しない。ナロードナヤ・ヴォーリャは、ただ臨時革命政府としての全ロシア帝国の（原語は「フセロシースキー」）（ナロードナヤ・ヴォーリャの用語によれば全ロシアの（原語は「オプシチェルースキー」））国民会議（原語は「ゼームスキー・ソボール」）を将来のロシア国家の無制限の専制支配権力として語るのみである。

そしてこの国民会議が、「個々の民族に全体の、つまり将来のロシア帝国の国家との政治的関係について決定する権利」を与える。ただし、「新しい体制の全体的な基礎が確立した時にのみ」、つまり、新しい全ロシアの専制支配が確立した時にのみ、という条件つきである。これは、個々の民族すなわち現在の大ロシア国家の専制的支配、官僚による支配を受けている諸民族は、新しい専制支配の権力者が必要と認めた時に、また新しい専制支配の権力者が欲する限りで、という内容の自治を得るということを意味する、とドラホマノフは批判する。

ドラホマノフは、全ロシア帝国の国民会議の他に各地方の会議を各地方が招集することが必要であり、その会議において、もし必要なら各地方は「全体の国家との関係を決定」すべきであると主張した。そうして初めて地方の自由が確立されうるし、革命後のロシア全体を反動、反革命、独裁の道に進むのを防ぐことが可能となる、と述べた。

ドラホマノフは革命運動の最初の時期からフェデラリズムの体系を導入することが必要であるとし、ナロードナヤ・ヴォーリヤの「執行委員会」がそれ自身を「全ロシアの臨時政府」と見なすならば、その組織に対応して地方委員会（あるいはもしそう呼びたいならば下部委員会）、例えば、ポーランド、ウクライナ、ザカフカス、リトアニア、ベッサラビア、ベロルシアといった地方の委員会を形成することが適当であると提言した。革命運動が成功裡に進展するかどうかは、こうした地方委員会の能力とエネルギー、および中央の委員会と地方の委員会の、また地方委員会同士の同意にかかっており、中央の委員会も含めたあらゆる委員会がすべての民族の——歴史的と非歴史的とにかかわらず——同権の原則、地方の自治の原則、ひとことで言ってフェデレイションの原則を承認するか否かにかかっており、中央の委員会が必要なソリダルノスチ（連帯性）と、全く有害な中央集権主義とを見きわめる能力があるかにかかっている、とドラホマノフは述べた。

それが君主主義的であろうと、民主主義的であろうと、急進的、革命的であろうと、中央集権主義はドラホマノフにとって最悪の敵だった。彼にとって中央集権主義は専制支配と同じだった。ドラホマノフは「歴史的ポーランドと大ロシア民主主義」の中でも、ポーランド＝ウクライナ問題に関連してロシアの革命運動を検討するとともにロシアにおける政治的自由と中央集権化の問題を極めて熱心に論じている。

ドラホマノフのテロリズム批判は、まさにナロードナヤ・ヴォーリャのテロルの最盛期に行われたこと、ヒロイックな自己犠牲的なテロリストたちの行動に人々が感動し、酔っていた時代に行われたということに注目する必要がある。ドラホマノフは、テロリズムが健全な革命運動全体を困難にし、無力化するばかりでなく、革命の運動を、革命の組織を、そして個々人を内面から破壊すると述べた。つまりテロリズムは敵を破壊するのではなく、むしろそれを使用するものを堕落させ、破壊する作用を持っている、と指摘した。ここにはとても重要な指摘があるように思う。

またドラホマノフの中央集権主義批判も一八八二年という時点で行われていることを考えると、それが革命運動、革命組織における中央集権主義批判にはじまって、革命の最中から革命後の中央集権化、独裁への危惧にまで及んでいるのは、深い洞察であったと言わざるを得ない。

6　ユダヤ人問題とポグロム

ドラホマノフはユダヤ人問題、特に一八八一年のポグロムをめぐっても強くナロードナヤ・ヴォーリャを批判した。一八八一年、アレクサンドル二世暗殺の後、一八八一年春、ウクライナのエリサヴェトグラートではじまったユダヤ人に対するポグロムは近代ロシア史上最初の大きなポグロムであった。ドラホマノフは一八八一年のポグロムの一年前に次のように書いた。

ウクライナ人大衆とユダヤ人の関係が現在のままであるならば、現在の経済的秩序に対するあらゆる運動はまずユダヤ人に対する大量虐殺という血なまぐさいシーンを伴うであろうと言うことができる。それは十七世紀、十八世紀のものよりずっと大規模なものとなるだろう。ウクライナ地方の社会主義者にとって緊急の過大は、ユダヤ人の労働者大衆をユダヤ人資本家から切り離し、ユダヤ人労働者と他民族労働者の統一連帯を宣伝することである。

ドラホマノフはマルクスのユダヤ人問題についての論稿を読んではいなかったが、ユダヤ人問題は政治問題ではなく社会における「非生産的」労働という社会的問題であり、ユダヤ人問題の根本的解決のためにはキリスト教社会自体が自らの「ユダヤ主義」から解放されなければならない、と主張した。ドラホマノフはウクライナにおいてユダヤ人社会では急速にユダヤ人ブルジョアジーが成長しており、ウクライナの社会生活の中で次第に重要な役割を果たすようになってきている、ウクライナ農民の地主とブルジョアジーとの衝突は不可避的にユダヤ人との衝突となるだろう、そこでは階級的な憎悪は民族的な闘争の形態をとる。しかしユダヤ人ブルジョアジーの成長と同時にウクライナの特に右岸では、ユダヤ人小作人、ユダヤ人労働者も急速に増大していることを把握しなければならない、と述べた。

一八八一年のポグロム以前に、ユダヤ人をプロパガンダによって革命的勢力とする可能性を考えていたのは、リーベルマンなど少数の者を除けば、ドラホマノフとラヴロフだけだった。ドラホマノフはラヴロフと並んでユダヤ人革命家から高く評価されており、実際一八八〇年にジュネーヴでユダヤ人社会主義者グループが形成される時には重要な役割を果たした。このグループがユダヤ人大衆の間でのイーディッシュ語での活動の必要性についてのアピールを出した時に、ドラホマノフは、そのアピールの印刷のための資金援助をした上、短いあと書きまで書いた。ドラホマノフはユダヤ人労働者の間でのイーディッシュ語による革命的プロパガンダのみが、ユダヤ人労働者とウクライナ人大衆を共通の闘争に結合させることができると考えていた。

ドラホマノフは一八八〇年の夏にジュネーヴで行われた集会の席上、暴力的なアンチ・セミティズム（反ユダヤ主義）を手厳しく批判し、ウクライナ人は、ウクライナに居住しているユダヤ人と共存していくようにしなければならない、と訴えた。これに対して参会者の中から、ユダヤ人に対する農民の暴力は、搾取者に対する当然の行動ではないか、と抗議の声が上がったが、ドラホマノフはこれに対して、「私は暴力というものを信用できない」と答えた。会場の雰囲気はドラホマノフに対して冷たいものだったという。

革命家が期待してやまなかった「大衆運動」が一八八一年春、大規模な形で突然勃発した。しかし多くの革命家が予想しなかった形態、ユダヤ人に対するポグロムという形態でそれは起こった。多くの地方で農民と労働者は「まずユダヤ人からはじめて次に地主をやろう」と語ってユダヤ人に対するポグロムを行った。

このポグロムに対して当初、ロシア政府当局のみならず多くの社会主義者が、これを大衆の革命的、社会主義的自然発生性の表れと見なし、ポグロム自体を支持し、搾取者に対する大衆の革命的運動のはじまりであると評価した。こうした評価はロシア人革命家の間で多数派であった。ロシア人革命家たちのかなりの部分はこのポグロムを近い将来の広汎な大衆的革命運動のはじまりと見なした。ナロードニキたちの考え、「大衆はプロパガンダされえない、大衆の要求に基づいてアジテーションされるのだ」は広くロシア人革命家たちをとらえていた。それゆえ、彼らがこの反ユダヤ人運動を自分たちの目的のために利用しようと考え、この運動自体に即して行動しようとしたのは彼らにとっては自然であった。

ドラホマノフはポグロムを経済的搾取と政治的抑圧によってひきおこされた大衆運動、それも全く盲目の自然発生的な、救いようのない破壊的運動と見なし、当時のロシアの大衆の発展と組織化の度合いでは、「大衆運動」はただ否定的な意味しか持ちえず、革命的でも進歩的でもありえない、と否定的な立場を明らかにした。

ロシア人革命家諸党派のポグロムに対する態度と全般的雰囲気を如実に示しているのが、一八八一年八月三〇日付の、ナロードナヤ・ヴォーリャ執行委員会名で出された「ウクライナ人民へ」と題する宣言である。この悪名高い宣言の筆者はゲラシム・ロマネンコ（タルノフスキー）であり、宣言全文は後に『苦役と流刑』誌に掲載されたが、最初にこの宣言の文章を引用しつつ、批判の文章を公けにしたのはドラホマノフだった。

この宣言の本文は「ウクライナ語」で書かれている。より正確にはウクライナ語とロシア語の混同したものであり、単語の使用法、語順、正字法など誤りだらけであり、筆者がウクライナ語に対して僅かな知識しか持っていない人物であり、おそらくロシア化されたウクライナ人であることをうかがわせる。なおユダヤ人は「ジード」と呼ばれているが、この言葉はウクライナ語では、ロシア語とは異なり、本来差別的な語ではない。

宣言は次のような文章ではじまっている。「ウクライナでの生活は苦しく、ますます苦しくなっている。誰もどこにも真実を見出すことができない。一体誰が土地を取り上げているのか。ユダヤ人だ」、「ウクライナの民衆は何よりユダヤ人によって苦しめられている」。――このようにナロードナヤ・ヴォーリャ執行委員会の宣言はあからさまなアンチ・セミティズムに貫かれており、ユダヤ人をウクライナ大衆の最悪の敵として描き出し、ウクライナ大衆のポグロムを支持し、むしろそれを一層拡大するように訴えている。

こうした態度は当然部分的にはロシア革命家集団の中にも反対意見を生みだしたが、多数の意見でもあった。同様の論考が『ナバート』にも『チョールヌイ・ペレヂェール』の一八八一年九月号にも「農民の搾取者」ユダヤ人を非難する手紙の形で、また『リストーク・ナロードノイ・ヴォーリ』にも同様の論考が掲載された。

ドラホマノフは一八八二年に発表した「ウクライナのユダヤ人問題」の中で、このナロードナヤ・

ヴォーリャ執行委員会の宣言を厳しく批判した。彼は、ユダヤ人を単に迫害者としてのみ見ることは、ウクライナにおけるユダヤ人問題に正しく対処することを不可能とする、と主張した。ユダヤ人社会はその発展につれて貧農、肉体労働者を生み出していることを「宣言」は忘れている。おそらく「宣言」の筆者は右岸ウクライナの都市、農村にいたことがなく、そのような事実を知らないか、忘れているのである、と述べた。さらにドラホマノフは、ユダヤ人によるウクライナにおける搾取とロシア・ツァリーズムの政策との密接な関係を「宣言」の筆者は語らない、とも批判した。

ドラホマノフはウクライナにおけるユダヤ人問題の正しい解決のためには、何よりもウクライナにおけるユダヤ人がどのような存在であり、ユダヤ人と他の民族、特に大多数が肉体労働者であるウクライナ人との関係の実態を把握することが必要であり、ポグロムに対する闘争の最良の手段は、ユダヤ人労働者とウクライナ人労働者の混合部隊が現れることである、と述べた。

ドラホマノフは、ポグロムがもたらしたものは、革命的グループを含めた社会のあらゆる層の堕落であると考えた。アレクサンドル二世の暗殺、そしてポグロム支持はたしかにナロードナヤ・ヴォーリャ執行委員会にとっては自殺行為だったのではないだろうか。

五　ドラホマノフの孤立

ドラホマノフは一方でウクライナ・ナロードニキ、ウクライナ民族主義者に対する批判も行った。ウクライナ人の諸グループとの対立は後に、キエフ・フロマーダ、ガリツィアの諸党派との論争、対立の中で一層鮮明になってくるのであるが、一八七九年の論集『フロマーダ』第四号に掲載された「シェフチェンコ、ウクライナ主義者、社会主義」においてもすでにそれを展開している。ドラホマノフのシェフチェンコ論は、ヴォルコフのシェフチェンコ論――シェフチェンコを真の社会主義者として評価する――に対する反論として書かれたものであり、シェフチェンコを教条的にとらえるのではなく、歴史的にとらえようとしたものである。ドラホマノフはウクライナ主義者のロマンティシズム、コサックと農民反乱、例えば十七世紀終わりのハイダマキ運動などの過度の賛美に賛成しなかった。そしてシェフチェンコ自身がコサック時代や農民運動を理想化し、ウクライナ・ショーヴィニズムに根拠を与え、ウクライナ史のナロードニキ的理想化のもととなっている、とも批判した。

ドラホマノフの論文「シェフチェンコ、ウクライナ主義者、社会主義」は、徹底したウクライナ・ナロードニキ主義、ロマン主義、一揆主義に対する批判であると同時に、シェフチェンコとシェフチェンコ研究を歴史的批判という立場から「両足で立たせた」重要な労作である。ドラホマノフはヴォルコフに代表されるシェフチェンコの理想化に反対し、シェフチェンコは確かに革命的な詩人であったが、強固な思想に裏うちされた社会的革命家とは言えず、彼の作品を一八七〇年代にとっての福音ととらえることはできない、とドラホマノフは論じた。ヴォルコフが言うようにシェフチェンコの作品を社会主義宣伝に利用することはできないし、シェフチェンコが農奴制を批判しているのは確かであっても、大衆を組織する革命家であったわけではない。ドラホマノフはシェフチェンコがウクライナ・コサックの過去として理想的に描き出したハイダマキの運動についても、これがポーランド国家、地主、教会に対する反抗として重要な意味を持っていると同時に、自然発生的かつ非組織的で、明確な目的の欠如といった特徴を有していることを指摘した。

以上のように、ドラホマノフはシェフチェンコのロマン主義に否定的に対応したのだった。ドラホマノフはウクライナ人のコサック時代へのあこがれはロシアの一揆主義の理想化と通じるものがある、と考えていた。

ドラホマノフはすでに述べたような政治的主張によって、ジュネーヴのそして西ヨーロッパ在住の亡命者の間で孤立していったが、その背景には必ずしも政治的主張をめぐる問題だけがあったわけではないし、政治的な主張とは逆説的な関係もあった。例えば、ドラホマノフがその中央集権主義的体質、手段としてのテロリズムの採用など、最も強く批判してやまなかったナロードナヤ・ヴォーリャは、一八八〇年五月一二日、ジェリャーボフの名で手紙を送った。この時期はすでにドラホマノフとロシア人革命グループとの対立がはじまっていた時期で、ナロードナヤ・ヴォーリャ執行委員会の権威が最も高かった時期でもある。ジェリャーボフは「同志の委託を受けて」この手紙を書いている。

そこでジェリャーボフはドラホマノフの業績を高く評価し、ドラホマノフの理論的著作がナロードナヤ・ヴォーリャの考えに近く、具体的な出口を示しているとし、ナロードナヤ・ヴォーリャの政治的見解を外国において擁護してくれるよう、そしてナロードナヤ・ヴォーリャのアルヒーフの保存者の役を引き受けてくれるようにドラホマノフに依頼した。この件はもちろん実現しなかったが、ドラホマノフが最も強く批判していたナロードナヤ・ヴォーリャ執行委員会が、ドラホマノフの業績を高く評価する手紙を送り、このような内容の申し出、要請をしたことは皮肉である。

ドラホマノフの論争相手の一人にゲオルギー・プレハノフがいた。一八八二年初め、プレハノフは、ラヴロフに宛てて次のように書いた。

私は今、ドラホマノフと論争している。ドラホマノフとは遅かれ早かれ、われわれは死に至る闘いをしなければならないだろう。私の考えではこういうプチブル反動よりもジャコバン主義の方がましだ。

ナロードナヤ・ヴォーリャのレフ・チホミロフは後に、プレハノフはドラホマノフとの公然の戦いをしていたと回想している。そしてそれはプレハノフがあらゆるタイプの分離主義を文字通り嫌悪していたからだと述べた。

一八八二年、プレハノフはラヴロフ、チホミロフなどとともにドラホマノフに対する「死に至る闘い」を遂行していたわけだが、一八八三年になると「労働解放団」の名で「社会主義と政治闘争」のパンフレットを出して、ラヴロフ、チホミロフに対する闘争を宣言し、続いて「われわれの意見の相違」を発表した。この中でプレハノフはドラホマノフについて一言も触れなかった。つまり、ここでプレハノフが主要な敵として批判したのはナロードニキ的ユートピア主義、一揆主義、ジャコバン主義、ブランキ主義、テロリズムであり、そうした点ではドラホマノフは彼の敵ではなく、味方であった。ナロードニキの一揆主義、権力奪取についてのジャコバン主義、政治闘争の否定などに対するドラホマノフの批判は、七〇年代後半から八〇年代初めにかけてのドラホマノフとロシア人革命家のリーダーとの対立を深めた原因であった。

こうしてプレハノフはその政治的主張において、ナロードニキ批判においてむしろ論敵ドラホマノフに近づいたと言える。しかしプレハノフのドラホマノフに対する敵意は消えなかった。長期に亘る論争は個人的な性格をも帯びていたと言えよう。プレハノフが最後までドラホマノフを敵視した一つの理由は、プレハノフの若い時の「功績」であるペテルブルクのカザン広場でのデモについてドラホマノフが冷笑的に対応し、プレハノフの臆病さを批判したことにあるとも考えられている。いずれにしても後にプレハノフが「ロシア・マルクス主義の父」と呼ばれるようになったことは歴史のアイロニーであり、ドラホマノフ評価を歪める結果となっている。

ドラホマノフはチギリン事件（一八七六年、ステファノヴィチとヂェイチが皇帝の偽の召書をつくり、キエフ県チギリン郡で農民を扇動した事件）に対しても決定的に批判的だった。チギリン事件では、その部分的成功は数千の農民をだますという代償によって贖われた。「ツァーリの召書」を偽造し、農民の君主主義的感情をもてあそぶことは、冒険主義以外の何ものでもない。ドラホマノフはここでも「廉潔な事業は清潔な手段を要求する」という立場を主張した。レフ・ヂェイチはヤコフ・ステファノヴィチとともにチギリン事件に責任があるとされているが、この両名はドラホマノフのチギリン事件批判に深く憤激し、ドラホマノフ批判の先鋒だった。革命後に書かれたヂェイチの回想は、ことドラホマノフに関しては全く信用できないものとなっている。

ロシア人社会主義者はドラホマノフをアナーキスト、フェデラリストと呼び、他方ドラホマノフはロシア人社会主義者を国家主義者、中央集権主義者と呼び、両者の溝は深まっていった。こうしてドラホマノフは一八八〇年代初頭、ジュネーヴの亡命者たちの間で孤立していった。

一八八一年初め、ドラホマノフは、初めての軽い心臓発作を起こした。動脈瘤を原因とするこの病気に以後十四年間、彼は悩まされることになる。一八八二年に、ドラホマノフは彼の論集『フロマーダ』の最終号第五巻を出版した。

一八八一年、スイスのジュネーヴのドラホマノフをマリシンスキーという人物がたずねて来て、『フロマーダ』の出版所で雑誌出版を引き受けてくれないかと依頼した。その雑誌はロシアにおける政治的自由を支持する立場に立ち、あらゆる社会革命的潮流のために頁を提供するというものだった。マリシンスキーは自分のことを、革命運動には共感しつつも、テロルには強く反対する非合法ゼムストヴォ（地方自治機関）組織の代表であると説明した。ドラホマノフはこの雑誌刊行の計画に賛成し、こうして一八八一年八月、『ヴォリノエ・スローヴォ（自由な言論）』の刊行がはじまった。

雑誌は最初週刊で、三七号からは月二回刊となり、一八八三年五月の六〇‐六二号まで続いた。ドラホマノフは「歴史的ポーランドと大ロシア民主主義」の連載をはじめた第三号から積極的にこの雑誌刊行に参画し、その主要な寄稿者になると同時に、第三七号で雑誌が「ゼムストヴォ同盟」の機関誌であると宣言した時から事実上の編集者となり、第五二号からは正式の編集者となった。

『ヴォリノエ・スローヴォ』を刊行した組織「ゼムストヴォ同盟」が架空の組織であり、存在していなかったということが現在では明らかになっている。資金は「神聖親衛隊」から出されていた。この「神聖親衛隊」は比較的リベラルな貴族、特に憲法制定派のシュヴァーロフ伯を中心に結成された秘密組織で、革命運動、特にテロリズムに対抗しそれと闘争し、同時に宮廷内部でリベラル‐憲法制定派の勢力拡大をはかった組織であった。

ドラホマノフはこの事実を知ることはなかった（この点については長い論争の歴史があるが、ここでは立ち入らない）。ジュネーヴの亡命者の間で孤立し、自分の論集『フロマーダ』の刊行も見込みがなくなったドラホマノフにとって、『ヴォリノエ・スローヴォ』は文字通り彼自身の機関誌であったし、彼はその有名な「歴史的ポーランドと大ロシア民主主義」をはじめとして非常に多くの論考をこの雑誌に発表した。「歴史的ポーランド」でドラホマノフは、六〇年代にはじまるロシアにおける革命運動を、特にポーランドとウクライナの問題、一般にロシアにおける政治的自由と非中央集権化の問題に即して歴史的に検討した。彼はその末尾で、ゼムストヴォ単位、すなわち村、町、郷、郡、県、州（オブラスチ）のフロマーダの自由の原則に基づいた自分の綱領を展開した。

ドラホマノフ以外の『ヴォリノエ・スローヴォ』への寄稿者では、アクセリロート、プリセツキー、ジーベル、オフシャニコフ-クリコフスキー、ラビノヴィチ、パヴリクなどが主な人物であった。一八八三年、アレクサンドル三世の政府内部でシュヴァーロフを筆頭とする憲法制定派は敗れ、彼自身失脚した。『ヴォリノエ・スローヴォ』はその資金源を失って刊行は終了した。この廃刊はドラホマノフにとって大きな打撃だった。発表する媒体を失い、亡命者グループの間で孤立し、物質的にも困窮し、ウクライナの友人たちからも切り離された状況となった。ドラホマノフはこうした状況の中で主にウクライナのフォークロアの研究に専念するようになる。

一八八三年の夏、ウクライナの若い急進派の複数の地下組織がその代表をジュネーヴに派遣し、ドラホマノフに対して将来のウクライナ社会のための体系的な政治綱領の共同作成を依頼した。ドラホマノフはこれを受けて『自由な同盟――ウクライナの政治的、社会的綱領の試み』を書き、一八八四年、ジュネーヴで発行された。ドラホマノフに綱領作成を依頼した組織は、その時にはすでに消滅していたが、ドラホマノフによる綱領そのものは発表され、後に特に立憲主義者たちに影響を与えた。これは、ロシア帝国の立憲主義的改編のための極めて具体的かつ細部に亘る提起として最初のものとなった。自由同盟綱領の大きな特徴は、地方の自治の基礎としての各オブラスチの広汎な自治の要求にある。ドラホマノフ自身はこの自由同盟綱領を、彼の「歴史的ポーランド」に対する綱領的補足と考えていた。

ドラホマノフは一八八三年十二月、ジュネーヴで行われたプレハノフの講演に出かけて、ロシア革命諸党派の非一貫性、および彼らの目的は手段を正当化するという考え方を批判した。しかしそれ以後は一八八六年まで、一切政治的な場所に出かけなかった。ジュネーヴでのいわば政治的生活からの引退という状況の中で彼はウクライナを中心としたフォークロアの研究に没頭し、彼の家などで、様々な国からの学生に対して、スラヴ諸国のフォークロアの歴史について講義をしたりしていた。

六　キエフ・フロマーダとの訣別

しかし、ドラホマノフにとっての最大の打撃は、ジュネーヴにおけるロシア人革命家亡命社会での孤立でも、『ヴォリノエ・スローヴォ』の廃刊でもなかった。それは、彼を外国に派遣したかつての同志たち、すなわちキエフ・フロマーダからやってきた。

ドラホマノフとキエフ・フロマーダが疎遠になり対立し、絶縁にまで至った最大の背景は、彼を送り出したキエフ・フロマーダが次第に保守化し、ドラホマノフの外国での活動をあまりに急進的すぎると見なすようになったことにある。すでにキエフ・フロマーダの代表的なメンバーであるパヴロ・ジテツキーは一八八〇年に内相ミハイル・ロリス－メリコフ宛てに覚書を送り、ウクライナ人の運動はいかなる政治的な目的もなく、ロシア帝国の統一を乱そうとするものでもなく、純粋に文化的性格のものであると主張し、このウクライナ人の文化活動は若いウクライナ人急進派を革命運動から遠ざける役割を果たしている、と述べた。ジテツキー、アントーノヴィチ、コスティアンティン・ミハリチューク、オレクサンドル・コニスキーなどキエフ・フロマーダの主要なメンバーの多くは合法的な文化活動の枠内にとどまることを適当とし、ドラホマノフのジュネーヴでの活動が彼らの方針に合致せず、その政治的出版物はいたずらにロシア政府を挑発していると考えるようになった。こうした文化主義的、保守的雰囲気がキエフ・フロマーダを支配した。

一八八〇年春、アントーノヴィチは秘かにスイスでドラホマノフと会い、急進的な政治活動を中止するよう要請したが、ドラホマノフはこれを拒否した。キエフ・フロマーダは保守的な反政治的文化主義的傾向を強めると同時に、民族主義的傾向をも強め、ロシア急進主義、ロシア自由主義をも含めたロシア的なるものすべてに敵意を持つようになった。

キエフ・フロマーダのメンバーは、ドラホマノフがジュネーヴで「ウクライナ問題」にのみ専念しないことに憤慨し、その「コスモポリタン」的主張を嫌い、「汎ロシア主義者」であると決めつけた。キエフ・フロマーダによれば、ロシア的なるものはウクライナ民族にとって最大の脅威であり、ウクライナの運動を堕落させ武装解除すると考えていた。アントーノヴィチをはじめとするキエフ・フロマーダのメンバーはドラホマノフがガリツィアにロシア文学を導入しようとしていることが常に不満だった。一八八五年九月八日にアントーノヴィチはドラホマノフにローマから次のように書いた。

私は繰り返し何度も言っているようにウクライナ・インテリゲンツィアにとっての最大の文化的害悪は、ウクライナのインテリゲンツィアがロシア文学のモデルによってのみ養育されているということであり、啓蒙の源泉としてヨーロッパ文学を見ないことである。ロシア文学は最も有害である、なぜならそれは国家主義的、中央集権的見解をまきちらすからである。例外なくこの文学は、人を無気力にさせ堕落させるものばかりだ。

ドラホマノフは九月一〇日にこれに対する返事を書いた。

ロシア文学は量的にも質的にもウクライナ文学よりずっとヨーロッパ的思想を含んでいる。そしてロシア文学はドイツ文学よりも〔ウクライナ文学を〕ヨーロッパ化する影響力を持っている。

ドラホマノフとキエフ・フロマーダとの意見の相違は、ガリツィアにおけるウクライナ人の運動をめぐっても起こった。ドラホマノフはガリツィアのウクライナ人諸党派の中ではパヴリクとフランコのグループを唯一の進歩的勢力として支援していたが、キエフ・フロマーダはオレクサンデル・バルヴィンスキーなどの反ロシア主義的ナロードニキ・グループを支援していた。

しかし何といってもドラホマノフの政治的活動——これが一八七五年以来急進化したというわけではないが——が保守化しロシア政府との協調をはかり合法的枠内で文化的活動のみに限ろうとしたキエフ・フロマーダの態度と、この期間にかけはなれてしまったのが両者の対立の最大原因と言えよう。

キエフ・フロマーダは当初、ドラホマノフに出版活動費以外に年一五〇〇ルーブリの提供を約束したが、一八七九年以来キエフからの送金は極めて不規則になり、全額は届かなくなった。ドラホマノフは後に、「一八八三年以来、ジュネーヴで私は子供と妻をかかえ、全くロビンソン・クルーソーのような生活を送った。ひと夏三〇フランで暮らしたこともあり、ましな食事もせず、学生時代のように食料品店につけで売ってもらってすごした」と書いている。

一八八五年に入りキエフからの送金は一切途絶えた。長女リディアは学校をやめ、ドラホマノフは購読していた雑誌をすべてとるのをやめた。彼はモーパッサンのロシア語訳などで僅かな金をかせぎ、キエフで結婚し「五人の子持ちであった妹（レーシャ・ウクラインカの母にして、オレーナ・プチルカの名で知られる作家オリハ・コサチ-ドラホマノヴァ）」の援助で食いつないでいた。

一八八二年以来ほとんど音沙汰のなかったキエフ・フロマーダは一八八六年一月、ドラホマノフに手紙を送った。これはキエフ・フロマーダからのドラホマノフに対する公式の絶縁状であり、冷ややかな調子で書かれたこの手紙はドラホマノフにとって何よりも大きな打撃となった。

キエフ・フロマーダは、ドラホマノフのジュネーヴでの政治的出版物が急進的すぎてフロマーダの路線に合致しないこと、そしてそれがウクライナの運動にとって「無益」である、と書いた。ドラホマノフの政治的文書のみならず、彼のウクライナについての歴史的文書、さらにはフォークロアに関する業績まで自治志向、フェデラリズムを鼓舞するものとして危険であると指摘した。手紙の筆者はドラホマノフの政治的活動はウクライナ主義にとって有害である、とさえ述べた。

キエフ・フロマーダはさらに、ドラホマノフがキエフの同意なしにウィーンからジュネーヴに本拠地を移し、ロシア人亡命者たちの間に「埋没」し、純粋なウクライナ問題よりもロシア全体の問題について多く書いたことを非難した。またキエフ・フロマーダはこの手紙でドラホマノフのロシア文学に対する考えにも再び反対した。キエフ・フロマーダは、ロシア文学はウクライナの読者にとって最も害のあるものであるという主張を繰り返した。こうしてキエフ・フロマーダは、ドラホマノフの活動が、ウクライナにとっていかなる利益ももたらさないこと、ドラホマノフとの共同活動を継続する意志のないこと、を確認し、今後一切資金援助をしないことを伝えた。

ドラホマノフはこの手紙に対して、一八八六年二月八日、最初の返事を書いた。苦渋に満ちたドラホマノフの手紙は読む人の胸を打たずにはいない。

ドラホマノフはまず、外国でのウクライナの雑誌が、ウクライナの政治思想の発展および西欧の読者にウクライナの問題に対する関心を喚起するためにいかに必要で重要であるかを述べたのち、『フロマーダ』は決してキエフ・フロマーダの言うように極端なラジカリズムの産物ではない、と主張した。ドラホマノフはキエフ・フロマーダが当初の約束、『フロマーダ』にキエフからの通信を寄せる約束を果たさず、物質的援助も約束どおりではなかったことを逆に批判した。そして彼はいかなる純粋な非政治的運動、純粋な文化運動、純粋な民族運動、純粋な社会運動、純粋なウクライナ問題も存在しえないことを力説し、政治と文化を切り離して考えることが妄想である、と書いた。

ドラホマノフはロシア文学に関してはこれがウクライナ文学よりも、さらにはドイツ文学よりもヨーロッパ文学の大きな影響を受けており、進んでいると述べた。ドラホマノフはプーシキン、ゴーゴリ、ドストエフスキー、トルストイなどを高く評価し、十九世紀のロシア文学がまさに世界文学の先頭に立っていることをよく知っていたし、それを否定するほど彼の視野は偏狭ではなかった。

しかし、愛する祖国のかつての同志達によって自分の活動全体が単に無益なばかりでなく有害であると弾劾されたことはドラホマノフをほとんど絶望のふちに追いやった。ドラホマノフは二月八日のこの手紙で、ウクライナとの絆を絶たれた絶望感を次のように述べている。

ウクライナに奉仕することなしに、このヨーロッパで私は気が狂うか、身投げするかのどちらかだろう。

しかし、ドラホマノフはキエフ・フロマーダとの関係の修復に見込みがないことをすでに感じており、この返事の末尾に次のように書いた。

それでは、さようなら！　ご親切ありがとう。十年以上に亘る、そしてとりわけ最近のすべてのトラブルを御容赦下さい。一人の人間として充分に力を発揮できなかった私は客観的に見て敗北したことを認めます。

ドラホマノフとキエフ・フロマーダはこのあと二回手紙の交換をしてその関係は完全に絶える。ドラホマノフは特に最後の三通目の手紙で一八七〇年代から八〇年代にかけてのロシアとガリツィアの運動を総括し、意見を変えたのは彼ではなく彼らであることを示したが、両者の間の溝はもはや埋めるには広く深すぎた。

ガリツィアのイヴァン・フランコはドラホマノフとキエフ・フロマーダとの関係について熟知していたが、この両者の正式の絶縁はドラホマノフを深く傷つけ、致命的な打撃を与え、彼の健康をさらに悪化させ彼を墓場におとしこんだと言える、とさえ後に評している。

ジュネーヴの亡命者社会で孤立し、今や彼を送り出した母体であるキエフ・フロマーダとも絶縁し、ドラホマノフはほとんど完全な孤独状態となった。ドラホマノフは一八八六年五月二〇日、フランコに次のように書いている。

時々、全く客観的に自分が神経衰弱に陥るか、気が狂う可能性を見ることがあります。〔ウクライナの〕政治的歌謡の第三巻を出すことにのみ希望を見出しています。

ドラホマノフの支えは、ガリツィアのドラホマノフ派とも言うべきパヴリクとフランコのグループの存在と、彼のフォークロア研究を慕って集まってくるスラヴ各国出身のジュネーヴ在住留学生と、ごく少数の親しい友人であり、彼はこの時期ウクライナを中心としたフォークロア研究に精を出した。しかし、同時に彼は、人類学、歴史、フォークロア、ガリツィア事情などについて、様々な雑誌に投稿した。キエフ・フロマーダが事実上の編集人であった『キエフスカヤ・スタリナー』などは、ドラホマノフの論考掲載をたとえそれがペンネームであっても嫌ったので、ドラホマノフはこの時期、次から次と実に多くのペンネームを使い、さらには長女のリディアが原稿を書きなおして、ドラホマノフ執筆とわからなくして投稿していた。

七　ドラホマノフとガリツィア（ハリチナ）

ドラホマノフは早い時期からオーストリア領ガリツィアとそこに住むウクライナ人に関心を持っていた。ガリツィアは立憲政のヨーロッパ国家の一部であり、ドニエプル・ウクライナ（ロシア帝国領のウクライナ）とは異なった課題があること、そしてドニエプル・ウクライナを含めたすべてのウクライナ人の歴史の中でこのガリツィアの果たすべき先進的役割にドラホマノフは注目していた。ガリツィアにはすでに十九世紀半ば頃から、「ロシア主義者」、やや遅れて「ウクライナ主義者」の二つの勢力が、影響力を持つ政治的潮流としてウクライナ人の間に登場していた。

ドラホマノフは当初ウクライナ主義派に好意的であり、一八七二年からウクライナ主義派の機関誌『プラウダ』に寄稿をはじめた。しかし一八七三年、実際にガリツィアのリヴィウを訪れて活動家たちと会ったドラホマノフは、ロシア主義者はもちろんウクライナ主義者に対してもひどく失望し、キエフに帰ってから『プラウダ』編集部に公開状を送った。この公開状はドラホマノフが書き、七六人のロシア帝国に住むウクライナ主義者がサインをしたが、その中でドラホマノフは、ガリツィアのウクライナ主義者が、ドニエプル・ウクライナの運動とかけはなれており、盲目的にコサックやシェフチェンコを崇拝し、偏狭なルテニア民族主義に陥っていると批判した。

ドラホマノフは一八七五年にはガリツィアの古い政治家たちに愛想をつかし、新しくガリツィアの進歩的運動を担うものとして、若い学生に注意を向けるようになった。ドラホマノフは同時にリヴィウのシェフチェンコ協会の運営においてロシアのウクライナ主義派はガリツィアのウクライナ主義派に欺かれていることを指摘した。ロシアのウクライナ主義派はこの協会の創立にあたって資金的にも大きな援助をしたにもかかわらず、ガリツィアのウクライナ主義派はその会則で、ロシアのウクライナ主義派を締め出し、それへの参加を不可能にしていることを指摘した。ドラホマノフのロシア文学に対する好意的態度をガリツィアのウクライナ主義者は「ロシア主義」として反対したのだが、ドラホマノフはこれに対しても批判を加えた。

一八六〇年代、ウィーンのルテニア人学生（一八六〇年で約百人）は二つのクラブ——ロシア主義派の「ルスカヤ・オスノヴァ」とウクライナ主義派の「シーチ」（一八六八年に二七人、一八七四年に四二人）——を形成していた。ドラホマノフは一八七一年にウィーンを訪問した際にルテニア人学生に初めて接触し、ガリツィアのフォークロアの収集を学生に訴えて、大きな影響を与えた。こうしてドラホマノフの学生への影響力はリヴィウとウィーンで少しずつ増大していった。

一八七〇年代半ば、ガリツィアのギムナジウムのウクライナ主義派学生は各地で「フロマーダ」と呼ばれる秘密組織を形成した。リヴィウ大学には「中央フロマーダ」が各フロマーダのネットワークの情報センターとして機能するようになった。ドラホマノフは一八七五年から七六年にかけてこのリヴィウ大学ウクライナ主義派の学生の機関誌『ドルーフ（友）』へ一連の手紙を送り、ガリツィアのウクライナの進歩的学生たちに対してガリツィアの古いウクライナ主義、ウクライナ・シュラフタ（小貴族）から離れるように呼びかけ、彼らに絶大な影響を与えた。これを機会にガリツィアには新たな「ドラホマノフ派」が形成されていくことになる。

ガリツィアにおける「ドラホマノフ派」の中心人物はミハイロ・パヴリクとイヴァン・フランコの二人である。いずれも貧しい生まれで、パヴリクは一八七四年に、フランコは翌年リヴィウ大学に入学し、ウクライナ人学生組織とその機関誌『ドルーフ』の中心的活動家であった。一八七七年にはフランコのウクライナ語訳によるチェルヌイシェフスキーの「何をなすべきか」が『ドルーフ』誌上に連載された。

一八七七年一月、パヴリクは逮捕され、さらに一八七八年初めにも再びパヴリク、フランコ、テルレツキーなどが逮捕され、秘密の社会主義組織の運動の廉で裁判に付された。同年四月、パヴリクとフランコはウクライナ語の社会主義定期刊行物『フロマーダの友』の刊行を開始し、ジュネーヴの『フロマーダ』との連帯を明らかにした。

パヴリクは一八七九年、ジュネーヴに脱出し、そこで一八八二年までドラホマフ、ポドリンスキーと共同して雑誌『フロマーダ』を刊行したが、一八八二年、ガリツィアに帰り、六ヶ月の刑を受けたあと故郷に一旦帰った。パヴリクのいない間フランコはパンフレットなどの刊行を続け、一八八一〜八二年には『スヴィット』をウクライナ語で刊行した。パヴリクは一八八三年、リヴィウに帰り、ごく短期間『プラツァ（労働）』を発行した。

この年マルクスが死んだが、パヴリクはこの『プラツァ』にマルクス論を発表し、マルクス主義と非国家民族について論じた。マルクスのバクーニン批判を、パヴリクはドイツ人中央集権主義者のスラヴ人フェデラリストに対する攻撃であるととらえ、マルクスをはじめとするドイツ人社会主義者の間にはスラヴ諸民族に対するあからさまな敵意があることを指摘した。パヴリクによれば、マルクスは中央集権化に好意的であるがゆえに、「万国のプロレタリア、団結せよ」というスローガンの実際に意味するところは「ロシア帝国とドイツ帝国の諸民族よ、自分自身をロシア化あるいはドイツ化せよ！」ということになる。さらにマルクスは「（歴史的）ポーランド万才！」というスローガンを唱えたが、このスローガンの真に意味するところは、「自分自身の土地に対する権利を持ち、あらゆる意味において完全な自由を欲しているウクライナ、リトアニア、ベロルシア農民を搾取している、ウクライナ、リトアニア、ベロルシアのポーランド人上層階級万才！」であることを知らなかったか、あるいは知っていて気にしなかったかのどちらかである、とパヴリクはマルクスを批判した。

一八八〇年代、ガリツィアでは農民、労働者のストライキがあいつぎ、それらの組織化も進み、社会主義的政治党派の結成の気運が盛り上がっていった。一八九〇年までにガリツィアには三つの主要な左翼グループが存在していた。それは①フランコ、パヴリクなどドラホマノフ派のベテランたち、②スタニスラヴィウ、コロミヤのグループ、③急進的学生グループであった。この三グループが合流して一八九〇年一月、『ナロード』誌の刊行を開始した。

続いて一八九〇年七月の初め、約二〇名の活動家がフランコの家に集まって、ラディカル党（急進党）の結成が決定された。そして一八九〇年十月四日から五日にかけてリヴィウで、ルテニア＝ウクライナ・ラディカル党の創立大会が三十名近くの活動家を集めて行われた。創立大会にはフランコ、パヴリク、オスタプ・テルレツキーをはじめ、学生からユリアン・バチンスキー、ヴャチェスラフ・ブジノフスキー、エフヘン・レヴィツキー、コロミヤ・グループからセヴェリン・ダニロヴィチなどが参加した。ラディカル党はイデオロギー的に分けても三つの潮流からなっていた。すなわちドラホマノフ主義者、マルクス主義者、民族主義者である。

ドラホマノフの権威がラディカル党の成立と統一を支えていたともいえ、パヴリクなどのドラホマノフ派を主流たらしめていた。しかし創立大会ではまず、若いマルクス主義者と古参ドラホマノフ派の見解の相違が明らかになった。

創立大会では最大限綱領を若いマルクス主義者たち、レヴィツキー、ミコラ・ハンケヴィチ、ヴォロディーミル・オフリモヴィチが書き、最小限綱領をフランコ、パヴリク、ダニロヴィチが書くことで妥協がなされた。党の最終的な目的は社会主義であるとされた。しかしドラホマノフ派は科学的社会主義、特にエンゲルスの思想について、その経済主義的哲学に疑念を持っていた。彼らによれば、経済主義的な世界観は人間生活の複雑さを説明しえないものであり、非現実的、空想的なものであった。一方、民族主義派を代表してブジノフスキーは、独立したルテニア国家の創設を綱領に入れるように提起した。ブジノフスキーはルテニア（ガリツィア）地方のオーストリア帝国からの分離独立のみが、この地方の産業と工業の後進性を克服する道であると主張した。ブジノフスキーの提案は特にドラホマノフ派の強い反対を受けた。パヴリクは、ドラホマノフの見解に沿って、党のゴールはルテニア国家の形成ではない、下からの自由なフロマーダのフェデレイションの建設である、と主張した。パヴリクは、若いマルクス主義者たちに対してドラホマノフが指摘したように、古典的マルクス主義は「国家」（歴史的）諸民族に最もよく適合するのであった、「非国家」（非歴史的）諸民族には、あてはめることができない、と主張した。同時に、歴史的民族のマルクス主義的社会主義ではなく、非歴史的民族の社会主義の道を探らなくてはならない、と述べた。

こうして初めから本質的な分岐をはらみながらも、ドラホマノフの思想的影響のもとに、一八九〇年、ガリツィアにウクライナ最初の社会主義政党ラディカル党が成立した。ドニエプル・ウクライナに最初の社会主義政党、ウクライナ革命党が成立するのは十年後の一九〇〇年のことであった。

ガリツィアがウクライナ史に果たしていく役割は大きいので、ガリツィアのウクライナ人の運動に与えたドラホマノフの影響は重要なものである。二十年に及ぶドラホマノフとガリツィアとの関係は曲折に満ちているが、結局のところラディカル党の結成として結晶し、パヴリク、フランコ、テルレツキーといったウクライナ社会主義運動、思想史上の重要な人物を生み出し、ドラホマノフの播いた種は大きな実を結び、ガリツィアを「ウクライナのピエモンテ」として登場せしめた。極限すれば、ガリツィアはドラホマノフによって「発見」され、成長したのだとも言えよう。

八　おわりに

一八八九年、ブルガリアのスタムボロフ政府はソフィア大学の歴史学教授としてドラホマノフを招聘した。ドラホマノフを推薦したのは、人類学および歴史学の教授イヴァン・シシマノフと文部大臣シヴコフだった。若い学者シシマノフはジュネーヴ留学時代、ドラホマノフの家に出入りし、フォークロア研究の分野でドラホマノフの強い影響を受け、さらにドラホマノフの長女リディアと結婚した娘婿であった。シシマノフは後にブルガリアの文部大臣（一九〇三〜一九〇七）となった人物である。ドラホマノフはこの申し出を受け入れ、長く遠ざかっていた教職に復帰した。一八八九年からその死に至る一八九五年までの六年間、ドラホマノフはソフィア大学で古代史などをロシア語で講義する一方、ブルガリアのフォークロア、スラヴ諸民族のフォークロアの研究でも多くの業績を残した。

一八九一年十月にロンドンで行われた第二回国際フォークロリスト大会へのブルガリアからの代表はドラホマノフだった。このロンドン大会でドラホマノフは国際フォークロア協会の国際評議会メンバーに選ばれた。一八九三年の第三回シカゴ大会には出席しなかったが、彼のウクライナ・フォークロアに関する報告が読まれ、大会の評議会の名誉メンバーに選ばれた。

ロシア政府はブルガリア政府に対して一八九一年、ドラホマノフのブルガリアからの追放を要求したが、ブルガリア政府は受けつけなかった。

一八八〇年代の終わりからドラホマノフは極めて精力的にガリツィアのいくつかの雑誌に論考を

寄せるようになった。パヴリクとフランコの共同編集ではじまったラディカル党の機関誌『ナロード』の主要な寄稿者はドラホマノフだった。彼の論考は『ナロード』にほとんど毎号掲載された。彼が寄稿した様々な政治的、文化的論稿の中で、特に重要なのは二つの連載論文であった。それは「ウクライナ民族問題についての特殊な考察」と「ドニエプル・ウクライナへの手紙」であった。この二つの論考は互いに相補いながら、ドラホマノフの民族問題に関する最終的な思考の到達点を示している。彼はその中で、民族一般について、そしてヨーロッパにおける「非国家民族」の文化的発展について検討を加えている。彼はウクライナ民族主義者の「民族運動」崇拝を批判し、どのようなものにしても不変のウクライナ民族精神というものがありえないこと、「不変なるものは何もなく、変化と運動のみが真実である」と述べた。

一八九四年十二月一六日、ガリツィアのリヴィウでラディカル党が中心となってドラホマノフの友人、知人、支援者が集まり、ドラホマノフの政治、学問活動三十年を祝う集会が行われた。パヴリクが集会の責任者となり、作家のヴァシル・ステファニクが書記を務めた。集会にはガリツィア各地から多くの人々が集まり、ドラホマノフの活動と業績をたたえた。そしてドニエプル・ウクライナの各地のグループや個人から、さらにはヨーロッパ各地の学者や団体からもドラホマノフへの挨拶の手紙、電報が寄せられた。ルテニア＝ウクライナ人農民を代表してS・ノヴァコフスキーは集会で、次のような電報をドラホマノフに打つことを提案した。

われわれの父、われわれの啓蒙者、蒙昧なる勤労者のためにその運命を、生涯を、その健康を捧げた者よ、ガリツィア全土からリヴィウに集ったわれわれルーシの農民からの汝の三十年間の活動に対する感謝を受けられたい。汝が発揚した真実と自由のためにわれわれは最後まで闘う。末永い健康を祈るとともに今後も農民と労働者の闘いを援助してくれることを願う。

亡命ロシア人革命諸党派の中で唯一祝辞を送ったロンドンのステプニャク－クラフチンスキーのグループは次のようにドラホマノフの業績をたたえた。

ロシアで政治的党派が形成される最も肝要な時期に、一人の最も卓越した政治思想家を持ったことをウクライナは誇ることができる。ロシアの革命的インテリゲンツィアが十五年前に陥ったイデオロギー的袋小路から抜け出るのに彼は同時代の誰よりも貢献した。意識すると否とにかかわらず、それを認めようと耳をふさごうと、ロシアの革命家はほとんど全体として、ドラホマノフが予想した道を、彼がその亡命の最初の日からたえまなく指摘しつづけた方向へ進んでいるのである。

今、ほとんどすべてのロシアの反対派が政治的自由の獲得が第一の課題であるという結論に至っている。まさに今、われわれはロシアの亡命者の中で、この主張を執拗に繰り返した最初の人物がドラホマノフであることを思い出す必要がある。そして彼はすべての先駆者と同じように苦汁を嘗めさせられたのである。

ドラホマノフ自身はこの記念集会に出席することができなかった。ドラホマノフは集会に向けてお礼の手紙を送り、その中でガリツィアは彼の亡命生活の孤独と不幸と根なし状況から救ってくれたと述べ、ガリツィアは自分の「精神的祖国」であると書いた。

ドラホマノフの手紙は短く多くを語らないが、全く天涯孤独に近いような状況の時もあった二十年に及ぶ苦しい亡命生活を回顧して、ガリツィア、ウクライナ、ヨーロッパ全土から寄せられた賛辞と記念の集会が、ドラホマノフに深いよろこびを与えたことがうかがえる。

集会を組織した責任者パヴリクは、集会での演説、寄せられた挨拶、電報を集めてこれを出版する準備をした。しかしその準備が完了した半年後の一八九五年六月八日(新暦六月二〇日)、ドラホマノフはソフィアで急逝した。ドラホマノフの活動三十年を祝う論集は第二部としてその死を悼む追悼文集を加えて翌年出版された。

ドラホマノフはその日六月八日、いつもと同じようにソフィア大学で歴史学のゼミナールを終えたあと家に帰り、心臓発作を起こして死んだ。一八八一年にジュネーヴで最初の発作を起こして以来の彼の持病だった。埋葬には姪のレーシャ・ウクラインカとガリツィアから急遽かけつけたパヴリクが参加した。フランコは国境で官憲に止められて埋葬には参加できなかった。

第六章　ガリツィアの星――イヴァン・フランコ

一　田園の少年時代

イヴァン・フランコは、西ウクライナのガリツィア地方、ナフエヴィチ村に一八五六年八月二七日、鍛治屋の長男として生まれた。

イヴァン・フランコ

ガリツィア（ハリチナ）は、キエフ・ルーシの時代に、ハーリチ・ヴォルイニ大公国の中心の地域であった。他の諸公国が衰退する中、大公国はドニエストル川沿いの都市ハーリチを中心として繁栄した。十一世紀からは、ポーランド王国の影響力が次第に大きくなっていった。十三世紀以降、リヴィウがハーリチに代わって中心都市となった。

一三四〇年から五十年以上に亘って戦われたハーリチ・ヴォルイニ継承戦争の結果、ガリツィアはポーランド王国に編入された。その後ポーランドとリトアニアが連合したため、ポーランド＝リトアニア共和国の支配が三百年以上続くことになる。一七七二年の第一回ポーランド分割により、ガリツィアはオーストリア（ハプスブルク）帝国領ガリツィア・ロドメリア王国になった。一八四八年にはガリツィアを含めた全領域で農奴解放が行われた。一八六七年のアウスグライヒ（ドイツ語で「和協」を意味し、ハンガリー人に対する妥協）により、オーストリア＝ハンガリー帝国となり、ガリツィアはハンガリーの影響下に置かれた。第一次世界大戦と第二次世界大戦の戦間期は、ポーランド領であった。

このように、ガリツィアはハプスブルク帝国の最大の州で、なおかつ最も東の「辺境」であり、ポーランドから見れば最も南の「辺境」であった。

ガリツィアの人口のうち、十九世紀末の時点で、ポーランド人とルテニア（ウクライナ）人がそれぞれ四〇％から四五％で、ユダヤ人が一〇％から一二％だったが、ガリツィア東部に限るとルテニア人六五％、ポーランド人二〇％、ユダヤ人一〇％だった。ポーランド人は地主で、ルテニア人は農民、ユダヤ人は商人が多かった。ルテニア人の中に、ギリシア・カトリックの司祭になる者がいたが、これが教養ある人々であった。ルテニアには「農民と僧侶」がいるといわれた。また、ガリツィアのルテニア人は貴族を持たないともいわれる。貴族はもっぱらポーランド人だった。十九世紀後半までは、役所などで使う公用語はドイツ語で、一八六九年からはポーランド語だった。教養ある人は「ドイツ語で考え、ポーランド語で話し、ロシア語で書く」のだった。ユダヤ人はイーディッシュ語を使っていたので、ガリツィアは、文字通りの多言語地域だった。

十九世紀半ばにガリツィアでは石油の生産が始まり、二十世紀の初めには、世界で三番目の産油地となった。石油労働者が生活に困窮し、新天地を求めて北米に移住しはじめたのはこの時期である。

石油産出を中心に発展した都市はボリスラフという町であるが、十九世紀後半、ガリツィアの最大の工業中心地であった。そしてフランコの生まれたナフエヴィチ村は、そのボリスラフから約一五キロメートル、もう一つの工業都市ドロホビチからも約一五キロメートルの位置にある。

フランコは一八五六年八月二七日生まれとなっているが、それは教会で洗礼を受けた日で、実際には二日前の八月二五日だった、とフランコが後に説明している。フランコは家ではミロンと呼ばれたという。それは別名で呼ばれると死を避けられるという迷信によるものだった。村には迷信やおかしな言い伝えや諺が多く、「村ではストーヴが医者で豚が天気予報士」とは、ストーヴに暖まって病を直し、豚の様子を見て明日の天気を予報するという意味である。

父ヤキフはウクライナ化されたドイツ人植民者の末裔で、母方は古いウクライナの貴族クルティツィキー家に遡ることができる、ポーランドの小貴族の家の生まれだった。フランコ自身は、ドイツ、ポーランド、ウクライナの血が混ざっていると言える。父は鍛冶屋だったが、土地を二四ヘクタール所有し、家には召使いもいる裕福な家だった。

フランコは一八六二年秋、六歳でヤスニツィヤ・スィルナ村の小学校に通った。生まれたナフエヴィチ村にも小学校はあったのだが、家から遠く、祖父母の住んでいた家から通ったのだった。小学校では、ウクライナ語、ドイツ語、ポーランド語、算数等を学んだ。少年時代は、豊かな自然に恵まれた、幸せな時代だった。友達と魚釣りやキノコとりに興じたという。牧歌的な田園生活を襲う「悪」は「ディル」と呼ばれるカルパティアの山から、やってくるのだった。コレラ、飢饉、牛の疾病、悪天候などは皆、外から「地上の天国」に襲いかかってくる。それらがなければ村は地上の楽園だった。実際、フランコの姪のマリーシャはコレラで死んでいる。小学校の友達の多くは貧しい農民の子で、鉛筆一本が貴重だったことを、後にフランコは掌編『鉛筆』に書いている。

村の小学校を終えた後、フランコはドロホビチ市にあったバジリアン修道会の学校に三年間通った。一八六五年、九歳の年に父が亡くなったが、母の再婚相手のフリン・ハヴリリクが教育を受けるのを支援してくれた。フランコはこの義父を第二の父と呼んで感謝している。この学校の教師、アンドルセヴィチ輔祭は、フランコの資質に注目して、偉大な作家か大泥棒になるだろうと語ったという。

一八六八年の秋から、やはりドロホビチ市のギムナジウムに進学した。ギムナジウムでは、ウクライナ語以外に、ドイツ語、ポーランド語を読むことができたので、精力的に読書に耽った。シェークスピアやゲーテ、シラーのような古典はもちろん、コストマーロフの『ペレヤスラフの夜』やシェフチェンコの『コブザール』も教師から借りて読んでいた。特に『コブザール』は何度も読んで、暗記したという。ギムナジウムを卒業する時に、フランコの蔵書は五百冊に達していた。ギムナジウムでは、成績優秀のため、ずっと授業料免除だった。さらに特別の奨学金を学校から支給されたので、大学に進学する可能性が開けた。

フランコは在学中に詩作をはじめているが、その初期のものの一つに「復活祭」と題する詩がある。これは父親が復活祭の日に亡くなったため、父の思い出を詩にしたものである。母親は一八七二年、フランコがギムナジウムの五年生の時に亡くなった。十六歳で孤児となったのである。フランコはギムナジウム卒業前の一八七四年に、友人とともにカルパティアへ旅行をし、ロリンという村の司祭の娘オリハ・ロシュケヴィチに恋をした。翌年の春、復活祭の時にも訪ねていった。フランコの初恋であった。

二　リヴィウ時代

フランコは一八七五年八月、ギムナジウムを卒業し、同年秋、リヴィウ大学哲学部に入学した。リヴィウ大学は一七八四年に創立されていた。リヴィウ市の人口は一八八〇年で一〇万三〇〇〇人だった。フランコは授業料免除の上、奨学金も授与されていたので、生活に困ることはなかった。

フランコは古典哲学、文学、ウクライナ語などの授業に出席したが、大学での教育にはすぐに失望した。リヴィウ大学は当時「ポーランドの大学」であり、学生も教授もポーランド人が多数派だった。一八八三年の段階で、ウクライナ人学生の割合は三四・八％だった。フランコは学生の「アカデミー・サークル」に入り、図書係になった。そこで一年先輩のミハイロ・パヴリクと知り合いになり、同じアパートの部屋で下宿した。パヴリクとは終生の友となる。パヴリクはカルパティアのフツル地方の出身だった。

当時、リヴィウ大学の学生は、『ドルーフ（友）』という雑誌を出していたが、フランコとパヴリクは編集部に加わった。フランコはこの雑誌に次々に詩や小説、社会評論を掲載し、すぐに主要な寄稿者になった。「レシシンの召使い」は一八七六年夏にロリン滞在中に書かれた小説だが、美しい自然と人々の悲惨な暮らしを対比したもので、貴族と警察を厳しく批判する内容だった。同じ年に書かれた「雇われ人」、「進歩主義者」などの詩、長編小説「ペトリーとドヴブシチューク」で民衆の苦しみを描いている。

一八七七年一月九日、パヴリクが突然逮捕された。ロシアの革命家セルヒイ・ヤストレムブシキーがリヴィウに来て、パヴリクと会っていたこと、ウィーンのウクライナ人学生組織の社会主義活動家オスタプ・テルレツキーとの接触、ジュネーヴのドラホマノフとの手紙の発見などが逮捕の理由であった。テルレツキーは同じ時、ウィーンで逮捕された。彼については、社会主義宣伝と秘密の組織に所属していたことも逮捕の理由に挙げられた。しかし彼は、民衆の悲惨さについて書いたことはあるが、実際にはそのような宣伝も秘密組織も存在しなかった。オーストリア政府はドラホマノフやテルレツキーの活動には敏感で、過剰なほどに反応したのだった。この時フランコは逮捕されなかった。

ドラホマノフは一九七五年から七六年にかけて、雑誌『ドルーフ』の編集部へ三通の手紙を送った。三通の手紙の中で、ドラホマノフは『ドルーフ』で印刷されている言葉を「ヤジーチエ（ウクライナ語、ロシア語、教会スラヴ語、ポーランド語の混合語）」と呼び、その使用を止め、ウクライナ本土のウクライナ語に変えるように主張した。それが学生の間に一種の「革命」を引き起こし、ウクライナ主義者、社会主義者を増やすことになった。ドラホマノフはそれ以来、雑誌『ドルーフ』の名誉顧問のような存在となり、リヴィウ大学の学生の中にドラホマノフ派が形成された。かつてキエフ・フロマーダに託された最初の使命、ガリツィアでウクライナの運動を組織することをようやくここにきてドラホマノフは実現したのだった。ガリツィアのドラホマノフ派の筆頭がパヴリクであった。

ドラホマノフはまた、この手紙でパヴリクに対し、社会主義宣伝の活動を、ブコヴィナ、ザカルパティアにも広げるよう指示している。

パヴリクは一八七七年一月から三月末まで収監された。フランコは一八七七年六月一二日に逮捕され、収監された。最初の六ヶ月間、取り調べが行われ、勾留期間は九ヶ月に及んだ。監房は狭い部屋に二十人前後が入れられ、中には殺人犯もいたという。窓から雪が降り込むような部屋で、環境は最悪で、最初の三ヶ月は読むことと書くことを禁止されたが、フランコは同房の囚人たちからいろいろな話を聞いた。フランコは監獄での経験を「どん底にて」、「監獄ソナタ」という詩に書いている。

パヴリクとフランコの裁判は半年後の一八七八年一月一四日から一八日にかけて行われ、フランコは六週間の投獄と五グルデンの罰金、パヴリクは三ヶ月の刑だった。裁判の様子は地元の新聞に報道され、社会主義者として二人の名前は広く知られることになった。

フランコは釈放後、マルクスやエンゲルスの著作を読み始めた。社会主義者として断罪されて、初めて社会主義者の道を歩み始めたのである。一八七八年の遅くに「社会主義とは何か」というパンフレットを出版している。フランコはリヴィウ大学に入学した頃には、作家になり、オルハ・ロシケヴィチと結婚し、ギムナジウムの教師になることを夢見ていた。一八七六年から一八七八年の間に、その夢は一つ一つ失われていった。

釈放後、フランコとパヴリクは新しい雑誌『フロマーダ（コミューン、社会）の友』の出版を開始した。「フロマーダ主義」はドラホマノフが唱えた社会主義のウクライナ版である。『フロマーダの友』

は第一号、第二号ともに発行直後に発行禁止となり、官憲に没収された。フランコの詩「捕われ人」が理由だった。フランコとパヴリクは雑誌の名前を変えて出版を続けた。『フロマーダの友』の次は『鐘』、その次は『ハンマー』だった。出版の資金はドラホマノフの印税とオデーサの支援者エヴヘン・ボリソフの寄付によった。官憲はフランコをガリツィアにおける社会主義運動の中心人物と見なすようになっていたので、その名で何かを出版することは次第に困難になっていった。

一八七八年の夏からポーランド語の新聞『プラツァ（労働）』が発行された。この新聞はポーランド語だったせいか、発禁処分を受けたのはおよそ半分だった。労働者、農民向けの社会主義のこの新聞は隔週の月二回刊、フランコは主要な執筆者の一人で、全部で三五の論考を掲載している。フランコはこの新聞の影の編集者であった。

一八七八年秋、リヴィウで労働者の組織、「労働者委員会」が結成されたが、フランコとパヴリクはこれに参加し、労働運動に積極的に関わることになる。一八七九年一月、パヴリクは再度の逮捕を恐れて、ジュネーヴのドラホマノフのもとに逃れた。

一八七九年九月末、フランコは徴兵されて兵役に就いた。一年の予定だった。しかし、目が悪いこと、兵役を望まないことがはっきりしていること、危険な社会主義宣伝者であることを理由に軍から「追放」され、退役となった。除隊された後、フランコは再びリヴィウ大学に登録し、学業を継続しようとした。また、一八七九年末、フランコは「ポーランド・ウクライナ労働者自由同盟」の結成に加わった。警察は、このように労働者を組織、煽動し、社会主義宣伝をする「危険分子」フランコを、「無職の徒」として、リヴィウから追放しようとした。フランコは「無職の徒」という言い掛かりに対処するため、一八八〇年初めから新聞『ディーロ（行動）』で働き始めた。『ディーロ』はガリツィアで最初のウクライナ語新聞で、一八八〇年一月創刊、一八八二年までは週二回、一八八八年からは日刊となり、第二次世界大戦前夜まで刊行が続いた。

一八八〇年三月五日、フランコは再び逮捕され、コロミヤの監獄に収監された。今回の収監期間は一〇二日間だったが、フランコは高熱を発し、食事もろくに取れず、衰弱した。釈放後も警察の厳しい監視のもとに置かれ、経済的に困窮した。一八八一年一月二九日、パヴリクへの手紙で、金もパンもなく、ジャガイモとキャベツで生きている、どうするか、ナフエヴィチに帰るか、と書いている。逮捕を繰り返し、奨学金も打ち切られたため、リヴィウ大学は除籍処分となった。困窮した上、病に倒れたフランコは、リヴィウでの生活を続ける望みをなくし、一八八一年四月、友人に助けられて故郷のナフエヴィチ村に帰った。しかし、監獄の三ヶ月で、フランコは五十以上の詩を書いた。「監獄を恐れるな」、「わすれるなかれ、わすれるなかれ」、「草原に陽は再び」、「ルーシの恐怖」、「ふるさとの村」などである。

生まれ故郷のナフエヴィチ村で、フランコは二年間を過ごすことになる。義父の家に身を寄せ、時に農作業の手伝いをしながら、精力的に執筆を行った。「ボリスラフは笑う」は、ボリスラフの石油掘削産業の発展とそこで働く労働者を描いた長編小説で、フランコの代表作の一つで、ウクライナ文学の中で労働者をテーマにした最初の小説である。毎月のように起きる掘削中の悲惨な事故、給料のほとんどを吸い上げるユダヤ人の酒屋、労働者の住居を壊滅させた火事、借金を負って夜逃げする家族たち、学校に行かず地下の坑道の奥深くで働かされる子供たちの経験を、ノンフィクションのように描き出している。フランコは、この小説について次のように自分で解説をしている。「これは、一八七三年秋の、ボリスラフの大火をもって終わった、ボリスラフの石油労働者の労働運動を描いたものである。」

フランコはこの小説を『スヴィト（世界）』誌に一八八〇年から連載を始めた。ところがこの雑誌は、一八八二年に廃刊になってしまったため、小説自体も未完のまま終わった。フランコは、石油労働者が次第に組織され、最初のストライキに至る発展と並行して、資本家たちの動きも追跡し、ストライキが彼らの策略によって破られる過程を描いている。労働者の一部はテロリズムの道に進み、ボリスラフの町は炎に包まれた。その大きな揺らめく炎を、ボリスラフが笑っているように見えたのである。リヴィウの歴史家ヤロスラフ・フリツァクによれば、ボリスラフの大火は、労働者のストライキによってではなく、失火によるものだった。火災は実際に起こったが、その背景の説明は、フランコの創作だった。

もう一つの代表作「ザーハル・ベルクート」もこの時期に書かれている。この歴史小説は、『ゾリャー（星）』誌に一八八三年に発表され、その年に単行本として刊行された。この物語でフランコは、カルパティア地方に残存する共同体社会の秩序とキリスト教以前の信仰、カルパティアの山々で暮らす自由な山の民を奴隷化しようとする封建領主の試み、モンゴルの侵略者に対する民衆の英雄的闘いを描写している。最後の点については、村人は侵入してきたモンゴル人を谷におびき入れ溺死させた、という言い伝えを書き込んでいる。さらにカルパティアのトゥーフリャ村の村人と貴族の闘い、敵を前にした貴族の裏切りを書いている。フランコはこの小説の前書きに次のように書いている。

歴史小説の価値は、古い時代の基本的な考えが現代の生きている人々に、生き生きと受け継がれていることを明らかにすることにある。我らのルーシの古い共同体生活を描いて見せることは、疑いなく生きたテーマであり、現代人の関心を引くのである。遠い昔の記憶が薄れた精神を、どれだけ説明できているか、評価は批評家にまかせよう。歴史の細かなところは、詩的なフィクションで埋めたことを白状しておきたい。しかし基礎的なところは歴史（モンゴルの侵入とその頭領ペタについて）とフォークロアに依拠した。

これを読んだウクライナ人作家ネチュイ・レヴィツキーは、フランコに手紙を書き、その歴史小説をとても気に入ったと、彼の才能を称えた。

フランコは小説を執筆する以外に、ゲーテの『ファウスト』、ハイネの『ドイツ　冬物語』、ゴーゴリの『死せる魂』、ヴィクトル・ユーゴーの詩のウクライナ語訳、シェフチェンコやパンテレイモン・クリシについての評論を書いた。このうち、『ファウスト』の翻訳は、一八八二年にシェフチェンコ印刷所が出版を引き受け、ミロンという偽名で二百部刊行された。

一八八一年から八二年の二年間だけ出版された雑誌『スヴィト（世界）』に多くの作品をフランコは掲載した。その雑誌に掲載された記事、小説等一三〇のうち六〇がフランコの手によるものだった。フランコは、雑誌『ゾリャー』や、新聞『ディーロ』でも働き、文学作品、政治評論を発表した。一八八四年に『ディーロ』の編集長が友人のイヴァン・ベレイになると、合わせて二百近い論考や作品を書き、原稿料を受け取り、生活は一息つくことができた。

一八八五年二月、フランコはキエフに赴き、シェフチェンコの墓に詣で、キエフ・フロマーダのメンバーと会った。相談したのはリヴィウでの雑誌刊行のことだった。ここで雑誌『ポストゥプ（進歩）』の刊行が決められた。編集者はフランコ、印刷はリヴィウのシェフチェンコ協会が行い、刊行資金はキエフ・フロマーダが提供することになった。ドラホマノフは、キエフ・フロマーダと対立していたが、『ポストゥプ』の刊行には反対しなかった。

しかし、フランコに敵対する保守派の勢力の妨害も重なり、結局、『ポストゥプ』の発刊は頓挫した。ドラホマノフは、『ゾリャー』が保守派のナロードフツィの雑誌であると厳しく批判し、フランコと『ゾリャー』の「結婚」を不自然なものとして、フランコが、『ゾリャー』と関係を維持することに反対した。しかし、フランコは『ゾリャー』で働くことで給料を得、なんとか暮らしていけていたのだった。これは、リヴィウにおける「ドラホマノフ派」の代表であり、ドラホマノフをメンター（恩師）として活動してきたフランコと師ドラホマノフの訣別のはじまりであった。

フランコはキエフで出会ったオルハ・ホルジンスカと一八八六年五月四日に結婚した。オルハは二十二歳、フランコは三十歳だった。当時、友人たちは二人の結婚を「ガリツィアとウクライナの統一」と言って祝ったという。二人は式の当日、キエフを去りガリツィアへ向かった。秘密警察は「ガリツィアの社会主義者」の動向を注視しており、ロシアへの入国禁止の対象だったからである。

フランコは、詩「高みとどん底より」を妻に捧げている。オルハはガリツィアになじめず、ロシア文化への愛着を持ち続けたが、最初の子供アンドリイを失ってから、精神を病むようになっていった。しかし、その後四人の子供ができた。

　結婚し、家庭をもったフランコは定職に就く必要を感じ、リヴィウで出ていたポーランド語の新聞『ルヴフのクーリエ』紙の編集部に一八八七年から勤めた。新聞の特に文芸欄を担当し、十年間勤めた。給料も出て生活は比較的楽になった。その十年の間に、七五〇近い記事、論文と一連の小説を発表した。後にフランコはこの勤めを、十年間の「奴隷労働」と回想しているので、生活のための気に染まぬ勤務だったのかもしれない。

　一八八九年の夏、キエフから急進的な学生数人がリヴィウにやってきてフランコと会った。ボフダン・キスチャコフスキー、A・マルシンシキー、S・デヘンなどがフランコを囲んで、夕べの会を開いた。これは官憲の知るところとなり、八月一五日、デヘンとその姉妹、ナタリヤとマリヤが逮捕され、翌一六日にはフランコが三度目になる逮捕となった。同時にキスチャコフスキー、マルシンシキー、コブリンシキー、マコベイ、オルヒモヴィチなど会合の参加者が根こそぎ逮捕された。フランコは二ヶ月間、収監され、十月二〇日、他の者とともに釈放された。

　この入獄でフランコは精神的肉体的に打撃を受けたが、一方、六五日の間に、七〇以上の作品を書いている。「馬盗人」、「監獄ソナタ」などである。フランコはおそろしく多作の人で、一八八九年までに九百作品、一八九〇年からの十五年間で千四百の作品を残している。ソヴェト時代に刊行された全集は五〇巻である。

　一八八九年秋に釈放された後、翌一八九〇年十月四日に、「ルテニア＝ウクライナ・ラディカル党（急進党）」をパヴリク、ドラホマノフとともに創設した。ウクライナ急進党は、綱領と登録された党員を擁する、近代ウクライナ最初の政党である。その基本理念はドラホマノフの政治思想に基づいている。社会主義を標榜しているが、変革をもたらす主体はプロレタリアートではなく農民である。反教会の立場を明らかにし、ウクライナ－ギリシア・カトリック教会とその聖職者のウクライナ社会への影響力を排除することを目指した。またオーストリア政府の政策に反対し、ポーランド人支配層のガリツィア支配にも反対した。

この党は、一八九五年に行われた党大会で、ウクライナの独立を路線として打ち出した。独立を明確にした最初の政党である。この年にオーストリアで行われた議会選挙に候補者を擁立し、ガリツィアの議会に三名、オーストリアの国会に二名の議員を送り込んだ。

「ウクライナ・ラディカル党」は、その後、民族派と社会主義派が党から出て、一八九九年に前者は「民族民主党」を作り、後者は「ウクライナ社会民主党」を結成した。民族民主党は後に名称を「ウクライナ民族民主党」とし、さらに「ウクライナ民族民主連合」となり、西ウクライナの有力な政治勢力として第二次世界大戦まで続いていく。民族派と社会主義派が脱けたウクライナ急進党は、農民を支持基盤として西ウクライナ第二の政党として活動を続け、一九一一年にはオーストリア国会に五名の議員を、一九一三年にはガリツィアの議会に六名の議員を送った。第一次世界大戦の前に、ウクライナ急進党は準軍事組織としてシーチ射撃連隊を組織し、オーストリア軍の傘下に入った。

ウクライナ・ラディカル党は機関誌『ナロード（人民）』を刊行した。一八九一年に出た第一号にフランコは「ルーシ－ウクライナ急進党と総選挙」という論考を寄せ、ウクライナ急進党への投票を呼びかけたが、この号は一部残らず警察に没収された。フランコは教会を民衆に取りついて血を吸う「ヒル」だとけなした。『ナロード』誌はその反教会の姿勢から教会の反発を招き、ブコヴィナの大司教は信徒に対して購読を禁止した。フランコは一八九一年五月、プラハで行われた進歩的スラヴ人青年大会に参加した。その後、プラハからウィーンに行き、ウクライナ人学生団体「シーチ」を訪問した。

フランコは博士論文を書いて、ガリツィアの大学に私講師として就職する希望を持っていた。しかし、リヴィウ大学は中途退学のかたちになっており、博士論文提出の資格がなかった。つまり八セメスターの受講が必要なところ、七セメスターしか受講できていなかったのである。残りの一セメスターの受講をリヴィウ大学に申請したが、大学側に拒否された。そこで、フランコはチェルニフツィ大学に登録し、四つのコースを履修して一八九一年四月に大学卒業の証明書を得た。

その年の九月、ウィーン大学に行き、ヴァトロスラヴ・ヤギチ教授のもとで博士論文を書くことにした。ヤギチは、クロアチア出身のスラヴ言語学の当代随一の専門家と目されていた人物であった。フランコは博士論文「「バルラームとヨサファト」の物語について」を提出し、一八九三年七月一日にウィーン大学から博士号を授与された。その年の夏、フランコはウィーンのフランスホテルで、ドラホマノフと会って、ガリツィアにおけるこれからの活動について相談をした。

フランコの課題の一つは、新しい雑誌だった。雑誌の出版は、妻オルハの結婚持参金、ウクライナの歌手ミシュハと、商人のK・フライタフの出資によって可能となった。雑誌名は『生活と言葉』で、副題は「文学、歴史、フォークロア通報」となっていた。発行者はオルハ・フランコでイヴァン・フランコは代表編集者だった。編集部には、クリムスキー、ドラホマノフ、レーシャ・ウクラインカ、フラボフスキーが名前を連ねていた。

一八九四年二月から一八九七年六月までリヴィウで刊行されたこの雑誌には、文学作品、文学評論、書評以外に、歴史、政治、文化についての論文、民族学やフォークロアの資料、西ヨーロッパやロシア文学の翻訳が掲載された。さらに毎号、ロシア帝国下のウクライナの政治的状況についての現地報告が載っていた。政治的な論考は、はっきりと社会主義の立場に立っていた。『生活と言葉』誌は、その予約購読者は五百名に達しなかったとはいえ、高いレベルの内容によって知識人層に大きな影響を与えた。

フランコは、編集部のあるリヴィウ市内から一キロメートル半のところにある家から毎日通っていた。妻が病弱であり、妻と子供に新鮮な空気を吸わせるためだった。子供の世話をする必要があり、家と編集部の間を、日に二往復、時には三回往復しなければならなかった。夜の九時か十時にようやく机に向かい、夜中の一時、二時まで執筆に取り組んでいた。それが直接の原因かどうかは分からないが、フランコはこの頃から目の病気に悩まされるようになる。妻の病気、子供の養育費等で、月に最低でも一二〇グルデンは必要なところ、『ルヴフのクーリエ』の給料は八五グルデンだった。自分たちの雑誌『生活と言葉』の刊行にも経費がかかるし、博士号取得にも出費を余儀なくされた。フランコは作品を書き続けたが経済的には苦しい状況に変わりはなかった。

一八九四年十月二八日、リヴィウ大学のウクライナ語、ウクライナ文学の教授だったオメリャン・オホノフスキーが急死した。フランコは後任の候補となり、一旦、大学はフランコをウクライナ文学史の講師に任命した。しかし、ガリツィア総督カジメシ・バデニはこの人事に介入した。彼は、フランコがポーランド語の新聞『ルヴフのクーリエ』と協働したこと、ロシアから妻を迎えていること、子供に洗礼を受けさせていないことなどを「罪」とした。ガリツィアの教育副主事M・ボブジンシキーは、フランコの政治活動と煽動を問題にし、政治的扇動者が教授ポストに就くことは許されない、と述べた。総督の介入は、ガリツィアの教会を含めた保守派の勢力の、フランコの教授就任への強い反対を背景にしたものだった。

一八九五年七月三〇日の友人アハタンヘル・クリムスキーへの手紙で、フランコは教授職就任が拒否されたことを知らせ、学問の世界でやっていくことが不可能となったことにひどく失望した、と書いている。七月二日には恩師とも言うべきドラホマノフがブルガリアで客死した。フランコとパヴリクはブルガリアに向かったが、フランコは国境で入国できず、埋葬には参加できなかった。ドラホマノフの死とリヴィウ大学での教授就任拒否は、フランコにとって二重のショックとなった。

しかしフランコの執筆意欲は衰えず、ますます軒昂だった。彼は多くの戯曲を書いているが、「盗まれた幸福」(一八九四年)はリヴィウのルーシ民衆劇場で上演された。喜劇の「ナナカマド」はリヴィウで何回か上演された。やはり喜劇の「教師」、史劇「ベレステチコ」、「ボフダンの死」、「スヴャトスラフ公の夢」、その他、「小屋」、「追いはぎ」などもある。リヴィウ以外のガリツィアの都市、カルシなどでもそれらは上演された。一八九六年に書いた詩「枯葉」は、フランコ研究の第一人者ヤロスラフ・フリツァクによれば、ウクライナ文学の中で最良の抒情詩といわれている。以下に抄訳をあげる。

枯葉

長く重苦しい沈鬱のあと
歌が風となって砕け飛ぶ
あたかも灰のなかからふたたび
炎となって言葉が燃え上がる
・・・・・・・・・・・
なにが私を引きよせるのかわからない
なぜこんなに君は私を魅了するのか
君の顔を見ると
なぜ幸せと自由を心が欲するのか
・・・・・・・・・・・
君の目は海のよう
穏やかに　ひかり輝く
私の心は遠い哀しみ
まるで目に漂う小さな声
・・・・・・・・・・・
君の目は泉のよう

清く真珠のように水底で
希望は小さな星のように
私に向かってきらめく
・・・・・・・
風とともに舞え　枯葉よ
優しい吐息を受けて舞え
癒されぬ傷　悄然たる哀しみを
愛につつんで眠れ
・・・・・・・
枯葉を見てだれが想像できるだろう
つやつやした木立の緑の美しさを
だれが知っているだろう
わたしが豊かな宝ものを
この詩にひそかに謳っていることを

三　社会主義者として

一八九六年の『生活と言葉』誌にフランコは、「ロシアからのニュース」を執筆し、一八八三年にジュネーヴでプレハノフやザスーリチによって結成されたロシア最初のマルクス主義団体、「労働解放団」についての情報を紹介した。フランコは、ロシアの革命運動との結合と連帯を呼びかけた。そしてロシア帝国が今日ではなくても、明日にでも崩壊し、絶対主義でなくなれば、ウクライナはロシアとの連邦制の中で政治的独立を得ることができる、と考えた。ロシアからの分離主義には賛成しなかった。

一八九七年の初めに翌年の国会議員の選挙が公示されると、自ら立候補して各地で集会を開き演説をして回った。一月二八日にサンボル、二月二日にテルノピル、二月四日にペレムィシュリ、二月七日にサンボル、二月一五日にドロホビチ、二六日に再びペレムィシュリという具合だった。フランコは当選したら、社会民主党に参加すると明言していた。社会主義者としてその党が一番主張が近いからだという。作家のヴァシル・ステファニクが応援に駆けつけ演説も行った。一八九八年六月二二日に選挙が行われ、しかしフランコは落選した。

一八九八年十月三〇日、リヴィウのホテルで、フランコの作家活動二五年を記念する夕べが行われた。会の発起人は作家で民族学者のヴォロディーミル・フナチュークだった。イヴァン・レヴィツキー、ボリス・フリンチェンコ、レーシャ・ウクラインカ、パヴリクなどが祝いの言葉を述べた。その他、ブコヴィナからオルハ・コビリャンスカや学生組織、農民の代表、進歩的婦人団体からナタリヤ・コブリンスカなども祝意を表した。学生組織の「アカデミー・フロマーダ」は、募金によって集めた千グルデンをフランコに贈った。学生の間でフランコは尊敬を受けていたことが分かる。

フランコは祝意に答えて、自分は農民の息子であり、自分の仕事を人民に捧げる、詩人でなく、学者でなく、人間として活動を続ける、と述べた。この作家活動二五年の会の発言、祝辞はパヴリクの編集により、『文学活動二五周年、イヴァン・フランコへの挨拶』として出版された。翌三一日、フランコは、近代ウクライナ文学百周年の会にも出席した。それは、イヴァン・コトリャレフスキーの『ナタルカ・ポルタフカ』が出版されてから百年の記念の会だった。フランコは当時四二歳だった。

一八九八年、フランコは『生活と言葉』誌に、「社会主義と社会民主主義」という論文を書いている。そこで彼はマルクス主義を「嫌悪と階級闘争のドグマの上に立った一つの宗教である」と批判した。同年に書いた詩「私のエメラルド」でも、マルクス主義批判を展開している。フランコはドラホマノフの影響を受けつつ、マルクス主義を機械的に東欧の状況にあてはめることに反対した。

エンゲルスは、これに先立つこと五十年ほど前、いくつかの論文で、ポーランドとロシアを除くスラヴ民族は、進歩的役割を果たさず民族として消滅するという「国家なき民族」論を展開した。そういう民族の「使命」は強大民族に同化されることである、というのである。一八八三年にマルクスが死んだ時、パヴリクは『労働』誌に「弔辞」を寄せたが、そこでマルクス主義の中央集権主義と非国家民族論を厳しく批判した。マルクス主義の考えに対してドラホマノフが提起したのが連邦主義であった。単一システムではなく、連邦システムによって個々の民族の特質を維持しようというのである。人類の進歩と民族は両立する、と考えた結果である。

この頃フランコが『新しい鏡』という雑誌に描いた漫画がある。進歩の象徴、蒸気機関車がナショナリズムのレールの上を前に進んでいて、牛の身体をしたオーストリア外相アンドラシイとドイツのビスマルクが二人で列車を押しとどめようとしている。アンドラシイとビスマルクは反動の象徴であった。横にいた二人の農民がそれを見て、止められないよ、と話している。これは、ポーランドの画家ヤン・マテイコの絵のパロディーである。フランコは機関車をやや詩的に「鉄の馬」と表現している。進歩の容赦ない力が歴史を前に進めている。そしてそれを引っ張っているのは社会主義である、というのが社会主義者フランコの考えであった。進歩の普遍的列車は民族というレールの上を行かねばならない、というのがフランコとドラホマノフの主張であり、マルクス主義の国際主義者の言うように、労働者に祖国はない、ではなく、労働者にも祖国が必要だということである。

フランコは一八九八年から、「シェフチェンコ学術協会」の月刊の機関誌『文学学術通報』の共同編集者となった。月に百グルデンの収入があり、一家六人が生活していける額だったが、仕事自体は校正などの作業だったらしく、「機械的な仕事」と不満を洩らしている。あるいは目が悪くなってきたことも関係しているのかもしれない。フランコはこの頃から政治活動から離れ、文学・学術活動に移っていった。フランコは『文学学術通報』には最初の五年間で、百近い論文や書評を執筆して掲載された。「詩的作品の秘訣」、「進歩とは何か?」、「十字路」などの作品である。一九〇〇年には、人生を振り返る詩集『悲しみの日々から』を発表した。

一八九九年十二月二六日、リヴィウで「民族民主党」が結成され、一九〇〇年一月六日には第一回大会が行われた。この党には、ウクライナ急進党の右派、ガリツィアの人民主義者のグループが参加した。ユリアン・ロマンチューク、エフヘン・レヴィツキー、コスチ・レヴィツキー、ヴャチェスラフ・ブジノフスキー、それにフルシェフスキーとフランコが主な参加者だった。パヴリクはポーランド人社会主義者が主要なメンバーとして入っていることに反対してこれに加わらなかった。フランコは一九〇四年には党から離れて事実上政治活動から引退した。「民族民主党」は、一九一九年に党名を「ウクライナ労働党」に、一九二五年には「ウクライナ民族民主同盟」に変え、戦間期ポーランドにおける主要なウクライナ政党として活動を続けた。

フランコはユダヤ人をテーマにした作品を多く書いている。フランコのユダヤ人がらみの作品は、ソヴェト時代には全集から除かれていた。例えば、長詩「モーセ」などである。

西欧と違い東欧ではユダヤ人の解放は長い期間、ほぼ一世紀に亘るプロセスだった。ガリツィアはユダヤ人の集住地域だった。特に東ガリツィアはユダヤ人が多く、リヴィウでは三人に一人がユダヤ人だった。二〇世紀の初めユダヤ人の七〇%が都市に住んでいた。キリスト教徒は多数が農村に住んでいた。ユダヤ人は商業を営む者が多かったが、農村に住んでいる者もいた。彼らは酒場を経営したり、地主の代理人として小作料や借金を徴収したりした。農民とは通う教会も違い、農民から見ればユダヤ人は「絶対的他者」であった。

一八六七年のオーストリア憲法（十二月憲法）で、ユダヤ人は土地を買うことができるようになったし、政府の役人にも大学教授にもなることができるようになった。ユダヤ人は高利貸し業をしていた者もおり、農民との緊張関係にあった。農民の間には、兵役を終えたら、ポーランド地主の土地を分与され、ユダヤ人殺害を許可されるという根拠のない噂が流れていた。フランコが学校に行く一年前の一八六三年にはドロホビチでポグロムが起こっている。一八七五年にガリツィアを訪れたドラホマノフは、フツル人が聖ニコラスの祭りの日に神はユダヤ人との戦争をお認めになる、と言うのを聴いたと書き記している。

一八八一年、皇帝アレクサンドル二世の暗殺を機に、ロシア帝国でポグロムが発生した。これはユダヤ人問題の分水嶺となった。ロシアのユダヤ人が大量に西へ逃亡、移住した。ガリツィアはユダヤ人の通過地となり、ガリツィアのユダヤ人もともに逃亡した。この時かなりのユダヤ人がアメリカに渡った。

フランコはポグロムの犠牲者を悼む詩を書いているが、フランコのユダヤ人に対する態度は両面的だった。ユダヤ人自身がポグロムを挑発したとか、ポグロムの過程でユダヤ人は家財を失ったが、クリスチャンには死者が出た、と述べている。そして一八九三年まではユダヤ人国家の建設は子供じみた夢だと考えていた。しかし、一八九六年から一八九七年になって、ようやくユダヤ人を独立した民族とし、ユダヤ人国家建設の考えを認めるようになった。そしてユダヤ民族が自身を発展させることができる土地に移住すべきだと考えるようになった。

これは、ポーランドのユダヤ人作家でジャーナリストのアルフレッド・ノシグとシオニズム運動の指導者テオドール・ヘルツルの影響を受けた結果である。フランコはユダヤ人の同化の可能性を否定し、ユダヤ人の独立民族としての承認を主張した。フランコはチェコのマサリク（のちに初代大統領となる）と会った際に、どちらも反ユダヤの環境で育ったが、ユダヤ人へのシンパシーのために周囲から批判された点が共通項だと述べている。また、ユダヤ人を独立した民族であると見ることについてはドラホマノフの影響も受けている。フランコは、ラディカル派にとって反ユダヤ主義はありえない、絶対的「他者」はユダヤ人ではなく「パン（地主、主人、領主）」であって、ユダヤ人は「われわれ」となりうる、と言った。

フランコは一八九八年の作家活動二五周年の記念の会で学生組織から贈られた金で、一九〇一年にリヴィウ郊外に小さな土地を購入し家を建てた。翌一九〇二年から住みはじめ、一九一六年に没するまでそこに住んだ。現在、その建物はイヴァン・フランコ博物館になっている。一九〇四年にフランコは友人のフェディル・ヴォフクらと一緒にボイコ地方の民族学調査旅行に出かけた。

この頃からフランコは、いくつかの病気に苦しめられることになる。一九〇八年の初めに腎炎に罹った。さらにその年、リウマチを発病し、右手首が麻痺し始めた。医者の勧めで、一九〇八年三月後半にクロアチアのザグレブ近郊のリプカに療養に出かけたが、病状が悪化したので、四月一六日に息子タラスが同伴して、リヴィウに帰った。フランコの作品を高く評価し、フランコの理解者であり、友人で作家のコチュビンスキーは、やはり友人のフナチュークに、フランコの病状を案じる手紙を四月に送っている。

一九〇九年十月には、ロシアのオデーサに行き、泥療法も試みている。右手が不自由で、左手で書こうとしたこともあったが、結局、口述筆記をすることになった。主に長男のアンドリイがその役目を引き受けた。アンドリイが二七歳の時に心臓病で死亡すると弟のタラスが筆記した。タラスは後にリヴィウ大学でウクライナ文学の教授となり、もう一人の息子ペトロは、ウクライナ・ガリツィア軍のパイロットになり、ソヴェト時代に最高会議の議員となった。

一九一三年六月、フランコはキエフに行きたいと言い出し、娘のハンナが付き添って出かけたが、国境でロシア側に入国を拒否されリヴィウに帰った。

一九一三年七月にリヴィウでフランコの作家活動四十年を祝う集会が行われた。フランコの詩の朗読会やコンサートも開かれ、祝辞はキエフ、ウィーン、クバン、モントリオール、クラクフなどから届いた。フランコ記念論集を出すことになり、五十人以上のウクライナ人と四十人近い非ウクライナ人が執筆して、『シェフチェンコ学術協会雑記』の第一一七－一一八巻に掲載された。その題名は、「作家活動四十年に際してのイヴァン・フランコへの挨拶」だったが、第一次世界大戦の勃発により刊行は遅れ、フランコ自身はこの論集を見ることはできなかった。一九一三年には、詩集『わが青春時代より』が出版された。これには、一八七四年から一八七八年の間に書かれた若い頃の詩が入っている。その序文でフランコは、わが民族への関心と全人類の進歩的イデアへの奉仕の二つがいつでもどこでも私の導きの星だったと述べている。

一九一四年七月に第一次世界大戦がはじまった。二人の息子はオーストリア軍に徴兵され、妻の精神状態が悪化した。十二月一七日、妻を病院に入院させた。一九一五年の初めに自身の健康も損ね、肋膜炎を患った。経済状態も悪化したようで、友人に支援を乞う手紙を書いている。病気と金欠で冬が越せない、と嘆いている。

一九一五年三月二四日の、キエフにいる娘ハンナへの手紙では、家からどこにも出ないで、毎日、執筆の仕事をしている、左手だけど書けるのが嬉しい、と作家としての意欲を示している。実際、この時期にフランコはシェフチェンコの詩のドイツ語訳を完成させ、五月にはそれへの序文を書いている。その年の一月には、大学時代以来の盟友ミハイロ・パヴリクが死亡し、弔詩「パヴリクの死によせて」を書いた。一九一五年夏、故郷のナフエヴィチ村から甥が病身のフランコの世話をするためにリヴィウにやってきた。

一九一六年二月三日に遺書のような詩「黙することなかれ、語れ！」を書き、三月九日には本当の遺言を口述した。それによると、動産、不動産、著作権は子供たちに、図書、手稿、資料はシェフチェンコ学術協会へ譲渡するとなっていた。三月末に、入院していた病院から自宅に帰った。教会から三度、司祭や神父が訪れたが、告解を拒否した。

五月一五日（新暦二八日）午後四時にフランコは自宅で死んだ。五九歳だった。リヴィウのリチャキフスキー墓地に葬られた。現在では、墓地入り口に大きな彫像が建てられている。弔辞は、オーストリア、ドイツ、ドニプロ・ウクライナ、ロシアなどの五十以上の新聞、雑誌に掲載された。

ソ連時代のフランコの評価は、一貫して、ガリツィアにおける社会主義思想と運動の先頭に立って闘った革命的作家というものだった。他の作家や思想家と比べて見ると、フランコは無謬のパイオニアで一切批判に晒されることがなかった。一九一六年に没したので、ロシア革命もボリシェヴィキ政権も経験しなかったわけである。フランコがソヴェト時代に高く評価されていたことは、一九七六〜一九八六年に、五〇巻の全集がキエフで出版されたことにも表れている。これは一九五八年から一九六五年にかけてモスクワで出版された『レーニン全集』第五版の五七巻に次ぐ巻数である。

一九二六年、フランコの生誕七十年、没後十年にフルシェフスキーは、「労働の使徒へ」と題するフランコへの長い賛辞を書いた。そこではシャン川からクバン川までの統一された不可分のウクライナがフランコのヴィジョンだった、と書いている。フランコによれば、ルテニア-ウクライナでは、ルーシの「保守的ユートピア」とウクライナの「進歩的ユートピア」の二つのチームのゲームが行われている、と言う。フランコは「民族文学」の境界を越えていくので、ウクライナは彼の唯一の祖国ではない。ルテニア-ウクライナ人、農民、ユダヤ人、労働者、進歩的女性たちが、これから造られる祖国の代表である。

フランコは新しい社会の基礎はネイションと階級の両方にあり、祖国の中心は農民であると考えていた。そして新しい社会を示すのは詩人であり、ナショナリズムにおいて決定的に重要な役割を果たすのは政治や経済ではなく文化であり、若い世代に進歩のイデオロギーを示すのは詩人である、と言う。フランコはガリツィアのスーパーヒーローでありつつ、そこから跳びでてウクライナの将来を指し示した「予言者」であった。それゆえ、フランコ自身の生涯がその作品と同じように興味深いのである。

第七章　貴族政と保守のイデオローグ——ヴャチェスラフ・リピンスキー

一　その生涯

ヴャチェスラフ・リピンスキーは、一八八二年四月一七日（旧暦五日）、現在のウクライナ、ヴォルイニ州ザトゥルツィでポーランド貴族（シュラフタ）地主、カジメシ・シルベステル・アントン・リピンスキーの息子として生まれた。母はクララ・リピンスカ、旧姓ロガル・ロキツカだった。貴族のリピンスキー一家はローマ・カトリック教徒で、十七世紀の前半にポーランドのマゾフシェ県から、現在のドニプロ河右岸のウクライナ西部ポドリア地方に移り住んできた。

リピンスキー

一八三〇〜三一年と一八六三〜六四年の蜂起の後、右岸ウクライナのポーランド貴族は二つのグループに分かれた。一つは昔の秩序の回復を切望する者たち。彼らのスローガンは、“od morza do morza”（海から海まで）というもので、ポーランドの最大版図、バルト海から黒海までの領域を再び回復することが目標であった。もう一つのポーランド貴族のグループは、ウクライナにおける特権の維持を図り、ロシア帝国には政治的忠誠を守りながら、ロシア帝国内の権利を拡大しようとする。彼らは土地を持たない貴族で、町に住んでいる。ポーランド人でカトリックの信徒である。

第一次世界大戦前、右岸ウクライナには、大地主が四六三八人いて、四五三万五八〇七デシャチーナ（一デシャチーナは、二・七エーカー、一・〇九二五ヘクタール）を所有していた。そのうち、ポーランド人の大地主が二一二四人で、二二〇万二〇〇〇デシャチーナを所有していた。一方、ロシア人の大地主は二五一四人で、二三三万三〇〇〇デシャチーナを所有していた。中小の地主は、二万三〇八〇人いて、二七万三五四三デシャチーナを所有していた。その内、ポーランド人は三〇三二人で、一〇万三〇〇〇デシャチーナを所有していた。ウクライナ人は一万九一五〇人で、三六万九〇〇〇デシャチーナを所有していた。残りの耕地、六一五万九〇〇〇デシャチーナがウクライナ人農民の土地だった。このように右岸ウクライナではポーランド人地主が優勢であった。リピンスキー家は、そのような地主の一人であった。また、この地域では、工業化の発展は遅れていた。

リピンスキーは十二歳まで家で教育を受けた。家庭教師とそれとは別にパリから来た「ヴォル」という名の若い女性にフランス語を六年間習った。一八九四年にルックの予備学校に入り、それからジトーミルのギムナジウムに行き、最後の二年間はキエフの第一古典ギムナジウムの学生となった。そこを一九〇二年に卒業した。

ギムナジウムの時代に、ミハウ・グラボウスキとミハウ・チャイコウスキの歴史小説を熱狂的に読んだ。この作家は二人ともヴォルイニ生まれで、ポーランド文学のいわゆるウクライナ派に属していた。リピンスキーは特にコサックの歴史に関心を持った。父方のおじのアダム・ロキツキに、右岸のポーランド人は元々ウクライナ人でウクライナ民族の歴史を作った指導層だった、と教えられた。そしてその上層部がポーランド化されたため、ウクライナ民族は教育のない、無自覚な大衆に変わった、と。

キエフのギムナジウムでリピンスキーは、クヴィトカ、マチュウセンコ、ルィリスキーと友人になった。リピンスキーは、「フロマーダ」と呼ばれるウクライナの学校組織のメンバーとなり、ポーランド人学生をウクライナ・グループに誘った。ギムナジウムの時から、彼の自己民族意識はウクライナ人だったが、地元のポーランド・シュラフタの世界、家族と友人との接触は絶たれなかった。彼はポーランド化された右岸のシュラフタのウクライナへの帰還のために働きたいと希望していた。それが彼のその後も変わらぬ基本的な考えだった。

ギムナジウムのウクライナ人学生は、独立派とオーストリア派に分かれていた。リピンスキーは、ロシアの中でウクライナ人民の文化的発展を望むのは不可能であると考えていた。ロシアは憲法を約束していない。ロシアは諸民族の国家にはなれないから、大ロシア人の中央集権国家となる。ロシアでウクライナ問題の解決を目指すのは無理である。ロシアでのウクライナの運動は文化的形態に限られたが、ロシアはそれも抑圧した。結局、それも政治的運動だということを知っていたからである。リピンスキーは、ロシアを諸民族国家の同盟に変えていく努力を放棄して、二つの可能性を挙げた。一つは、ウクライナの完全な独立で、もう一つは、オーストリア＝ハンガリーに加入することである。そして、リピンスキーは、完全独立派に与した。

リピンスキーは、ウクライナとロシアの関係について、多くのことを語っている。ウクライナ人がロシアの民主化のために闘うのは有害なことである。それをしても何も得るものはない。ロシア革命は、ウクライナにさらなるロシア化を運んで来ただけである。民主的ロシアを支えることは、モスクワの左派のプロパガンダを支持するのと同じ意味を持つ。リピンスキーは、その時すでに、民主主義を信じていなかったし、それを有害なものと見ていた。民主主義はツァリーズムより悪いとさえ述べている。

一九〇二年、キエフでポーランド人高校生の大会が行われ、リピンスキーのウクライナ・グループに加わるという提案は否決されたため、リピンスキーはポーランド人サークルから去った。ギムナジウムを卒業後、リピンスキーは一年間、ロシア軍に入隊した。騎兵隊としての軍隊勤務のあと、リピンスキーは高等教育を望んで、一九〇三年秋、クラクフに行き、ヤギェウォ大学哲学部の農学課程に入学した。そして一九〇五年、その課程を四学期で修了した。

翌一九〇六年八月三〇日に、リピンスキーはカジメラ・シュミンスカと結婚した。二人でジュネーヴに行き、ジュネーヴ大学の文学社会科学部に入学した。そこで主に社会学を学んだ。しかし、ジュネーヴの湿気の多い気候がリピンスキーの健康に悪く、一九〇七年夏にはジュネーヴを去り、クラクフに戻った。一九〇七年から〇八年にかけての冬は、ザコパネで肺の治療を受けた。一九〇八年にヤギェウォ大学哲学部に再び登録し、歴史家ヴィンセントゥ・ザクジェウスキと哲学者マウリチ・ストラシェウスキの講義に出席した。

リピンスキーは大学時代から、ウクライナの新聞に、ウクライナ史に関する論文を書きはじめた。

キエフのポーランド語新聞『国内評論』にはポーランド語で投稿した。彼は一九〇九年に『ウクライナのシュラフタ』というパンフレットを出版した。一九〇九年二月に、「ポーランド文化のウクライナ人」をテーマにした会議がクラクフで行われ、三五名が参加した。リピンスキーはこの会議の開催者の一人で、冒頭の演説をした。その題は、「ルーシ・ウクライナでのわれわれの状況」だった。この会議の結果、一九〇九年四月から隔週刊の『国内評論』が出はじめ、事実上の編集長はリピンスキーだった。財政的かつ政治的な困難のため、雑誌はその年の終わりに廃刊となったが。

右岸のシュラフタのウクライナ化の動きは、一八六〇年代から展開されていて、地域愛国主義の感情を自然な土台としていた。ヴォロディーミル・アントーノヴィチの『告白』はその典型的な例である。しかし、この運動のより広い展開には時間が必要だった。当時、この考えを支持したのは、ボフダン・ヤロシェフスキー、リュドヴィク・シドレツキー（サヴァ・クラリチ）、フランツィスカ・ヴォリスカなどだった。リピンスキー自身は、悲劇的なことに、兄弟や妻の共感を得ることができなかった。彼の唯一の娘も、母の影響下に、自らをポーランド人と宣言した。このことが、彼の家族との離別を招いたのだった。

クラクフは世紀の変わり目の時、ポーランドの政治的中心であり、多くの知識人、学者が集まり、歴史家や思想家も住んでいた。その中には保守主義の思想家もいた。クラクフはすでに一八六〇年代から、ポーランド保守主義のセンターだった。ここでいわゆるクラクフ歴史学派が生まれ発展した。ワレリアン・カリンカ、ユーゼフ・シュイスキ、ミハウ・ボブジンスキ、スタニスワウ・スモルカ、スタニスワウ・タルノウスキ伯爵などの著作が出版された。著名な保守主義の雑誌『ポーランド評論』や『チャス（時）』もクラクフで刊行された。

保守主義者の論評の中心テーマは、ポーランド国家喪失の経験を検証した上での、将来のポーランド国家の姿かたちだった。彼らは、国家喪失の責任を「悪い隣人」に負わせるのではなく、ポーランド政府の「悪い型」にあると考えた。共和政治システムの民主主義が、国をアナーキーな方へ傾けさせ、「最も自由な共和政」であったピアスト朝を破壊したと。そして彼らは、①ポーランド民族の政治的運命を誰が決めるのか、②国家を持たない民族の存在をどうやって保証するのか、と問うた。

クラクフのヤギェウォ大学の政治学および法学の教授、ヴワディスワウ・ヤヴォルスキ教授はリピンスキーの恩師で、クラクフの保守主義の中心的人物だった。彼は、ポーランド国家を再建する任務は、ポーランド貴族と富裕な農民の肩にかかっていると考えた。そして豊かな農民は貴族の同盟者、味方になれると言う。こうして、第一次世界大戦前のポーランド保守主義者は、ポーランド国家の喪失の原因を、ポーランドの共和政とその民主主義そのものに見て、国家再建の希望を貴族と富裕な農民に託したのだった。

それでは、その貴族が地主として支配していたウクライナとの関係はどのように考えていたのか。リピンスキーのほぼ一世代前の、一八五〇年代終わりから一八六〇年代初めにかけて、キエフ大学のポーランド人学生を中心にフロポマン運動がはじまった。これはポーランド貴族がウクライナ人大衆を教育、啓蒙しようとする運動だった。ポーランド貴族層が、その言語、宗教、文化は維持したまま、ウクライナの政治活動に「移動」する。ウクライナ「人」になるのではなく、ウクライナの「地」で活動する。なんのために移動するかといえば、いまだ数的に弱いウクライナ・インテリゲンツィアとともに新しい政治的層を創り出すためである。その新しい層は、自分の民族国家のための闘争において、ウクライナ大衆を指導する。

リピンスキーは若い時からその死まで、この考えに忠実であり続けた。彼の関心は、どのような方法でそれを実現するかであった。若いウクライナ・インテリゲンツィアにとっての問題は、民族の教育と啓蒙だった。しかし、ウクライナ大衆の教育と啓蒙が最終目的ではなく、大衆を自分の国家のための闘争に巻き込み、組織化し、いかに大衆を動かすかという、イデオロギーと政治的プロパガンダの問題だった。リピンスキーは一九〇九年から一九一三年の間、この問題を提起し続けた。

ルサリフスキー・チャガル村で、リピンスキーは所領の経営の傍ら、記念碑的な論集『ウクライナ史より』を準備した。この本の論文の多くはリピンスキーの手によるもので、一九一二年に出版された。この論集の中心的テーマは、十六~十七世紀のルーシ-ウクライナのシュラフタの歴史、特にフメリニツキー革命における、シュラフタの参加の問題である。論集は、一八六〇年代のフロポマンの指導者たち、ヴォロディーミル・アントーノヴィチ、パヴリン・スヴェンツィツキー、タデウ・ルィリスキーの思い出に捧げられていた。

『ウクライナ史より』はリピンスキーを学術の方へ向け、この史学史の功績によって一九一四年三月、リピンスキーはリヴィウのシェフチェンコ学術協会の正会員に選ばれた。彼の学術論文や書評はシェフチェンコ学術協会の雑誌『通報』に掲載され、政治評論(しばしば「右岸人」というペンネームで執筆した)は、『文学学術通報』やキエフの日刊紙『ラーダ』に載った。

『ウクライナ史より』で、リピンスキーは、「ポーランド文化のもとにあるウクライナ人」の二つの世代の間の連続と断絶を明らかにしようとした。しかし、この二つの世代に対する社会の態度は異なっていた。フロポマンの世界観はポピュリズム的な基盤を持っていた。自己のウクライナへの転換を、彼らは一般大衆の利益に奉仕することだと理解していた。伝統的なシュラフタという彼らの出自、地位から自らを切り離すのだった。まさに、「人民の中に」入る、ナロードニキの精神だった。しかしリピンスキーの考えは違っていた。彼は、シュラフタ層が、その政治的意識において、ウクライナのものとなることを望んでいて、階級としての貴族を捨てることではなかった。フロポマンは、正教に身を移したが、リピンスキーはローマ・カトリックにとどまった。

リピンスキーは、確信的なウクライナ独立派だった。ウクライナのナショナリストの中でさえ、この考えはまだ異質だった。特に、ドニプロ・ウクライナでは。世界情勢が緊迫化し戦争の可能性があった年々に、リピンスキーは、戦争の嵐はウクライナの独立運動に有利に働くに違いないと考えていた。そのような考えから、リピンスキーは一九一一年三月にリヴィウで行われたドニプロ・ウクライナからの政治的亡命者の秘密の会議に参加した。そこにはアンドリイ・ジューク、レフ・ユルケヴィチ、ヴォロディーミル・ステパンキフスキーといった社会主義者も参加していた。そこで、ウクライナの独立のための政治的プロパガンダ行動を、ロシア帝国の国境外ではじめることが決められた。それは、将来の「ウクライナ解放同盟」の萌芽と言えた。その同盟は、戦争勃発後に組織されることになる。

リピンスキーは、一九一一年と一九一二年に二つの重要な論考を書いた。一九一一年に執筆したのは、「第二幕」と題する論考で、リピンスキーの「民主主義」の時代の代表的論考である。これについてはアンドリイ・ジュークのタイプ打ちコピーが残っているが、オリジナルの原稿は所在不明である。第一幕をフメリニツキー時代と考え、これから第二幕がはじまるという考えに立っている。つまり、第一幕でポーランドから独立し、第二幕でロシアから独立する、それは今からだ、と述べている。リピンスキーは次のように書いている。

われわれの民族〔ウクライナ民族〕の衰えは最大に達した。ウクライナの上層部は非民族化し、コサックの長老は、「小ロシア」の存在になった。「小ロシア出身」の官僚が、今、モスクワで働いている。ウクライナのかつての民族生活は、全く理解されなくなっている。民族文化の宝、血を流した闘争、先人の困難な仕事は、みんなフォークロアの材料になってしまっている。「同一の信仰」の「東のツァーリ」に仕えることが、一六五四年のペレヤスラフ協定から始まった。ペレヤスラフ協定は、ポーランドの軛をロシアの軛に代えただけだった。ペテルブルクの沼にコサックの骨でダムを作り、新しいロシアの「首都」とするために、コサックは滅んでいった。確かに、われわれの民族的衰退は、今日、極端なまでに進んでいるが、それを泣いても無駄である。生きた魂を持った者は全員戦え。ロシアとの決着をつける第二幕の時が来た。ウクライナは闘いを通じて自由を勝ち取ると信じている。ウクライナ民衆だけがその戦いを遂行することができる。ウクライナ人民は、現在の状況に満足していない。

「古いウクライナの革命的感情」は、いまだ「消失」していないと、リピンスキーは宣言する。もう一つの論考は、一九一二年十二月五日付けの「ウクライナ委員会への覚え書き」である。ここで委員会というのは、ロシア領ウクライナからの政治的亡命者を中心として、一九一一年三月にリヴィウで創立された委員会のことである。リピンスキーはこの覚え書きをアンドリイ・ジュークに送ったが、その時に、ヴォロディーミル・ドロシェンコとヴォロディーミル・ステパンキフスキー以外には著者を明らかにしないように頼んでいる。この論考は最初から公刊を意図していなかっただけでなく、明らかに内密な性格を持った文章であった。「覚え書き」で、リピンスキーは次のように書いている。

ウクライナ民族は、自分の地域で、自由かつ独立した政治生活を営む権利を持っている。そのためには、財産のある社会階級から収奪する必要があるから、その展開は、政治的民主化と社会改革、経済的に広汎な大衆に利益となる改革を履行することになる。

これらの前提から進んで、リピンスキーは結論する。

われわれの主要な、和解できない敵は、中央集権主義のロシアである。ロシアのリベラルと黒百人組ナショナリストの両方である。しかし、オーストリアもまた、我々の味方ではない。ロシアはよく理解している。「ウクライナの始まりは、ロシアの官僚-中央集権主義国家の終わり」であることを。一方、オーストリアは、「ウクライナ人に関しては、ウクライナを支配しているポーランド民族の利益によって」導かれている。

これからやってくるであろう、オーストリアとロシアの武力衝突は、リピンスキーの意見では次のような展開が考えられる。（a）ウクライナ地域は現状維持で戦争が終わり、オーストリアはアドリア海に向かって、バルカンにその領域を拡大する可能性。（b）ロシアは東ガリツィアとブコヴィナを占領する可能性。（c）オーストリアは右岸ウクライナを部分的に占領する可能性。そしてそれぞれ次のような結果をもたらす。

（a）の状況は、有機的組織体としてのウクライナ民族の大きな弱体化をもたらす可能性がある。なぜならウクライナ人兵士の血が、前線の両側で流されるだろうから。（b）の状況は、ウクライナにとって正真正銘の破滅となるだろう。（c）の状況もウクライナにとっては、非常に不利である。ヨーロッパ諸国は、オーストリアが右岸ウクライナの全部またはかなりの部分を取るのは許さないだろう。一方、オーストリアが右岸ウクライナの小さな部分を併合して、ウクライナ人に対する政策を続けることは可能である。その際、オーストリアは、ポーランドとユダヤの要素をその政策の基盤とするだろう。その基盤は経済的に最強で、オーストリアの政策と最も両立しうるものである。ここでオーストリアは、ポーランドに依拠して行動することを余儀なくされるであろう。

ポーランド人は全力をもってオーストリアの背後に立つだろう。われわれウクライナにとって、ポーランド人はロシア人よりも小さな敵意で接するわけではない。彼らはロシア人と同じく危険である。すなわち、ウクライナ人に対する非民族化政策においてである。それゆえ、ウクライナ人にとって、ポーランドとウクライナの間に政治的な境界を生じさせなくてはならないという、ボフダン・フメリニツキーの遺言を実現する必要がある。

近づいているオーストリア－ロシア戦争について、リピンスキーは次のように述べている。オーストリア－ロシア戦争で、闘争の場の外にとどまる地方、エカチェリノスラフ、キエフ、ハリコフでは、自覚的なウクライナ戦争の勃発に際して、ウクライナの外国の軛からの完全な解放のために大衆運動をはじめなければならない。大衆の間での煽動は次のような旗印のもとで行われるべきである。

①ウクライナはその民族的境界の中で独立国となる（リピンスキーは最初、「立憲君主政」と書いていたが、それを消して「国家」にしている。政府の形態は立憲君主政で、最終的な王朝の問題は、独、オーストリア、あるいはロシアさえも、ウクライナ憲法制定会議とヨーロッパの立場による）。ロシアあるいはオーストリアの下の保護国として独立国家となる。そして、その二つの国に対して完全な中立を維持することを誓う（リピンスキーが保護国となることと、ウクライナの独立との矛盾について見ていないのは興味深い）。
②労働者の八時間労働、社会保障。
③（農民の間では）ウクライナの土地はウクライナ民族のためのものである。

これは、具体的に次のことを意味する。ウクライナ人は、宗教や出自に関わりなく、五〇〇デシャチーナを超えない土地を所有している者は地主にとどまる。非ウクライナ人のすべての土地は、五〇〇デシャチーナを超えた土地は適正な価格で買い戻される。ウクライナの解放に反対する者の土地は没収される。そして、すべての国有地も没収される。買い戻しと没収の土地から「国民土地準備」がつくられ、そこからの小土地区画が、労働者の割当に従って、私有の世襲の土地として割り当てられる。割当の対象となるのは、武器を手にし、ウクライナ解放のための闘いに参加する者である。私的所有は、法的に五〇〇デシャチーナまでに制限され、非ウクライナ人の土地所有は禁止される。

④すべての宗教は、完全な自由が保障される。筆頭の地位は正教に取っておかれる。

独立ウクライナ国家は、ヨーロッパ諸国にとって望ましいものであろう。ロシアを犠牲にしてオーストリアを強化することを望まない国がある。それは、イギリスとフランスである。ロシアの弱体化を欲する国にとって、オーストリア‐ロシア戦争の最良の結果は、中立のウクライナ国家の成立である。それを望むのは、ドイツとスウェーデンがそうである。同時に、バルカン連盟も「われわれの側」となるだろう。セルビアは、オーストリアが強くなることを欲していないから。ブルガリアは、コンスタンティノープル問題で、ウクライナがロシアのようには野望を持っていないから。ルーマニアはこのプロセスで、ベッサラビアとブコヴィナのルーマニア部分を獲得するだろうから。ウクライナの蜂起は、「オーストリアとロシアで、似たような社会的民族的運動を引き起こし、われわれにとって危険なこの隣人を弱体化させるだろう」。

ウクライナの独立のための闘争が完全な勝利で終わらないとしても、「彼らは少なくともわれわれを考慮に入れなければならなくなる」。そして、「完全な敗北の場合でさえ、ロシア派あるいはオーストリア派の泥に汚染されていないはっきりした、独特のウクライナの政治的理想が、ウクライナ大衆とヨーロッパに残るだろう」。その理想は、「最初の機会に再び立ち上がるだろう」。リピンスキーは、そのプログラムを実現するために、「ウクライナ国家主義者（帝国主義者）同盟」、あるいは「ウクライナ解放同盟」の設立と、そのゴールのための煽動を即座にスタートさせることを提案した。オーストリア－ロシア戦争勃発時には、その組織は、ウクライナの政治的独立を支持するウクライナ党派のブロックを形成するだろう。もしそれが不可能だったら、戦争の場合、同盟は、「国境のこちら側で政治的、組織的活動を続けながら、極めて消極的に行動するだろう」。

しかし、実際にはリピンスキーは同時に次のように宣言した。「今、煽動に反対、大会に反対、機関紙をはじめることに反対、不必要な騒音と騒動を起こさないようにしよう」。アンドリイ・ジュークへの手紙で、リピンスキー自身が次のように説明している。

ここガリツィアからロシア領ウクライナで党を組織することは不可能である。組織は、地方の人々に指導されてローカル主導で起こらなければならない。そして、それは、合法的機関紙を持たなくてはならない。しかし、われわれの土地では、そのような組織は今、生まれようとしている段階である。それゆえ誰も組織されない。しかし、残っているのはイデオロギー的煽動で、それをわれわれは行わなくてはならない。問題は、ただどのような形で行うかだ。ウクライナ独立の考えを提起するパンフレット印刷のために、特別な出版社が必要だ。戦争が始まればそれはできなくなる。戦争は今、われわれにとって不幸となるだろう。(一九一三年一月四日)

一九一四年、この予見された「不幸」は勃発した。

一九一四年春、リピンスキーはクラクフを離れ、おじのアダム・ロキツキから相続した所領であるルサリフスキ・チャハルで暮らしはじめた。妻と娘は一九一四年夏にクラクフを離れ、彼に合流する予定だったが、第一次世界大戦が起こってしまったため実現しなかった。

リピンスキーは予備役の将校だったので、戦争がはじまると、ロシア軍に徴兵された。サムソノフ将軍の騎兵先遣隊に属し、東プロイセン作戦に従軍した。その作戦はロシア軍の壊滅で終わった。退却中、川を渡った後、リピンスキーはひどい風邪を引いた。そして結核を再発した。以前、結核に罹り、治癒したと思われていたのが再発したのだった。さらに悪いことには、前線での厳しい環境と経験のせいか、循環器系の病気に悩まされるようになった。この時から、彼は完全な健康体には戻らなかった。一九一五年に状態が少し良くなったので、彼は前線から後衛部隊に送られ、ポルタヴァで鉄道駅の勤務に就いた。そこで、一九一七年革命を迎えた。

リピンスキーは、自分のイニシアティヴで自分の部隊をウクライナ化した。しかし、彼の努力は支持されず、中央ラーダの軍事総書記局の認可もされなかった。リピンスキーに対しては、地主であり、非社会主義者ということで、中央ラーダ側に不信感があったのである。このことが、リピンスキーがウクライナの「革命的民主主義」に最初に敵意を抱く理由を与えた。革命的民主主義は、国家建設には未熟であると分かったのである。リピンスキーは、ウクライナ人民共和国が、大量のウクライナ人の亡命を引き起こしている、自分たちの息子を世界中に追い払っている、と批判した。

一九一七年、ポルタヴァで大地主、富農、社会活動家のグループが誕生し、中央ラーダの社会主義的な方針に反対する勢力を統合した。このグループは六月に、ウクライナ民主農民党を組織した。その指導部には、M・ボヤルスキー、L・クリミフ、セルヒイ・シェメト、V・シクリャル、ヴィクトル・アンドリエフスキーが入っていたが、リピンスキーもこの党に参加した。彼は、この党のために、行動計画の概略を準備した。それはパンフレットの形で出版された。それによると、この党の基本的理念はウクライナの主権国家としての独立と土地の私的所有の保持であった。

リピンスキーと彼の党は、ヘトマンのクーデタの準備には参加しなかった。しかし、ヘトマン、パヴロ・スコロパツキーの新しい体制にはポジティヴな態度だった。そして、個人的な友人であったヘトマン政権の外相、ドミトロ・ドロシェンコの要請を受けて、リピンスキーは駐オーストリア＝ハンガリー大使に就任し、ウィーンに赴いた。

ウィーンの大使館は、リピンスキーに率いられて、ウクライナとドイツ、ブルガリア、トルコとの間のブレスト講和の批准書の交換を行った。しかし、オーストリア＝ハンガリーとの条約の批准は完遂できなかった。というのは、オーストリアにより秘密の合意が結果的に破棄されたからである。ガリツィアの分割とホルム地区のウクライナへの移譲に関して、キエフとウィーンの間で、外交的な衝突が起こったのだった。リピンスキーが指揮した長く続いた交渉は、オーストリア＝ハンガリー帝国が解体したことと同時に、ウクライナでの反ヘトマン蜂起によって、成功しないままに終了した。

再建されたウクライナ人民共和国、ディレクトーリア（執政）政府に対するリピンスキーの態度は、最初から厳しく批判的だった。しかし、ディレクトーリア政府の希望と、愛国主義的義務の感情から、彼は自分の外交ポストにとどまった。しかし、一九一九年春に、首長オタマン、シモン・ペトリューラの司令部に赴く途中で見た混沌としたウクライナの状況と、ペトロ・ボルボチャン大佐に対する裁判とその銃殺刑――その処刑をリピンスキーは、合法的、政治的殺人と見なした――に対する憤りが、リピンスキーとウクライナ人民政府、ディレクトーリアとの関係を、徹底的に冷却化させた。彼は一九一九年六月にウィーン大使職を辞任した。

リピンスキーは健康上の理由からオーストリアにとどまり、ライヘナウの山のふもとの地方に住んだ。彼は戦争と革命から自分を切り離し、学術活動に戻った。一九二〇年には、彼の主要な歴史モノグラフィー、『転換期のウクライナ』が刊行された。それは、論集『ウクライナ史より』に含まれていたものを再編し、拡充したものだった。リピンスキーは、計画中のものも含めて、自分の歴史的業績を集めて数巻の本にして刊行することを考えていた。しかし、この目論見は実現しなかった。というのは、一九二〇年から健康がやや回復したため、彼は再び全力で情熱を傾けて、政治と評論活動に取り組んだからである。

リピンスキーのイニシアティヴで、「結社」タイプの政治組織が作られた。「ウクライナ農民国家同盟（USXD）」である。そこには、M・コチュベイ公爵、A・モントレゾル伯爵、D・ドロシェンコ教授、S・シェメト、L・シドレツキー、O・スコロピス－ヨルトゥホフスキーが加わった。リピンスキーはこの同盟の計画と組織細則の著者だった。それは、一九二〇年二月に宣言として発表された。リピンスキーは同盟の評議会の議長で、事実上、組織のトップだった。

同盟の創設の目的は、主権ウクライナ国家の再建、伝統的ヘトマン体制の踏襲、ヘトマン権力の世襲制であった。同盟は、スコロパツキー家の職杖（bulava）への正当な権利を認めた。それを受けて、前ヘトマン、パヴロ・スコロパツキーは、一九二一年、同盟に加わった。それに続く数年、リピンスキーは、議論の余地なく、ウクライナの保守主義と君主主義運動のリーダーでイデオローグとなった。

リピンスキーの行動と思想は、かなりの反響を各地で呼んだ。西欧のウクライナ人亡命者のサークルだけでなく、ガリツィア‐ヴォルイニのウクライナ社会の一部や、カナダ、アメリカのウクライナ人たちにも反響があった。リピンスキーは、各地に広範に送った手紙で、ヘトマン主義運動を広め、指導した。彼は、不定期の論集、『農民のウクライナ』（ウィーン、一九二〇～一九二五年）を編集した。『農民のウクライナ』は政治評論の高いレベルを維持したが、そこにはリピンスキーの最も重要な政治論文、「友人‐農民への手紙」の一部が含まれていた。それは広範な視点を備えたもので、一九二六年に一冊の本として出版された。「手紙」の仕事を終えた時、リピンスキーは、それを彼の政治的遺言と見なした。

一九二六年秋、リピンスキーはベルリンへ行った。新たに創設されたウクライナ研究所の招きに応じたものだった。ベルリン行きという、リスクを帯びた一歩を踏み出した決定的動機は、リピンスキーが自分の権威と影響力で、ヘトマン陣営の中に生じはじめていた不一致を克服するためだった。しかし、この試みは悲劇的に終わった。リピンスキーのベルリン滞在も、彼とヘトマン、パヴロ・

スコロパツキーおよびその周辺との誤解を深めただけだった。同時に、好ましくない気候と、絶え間ない不安、急激に悪化する健康状態のため、医者の命令によりリピンスキーは一九二七年春、オーストリアに帰った。

リピンスキーは、生涯の最後の時期を、オーストリアのいくつかのサナトリウムで過ごした。特に、最後はグラーツ近くのバーデッグという山あいの町に、兄弟の助けによって、一九二五年に小さな建物を買っていたが、そこに死の直前まで住んだ。

その間、パヴロ・スコロパツキーとの不一致はさらに大きくなった。三年間の争論の後、リピンスキーは、ヘトマン周辺との関係を修復する希望を失った。同時に、ヘトマン個人に対する信頼と忠誠心を失った。ＵＳＸＤの他の幹部との激しい対立、そして、スコロパツキーの王冠への権利を否定し、ヘトマン自身を非難するようになった。それゆえ、彼はラディカルな一歩を決心した。評議会の議長として、同盟（ＵＳＸＤ）の解散を一九三〇年九月一八日に宣言したのである。そして、リヴィウの日刊紙『ディーロ』に長い論文を書いて、その行動の動機を説明した。

リピンスキーとスコロパツキーの間の対立の客観的評価は、完全な資料の欠乏ゆえに困難である。決裂の理由は、心理的、戦術的、根本的な性格のちがいにある。心理的、精神的な原因について言うと、当時から噂されていたことだが、リピンスキーは最後の頃、精神的に異常をきたしていたという話には全く根拠がない。彼が死の前に書いたものは、合理的に考えられたものであり、具体的な議論になっている。リピンスキーは、常に情熱的な気性で、不治の病いによって、さらに燃え上がるような気質の人だった。

『ディーロ』に寄せた論文で、リピンスキーは衝突の原因の解説をしているが、そこでは思想的、原則的性格を強調している。スコロパッキーとの不一致を、リピンスキーは、二つの深く異なった、互いに和解できない君主制の二つの型で説明している。ヨーロッパ型の立憲君主政――その例はイギリスと、東の専制君主政――リピンスキーの言葉によると、「モスクワのあるいはバルカンの」――の二つである。後者にも様々な分派があるけれども、皆、精神的にはロシア世界の子供なのである。スコロパッキーは亡命の君主、「ヴァンゼー」（スコロパッキーが住んでいたベルリン近くの町）の君主にさせておけと、リピンスキーはスコロパッキーを突き放す。ヘトマン政権は、リピンスキーが君主政のモデルとして考えていたイギリスの例よりもプロイセンに近いものだと、リピンスキーは考えた。

リピンスキーは、もはやヘトマン運動を指導する立場にとどまることができなかった。彼のスコロパッキーとの関係は、修復不可能なほどに硬直して固く動かないものになってしまった。それだけでなく、ヘトマンとの論争で、彼は周辺の人々の大部分の支持を得られなかったのである。もしリピンスキーに完全な力が残っていたなら、彼は必ずや、ヘトマン陣営の回復、内部からの回復のための闘いを続けただろう。しかし、彼は自分の命がすでに多くは残っていないことを知っていた。

ヘトマンとの決裂以後、リピンスキーのもとには、同じ意見を持つ小さなグループだけが残った。M・コチュベイ、ヴォロディーミル・ザロゼツキー、ヴァシル・クチャブスキーなどである。彼らとともに、リピンスキーは新しい組織を作った。それは、「ウクライナ階級政‐君主主義者協会」という名で、そのイデオロギーは同盟（USXD）と同じだった。協会の機関紙は『農民ウクライナ論集』

で、リピンスキーが印刷の準備をした。リピンスキーは綱領的な「序文」を書いた。それを書き終えたのは、一九三一年四月だった。これが彼の最後の作品となり、死後に出版された。

リピンスキーは、すでに燃え尽きていた。一九三一年三月にインフルエンザに罹患した後、彼は心臓発作を起こした。一九三一年五月、リピンスキーは、シェプティツキー大司教に五百ドルの借金を申し込み、シェプティツキーは快くこれに応じた。おそらく、サナトリウム入院のための費用と思われる。

彼の健康状態は、かなり切迫したものになり、六月六日に兄弟と娘がヴォルイニから呼ばれ、彼は、ウィーン近郊のペルニツィにあるヴィーネルヴァルドのサナトリウムに、ルツクで医者をやっていた弟のヴォジミェシに付き添われて、運ばれた。彼は、最後の日まで意識があった。聖体拝領と抹油式を受け、ヴャチェスラフ・リピンスキーは、七日間の闘病の末、一九三一年六月一四日に死んだ。遺体は家族によってヴォルイニに運ばれ、故郷の村ザトルツィに葬られた。

リピンスキーが残した二万ページ以上の手稿、タイプ原稿、未公刊作品、手紙、日記、記録文書、ノート、写真など、様々な資料は、シェプティツキーの手を経て、コロンビア大学（ニューヨーク）でマイクロフィルム化され、現物とともに、一九六五年にフィラデルフィアに設立されたリピンスキー東欧研究所に納められた。

二　リピンスキーの思想

1　ウクライナ史

リピンスキーの歴史研究の中心は十七世紀半ばのコサックの革命だった。ポーランドの歴史学では、フメリニツキーの乱は単に破滅的な衆愚の蜂起で、ロシアの歴史学ではウクライナとツァリーズムのモスクワの「再合同」の準備である。ウクライナの十九世紀のポピュリストの歴史学では、農民－コサックの、自然発生的な、公正な社会システムへの熱望の現れと見る。

この三つの伝統的な考えに対し、リピンスキーはフメリニツキーの乱について新しい見方を提示して見せた。それはウクライナ国家の建設のプロセスであると。リピンスキーは、フメリニツキーが勝利した大衆のリーダーであるばかりでなく、政治的に、ポーランド貴族の他のメンバーと一緒に、東欧に新しい国家を樹立した政治家であることを示した。彼は一六五四年のペレヤスラフ協定を高く評価していた。

リピンスキーの主要な歴史書、『転換期のウクライナ』はフメリニツキーの最後の時期に捧げられている。その時期はフメリニツキーがコサックの自治主義の代表であるとともに、ジェチ・ポスポリタ（ポーランド＝リトアニア共和国）の範囲の中で、ザポロージエ軍団が自治から独立へと成長し、主権独立国家へと成長した時である。

リピンスキーの考えでは、十七世紀のウクライナ国家の再生は、次のような理由と条件を背景にしている。すなわち、コサックの中核の周辺にウクライナ社会のあらゆる層が結集したこと、解放闘争の過程で自分の隊列に異なる階級、農民、町人、シュラフタの、最もアクティヴな要素を引き込んだことである。さらに古いルーシのシュラフタ層から出たコサックの指導層が数多く参加したことがある。彼らは自覚的にフメリニツキーの政策を支持し、決定的な方法でコサックの文化的向上に貢献した。半遊牧の、海賊の、下層のコサックの野放図な行動を、定住した町のコサックの力で抑えつけた。スタルシナ-小シュラフタのコサックの土地所有の勝利、そしてそれに関連して、植民地の寄生的なポーランド・マグナート（大貴族）の大土地所有の経営に対するフートル（独立自営農、イギリスのヨーマン）の集約的農業の勝利、正教会の精神的権威による解放戦争の神聖化、これらがウクライナ国家再生の背景にあると、リピンスキーは言う。

リピンスキーが特に関心を持って研究したのは、十七世紀のヘトマン政府が、純粋に軍事的な体制から君主政の特徴を持った地域的権力へと変わったことである。それは、はっきりと世襲制への傾向を持ったものであった。フメリニツキー時代のヘトマン権力は、権威的でありながら、専制的ではなかった。コサックは集団的に国家行政に参加しながら、そのメンバーは個人的な自由によって利益を享受し、町は自治を享受し、教会と精神界の人々は国家の中で安全な独立した地位を獲得していた。このように、当時のウクライナの社会・政治的構造は、ポーランドのアナーキーなシュラフタ・デモクラシーとは根本的に異なっていた。また同時に、モスクワの東の専制とも異なっていた。そのモスクワでは、上から下まですべての住民は、ツァーリの奴隷と見なされていた。

リピンスキーは、一六五四年のペレヤスラフ協定を、「再合同」の法令ではなく、国際的な同盟（条約締結の双方が形式的に平等ではなかったが）と解釈していた。その同盟は、ウクライナ国家の利益の名において、ヘトマン政権が締結したものだった。フメリニツキーは、モスクワとの同盟のもとにウクライナをポーランドから切り離すとともに、ザポロージエ軍団の国家に、いまだポーランドの支配を受けている「ルーシ」の地、すなわちガリツィア、ヴォルイニ、ポリーシャ、南ベロルシアを最終的に併合する準備をするという希望を持っていた。同時にフメリニツキーは、モスクワがウクライナに内政干渉をすることを決定的に抑えた。そして、外交的自由を保障することを望んだ。例えば、トルコとクリミアとの接触、とりわけ、ジーベンビュルゲン（トランシルヴァニア）、プロイセン、スウェーデンといったプロテスタント国のブロックとの接触を望んだ。リピンスキーは、フメリニツキーをウクライナの外交政策の創始者と考えていた。

歴史家としてリピンスキーの優れた側面は、何よりも社会学的分析にある。しかし、彼は偉大な個人の創造的役割も完全に理解していた。『転換期のウクライナ』の主要なモチーフは、民族革命の指導者で国家的な偉丈夫としての天才フメリニツキーの賛美である。

リピンスキーは一九二〇年に、『ウクライナのサンチョ・パンサの悲劇』という風刺小説を書いている。これは印刷はされなかったが、珍しい作品である。ここには、フメリニツキーに対する評価の逆転が見られる。そして、民主主義に対する評価も大きく変わった。フメリニツキーがドン・キホーテで、ウクライナ人農民がサンチョ・パンサである。その二人がウクライナの歴史について対話している。

サンチョ・パンサがドン・キホーテに尋ねる。なぜ、われわれは他の人のようではないのか？

みんな自分の国を持っている。自分の言葉に誇りを持っている。しかし、われわれは国を持っていないし、自分の言葉を恥じているのはなぜか。ドン・キホーテが応えて言う。なぜならわれわれには、自前の国家の下で生活する資格が与えられていないのだ。そして、われわれの言葉は、ただ歌謡にだけ、家の中だけに適しているのだ。だから、人々はわれわれにロシア語で話す必要がある。それは、ロシア語が国家の言葉だからだ。

しかし、それに満足しないサンチョ・パンサは、さらに尋ねる。このようになったのは、誰が悪かったのか？ ドン・キホーテが言う。悪いのは、私の先祖だよ。彼らは、馬鹿で高慢だった。自分の国を破壊した。サンチョ・パンサは言う。そうか、おれの先祖は、国を建設したかったが、お前の先祖は彼らの邪魔をしたのだな？ 確かにそう、とドン・キホーテが言う。こうして、かわいそうなサンチョ・パンサは、せいぜい自治を要求するのだった。ドン・キホーテは民主主義者で、民主主義者ドン・キホーテの極悪非道がウクライナのサンチョ・パンサの悲劇の原因だと、リピンスキーは結論する。

リピンスキーは偉大なヘトマンの国家建設における信頼できる共同活動家も称賛した。彼は論集『ウクライナ史より』の中の素晴らしい研究論文を、一六四九年のキエフの英雄的防衛の指揮者のスタニスラフ・ミハイロ・クリチェフスキー司令官に捧げている。リピンスキーの歴史的業績は、文体的な視点から見ても素晴らしく、才気溢れたもので、また思い切った概念化を伴っており、ウクライナ歴史学において、新しい「国家史観学派」の嚆矢となった。彼に続いた歴史家は、ステパン・トマシフスキー、ドミトロ・ドロシェンコ、イヴァン・クリピャケヴィチ、ヴァシル・クチャブスキーなどである。ソヴェト・ウクライナでも、リピンスキーの影響は、一九二〇年代の歴史家、ミハイロ・スラブチェンコ、オレクサンデル・オフロブリン、L・オキシェヴィチ、M・ペトロフスキーなどに見られる。

2　ドクトリン

政治思想家として、リピンスキーの出発点は、一九一七〜一九二〇年のウクライナ国家の破滅の原因と、将来の可能な再生への道に対する省察であった。この実践的問題を、彼は普遍的意味のある、広い理論的なドクトリン、すなわち主義の上に立証しようとした。リピンスキーは、当時の西側の、主にフランスの社会学、政治学の思想家の影響を受けた。例えば、ジョルジュ・ソレル、ヴィルフレド・パレート、ギュスターヴ・ル・ボン、シャルル・モーラス、ロベルト・ミヒェルスなどである。しかし彼は、そうした思想家の考えを、東ヨーロッパの、特にウクライナの経験によって検討しつつ、自由に利用した。

リピンスキーは政治を「使命」として取り扱った。物質的、知的に、特権のある人々はイデオロギー的保守として、彼らの社会に奉仕する特別な道徳的義務を持つと信じていた。特に重要なのは、科学と芸術の両方からの政治の概念を打ち出したところにある。彼は、貴族政と君主政の役割について理論的枠組みを提示し、民主主義に対して批判的評価を下した。それらはすべて彼の主要な関心、つまり、いかにウクライナ国家を再建し、ウクライナ人を「国家なき民族」の状態から変えていくか、への基礎となる。

リピンスキーの理論的考察に登場する基本的概念は、伝統、貴族政、国家である。そのそれぞれに対応する担い手は、保守主義者、貴族、ナショナリストである。

リピンスキーは三つの基本的な社会政治的形態——国家、社会、民族について論じている。国家とは、人間集団が、ある地域で、物理的強制力の正当な行使に独占的に成功した結果、形成される組織のことである。彼は、次のように述べている。

私は、民族を、国家と社会の間の複雑な相互関係と見なす。民族は、民族たらんとする意志の実現である。いかなる意志も、考えとして表明されない時には、そこにはどんな民族も存在しない。しかし、この意志と考えがあっても、国家という物質的な形で実現しなければ、民族は存在しない。

リピンスキーは、比喩的に言えば、国家は父、社会は母、民族は両者の子供、と書いている。リピンスキーは、民族に一番高い価値を置いている。その一方、ナショナリズムに対しては、自分をそれと和解できない敵であるとし、ナショナリズムは破壊的な政治勢力であると断罪している。しかし、なぜ民族に一番高い価値を置くのか、直接の答えを明示していない。だが間接的な答えは彼の書いたものに比較的簡単に見出せる。彼の民族に関する考えは、時代を通じて、ウクライナの政治思想を支配してきた民族についての考えに、直接反対する立場に立っている。

リピンスキーは、民族の最も本質的な要素は、民族的地域だと考えていた。ドイツ・ロマン派に見られるような、言語に重きを置くこれまでの民族論に対して、リピンスキーは地域と国家を民族の最重要な要素と考えた。また彼は、自分が民主主義者であったことを断固として否定している。さらにフロポマンとも違うと述べている。フロポマンは、ウクライナ民衆と自分自身を同一視し、自分の階級の地位を捨てる。しかしリピンスキーは違っていた。階級を失ったり、低い階級へ移ったりしない。地主であり続け、貴族としてのライフスタイルを維持し、ローマ・カトリックの信仰を維持する。リピンスキーは、ノートに書いている。

私は、ウクライナ人になった。それは、私がその人々より弱くて下だと思ったからではなく、私自身は（文化的観点から）、より良く、より強いと考えたからである。

貴族の地位を保持することは、リピンスキーをして、反乱する農民を崇めるウクライナ民主主義との訣別を不可避にせしめた。彼の民主主義に対する好意的態度は、革命まで認められる。革命の時、彼は民主主義の真の政治的意味を知ったことは疑いがない。ウクライナの民族的再生が民主主義化のプロセスと結びつくであろうことを、リピンスキーは予見していた。強い富裕な階級を欠いたウクライナ民族の発展は、政治的民主主義と密接に関係している、と。

リピンスキーが民主主義にいくばくかの希望を持っていた時には、彼は、民族と国家を本質的に異なるものとして、両者をはっきりと区別していた。しかし、ひとたび政治システムとしての民主主義を拒否し、激しく攻撃するようになると、この図式は崩壊した。

民族について、リピンスキーが見直すことのなかった考えは、次の三つである。①ウクライナ人民は、独立国家を持つ権利がある。②民族の最も基本的な要素はエスニシティー、つまり、言語、習慣、人種等ではなく、地域である。③民族は、自然に、あるいは神意によって授与されるのではなく、常に、歴史的、政治的プロセスの産物である。

リピンスキーは、オートノミー（自治）やフェデレイション（連邦）を拒否した。民族的アイデンティティーを持つ人々は、独立国家を持つ権利を与えられている。彼にとってこの考えは自明のことで、証明不要だった。ウクライナのための国家は一種の信条で、生涯、それに忠実であり続けた。

私は、ウクライナ国家を望んできた。しかし私は、詩がウクライナ語で書かれているというだけで興奮させられない。あるいは、ロシア人やポーランド人に対する嫌悪の感情のゆえに興奮させられることはない。それゆえ、私は、ウクライナ人の多数から完全に異質で離れている。

リピンスキーは、民族の地域を、民族の最高の属性、特徴にまで高めた。チジェフスキーによると、「リピンスキーが地域を民族の属性としたことは彼のオリジナルではない。彼のオリジナリティーは、地域を民族という存在にとって基本的かつ建設的な構成要素と見なしている点である。リピンスキーのウクライナ人の定義は、よく知られている。〈ウクライナ人は、ウクライナと有機的に結びついている（住み、働く）、すべての人である。非ウクライナ人は、別の土地の人である〉。チジェフスキーは結論する。領域あるいは地域に統合されたものとして民族を定義することは、極めてオリジナリティーのあるものであると。言語に基づく民族の定義に対して、言語、種族、宗教、階級に関わりなく、民族の地域に暮らしていれば同一の民族であるという考えを、リピンスキーは「地域主義」と名付けた。ポーランドの上層階級が、彼らの社会的地位とポーランド文化を放棄せずにウクライナに住み、文化的、社会的作業でウクライナ大衆への負債を支払うことを、リピンスキーは要求した。しかし彼の試みは成功しなかった。

リピンスキーの主要な政治的論文、『友人‐農民への手紙』は、体系的な学問の形を取ってはいない。しかし、この論文は近代ウクライナの社会思想の展開の中で極めてユニークな産物だった。リピンスキーの理論的関心の中心は、国家と政治の社会学だった。社会と国家の関係について、彼は、社会はパッシヴで、国家はアクティヴだと考えていた。アクティヴな少数が、支配し、指導し、組織する。アクティヴな少数の力は、その内部にある。彼の考えでは、国家は征服の過程で現れる。原始から封建を通って憲法形態へと。その征服による勝利は、「外的」なもの、あるいは「内的」なものである。前者は、新しい国家の征服者‐組織者が外からやってくる。後者は、征服者は地元の住民から供給される。貴族政は、この内的征服を完了させなければ、真に社会のエリートによる支配とはならない。

もう一つ、リピンスキーの考えには、十九世紀の合理主義に対するアンチ・テーゼが見られる。それは、国家建設におけるファクターとして非合理的欲望の重要性という考えである。構造、形態に関わりなく、すべての国家には、生来の権力と、権力の担い手としての指導層が存在する。リピンスキーは、指導層を「貴族」と呼ぶ。この理解は、彼が単に、言葉の普通の意味での古い、生まれながらの貴族に限らず、どのような時でも、支配的なグループを貴族と呼んでいることを示している。

リピンスキーは、権力の三つの源泉の社会的現れを見ている。それは、軍事力、経済力、知力である。この三つの権力の源泉は、社会人類学の基本的な三つのタイプに対応する。それは、「戦士（武人）」、「生産者」、「知識人」である。この三つのタイプは重ね合わせも可能だが、リピンスキーは、自分を特別な国家建設者で「戦士−生産者」だと思っていた。インテリゲンツィアは、その一部は文化的、イデオロギー的創造者だが、リピンスキーの考えでは、国家権力の担い手としてはあまり適していない。というのは、彼らは、物質的な力（戦士と生産者の）の手段に対する直接のコントロールを有していないからである。その代わり、インテリゲンツィアは、重要で責任ある、補助的な役割を果たしうる。彼らは社会の中にある潜在意識的な傾向を理性的に意識させ、表現することができる。

リピンスキーはウクライナのインテリゲンツィアの役割を鋭く批判した。ウクライナのインテリゲンツィアが政治的エリートの役割を果たすことを否定した。政治的エリートなしには民族は存在しないが、その民族の考えを形づくるのはインテリゲンツィアの仕事である。インテリゲンツィアの役割は、国家建設や政治権力の行使にではなく、文化的、知的な仕事を通しての、社会階級間の調停にあると主張した。ウクライナ・インテリゲンツィアの役割は書くことだけであって、物質的生産には関わらないから、ウクライナの発展に対する貢献は限定的である。ウクライナでは民族的念願の解決法が文学に向かう傾向が強い。それは、一種のユートピア志向であり、ポピュリスト−民主主義者の志向である。

リピンスキーの政治学における最もオリジナルな貢献は、国家システムの形態の類型にある。この分類法は、「指導層」と「人民」の関係の分析に拠っている。この図式に従って、国家システムには三つのタイプが存在する。「階級政」、「民主政」、「衆愚政」である。このタイプ分けは、時を超えている。つまり、それらは、様々な時に突出する。様々な経済発展の段階で、そして様々な文化的な関心の中に出てくる。理論的には、この三つのタイプのシステムは完全に同等の地位にあるが、リピンスキーは個人的には、階級政の側にシンパシーを持っていたことを隠さなかった。

リピンスキーの考えを正しく理解するためには、彼の用語が一般に採用されているのとは常に同じではないことに注意する必要がある。例えば、イギリスは民主主義の国だと見られているが、リピンスキーは、イギリスは階級政の例であるとしている。「階級」は、ヒエラルキー的区分を考慮せず、一つの共通の役割で統合されたものとリピンスキーは理解している。例えば「産業階級」は、労働者、技術者、そして、「産業を指導する船長」の統合されたものである。一つの階級の中で、しばしば「上層」と「下層」の間で争いが起きることは明らかである。「農業階級」の中では大地主と農民の間で、あるいは「産業階級」の中では労働者と企業家の間で、である。しかしリピンスキーは、通常、階級を統合するモメント（契機）の方が、階級を分裂させるモメントより強いと考えていた。そして、そのモメントに注意を払った。

階級政のシステムは、権力と自由、保守主義と進歩勢力の間の均衡によって特徴付けられる。このシステムにおいて、社会は経済的、文化的、政治的自由によって自発性を与えられる。しかし、この自由は、力強く安定した国家権力の権威によって規律正しさを維持される。社会は階級的に分化され、階級的自治は自分自身の範囲において自治を享受する。すべての階級の上層グループは全民族的な指導層に入る。階級政の指導部の基本的中心部は、「戦士‐生産者」の生まれの人々が構成する。

それが歴史的な、ある時期における民族の中の最良の人々、ローマのパトリキ、シュラフタ、コサック、騎士、サムライ、イギリスのジェントリーである。彼らは、組織者、支配者、リーダーとして現れる。しかし、リピンスキーは、現代の状況ではこの機能は、労働組合に組織された者たちである。労働－産業貴族も遂行できることを認めている。例えばイギリスでは、労働組合に組織された者たちである。階級政のシステムは、批判と反対の自由を認め、その自由を要求することさえ認める。しかし反対派の存在は、革命的破壊には至らない。というのは、反対派は伝統的な法秩序の枠内で行動し、その法秩序は政治的リアリズムと政治的責任の精神の中で育まれたものだからである。社会的下層から脱出した最も有能な者たちは、民族的貴族に同化し、それによって貴族階級を常に若返らせることを保証する。世襲の立憲君主政は、国家権力の永続性と超階級的な性格を象徴する。それは、階級政に最も調和する。しかしリピンスキーは、階級政が、いくつかの共和国、例えば古代ローマや初期のアメリカに存在することを否定しなかった。

一九二一～一九二二年に書かれた『友人－農民への手紙』の第三部、「民族貴族とその三つの組織――階級政、衆愚政、民主政」では、エリートという言葉を使わず、民族貴族、あるいは、指導層、支配層という言葉を使っている。そして、すべての国家は、当該の社会で権力を手にした、アクティヴな指導層によって創られてきた。この民族的貴族が、リーダーで組織者である。封建時代の騎士、絶対主義時代にはフランスの宮廷貴族、ナポレオンの将校たち、ドイツ第二帝国のプロイセン・ユンカー、フランスとアメリカの金融ブルジョアジー、ペテルブルク時代のロシアの官僚、イギリスの労働組織の労働貴族がそれにあたる。そして、その民族的貴族は、「永久に更新」される、あるいは、ヴィルフレド・パレートの理論を用いて、「エリートの循環」を説明している。

「支配層」のシステムと方法には三つの種類がある。第一は、階級（有機）的方法で、イギリス－アメリカのアングロサクソン型の階級的要素が後に共和型民主主義に変わる。第二の、エリート組織の民主的（カオス的）方法を支持する層は、オープンで無制限の競争に基づいて行動する、商人、金融業者、インテリゲンツィアなどである。リピンスキーは、ポーランドを、ネガティヴな意味で「貴族のデモクラシー」と呼んでいる。第三は、衆愚政（リピンスキーは、これを大衆による支配ではなく、大衆に対する支配のことである、としている）で、これを、最も直接的で厳格な、そして原始的な社会政治システムと特徴付けている。

デモクラシー（民主政）については、権力と自由のバランスが、後者の方に片寄った兆候によって特徴付けられるとする。制限のない民主主義的個人主義は、社会において規律と法秩序を掘りくずす。経済的かつインテレクチュアルな自発性は、カオスの形態を取る。デモクラシーのもとの国家権力は、私的な利害の道具となる。権力は、事実上、生産者－非戦士（富豪－金権政治家）の手に落ち着く。しかし彼らは、インテリゲンツィアの間からの雇われた職業政治家を隠れ蓑として喜んで使う。小さな政党は、彼らの政治的責任感を失う。リピンスキーの理解における民主主義の歴史的な例は、アテネとローマの共和制の衰退期、フランス第三共和制、ポーランドのシュラフタの共和国、ロシアのケレンスキー時代とそれに対応するウクライナ（一九一七年夏頃の中央ラーダ）などである。

リピンスキーは、国家はデモクラシーからは生じない、と考えていた。デモクラシーはむしろ、国家を分解させる傾向を持っている。君主政のみが権力の十分に強いセンターと権威を持ち、言語、人種、宗教においてばらばらなグループを一つの民族に統合する。アメリカも例外ではない。アメリカの植民地の伝統は、君主政で、民主政ではない。民族的統合が君主政によって実現した後に、民主政が出てくる。民主政ではなく君主政が、民族の真の創造者である。民主政は民族の破壊者である。君主政では少数のアクティヴのリーダーシップを多数のパッシヴが受容するが、その受容力の大小に従って、すべての民族は創られる。牛は人によって養育されるが、民族は自らを養育しなければならない。民族を維持し発展させるためには、不断の努力が必要である。破壊的な自然に対する闘争が必要である。

民主政は民族をゆるやかな死に導き、衆愚政は国家による民族の服従に導く。しかし、例外的な条件の下で、衆愚政は階級政に変化しうる。その場合、国家は民族の代弁者として再建される。階級政治は、民族の成長と力を保護する。しかし、不健康な帝国主義を結果するかもしれない。

リピンスキーが国家と民族を同一視するようになったのは、革命後だった。それは彼が、デモクラシーをトータルに拒否し、非難するようになった時である。ウクライナは国家の伝統に欠ける非国家民族である。ポーランド人は、服従の時でさえ、リーダーシップが可能な、政治的エリートを保持していた。ウクライナ人は全く違った。彼らは、「国家なき人々」で、まだ民族ではない。というのは、長期の国家の伝統と、その意志をウクライナ農民大衆に課すことのできるエリートの両方に欠けているからである。ウクライナの人々は、まだ「民族性」であって、民族になるプロセスにある。

ウクライナの人々は、ウクライナを独立国家に変えたときに初めて一つの民族となることができる。しかし、植民地から新しい国家を建設するのは、最も困難な政治的事業である。国家はすぐには生じない。困難で苦しいプロセスを経る必要がある。

リピンスキーは、デモクラシーに対して悲観的だった。それは一九一七年のウクライナとロシアの民主主義の失敗の経験によるものだった。しかしリピンスキーは、だからと言って絶対王政の支持者ではない。彼は、帝政ロシアを「世襲独裁」と呼び、そのような古いツァーリの専制独裁政を欲しているわけではないと言う。帝政ロシアは、危機の時には、ポグロムという大衆の力に助けられて自分を守る。リピンスキーの君主制は、「法によって制限し、法によって制限される」、つまり、憲法の君主制、立憲君主制であった。

一九一八年のヘトマン政権は、その欠点にもかかわらず、ウクライナで望ましい政府の形態に最も近似のものであり、そして同じ理由で、革命期に実現可能なウクライナ国家を建設するベストのチャンスでもあったとリピンスキーは主張する。ウクライナ人民共和国の左派政権には、そのような可能性はなかった。ヘトマン政権の時、ウクライナは「民族性」から「民族」へと変わる可能性があった。しかし、政権に対する革命派、民主的ウクライナ・インテリゲンツィアの反対によって、その機会は失われてしまった。

リピンスキーは、ウクライナ・インテリゲンツィアがこの貴重なチャンスを破壊したことを非難する。インテリゲンツィアは、地域的愛国主義にではなく、ナショナリズムという黴菌に感染したのだ。そしてウクライナ人を、ウクライナ語を話す者にのみ限定した。さらに、ウクライナ・インテリゲンツィアが崇拝してやまない高度な平等主義の民主主義が、古い、領主、旦那に対する非和解的な反対にウクライナ人を押し込んでしまった。

ウクライナ革命では、保守派が欠けていた。そのため独立闘争は、不可避的にアナーキーに終わった。もたらされたのは民族の破滅であり、ウクライナは以前の地位、植民地に戻った。ウクライナ革命の主流は、ポピュリズムと社会主義だった。

第一次世界大戦後、君主政は次々に消滅した。国王は、絶滅危惧種となった。これは必ずしも「進歩」と祝われるものではない。大体の場合、君主政は、安定した民主政に取って代わられるのではなく、独裁政や専制に取って代わられた。「革命」、「全体主義」、あるいは「衆愚政」のそれに(ロシアはツァーリを排して、レーニンを受け取った)。それらの国では、実質的に君主政が続いている。ウクライナのように、共産主義の支配で全くひっくり返されてしまったところで、君主政が復活する可能性はゼロであろう。

リピンスキーは、死の直前、そのことに薄々、気がついていた。スコロパツキーに失望し、ヘトマン政権の復活に絶望し、彼の年来の政治思想の基本的有効性の正当性に対する疑念に悩まされていた。これは彼の個人的悲劇であり、同情に値する。最後の頃、リピンスキーは、世襲制ヘトマン体制が最も望ましいと言いつつも、将来のウクライナ国家の政府の形態を決めるのは、憲法制定会議の特権であると考えるようになっていた。これはポピュリズムの民主主義的原則を認めることに他ならず、彼が、一貫して激しく拒否していたものだった。

最後に、オフロクラシー、衆愚(愚民)政は、戦士‐非生産者の絶対的な支配を意味し、そこでは自由と社会の自発性は完全に抑圧される。過去のオフロクラシーはしばしば遊牧民によって作られたが、近代にあっては、没落した遊牧民化した集団が、産業文明の社会的周辺に登場する。オフロクラシーの指導層は、統制された、一枚岩の、戦士-官僚の「秩序」、「近衛兵」、「イェニチェリ」、あるいは、最近の「単一党」として組織された。このシステムを指導するのは、専制的君主-独裁者、あるいは、指導者-独裁者である。このシステムでは、合法的反対派の場所はなく、社会は受動的な無定形で組織のない群衆に変えられる（「オフロス」は、ギリシア語で愚民の意味で、「オフロクラシー」とは、群衆の支配ではなく、リピンスキーの考えでは、それは一度も起こったことがない、群衆に対する支配である）。

このシステムで特徴的な傾向は、神権政への傾斜で、つまり、政治的、精神的権力の、一つの手への集中である。国家の長が教会の長であり、最近では予言者であり、無謬の、あれこれの公式のイデオロギー的ドクトリンの通訳者、説明者である。オフロクラシーのもとでの経済生活は常に官僚的に細かく決められ、多かれ少なかれ国有化された。リピンスキーは、オフロクラシーのタイプに、古い東方の専制支配、十八世紀ヨーロッパの「啓蒙絶対主義」、革命的独裁（例えば、フランスのジャコバン支配）、すべての皇帝-ボナパルト的性格の体制、そしてもちろん、現代のファシズムとボリシェヴィズムをその中に入れた。東ヨーロッパでオフロクラシーの主要な代表者は、ツァーリの、そしてソヴェトのロシアである。

この三つのシステムのタイプは、確実に一貫性をもって交代する。行き過ぎた物質的繁栄によって弱体化した階級政はデモクラシーに悪化し、その墓掘り人に、オフロクラシーがなる。そして、それとの闘いにおいて、新たに階級政が有効となる。しかしリピンスキーは、この歴史的回転に無条件の決定論を認めなかった。社会の客観的合法則性に大きな位置を与えながらも、彼は同時に、自由な意志の重みを強調した。その意思は、自分の決定によって、物事の発展をうまく新しい流れに向ける。

リピンスキーは、民族の歴史は二つのプロセスによって動かされると考えていた。建設的プロセスと破壊的プロセスである。どちらが優勢となるかで、民族の運命は決定される。民族の「黄金時代」は建設的プロセスが最も強烈な時で、破壊的プロセスは利己主義的な分裂が起こり、個人やグループの利益と、民族的集団全体の共通の利益とが内在的に矛盾している時である。民族が民族として存在するのは、建設的なプロセスが勝利する時である。狭小な利益を、いくつかのグループが互いに権力のために競い、どれも他に勝利できないならば、民族は衰退し、崩壊し、死に至る。しかし、もしどれかが勝てば、民族的貴族政となる可能性がある。ヘーゲルによれば歴史は闘争のプロセスで、マルクスによれば階級闘争のプロセスだが、リピンスキーによれば、現実のエリートと潜在的なエリートとの闘争のプロセスである。

リピンスキーは、民族について、また民族と国家の関係についても、オリジナルな考えを持っていた。民族があってその後に国家があるというナショナリスト・イデオロギーのスローガンに対して、リピンスキーは「民族を通じて国家」という決まり文句を入れ換えて、「国家を通じて民族」とする。「国家なき民族」には、まず国家を創る。あるいは、国家を創って、民族の形成を促すという考えである。国家とは、人々を活性化するリーダーシップであり、パッシヴな大衆を動かすアクティヴな原則である。そして、アクティヴな少数による支配の一つが貴族政である。

リピンスキーは、歴史における進歩的な要素の存在を認めていたが、決定論的な、自動的な進歩の考えを拒否していた。個々の人々の進歩的達成は、辛い労働と理性と意思の努力によって得られたものでなければならない。それゆえ、進歩によって得られるもの、特に社会組織と国家建設の分野では、終わりということはない。それは絶え間なくアナーキーな傾向におちいる恐れがあるので、継続的に守り、強化する必要がある。リピンスキーは、冒瀆的なユートピア、「地上の楽園」についての考え、つまり、社会の完全なる組織、そこでは社会的調和が保たれることが保障され、永遠に不正が消えてなくなり、理想と利害の矛盾やグループ間の対立も消失するというユートピアに反対していた。リピンスキーは一度ならず、将来のウクライナ国家が「地上の楽園」ではありえないと警告していた。

リピンスキーは、社会生活における宗教の役割、そして国家と宗教の関係について熟考していた。彼の世界観の基本的な特徴は、深い宗教性である。

自分の階級政の概念の観点から、リピンスキーは、教会の権威ある政治権力への服従（皇帝教皇主義、シザロパピズム）を否定的に評価していた。また、聖職者の政治問題への欲望（クレリカリズム、聖職権主義）にも反対だった。自分の社会的本性から聖職者はインテリゲンツィアの一部を形成し、この層の生来の欠点を共有している。国家と教会の最良の関係は、それぞれが自分の範囲で自治を享受し、同時に協調と相互扶助がある時である。宗教の意義は、功利的な社会の目的に帰することはできない。だから、宗教だけが社会に自己犠牲の精神と理想的な動機を負わせることを可能にする。

その動機が、国家建設に必要な精神的風土、風潮を創り出す。現代の理性的な似非科学に宗教の代理はできないし、その課題の実行はできない。それゆえ、社会の完全な世俗化は、破滅の徴候であると評価する必要がある。

宗教的モチーフは、リピンスキーの思想を貫いている。人間の活動の至高の使命を、彼は人民の生活の中に実現することに見る。そして永遠なるまことの神が、われわれの不完全で罪深い本性を見ているのだ。

3 プログラム

自分の理論的ドクトリンの基礎の上に、リピンスキーは具体的なウクライナの政治的プログラムを構築する。その際、彼にとって中心は、国家と権力である。彼の最も深い確信によると、自前の国家なくしては、ウクライナは永遠に民族的存在と非存在の間に、辺境の草木として運命付けられたままとどまる。ここから、避けて通れない国家というものが出てくる。

しかし、ウクライナ人は、覚えておかなければならない。自分の国家は、誰も与えてはくれない。それは、この世の恩寵でもないし、社会的プロセスの自動作用でもない。国家は、ウクライナ国家の自己実現の道の上に立ちはだかっている内外の障害に注意して、自分自身で発掘、創りださなければならない。自ら異常な困難に身を呈する必要がある。ただ長い時間と準備だけでなく、ウクライナ社会自体の再生が必要である。というのは、ウクライナの現在の状況は、抑圧され占領されているだけでなく、「無国家」状態、つまり独立した存在としては内的に未熟であるからである。ウクライナ民族は、その言葉の完全な意味において、まだ無い。そこから民族を立ち上げる材料のみがある。リピンスキーは、「神は、人民を、回復可能なものに造られた」という原則を維持した。ここから、内政が外交に優先し、「組織」が「志向」の上に置かれることになる。

ウクライナ民族は「地域的愛国主義」を基盤にして、すなわち、その社会的所属、宗教、民族的文化意識にかかわらず、ウクライナの地に継続的に住む、すべての人の間の覚醒の道によって最もよく統合強化される、とリピンスキーは考えていた。この観点から、ウクライナにとって例となるのはアメリカかもしれない。そこでは、地域的愛国主義と統合を推進する政治意識が、様々な移住者の大衆を一つの国民にした。ウクライナも同様に、すべての市民の共通の祖国とならなければならない。単に一つの社会層（例えば、「労働者と農民」）だけでなく、一つの「民族的」教会の信徒だけでなく、単に「純血」、「民族意識」のウクライナ人でなく、すべての市民の祖国でなくてはならない。その祖国に共に住む他人に対する、社会階級的、宗教的、人種的不寛容は、深い破滅の現れである。それが、たとえ、「人民を愛する」とか、「愛国的な」という、最も絢爛たる衣服を羽織っていても。

リピンスキーは、将来のウクライナ国家の構造は多元的であることが必要であると主張した。リピンスキーの多元主義と君主政主義は深く関係している。彼が目にするウクライナは、社会的、政治的に分化している。この多元性は、統合のバランスを要求している。そこに統合されたセンター、権威がなければ、カオスと破片になる。

ウクライナ史においては、不幸にも、自己破壊的な争いの例が沢山ある。十九世紀のポピュリストのヴィジョンは一元的だった。ナロードは農民で、均質な大衆だった。十九世紀の偉大な思想家たち、シェフチェンコ、ドラホマノフ、フランコは革命家である。リピンスキーによると、革命家を有していること自体はまったく問題ではない。問題は、われわれが革命家だけを持っていることである。革命家を否定するのではなく、保守主義者を必要としているとリピンスキーは言う。ポジティヴな保守政治思想を形成することは、革命家を批判したり、それと闘ったりするよりも重要である。

コストマーロフやフルシェフスキーといったポピュリストの歴史家は、自然の、単純ではあるが力強い農民蜂起を称賛し、ウクライナのエリートの国家建設の努力に疑い深い目を向けていた。戦間期に、ポピュリズムは統合ナショナリズムに取って代わられた。しかし、ナショナリズムもまた、一元論であるので、ポピュリズムの伝統を続けている。少なくとも、ポピュリズムも統合ナショナリズムもともに均質な社会を前提にしていて、社会階層の政治潮流の多様性を認めていない。リピンスキーは一元論には反対だったが、ウクライナの国家建設における卓越した役割を農民に割り当てていた。農民は、この場合ロシア語でクラーク（富農）、ウクライナ語でクールクリである。

歴史の経験は教えている、革命が勝利するのは、「古い旦那」の一部が、革命に加わった時であることを。一九一七年まで、ロシアあるいはポーランドの、民族的、文化的、政治的意識の上に立っていた層、伝統的上層部の、全体でなくても、少なくとも大きな部分が加わることが必要である。ウクライナ解放運動の担い手は、十九世紀のように、非生産的、平和主義的インテリゲンツィア（文学者、学者、教師、ジャーナリストなど）だけでなく、農業、産業、軍事の組織者、すなわち、いつでもどこでも国家の中核を創りだす、社会的勢力を含まなくてはならない。ウクライナは、自分の組織的表現を政党の中にではなく、何よりも有機的な階級（プロフェッショナルな）の同盟の中に見出さなければならない。その助けのもとに、社会的分散と、それによるウクライナ人の政治的弱さを克服しなければならない。

アメリカ革命には植民地エリートが関与している。同様に、ウクライナ独立のための闘争は、歴史的貴族の一部の支持がなければ成功しないとリピンスキーは考えていた。彼は、右岸のシュラフタの子孫だった。そして彼の、第一次世界大戦前の活動は、ポーランド化された層をウクライナ民族のコミュニティーに再統合することに献げられていた。その内在的な動機は、ノブレス・オブリージュ（貴族の義務）の強い感覚だった。植民地権力の利益のためではなく、貴族は自分の民族に奉仕する義務がある。そうすることによって、貴族は自分たちの階級が存続する権利を正当化するのである。リピンスキーは基本的に右岸のポーランド化されたシュラフタに関心があったが、彼の考えは同じように左岸のロシア化されたドゥヴォリャンストヴォ（ロシアの貴族）にも適用される。それは、十七〜十八世紀のヘトマン国家のコサック将校（スタルシナ、長老）層の子孫であった。

リピンスキーは、貴族は「古い」ウクライナと、「新しい」ウクライナを結びつけるものとして奉仕することができると考えた。貴族の発展が、高い頻度で繰り返される不連続によって特徴付けられる民族の生活における継続性の要素を供給すると考えた。その例として彼は、ロシア革命に旧体制の将軍（貴族）などが協力していること、つまり、帝政ロシアのエリートが入っていることを指摘した。十九世紀の「小ロシア」貴族は帝政に仕え、かなりロシア化された。それでも彼らはウクライナ・アイデンティティーを失わなかった。そして彼らは、現代のウクライナ社会の実際のエリートを形作っている。

ウクライナにおいては、民族的、創造的要素は、ヨーロッパから来ており、アジアからではない。ウクライナはポーランドとへその緒で繋がっている。ポーランドとの政治的分離なしには真のウクライナはない。ポーランドと切れない限り、「ウクライナ化」もないとリピンスキーは言う。

すべての現実の民族は社会的に分化しており、進歩と保守の要素を包含している。自前の「旦那」を作りあげることのできない人民、つまり、自分の指導的階層を作りあげることができない人民は、永遠に他所の旦那に支配される。ウクライナを単に「人民大衆」とのみ同一視しようとする者は、あるいは、進歩的、社会革命的傾向とのみ同一視しようとする者は、事実上、リアルなウクライナ民族を決して再生させないということに貢献している。というのは、彼らは保守主義を強く押し込め、まさに正確に、最も教育ある、政治的に国家の仕事に経験のある、最も有能な、ロシアあるいはポーランドの地方の社会の上層を、外に押し出してしまう。

リピンスキーは、ウクライナ民族再生力の弱さの原因を、大衆の意識の不十分さに見るのではなく、社会政治的かつインテレクチュアルな上層部の弱さに見る（つまり大衆ではなく、エリート層の弱さ）。それゆえ、ここで生まれた保守主義の再生が必要である。それは長いこと実を結ばなかった、ウクライナ主義のアキレスの踵だった。

保守主義を、古く廃れた社会システム（例えば一九一七年以前に、われわれの土地に存在した社会体制）の再建への願いと理解してはならないし、また、民族的伝統の飾り物や付属品（「尖ったベレー帽にゆるいズボン」）と結びつけてはならない。むしろ保守主義はウクライナ社会の間に組織された権威、規律、法秩序、政治文化、理性的かつ責任ある考え——それらはウクライナ国家権力の将来の担い手として能力を発揮する可能性がある——を、強化していくものである。わが国の暴徒の爆発的エネルギーの奔流を抑えて、建設的な小川に向かわせるものである。

リピンスキーは、ウクライナのアナーキズムと全力で闘わなければならないと言っている。彼は、破壊を恐れていた。ウクライナの歴史の中のこの二つの永遠のタイプ、政治家と暴徒を、リピンスキーは聖書の中の二人の兄弟、ヤペテとハムに象徴化している。

リピンスキーは、政治的組織の正しい形成と方法の問題に非常に大きな意味を与えていた。彼の考えでは、民主主義的あるいは衆愚的システムは、ウクライナ国家建設の必要には応えない。愚かな「革命的民主主義」は、ウクライナにおいて、ロシアあるいはポーランドの国家権力に対する反対派の大騒ぎに貢献するぐらいの役割しか果たせないだろう。さらに、「革命的民主主義」は、支配に対して、組織的には何もできない。ウクライナの「左派」の衆愚政–コミュニストは、モスクワの代理人として、自分の国を支配できる。それゆえ、URSR（ウクライナ・ソヴェト社会主義共和国）の国家性はフィクションである。しかし、それは「右派」の衆愚政主義者–民族主義者にも当てはまる。それは、ただ狂信的に、ウクライナの社会生活を原始化し、混沌化するだけである。民族的指導者–独裁者の地位を目指す異なった候補者の間の、兄弟殺しのような内輪もめを煽動しながら、である。

民族主義的運動の、二十世紀最初の一歩を踏み出したイデオローグは、ドミトロ・ドンツォフその人に見出された。ドンツォフの「統合（インテグラル）ナショナリズム」は、急進的な若い西ウクライナ人を惹き付けた。リピンスキーはドンツォフによって唱導された統合ナショナリズムとファシズムの親和性を指摘し、ガリツィアのエリートに警告した。ドンツォフの主著『民族主義』と、リピンスキーの主著『友人‐農民への手紙』は、どちらも一九二六年に刊行された。リピンスキーはその本の前書き、「敵陣営の読者への序文」で、ドンツォフを辛辣に批判し、その思想を無価値なものと断罪した。リピンスキーは、彼を、ウクライナ社会政治生活の原始化の担い手として見た。

リピンスキーの考えによれば、ウクライナにとって正しい道は階級政の方向である。このために必要なのは、農業、労働者‐生産者、インテリゲンツィアなどの、地域的基盤の上での強い階級的同盟の強化である。この社会的プロセスの具体化の時に、インテリゲンツィアは、世襲の、法的な「勤労」君主政の設立に同意しなければならない。リピンスキーは、一九一八年のヘトマン体制を、一度も褒めそやしたことはない。しかし、この時期の欠陥に注意を払いながら、新しいヘトマン体制はウクライナ国家性の伝統的な形での再生であったと考え、リピンスキーは将来の祖国の君主政と保守主義の発展とを、これを出発点として結びつけることを欲した。ここから、スコロパツキー家の正当性の権利の承認が出てくる。知られているように、リピンスキーは、死の前になお、この点で、自分のプログラムを検討する時間があった。

リピンスキーは、外交の問題で次のような見解をずっと保持していた。――ウクライナにとって最大の脅威は、次のような状況である。すなわち、ウクライナがロシアとポーランドの帝国主義の競争の草刈り場になること。その際、戦いはウクライナ人の手によって行われる。そうした状況は、十七世紀後半、いわゆる破滅の時、そして再び一九二〇年に起こった。それゆえ、リピンスキーは、非合理的な、「ペトリューラ的な」ウクライナの外交を拒否した。つまり、ロシアとの戦いでポーランドの側に立ち、西ウクライナの土地を渡すという代価によるようなことを拒否した。それは、不可避的にウクライナの内戦の深化をもたらし、ロシアとポーランドによるウクライナの最終的な分割に導いた。これは、一六六七年のアンドルソヴォの条約と一九二一年のリガ条約と同様である。

西のガリツィア・ヴォルイニ地方は、ウクライナの最もヨーロッパ的な部分であるから、そこの政治的貴族がウクライナに属していることは、モスクワとのすべての重要な闘いの遂行にとって絶対的な前提である。文化的–民族的（種族的、言語的、宗教的）なウクライナとロシアの人民の間の相違は、それほどラディカルで非和解的なものではない。それはモスクワに対して、ウクライナ大衆を民族的排外主義と人種的嫌悪の旗のもとに動員できるほどのものではないと、リピンスキーは確信していた。

ロシアに対してウクライナの独自性は、第一に、政治–国家的組織の異なる伝統にある。ロシアはアジア的愚民政で、ウクライナはヨーロッパ的階級政である。自前の国家創造があれば、すぐにロシア的なものからウクライナ的なものへのプロセスの完成が可能になる。

リピンスキーは、ウクライナの国民国家を最終ゴールと考えていた時期もあった。独立した国家のもとでのみ、「品位ある生活様式」を保つことができる。しかし、リピンスキーは国民国家の限界にも気付いていた。そこで、将来の独立したウクライナは、ボリシェヴィキ後のロシアと平和的かつ善隣友好の関係の道を探らなくてはならない。もちろん、ベラルーシともである（「三つのルーシとの同盟」）。東の「遊牧民」と西の「金融資本」のどちらの流入に対しても、単独では抗しえないからである。ウクライナが、ヨーロッパの東に対しての、西の手の中の道具、また逆に、西に対しての東の道具になる危険性に警告を発している。彼はここに、ウクライナのリアルな運命と使命を見ている。

ウクライナは自分自身を見出さなければならない。植民地から、明確に定義され、明確で具体的な個性を持った国民国家にならなければならない。この個性を見出すために、破滅的な内なる「遊牧民」と、東の、外からの「遊牧民」の侵入を止めなければならない。さらに、より危険でさえある、西からの「略奪的で、民主的な、国際金融資本」と、敵対的な、外国による農業植民地化の攻撃と侵入の中で、ウクライナは個性を見出す可能性がある。リピンスキーは次のように不安と希望を述べている。「もし、ウクライナ民族があるとすれば、私の『手紙』は、この民族の存在と未来についての不安を抱く者、すべてによって読まれるだろう」と。共産主義体制が揺らぎ、倒壊して、ボリシェヴィキ後のロシアを、ウクライナと対等のパートナーと認めることができる時がくると想像するのは自由である。

リピンスキーはウクライナ民族の将来を悲観的に判断する傾向を有していた。彼はロシア革命の勃発に些かも興奮を覚えなかった。彼はそこにモスクワ民族の力強い再生の夜明けを見ていた。彼らにルーシの首領の地位を与えれば、自分たちの地位を沈下させ、民族としての死に直面するとリピンスキーは書いている。

リピンスキーは、フランス革命の時と同じように、ボリシェヴィキは不安定で長持ちしないと考えていた。ソヴエト・ウクライナが、ウクライナが民族となる胎児だという考えを拒否していた。ソヴエト・ウクライナを支配しているボリシェヴィキは、「政治的遊牧民」だ。それは、ある時、ウクライナを支配し、その次はブハラを支配する。ウクライナは植民地で、ロシアの首都によって支配される。

ウクライナには歴史的使命があると、リピンスキーは信じようとしているように見える。この素晴らしい豊かな大地に、洗練され、活力に満ちた人民の中で、西のヨーロッパ文化と、東のヘレニズム－ビザンツ文化が統合され、新しい子孫が育まれることを予見していた。ウクライナの精神文化の根源は、すべての人が認めているように、何よりもまず宗教的伝統であり、ウクライナでは東のビザンティンの宗教である（注目に値するのは、リピンスキー自身はローマ・カトリックの信徒だったが、ウクライナの将来においては完全な宗教的多元主義、すべて平等だとしながら、歴史的に見てウクライナの宗教生活では常に東の信仰、正教が第一番の権利を要求できると考えていたことである。また、ユニエイトの展望についても、懐疑的な評価を下していた。ユニエイトはガリツィアの地域的現象だと考えていた）。

しかし、ウクライナの国家システムの伝統は西欧と結びついていた。例えば、キエフ・ルーシのビザンツとの密接な関係にもかかわらず、キエフ・ルーシにはビザンツの皇帝教皇主義は決して移植されなかった。その皇帝教皇主義は、モスクワに適当な基盤を見出した。様々な時代のウクライナの国家形態（ガリツィア－ヴォルイニ王国、リトアニア大公国、ヘトマン国家）は、その時々のヨーロッパ諸国のシステムに、常に対応していた。

東西の文化的要素の調和的統合は極めて困難な課題である。特に、ウクライナの地政学的な状況が加味される時には。それゆえ、ウクライナは歴史の中で一度もこの東西の統合という課題を実現したことはない。ただ、その実現に近づいたことは、二回ある。最初は、中世において、二度目は十七世紀に。この偉大な使命の実現のために、ウクライナは、新しい、より良い、東欧の歴史的新時代を始めるだろう。そして、神の意思にかなった幸福な生活を保障するだろう。単に、自分だけのためでなく、すべての隣人にとっても幸せな生活を保障するだろう。この理想を、リピンスキーは「ウクライナ・メシアニズム」と呼んだ。

ウクライナ思想史の中でリピンスキーの果たした重要な役割は、『イストーリア・ルーソフ』以来、初めて国家の問題を論じたことだった。『イストーリア・ルーソフ』の後に、ウクライナ人が失ったもの、それはユニークな意味を持つ国家の価値の概念だった。リピンスキーは、『イストーリア・ルーソフ』によって明確に述べられた国家の概念の継承者として、再び見直されなければならない思想家である。ヘトマン国家が粉砕された後、ウクライナでは一世紀に亘って非政治的な文化運動が展開され、「国家なき民族」の時代が続いた。革命と中央ラーダの失敗の後、ヘトマン国家の再生を、短期間ではあるが実現させることにリピンスキーは協力した。ウクライナ民族の存在の前提条件としてウクライナ独立国家が最重要であるという考えがリピンスキーによってウクライナ政治思想に再導入された。

リピンスキーは、正当なる権威の問題を定式化したウクライナ最初の政治思想家であった。国家権力は、恣意的かつ専制的にならないために、正当性の原則を基盤として、その上に立ち、正当性によって権力が制限されなければならないことを彼は理解していたし、そのように主張した。リピンスキーは人間社会にとって最も重要な現象は国家だと考えていた。民族は、民族であるという意思の実現である。表明された意思により民族は存在する。そして民族は自前の国家を必要とする。ウクライナも自前の国家を必要とするのである。

第八章　歴史家と政治家の間——ミハイロ・フルシェフスキー

一　生い立ちと学生時代

フルシェフスキー

ミハイロ・フルシェフスキーは、ウクライナを代表する歴史家であると同時に、一九一七年革命後に成立したウクライナ人民共和国の初代大統領でもある。未完に終わった畢生の大著『ウクライナ・ルーシの歴史』（全十巻）は今なお、最も浩瀚なウクライナ史の地位を保ち続けている。この代表作以外に、『ウクライナ文学史』（全五巻）など、著作数十点、論文は数百点にものぼる。

フルシェフスキーほどその評価が大きく変わった人物もいない。ソ連時代、「ブルジョア歴史家」としてその著作も公刊されなかったが、一九九一年のウクライナ独立以来、「独立の父」、「初代大統領」として逆転評価され、著作の復刊が相次ぎ、銅像も建立された。

一八六六年、ロシア帝国ルブリン県ホルム市（現在はポーランド領ヘウム）で、右岸ウクライナの聖職者の家系に生まれたフルシェフスキーは、教育職に就いていた父親の任地カフカースで少年時代を過ごした。父親は教会スラヴ語の教科書を著した人物であった。

生まれ故郷から遠く離れたカフカースでフルシェフスキーは父親の影響を受け、故郷ウクライナに対する関心を強めていった。チフリス（トビリシ）のギムナジウム時代、ツルゲーネフの作品やアレクサンドル・ピピン、ニコライ・コストマーロフ、パンテレイモン・クリシ、ミハイロ・マクシモヴィチ（歴史家、初代キエフ大学学長）などの著作を読み、特に一八八二年からキエフで発行された『キエフスカヤ・スタリナー（キエフの遺産）』誌を愛読した。彼は後に、この雑誌が自分をウクライナ愛国者にしたと述べている。

フルシェフスキーは十七歳から日記をつけ始めていたが、一八八八年八月からウクライナ語を学習してウクライナ語で日記をつけるようになった（レオニード・ザシキリニャク『M・S・フルシェフスキー日記（一八八八―一八九四年）』〔キエフ、一九九七年〕によれば一八八三年からの手稿がある）。この日記の記述にはしばしば、「モスカーリ」や「カツァプ」という語が出てくるが、これはロシア人を蔑視する言葉であった。また一八八五年にはリヴィウの雑誌『ディーロ』に、スーダンにおけるイギリス帝国主義者の野蛮な行為を描いた小説を発表している。その際にガリツィアにいた作家のネチュイ－レヴィツキーに草稿を送り、評価してもらっている。フルシェフスキーはウクライナの民衆に奉仕しようと決意し、キエフ大学でウクライナ史を勉強することに決めた。

父親は学生運動に関わらないことを条件に息子のキエフ行きを認めた。当時、一八八〇年代半ばのキエフは、六〇年代から七〇年代半ばまでのような激しさはなかったが、なおウクライナ民族運動の中心であった。一八七六年のエムス法（ウクライナ語禁止令）とドラホマノフの亡命によってウクライナの政治的民族運動の拠点は国外に移ることになった。キエフに残ったキエフ・フロマーダは文化運動に専念するようになり、ついに政治活動の重要性を主張しつづけるドラホマノフと絶縁した。この文化運動派のキエフ・フロマーダの指導者が、キエフ大学の歴史学の教授ヴォロディーミル・アントーノヴィチであった。一八八六年、キエフ大学（聖ヴォロディーミル大学）に入学したフルシェフスキーは、このアントーノヴィチのもとでウクライナ史の研究に耽ることになる。

アントーノヴィチ自身は十六〜十八世紀の右岸ウクライナの歴史の専門家であったが、彼の指導のもと、フルシェフスキーは中世のキエフ地方と近代初期のバール地方（ポドリア）の歴史研究に専念した。その手法は師アントーノヴィチと同じく徹底的に史料を渉猟する実証史学であり、人民、民衆を歴史の主体と見る人民史観もアントーノヴィチの歴史観を受け継いだものだった。その頃史料収集のため、キエフ、ワルシャワ、モスクワのアルヒーフを訪れている。フルシェフスキーはアントーノヴィチの最も優秀な学生として一八九三年、修士（マギステル）論文『バール地方——歴史的素描』を執筆した。論文は金メダルを授与され、翌年キエフで刊行された。

二　リヴィウ時代

一八九〇年代、オーストリア領ガリツィアでは「新時代」がはじまった。一八八〇年代にはドラホマノフの影響のもと、ガリツィアではポーランド人とウクライナ人（ルテニア人）の対立が先鋭化していたが、ツァリーズム・ロシアとの対抗上、ポーランドとウクライナの和解を主張するドニプロ・ウクライナ(ロシア領)の意見がガリツィアのウクライナ人に影響し、これに呼応するポーランド側の態度の変化によって、一時的ながら両者が和解する雰囲気が形成された。

その一例としてポーランド側はリヴィウ大学にウクライナ史の講座をつくり、ウクライナ語での授業を認めることとした。オーストリアの教育大臣オットー・フォン・ガウホは、「ウクライナ史」という名称こそ認めなかったが、リヴィウ大学に「世界史」の名称で「東欧史」講座を新設し、ウクライナ史の専門家を招くことを承認した。この講座の教授にはアントーノヴィチ自身が招かれたが、アントーノヴィチは招聘を辞退し、代わりにフルシェフスキーを推薦した。アントーノヴィチは、ガリツィアをウクライナの「ピエモンテ」とし、同時にリヴィウで一八七三年に設立されていた「シェフチェンコ協会」を、ドニプロ・ウクライナに代わって在外ウクライナの学術組織へと改革する必要があると考え、若くてエネルギーに溢れたフルシェフスキーを派遣したのだった。

フルシェフスキーのガリツィア、リヴィウ到着は、ガリツィアにとってもドニプロ・ウクライナにとっても大きな意味を持っていた。それは一八八〇年代にドラホマノフが指導し育て上げてきた「ラディカルな」ガリツィアとドニプロ・ウクライナを結びつけることになったからである。政治にコミットせず、歴史家として出発したフルシェフスキーもまた、政治的なガリツィアに赴任することによって否応なしに政治に関わっていくことになる。

一八九四年九月、リヴィウ大学でフルシェフスキーが行った教授就任講演「古代ルーシの歴史」は、ガリツィアのウクライナ人たちを勇気づけるものだった。リヴィウ大学は「ポーランド」の大学であり、そこに通うウクライナ人子弟はこの時初めて、ウクライナ語でウクライナ史の講義を聴いたのであった。フルシェフスキーはその該博な知識を背景に、ウクライナ史を世界史と東欧史の中に位置づけ、ウクライナ民衆の発展の歴史としてのウクライナ史を展開してみせたのであった。ポーランド支配のもとで独自のウクライナ史の存在を否定されてきたガリツィアのウクライナ人にとってそれは待望の歴史観であり、アントーノヴィチが派遣したこの若き「大家」は瞬時にして信望を獲得することとなった。

フルシェフスキーのリヴィウ大学での講義はいつもウクライナ人学生で満員だったが、教え子で後にウクライナ史の教授になったミロン・コルドゥバによると、ひどく早口で、決して上手な授業とは言えなかったという。また彼は、学生に対して「同志」と呼びかけたという。ゼミナールは毎回一冊の課題図書の書評を提出しなければならない厳しいものだった。

フルシェフスキーは、ウクライナ史の講義やゼミナールをする傍ら、リヴィウにあったシェフチェンコ学術協会の活動に加わり、この組織を真の意味での学術団体に再編した。一八九七年には協会の会長に就任し、会誌『シェフチェンコ学術協会雑記』の発行をそれまでの年一回から年四回に、後に隔月刊に増やした。雑誌は第一次世界大戦前までに一一五巻が出版された。この雑誌は学問的に高い水準を保ち、ミロン・コルドゥバ、ステファン・トマシフスキー、イヴァン・クリピャケヴィチなどのウクライナ史の専門家が論考を発表した。

フルシェフスキーはこの学術団体に図書館を新設し、様々な刊行計画を立て実行した。彼はシェフチェンコ学術協会を指導し、拡大強化することによって、タフなオルガナイザーとしてリーダーシップを発揮してみせた。資金を調達し、イヴァン・フランコやミハイロ・パヴリク（一八九七年から主任図書館員）といった活動家を協会に雇い入れ、ウクライナ史に関する学術書を次々に刊行した。ドニプロ・ウクライナでの出版、文化活動が出来ない中、彼はこのシェフチェンコ協会を「在外ウクライナ・アカデミー」として飛躍させたのであった。師のアントーノヴィチの願いを実現したのである。

フルシェフスキーは一八九八年十月に、イヴァン・コトリャレフスキーの『エネイーダ』出版百年とイヴァン・フランコの文学活動二五年を記念した集会を組織した。リヴィウのグランド・ホテルの劇場で、フルシェフスキー、フランコ、パヴリクが発言し、閉会の前に、「ウクライナいまだ死なず」が参加者によって歌われた。さらに同じ一八九八年にフルシェフスキーはリヴィウの『文学学術通報』の編集長となり、そこにはレーシャ・ウクラインカ、ミハイロ・コチュビンスキー、イヴァン・ネチュイ－レヴィツキー、オリハ・コビリャンスカ、ヴォロディーミル・ヴィンニチェンコなど将来、ウクライナを代表することになる作家たちが作品を寄稿した。

一八九九年、キエフで第十一回ロシア考古学大会が予定されていた。シェフチェンコ学術協会は、フルシェフスキーが中心となって、ウクライナ語で三〇の報告を用意した。しかし、当然のことながら、ウクライナ語での発表を許すかどうかで政治問題となり、政府と大会の指導部はこれを認めなかった。フルシェフスキーとガリツィアからの参加者は抗議して大会参加を拒否し、自分たちの報告は『シェフチェンコ学術協会雑記』に掲載した。この大会のウクライナ語問題のウクライナ側の先頭にフルシェフスキーがいたため、彼は、「ウクライナ分離主義」のリーダーと目され、悪名高い「民族主義者」としてロシア側に知られることになった。

リヴィウに着任したフルシェフスキーは、すぐにライフワークである『ウクライナ・ルーシの歴史』の執筆にとりかかった。総合的なウクライナ史の試みとして、第一巻は一八九八年末にリヴィウで出版された。当初の計画では全三巻だった。ガリツィアでは熱烈に歓迎され、ロシアでは販売禁止、ポーランド人の学者からは無視された。

第一巻は当初、キエフ・ルーシの崩壊までを書く予定だったが、実際には十世紀の終わりまでの叙述となった。『ウクライナ・ルーシの歴史』最終第十巻はフルシェフスキー死後の一九三七年に刊行されることになる。叙述は一六五〇年代までなので、この著作は未完で終わることになった。カナダで英訳本が刊行された。

「ウクライナ・ルーシ」という書名の選択自体が、独自のウクライナ史学の確立をフルシェフスキーが目指していたことを示唆している。まず、ウクライナ・ルーシの歴史を書くということは、キエフ・ルーシと近代ウクライナの間の連続性を前提としている。当時、ガリツィアのウクライナ人の多くは自らをルーシ人（ルテニア人）と呼んでいた。ルーシとウクライナの連続性を強調することによって、この書物はガリツィアのルーシ人にウクライナ人としての自覚を促す意味も持っていた。

「ウクライナ」は当時のロシア帝国では行政上の名称ではなかった。「ウクライナ」という名称はロシア帝国では使用が禁止されていた。「小ロシア」という行政上の名称が存在したが、それはウクライナ人が住民の多数を占める地域全部を含んではいなかった。ガリツィアのウクライナ人にとって「ウクライナ」とは、ロシア帝国のウクライナ部分を指していた。フルシェフスキーは伝統的にウクライナ人住民の多数を占める地域を「ウクライナ」という名称で統一しようとしたのである。すなわち、ドニプロ・ウクライナとガリツィアを併せたウクライナ史を書こうとしたのである。さらに「ウクライナ・ルーシ」という題名によって、それまでロシア史の一部として描かれてきたキエフ・ルーシをウクライナ史の一部として書くことをフルシェフスキーは意図していたのである。

フルシェフスキーはリヴィウに来た当初は研究と教育、それとシェフチェンコ協会での活動に専念していたが、次第に政治活動も開始した。彼はフランコ、ロマンチュークらとともに一八九九年、民族民主党を旗揚げした。これはウクライナ・ラディカル党に次ぐガリツィア第二の政党であった。

一九〇三年にフルシェフスキーが執筆した「ロシア史の伝統的な仮説と東スラヴ史の合理的組織化」は、キエフ・ルーシとモスクワ国家の継続性を否定した画期的とも言える論文だった。キエフ・ルーシの後継国家はハーリチ・ヴォルイニ公国およびリトアニア公国であり、モスクワ、そしてロシアの歴史は別のものである、ポゴージンらロシアの歴史家が唱えた説、すなわち南ルーシから北の森林地帯へ人々が移住してモスクワ国家を創ったという説は誤りである、と彼は主張した。

キエフ・ルーシとモスクワ国家の断絶、キエフ・ルーシの体制、社会が北ではなく西に受け継がれたという考えは重要なものである。モスクワはモンゴル支配の下で発展したということであり、のちのウクライナとロシアの違い、その関係についての考えに影響を与えずにはいなかった。ロシアの歴史家ヴァシーリー・クリュチェフスキーによるロシア史の概要は、キエフ・ルーシからウラジーミル・スズダリ公国、さらにロシア・ツァーリ国（イヴァン四世からピョートル一世まで）、そしてロシア帝国という流れであるが、フルシェフスキーは最初のキエフ・ルーシとウラジーミル・スズダリ公国の継続性を否定したのである。それはその後のモスクワ公国、ロシア帝国とキエフ・ルーシの継続性をも否定したということである。

フルシェフスキーは「全ロシア」の歴史というものはない、と言う。全ロシアの民族もないからである。古い「ロシア史」は、三つに分割されねばならない。すなわちロシア、ウクライナ、ベラルーシの三つである。ウラジーミル、モスクワは、キエフ・ルーシの後継国家ではない。それはローマとガリアのようなものである、とフルシェフスキーは言う。フルシェフスキーは、キエフ・ルーシの「ウクライナ化」をしたとも言える。

キエフ・ルーシの建国について、フルシェフスキーはアンチ・ノルマン説を取っている。東スラヴ人が国を発展させるのに北方の支援は必要ないし、キエフ・ルーシ建国当時、スカンジナヴィアの方が野蛮だった、と言う。ロシアの歴史家ミハイル・ポゴジンは、キエフの地に最初に住んでいたのが大ロシア族で、それがモンゴルの侵入のあと北東に移住し、そのあとを埋めるように西からやって来た小ロシア人が定住した、とする。イヴァン・アクサコフもこれに賛成したが、ウクライナ人がやってきたのはアゾフ海の南のトムトロカンからであった、と訂正した。フルシェフスキーやミハイロ・マクシモヴィチはこれに反対し、キエフ・ルーシがガリツィア・ヴォルイニのルーシ人に受け継がれたのだ、と主張する。

フルシェフスキーは一九一三年に公刊した『ウクライナ・ルーシの歴史』の第三巻の序文で、ウクライナ史を四つの時期に分けている。第一は公の時代。第二は過渡期で、十四世紀半ばからポーランド＝リトアニア支配の時期。第三はコサック時代、第四はウクライナ民族の再興の時期である。ウクライナ民族の政治生活が花開いたのは、第一の公の時代と、第三のコサックの時代である。キエフ・ルーシは十四世紀半ばから衰退が始まり、十六世紀終わりまでそれが続いたが、十六世紀終わりにもう一度、上昇は始まった。コサックの登場である。二度目の衰退は、十八世紀半ばに起こった。コサックのヘトマン国家の廃止、ザポリージャ・コサックのロシアによる粉砕がそれである。十九世紀半ばから、ウクライナは、インテリゲンツィアによる再興の時代を迎える。

公の時代の頂点は、ヴォロディーミル聖公の時で、フルシェフスキーはこの時代を最も高く評価している。それは、ヴォロディーミル聖公がルーシのキリスト教化をし、正教信仰によりビザンツとの文化的つながりを維持し、エリートが民衆の文化を保護し、エリートと大衆を和解させ、ルーシの法を国内に行き渡らせ、国家と民族を建設したウクライナのヒーローだからである。これに匹敵するのは、ガリツィア・ヴォルイニ公国のローマンとダニイロだけである、とフルシェフスキーは語る。

一九〇四年、ロシア帝国政府は「小ロシア語」の検閲見直しに着手した。ロシア政府は帝国アカデミー、キエフ大学、ハリコフ大学、キエフ総督に意見を求めた。アカデミーでは著名な言語学者シャフマートフとコルシが中心となって回答書を作成し提出した。これは、それまでの政府の見解を否定する画期的なものだった。それによれば、ウクライナ語はロシア語の方言ではなく独立した言語であり、ウクライナ語による出版に対する禁止および検閲を廃止すべきである、と提言したのである。キエフ大学、ハリコフ大学、そしてキエフ総督までもが、ウクライナ語出版物に対する検閲を廃止するよう回答した。これを受けてロシア帝国政府はウクライナ語出版に対する検閲を、公式の表明なしに暗黙のうちに廃止した。フルシェフスキーの『ウクライナ・ルーシの歴史』第一巻のロシア帝国への輸入が一九〇四年末に解禁された。

ロシア政府は一九〇五年に日露戦争を始めた。翌年、ロシア史上初めての議会、第一ドゥーマの選挙が行われ、総数五二四名のうち、ウクライナからは一〇二名が当選した。フルシェフスキーはこれを予想外の善戦と喜んだという。

フルシェフスキーは一九〇七年に「ロシアの解放とウクライナ問題」という論文をサンクトペテルブルクで刊行した。そこで、ウクライナ問題の解決、すなわち自治の付与は、ロシアの解放の必要条件であるとし、ロシアは憲法を制定し、政治的自由を実現し、帝国を連邦化によって再組織化しなければならない、と主張した。そこで彼は「ロシア帝国のペレストロイカ」という言葉を使っている。連邦化という考えは、キリル-メトディー団、ヴォロディーミル・アントーノヴィチ、ドラホマノフらの思想の流れに沿ったものと言えるだろう。一九〇五年十月、ロシア政府は憲法制定を決定した。

ウクライナ語の出版が可能になったことを知ったフルシェフスキーは、ドニプロ・ウクライナに赴き、多くの政治的パンフレットを出版し、同時にシェフチェンコ協会の活動の拠点をキエフに移そうとした。フルシェフスキーは、ガリツィアとドニプロ・ウクライナを別々に発展させてはならないと考えていた。彼はリヴィウとキエフを行き来するようになり、一九〇九年秋にはキエフのパンキフスキー通りに家を建築し、妻と娘と住みはじめた。しかし、ロシア政府はストルイピン政権のもと、ウクライナ語に対する政策を元に戻し、エムス法時代に時代を逆行させた。再び、ドニプロ・ウクライナではウクライナ語出版は不可能となった。また、シェフチェンコ協会の本拠地をキエフに移そうとするフルシェフスキーの提案には、リヴィウのシェフチェンコ協会の指導部の多くが反対したため、フルシェフスキーとの間で対立が高まり、一九一四年にフルシェフスキーは会長職を辞任した。

当時、フルシェフスキーはオーストリアでは「ロシア派、ロシアのスパイ」、ロシアでは「オーストリアの、またドイツのスパイ」と呼ばれた。ポーランドからは、ガリツィアの「ナショナリスト」と攻撃された。シェフチェンコ協会でのゴタゴタに疲れたフルシェフスキーは、いくつかの著作に専念した。『ウクライナ・コサックの父ボフダン・フメリニツキー』や農民向けの『絵入りウクライナ史』がそれだった。

フルシェフスキーは、『ウクライナ・ルーシの歴史』の第七巻の序文で、十六世紀から十七世紀初めをウクライナの民族的覚醒の時期と表現しているが、その覚醒をもたらした主役はコサックであった。コサックのリーダーの中で、フルシェフスキーが最も数多くの論考を残したのが、ボフダン・フメリニツキーについてであった。フルシェフスキーは、フメリニツキーとその後の時期をウクライナ史の中で最も重要な時期と考えていた。フメリニツキーはヴォロディーミル聖公以来、最初のヒーローであった。フルシェフスキーはフメリニツキーの乱を、ウクライナにおけるラディカルな社会革命を引き起こしたもの、としている。フメリニツキーの乱を革命と呼んだのは、アントーノヴィチもそうだった。

フルシェフスキーは、ウクライナ民族のアイデンティティの起源は十七世紀半ばにあると考えていた。ウクライナ民族はその時に「創られた」と。ドラホマノフやフランコもそのように考えていた。フメリニツキーは、全ルーシをポーランドの軛から解放したのだ。一六四八年のペレヤスラフ協定の時、ウクライナは独立国家であり、モスクワもそれを認めていた。そしてその後のヘトマン国家も独立国家であった。

フルシェフスキーは、若いときにはフメリニツキーについて、偉大なヘトマン、コサック全体の代表という高い評価をしていたが、革命後、フメリニツキーに対する評価を変えて、厳しく批判するようになった。『ウクライナ・ルーシの歴史』第九巻では、フメリニツキーはコサックの上層部、将校エリートの代表であり、アジア型のリーダーで、国家建設をするヨーロッパ型のリーダーではない、と言う。そしてウクライナはヨーロッパの一部で、ウクライナにはヨーロッパ的資質のリーダーが相応しい、と。

フルシェフスキーは、最終的にフメリニツキーの役割を失敗ととらえるが、それは大衆とエリートの矛盾をヘトマンが解決できなかったことによる、と言う。フルシェフスキーは、若い時には「ポピュリスト」、すなわち人民を歴史の主体と見るナロードニキの考えを持っていたが、革命の先導者として、国家建設と維持に失敗したあとは、「ステイティスト」、すなわち国家建設と維持を優先する「国家主義者」となった。フメリニツキーに対する最終的な批判もそこに収斂しているように思える。

フルシェフスキーを「ポピュリスト」と見るか、「ステイティスト」と見るかの論争は現代でも続いている。現代のウクライナを代表する二人の歴史家、ヤロスラフ・フリツァク（一九六〇～）は前者であり、ヤロスラフ・ダシケヴィチ（一九二六～二〇一〇）は後者である。二人ともリヴィウ出身の歴史家である。

第一次世界大戦が始まった時、フルシェフスキーはカルパティアで休暇中だったが、ドイツ軍がロシア領に近づく中、リヴィウに帰ることができず、ブダペスト、ウィーン、イタリアを経由して、ようやく一九一四年十一月にキエフに帰ってきたところを、「オーストリアのスパイ」、「ウクライナ民族主義の扇動者」としてロシアの官憲に逮捕された。当初、シベリア流刑が予定されていたが、シャフマートフ、コルシ、さらにペトログラード大学学長ダヴィド・グリムなどが連名で教育相に要請の覚え書きを送り、流刑地がシンビルスクに、一九一五年にはカザンに変更になり、一九一六年九月にはモスクワに移された。

シャフマートフは流刑中のフルシェフスキーに励ましの手紙を書いているが、その返事でフルシェフスキーはシェフチェンコの名前に言及し、「私は苦しめられ、それに耐えている。しかも決して後悔していない」と書いている。モスクワでは、ゴーリキーやケレンスキーが訪問したというから、フルシェフスキーはすでにウクライナの運動の代表的人物と見なされていたことが分かる。その間、研究活動は許されていたので、フルシェフスキーは『ウクライナ・ルーシの歴史』の執筆にほとんどの時間を宛てていた。

三　中央ラーダ

一九一七年二月（旧暦）、二月革命により自宅軟禁が解かれて移動が自由になると、フルシェフスキーはすぐにモスクワからキエフに向かった。帰路の寝台列車の中で火災が発生し、持っていた本や衣類が焼失し、早朝五時にキエフ駅に着いたフルシェフスキーは肌着の上にコートを着て、スリッパで家まで歩いて帰った、という。三月一四日（新暦）、キエフに到着したフルシェフスキーは、翌日、中央ラーダの会議が行われていた教育会館を訪れた。丸眼鏡に白髭を蓄え粗末な服を着た老人を見たラーダの人々は、一瞬の静寂のあと、口々に「フルシェフスキーだ！」と叫びだした。すぐにフルシェフスキーは満場一致で（名誉）議長に選ばれた。副議長には、作家のヴィンニチェンコと文学批評家のエフレーモフが選ばれた。別途、議長が選ばれたわけではないので、フルシェフスキーが中央ラーダの代表となったのである。

フルシェフスキーが最初に主張したのは、ウクライナの全生活をウクライナ化することであった。三月一九日、フルシェフスキーは中央ラーダの会議で演説した。シェフチェンコ、クリシ、コストマーロフの名を挙げ、キリル-メトディー団の理想を聴衆に訴え、帝国を倒し、モスクワの軛からウクライナを解放し、自由ロシア連邦に一つの自由なメンバーとしてウクライナが加わることを訴えた。「自由ロシアの中の自由ウクライナ」がスローガンだった。

フルシェフスキーはこの時に短いパンフレットをいくつも書いている。「ウクライナ人とは誰で、何を欲しているか」、「どのような自治と連邦をわれわれは欲しているか」、「ウクライナ人の運動はどこから来て、どこへいこうとしているのか」、「ウクライナ語とウクライナの学校について」、「自由ウクライナ」などである。この時期から一九一八年末まで、フルシェフスキーはあくまで自由で民主的なロシア連邦の中の自治を要求していたのであって、独立はむしろ避けなければならないと考えていた。ウクライナの運動はまだ十分に強くなく、国家の独立を維持できないので、独立は非生産的だと考え、それを追求すれば、革命の成果が一夜にして崩壊してしまうことを恐れていた。

フルシェフスキーはウクライナの少数民族についてもいくつかの論考を発表した。例えば「ウクライナ人民へ」、「ウクライナはウクライナ人だけのものか?」で、ウクライナの少数民族は立法、行政機関に比例代表による権利を持つこと、特に歴史的に迫害を受けてきたユダヤ人に対しては特別な配慮が必要であると述べた。彼は、ウクライナ人とユダヤ人が新しい国家を建設していく上で、共通の基礎を見出す可能性を固く信じていた。しかし、ポーランドとの関係については、ガリツィアでの経験のせいか、疑問を持っており、ウクライナ-ポーランド関係の将来については悲観的だった。

フルシェフスキーの論考はすぐにパンフレットとして刊行されたが、後にヴィンニチェンコはその量の多さに感嘆したと回想している。中央ラーダの議長として議事進行をしながら机の上で論考を書き、校正をしていたという。

中央ラーダは、二月革命によって成立したロシア臨時政府に対して、「民主的ロシア共和国を基礎にした民族の地域的自治」を要求して、交渉を開始した。一九一七年五月、ヴィンニチェンコを代表とする交渉団がペトログラードへ行き、臨時政府との交渉を行った。ウクライナの自治要求に対して、政府はこれを拒否、全ロシア憲法制定会議を待つようにと回答した。当時メンシェヴィキが優勢だったペトログラード・ソヴェトも非同情的だった。

政府のゼロ回答を聞いたフルシェフスキーは、「革命の祭日は終わった。危険が迫っている。ウクライナは組織されなければならない。ウクライナの人民だけが自分の未来を決める」、と述べて臨時政府と対決する姿勢を明らかにした。中央ラーダの代表たちは、「自由ウクライナ万歳! われわれは自分の生活を建設する!」と叫んで、執行部を支持した。

一九一七年五月八日、中央ラーダは第一次ウニヴェルサール（布告。かつてコサックのヘトマンの発したもの）を採択し、翌日、聖ソフィア寺院の前の広場でフルシェフスキーによって読み上げられた。そこでは「今日よりウクライナ人民は自分の生活を創る」ことが宣言された。ソフィア寺院の鐘楼から祝福の鐘が鳴り響き、人々は愛国歌を歌いながらパレードに繰り出した。第一次ウニヴェルサールはウクライナ自治の宣言だった。宣言案はヴィンニチェンコが作成し、フルシェフスキーなどが検討して最終案を決定した。執行部の中には、エフレーモフなど慎重派もいたが、フルシェフスキーとヴィンニチェンコが説得したという。

第一次ウニヴェルサールに対してネガティヴな反応を見せた臨時政府は、六月末に外相チェレーシチェンコ、郵政相ツェレテリ、軍事相ケレンスキーをキエフに送り、中央ラーダ側との交渉に入った。六月二九日、フルシェフスキー、ヴィンニチェンコ、ペトリューラの三人がロシア側の大臣と中央ラーダの建物で交渉を開始した。交渉ではほぼ中央ラーダ側の要求が認められ、ウクライナは行政権を得て自治を獲得した。また自治の執行機関として、中央ラーダの総書記局が業務を遂行する機関として認められた。この協定は第二次ウニヴェルサールとして公布された。この合意についてはロシア側も特別「宣言」を出して確認した。

第二次ウニヴェルサールの後、フルシェフスキーは「われわれは事実上の自治を獲得した」、と満足して述べた。中央ラーダという立法機関と総書記局という執行機関を持ったことによってである。しかし、臨時政府内には中央ラーダとの協定に強く反対する者もおり、七月二日に三名の立憲民主党（カデット）の閣僚が辞任した。これをきっかけに臨時政府は分解し、七月二四日に新しい臨時政府、第二次連立政府が成立した。

その後新政府はそれまでの経験を教訓として、中央ラーダに対して厳しい政策を取ることになる。総書記局は中央ラーダの機関ではなく臨時政府の機関とされ、メンバーの任命も臨時政府によることを指令の形で伝えた。しかしこれを事実上無視してウクライナ側は独自の憲法制定会議の選挙を行う方針を確認し、その制定会議で、ウクライナの独立問題、ロシアとの関係について結論を得る方針を取った。ウクライナ側のこうした独自の動きに対して臨時政府は、釈明を求めると称して、総書記局のメンバーにペトログラードへの出頭命令を出した。

十月の下旬に行われた第三回全ウクライナ軍人大会の席上、フルシェフスキーはウクライナ人民共和国について発言した。ウクライナ側は、出頭命令に従うのではなく、臨時政府に逆に説明を求めるとしてヴィンニチェンコ、ステシェンコ、ザルビンの三名をペトログラードに十月二四日に向かわせた。しかし、彼らがペトログラードに到着した時には、臨時政府はすでに存在していなかった。

十月革命の報がキエフに届くと、フルシェフスキーはマーラ・ラーダ（小ラーダ）の緊急会議を招集し、ウクライナ革命防衛委員会が形成された。中央ラーダは教育博物館を、ボリシェヴィキは旧宮殿を、臨時政府は軍管区司令部をそれぞれ拠点にして軍隊を集結させた。ボリシェヴィキと臨時政府軍の間で戦闘が始まった。キエフにいたチェコ軍団は中立を宣言した。チェコの指導者マサリクは、フルシェフスキーとも会ったことがあり、ウクライナの運動に同情的だった。中央ラーダも軍隊を出し、ボリシェヴィキと協力する形で臨時政府軍をキエフから追放した。

ロシアの首都ペトログラートにおける十月革命によって情勢は大きく転換した。十一月七日、中央ラーダは「第三次ウニヴェルサール」を発して、ウクライナ人民共和国の創設を宣言し、フルシェフスキーはその初代大統領に就任した。十一月九日、ソフィア広場でウニヴェルサールは公告され、ソフィア寺院の鐘が響き、演説と軍事パレードが続いた。

これに対して、十月革命によって権力を奪取したロシアのボリシェヴィキ政権は、ウクライナの独立を認めず、アントーノフ・オフセエンコ率いる約三万名の「革命遠征軍」をウクライナに派遣した。その目的はウクライナ人民共和国を倒し、ウクライナのソヴェト化を実現することであった。ボリシェヴィキの攻撃が迫っている中で、中央ラーダは、一九一八年一月一二日（新暦では二五日、以下同）、「第四次ウニヴェルサール」を発して、ウクライナ人民共和国の独立を宣言した。宣言は「マーラ・ラーダ」では、賛成三九、反対四、棄権六で採択された。この時も「ウクライナいまだ死なず」が歌われた。フルシェフスキーによると、独立宣言は、ボリシェヴィキの侵略に抗するためと、国際法上の地位を得て、独立国として独墺側と講和するためであった。ヴィンニチェンコは第四次ウニヴェルサールに反対して辞任した。

この間、ロシアと独墺側は、一九一七年十二月九日（二二日）からブレストで講和交渉を行っていた。ウクライナは、エスエル党（社会革命党）のホルボヴィチ他四名をオブザーバーとして派遣していた。ロシアの代表トロツキーは、交渉はするが、妥結、調印はしない、ドイツでの革命、続いて世界革命の勃発を待つ、という独特の戦略を持って臨んだため、独墺はウクライナに対して単独講和を持ちかけた。ウクライナはガリツィアのオーストリアからの割譲を要求したが、オーストリアの首相オットカル・ツェルニンはこれを拒否した。さらにウクライナはホルムとピドリャシシャの大部分の割譲を要求し、これは認められた。代わりにウクライナ側からは、特に食料不足のウィーンを救済するために穀物を提供することになった。

この単独講和は一九一八年一月四日(一七日)日に調印された。ウクライナの代表団がキエフに帰って来た時には、ボリシェヴィキ軍の進撃がキエフに近づいていた。

ソヴェト軍とウクライナ軍の決戦は、一九一八年一月一四日から一七日にかけて行われたキエフ近郊のクルティ駅での戦闘であった。ウクライナ軍の主力はキエフ大学などの学生であり、クルティの戦いで学生四百名が戦死した。この戦いに勝利したソヴェト軍はキエフに向かい、激しい抵抗を受けながら、一月二七日にはキエフを占領した。

ソヴェト軍の指揮官はミハイル・ムラヴィヨフ大佐だったが、彼の部隊は一九一八年一月二六日(二月八日)、キエフ市内に入り、フルシェフスキーの邸宅を砲撃した。妻と娘、同居していたクリチェフスキー夫妻は逃げて無事だったものの、病身の母は火災の中を運び出されたが、この時の怪我がもとで数日後に死亡した。フルシェフスキーの収集した図書類は完全に焼失した。ムラヴィヨフは、「私は、フルシェフスキーの大きな家を砲撃し、その家は三日間、かがり火のように燃え続けた」と後に得意げに話した。同時に中央ラーダの建物もキエフの「大門」も砲撃された。

ムラヴィヨフはキエフ占領の二週間に、街頭や住宅でウクライナ人を無差別に逮捕、処刑を行った。少なくとも二千名のウクライナ人が殺害された。ムラヴィヨフはこの後、ルーマニア戦線に移動させられるが、ムラヴィヨフ「占領軍」の横暴は、ウクライナ人の間に反ボリシェヴィキ感情を深く植え付ける結果となった。

一九一八年一月二五日（二月七日）、フルシェフスキーを含む中央ラーダのメンバー、政府はキエフを撤退した。フルシェフスキーとその家族は、最初、ジトーミルに逃れ、さらにボリシェヴィキが近づいてきたので、西のサルヌイ（西ウクライナのリヴネ州）へと移った。ウクライナ人民共和国は煙のように消え去った。

二月四日（一七日）、フルシェフスキーは久しぶりに机に向かい、二つの文章を書いた。「砲火による純化」と「モスクワ志向の終わり」である。ここでフルシェフスキーはボリシェヴィキを偽善者と呼んで激しく非難した。彼らは最も悪辣な集権主義者でありテロリストである。ボリシェヴィキは砲火によって市街を、建物を、人々を粉砕しただけでなく、ウクライナ人民と大ロシア人民の歴史的、文化的絆をも燃やしてしまった。単一不可分のロシアの砲弾で連邦主義の思想をも粉砕してしまったのである。「この打撃によって連邦主義の考えが生き残れるかどうか、私には分からない」、とフルシェフスキーは絶望感を表明している。

フルシェフスキーによると、ボリシェヴィズムとの闘いは反革命との闘いである。農民から穀物を奪う彼らは、民主主義と革命の裏切り者である。モスクワ志向、ロシア志向は精神的奴隷への道である。ウクライナ人とロシア人の血は近いが、精神は対峙している。ウクライナは東より西につながっている。フルシェフスキーはボリシェヴィキを「現代のタタール」とさえ呼んだ。彼のロシア人の性格批判はコストマーロフやアントーノヴィチにつながるもので、西欧とのつながりの強調はドラホマノフに近いものである。フルシェフスキーは、ウクライナがロシアと違うだけでなく、ウクライナがロシアに対して優位に立っている、と主張する。そしてウクライナ革命は議会のステージを過ぎ、武闘の時代に入った、と書き記した。

一九一八年二月一八日、ドイツ軍が、十日遅れてオーストリア軍がウクライナに侵攻し、四月末までにウクライナ全域が独墺軍に占領された。ドイツ軍は中央ラーダを解散せしめ、傀儡政権のヘトマン、スコロパツキー政権をクーデタで樹立した。

クーデタの日、中央ラーダに忠誠を誓っていたシーチ射撃連隊に保護され、その兵営に車で向かっていた時、フルシェフスキーは反中央ラーダの兵士に車の外から窓越しにライフルで狙われるという事件が起こった。幸いなことに弾丸は発射されなかったが、犯人の兵士は銃剣で突いて来た。銃剣はフルシェフスキーの体は外れたが、隣に座っていた妻マリアの肩に当った。軽傷だったため、すぐに治療が行われ、車はその場を去り、兵営に到着した。

犯人は逮捕された。フルシェフスキーは、キエフ近郊の村に逃亡し、しばらく身を隠し、執筆活動に専念した。スコロパツキー政権が倒れ、次いで成立したディレクトーリア政権もソヴェト政権に倒されると、フルシェフスキーは身の危険を感じ、家族とともに、西側への脱出を図り、カミヤネツ-ポディルスキーからスタニスラヴィウ経由で国外に脱出した。

フルシェフスキーは、ようやく一九一九年四月一八日、プラハに到着した。二ヶ月間プラハに滞在し、旧知のマサリク大統領とも会見した。そこからパリに移り、最終的にウィーンに落ち着き西側に脱出し、そこでウクライナ社会学研究所を組織し、五年間の亡命生活を送ることになる。

一九二〇年四月、ディレクトーリア政府のペトリューラはポーランドのピウスツキと協力してボリシェヴィキと戦った。この時、ペトリューラは戦後、東ガリツィアをポーランドに割譲する約束をした。フルシェフスキーはこれに反対し、ペトリューラを、ガリツィアをポーランドに売った裏切り者と非難した。一九二一年三月、ソ-ポ戦争を終結させたリガ条約でガリツィアはポーランド領とされた。

ウクライナでは一九二〇年から二一年にかけて飢饉が起こり、百万人を超える犠牲者を出したが、フルシェフスキーは「ウクライナ飢餓救済協会」を組織し、活動した。また、一九二一年にはウクライナ社会学研究所から、『ウクライナ社会主義運動のはじまり――ドラホマノフとジュネーヴの社会主義グループ』という本を刊行した。これはドラホマノフ研究の古典となっている。

ウィーンでの生活は苦しかった。一九二三年には、イギリスのオックスフォード大学、アメリカのプリンストン大学から招聘され、リヴィウに帰る話もあった。プラハのウクライナ自由大学からの招きもあった。しかしフルシェフスキーは、自分の研究を続けるには、ウクライナが最適であると信じており、他の地で亡命生活を続ける意思はなかった。

一九二三年五月、ウクライナ・アカデミーから手紙が届き、ウクライナ政府の首班、クリスティアン・ラコフスキーからも一切の政治的告発からの免責特権を与え、アカデミーでの学術、研究活動に従事することを保証するとの手紙を受け取った。八月、アカデミーからの再度の正式の招聘状を見て、フルシェフスキーは帰国を決意した。

フルシェフスキーのウクライナ帰国の背景には、政治状況の大きな変化がある。当時、ソ連(一九二二年十二月成立)全体で、コレニザーツィア(土着化、民族化)政策、ウクライナではウクライナ化政策、すなわち民族的なるもの、民族文化を鼓舞する政策が採用されていたのである。フルシェフスキーは、亡命地での生活、様々な交渉、亡命者間の論争に辟易し、それらが全く非生産的と考えていた。フルシェフスキーはなぜウクライナに帰って来たのかを尋ねられた時、「スヴャトスラフ公が言っているではないか。自分の骨は自分の地に置いた方が良い、外国の地で栄誉を見つけるよりも」と答えている。

四　ウクライナへの帰国

フルシェフスキーは一九二四年三月七日にキエフに到着した。彼はアカデミーのウクライナ史部門の主任となった。さらに雑誌『ウクライナ』の編集長になり、念願の『ウクライナ・ルーシの歴史』の続巻の執筆にとりかかった。『ウクライナ・ルーシの歴史』は、一九二二年に第八巻が出版され、第九巻の執筆が始められたのである。

一九二六年の『ウクライナ』誌第四号に「恥ずべき記憶」と題する小論で、フルシェフスキーは、エムス法五十年に際して、「一八七六年の鐘は沈んだが、波の下からその音が再び響いてくる。ソ連においてロシア文化を支配的なものにすること、大ロシア排外主義を広げることは、ソ連の将来を危うくする。それはウクライナ・ナショナリズムを復活、再燃させる危険を孕んでいる。大ロシアのナショナリズムとウクライナのナショナリズムの双方と闘わなければならない」と警告した。これは、当時の共産党中央および政府の公式の路線に合致した政策の提言だった。

これに対して元ボロチビスト（ウクライナ・エスエル党左派。一九一九年八月、ウクライナ共産党（ボロチビスト）を結成し、コミンテルンに加盟を申請したが、却下された。一九二〇年三月、ボリシェヴィキ党に合流）でウクライナ政府の要職に就いていたオレクサンデル・シュムスキーはフルシェフスキーを批判して、帝政ロシアの政策とソヴェト政権の政策を継続的に見ており、ソヴェト権力を貶め、人民の友愛を壊そうとしていると批判した。シュムスキーは、「モスクワから離れよ！」と主張したミコラ・フヴィリョヴィー（ミコラ・フィティリョーフ）とフルシェフスキーを同時に批判した。シュムスキーはこれによって党への忠誠心を示そうとしたが、すぐにスターリンによって批判され、教育人民委員を解任された。

一九二六年十月三日、キエフ大学の会議場でフルシェフスキーの生誕六十年を祝う集会が行われた。フルシェフスキーはこの集会で挨拶し、その中でイヴァン・フランコの詩を引用して次のように述べた。

西はカルパチアから東はカフカースまで、南は黒海まで、ウクライナの民族の地域である。われわれはその自分の土地の主人となるよう闘いを続けなくてはならない。

ウクライナの地として挙げられているのは、当時ポーランド領だったホルム、リヴィウ、オストリヒ、ルツク、チェコ領だったウジホロド、ルーマニア領だったチェルニフツィ、ホティン、アケルマンであった。ウクライナの地域とされた範囲はロシア連邦の地にも「侵入」しているし、かなり「大ウクライナ主義」と言える発言である。この集会に参加していた二人の歴史家は相反する回想を残している。フリホリイ・コスチュークは、フランコの詩がフルシェフスキーによって読まれた時、会場には拍手喝采が起こったと書いているが、ナタリア・ポロンスカ-ヴァシレンコは祝宴の会はまるで葬式のようだったと回想している。フルシェフスキーの発言は、聴衆の間に異なった反応を呼び起こしたのであろう。

ウクライナのアカデミーの中には、フルシェフスキーの帰還、アカデミーでの活動再開を歓迎しない者もいた。トルコ史、アラビア史の研究者で、アカデミーの書記のアハタンヘル・クリムスキー、文学史家のセルヒイ・エフレーモフであった。また、マルクス主義歴史家もフルシェフスキーの無階級社会の歴史としてのウクライナ史というテーゼに当然ながら反対していた。

一九二八年十二月、第一回全同盟マルクス主義歴史家協議会が開かれ、マトヴィイ・ヤヴォルスキーがフルシェフスキー批判の先頭に立った。彼は、フルシェフスキーはブルジョア・ナロードニキで、反革命のトロイの馬に乗ってソヴェト・ウクライナに戻って来た、フルシェフスキーは原則的なところで全く変わっておらず、譲歩もしていない、ただ、戦術的に妥協して見せているだけであると批判した。しかし、このヤヴォルスキーは、一九二九年初頭、民族主義的偏向、反マルクス主義、ウクライナ史の発展の独自性を強調しすぎたとして批判され、党からの追放後、一九三一年に逮捕され、ソロフキ島の収容所に送られ、一九三七年に処刑された。

一九二九年に「ウクライナ解放同盟」が摘発され、アカデミーの文学研究所を中心にその所長、セルヒイ・エフレーモフほか、多数が逮捕された。一九三〇年三月から四月にかけて公開裁判がハリコフの国立オペラハウスで行われ、ラジオで放送され、この事件は国際的にも注目を集めた。いわゆるショー・トライアル、「見せ物裁判」の嚆矢となった。被告は四五名だったが、ほとんどが信じられないような罪を認めた。国際的に注目されていたせいか、判決は驚くほど軽かったが（エフレーモフは十年の収監）ほとんどの被告が生きて収容所を出ることはなかった。この恐ろしいお祭りのような「見せ物裁判」は、一九三〇年春にベラルーシでも行われた。「ベラルーシ解放同盟」事件である。およそ三百名が逮捕されたという。

一九二九年十二月には、フルシェフスキーが主任を務めていたアカデミーの研究組織の主任が、バハリイ、ヤヴォルスキー、スラブチェンコなどに交代した。フルシェフスキーはこれに抗議したが、却下された。また、フルシェフスキーが編集長を務めていた『ウクライナ』誌も一九三〇年初めに廃刊となった。フルシェフスキー批判の準備が整った。

一九三一年一月、新しくアカデミーの会員として政府から送り込まれた教育人民委員のヴォロディーミル・ザトンスキーは、フルシェフスキー批判を開始した。――「ウクライナにはブルジョアジーはいないという誤った歴史観を広め、政治的にはカデットに近い立場から文化的自治のイニシアチヴを取った。ブルジョア・ナショナリズムのイデオローグとして、プロレタリア革命に敵対した。それでもソヴェト権力は彼の研究に機会を与えたのだった。こうしたソヴェト権力の寛大さにもかかわらず、フルシェフスキーは古い道を行き続けた。ウクライナ史に関しては、ウクライナの民族生活の継続性に固執し、コストマーロフとアントーノヴィチを賞讃し、コサックの将校たちを「名誉回復」した」、と。

一九三一年三月六日、フルシェフスキーは学生にモスクワに行くと告げた。翌日出発し三月九日にモスクワに着いた。三月二二日、ウクライナ党政治局はフルシェフスキーの逮捕を許可し、翌日、フルシェフスキーはモスクワで逮捕され、ハリコフに送られ、ウクライナの秘密警察のトップ、フセヴォロド・バリッキーの審問を受けた。詳しいことは不明だが、上層部の介入によりフルシェフスキーは監禁を解かれ、モスクワに送り返され、研究生活を続けることを許された。だがウクライナに帰ることは一度も許されなかった。秘密警察の監視は続けられ、定期的にゲー・ペー・ウー（GPU＝国家政治保安部、KGBの前身）に出頭し面接を受けることを義務づけられた。上層部というのは、一九〇三年入党の古参ボリシェヴィキで、ソヴェト政権最初の法務人民委員のゲオルギー・オッポーコフ（党偽名、アファナーシー・ローモフ）だった。オッポーコフはフルシェフスキーの妻マリアの親戚だったという。

このあと数年間、フルシェフスキーは妻と娘と暮らしながら、モスクワの文書館で精力的に仕事をした。朝四時に起き、十時にアルヒーフあるいは図書館に赴き、五時に帰って来て、夕食後も自宅で夜遅くまで仕事をしたという。視力がかなり衰え、娘のカテリーナが助けていた。このモスクワ時代に、『ウクライナ文学史』および『ウクライナ・ルーシの歴史』を書き続けた。フルシェフスキーはソ同盟アカデミーとウクライナ・アカデミーの両方から給料を得ていたし、没するまでアカデミーの会員であった。

一九三一年五月、党の機関誌『ウクライナのボリシェヴィキ』にアンドリイ・リチッキー、ミハイロ・ルバチなどのフルシェフスキー批判が掲載された。リチッキーはフルシェフスキーをブルジョア・ナショナリストでコストマーロフ以来の連邦主義者として批判し、ソ連からウクライナを切り離そうと試みたと弾劾した。フルシェフスキー批判は、かつての同僚や教え子までもが加わる「大合唱」

の体をなした。

一九三二年から三三年にかけてウクライナは未曾有の飢餓に襲われた。二九年からはじまった「上からの革命」による、農業集団化、穀物徴発は農村を大混乱に陥れ、農民の餓死者が大量に出た。犠牲者は数百万人にのぼると言われている。フルシェフスキーの理解者で保護者だったといわれる教育人民委員ミコラ・スクリプニクは、一九三三年七月七日に短銃自殺した。一九三四年に入って、フルシェフスキーに対する批判は一層激しいものになっていった。

一九三四年十月一五日、フルシェフスキー一家は、カフカースの温泉保養地キスロヴォツクに到着した。そこは二年前から夏を過ごしていた場所だった。しかし、フルシェフスキーは十一月初め、感染症に罹り、背中に悪性の吹き出物ができた。手術が必要と言われ、町の病院に連れて行かれた。病院は貧弱なもので、妻のマリアは不安になり、友人の医者が近くに住んでいるので、彼に手術をしてもらうよう許可を願ったが、担当のフルギンという医者はそれを許可せず、自分で手術を強行した。しかし、容態はむしろ悪化した。

フルシェフスキーはこの時、死を覚悟したようで、妻と娘を呼んで、『ウクライナ・ルーシの歴史』の続刊の出版と家族の安全についての最後の指示をした。本の出版については、娘のカテリーナが意を受けて奔走することになる。妻のマリアには、「自分に何かあったら、ガリツィアにいくように。ボリシェヴィキとは一緒にいるな」と言い残した。医者のフルギンは、もう一度手術を行い、フルシェフスキーの容態は一層悪くなり、一九三四年十一月二四日午後五時、フルシェフスキーは息を引き取った。享年六八歳であった。

翌日、キエフの日刊紙『ヴィスチ（通報）』に死亡記事が掲載され、国葬が行われること、政府から遺族に年金が支払われることが伝えられた。棺はアカデミーの大ホールに置かれ、ショパンの葬送行進曲が弾かれる中、大勢の人が弔問に訪れた。大群衆で、キエフ中の人が集まったかのようだった。妻と娘、弟オレクサンデルとその妻が弔問の挨拶に応じていた。

翌日、葬列はキエフのバイコフ墓地に向かった。騎馬警官が葬列を誘導し、墓地ではザトンスキーが弔辞を読んだ。彼は、フルシェフスキーを名声高き歴史家であり、多くの重要な業績を残したアカデミーの会員であったと称えたあと、ウクライナのブルジョア歴史学の創始者であると批判に転じ、一九一七年にフルシェフスキーはプロレタリア革命に敵対的立場を取り、中央ラーダを指導し、労働者、農民のウクライナに対し、武装闘争を実行した、しかし、社会主義革命が勝利したあとは、亡命先で社会主義革命に敵対的立場を取るのを放棄した、と述べた。ザトンスキーは、フルシェフスキーが一九二四年に帰国し、その後はソヴェトに忠誠を尽くした、遺族には月額五〇〇カルボヴァネツの年金が支給される、と弔辞を結んだ。このザトンスキーの弔辞も『ヴィスチ』に掲載された。バイコフ墓地のフルシェフスキーの墓には半身の彫像が据えられ、今も変わらず残っている。

娘のカテリーナ・フルシェフスカは、自身ウクライナ研究家で、特にウクライナの民謡のドゥーマの収集で知られていた。彼女は、フルシェフスキーの代表作、『ウクライナ・ルーシの歴史』第十巻を刊行することに成功した。現代のウクライナ史家セルヒイ・プロヒーによればこれは奇跡的なことだった。カテリーナは一九三八年七月に逮捕されたが、罪状は日本のスパイというものだった。一九四三年三月三〇日、彼女はモルドヴァの収容所で亡くなった。妻のマリアは逮捕されることはなく、一九四八年九月一九日、モスクワで亡くなった。

フルシェフスキーの「名誉回復」は生誕百年にあたる一九六六年の九月のことで、『文学ウクライナ』誌や『ウクライナ歴史雑誌』にフルシェフスキーに関する論考が掲載された時であった。

あとがき

ウクライナの思想家のうち、最初に出会って関心を持ったのは、ドラホマノフだった。四十年ほど前にアメリカに留学した時、ドラホマノフの書いた著作やドラホマノフについての文献がほぼ網羅的に図書館にあるのを見てそれを読み始めた。その後、キエフとリヴィウに研修で滞在した時に、ドラホマノフがイヴァン・フランコに宛てた手紙を文書館で一年間読み続けた。ドラホマノフは、「ドラホマニフカ」という独自の正書法を考案し実践していたのと、悪筆の走り書きなので判読に悪戦苦闘し、かなりの時間を要した。

ハーヴァード大学ウクライナ研究所にいた時、「An Intellectual History of Ukraine」と題した授業を聴講した。私はこの授業を三回聴いた。三回とも聴講者は二人で、東欧のユダヤ人社会史のヘブライ大学教授イスラエル・バルタル氏と私だけだった。先生はオメリャン・プリツアク教授だった。授業は毎回、キエフ・ルーシから始まって十七世紀のフメリニツキー前後で終わりになった。したがって本書で書いた範囲とはほとんど重ならないが、ウクライナ思想史の見方や資料の扱い方などをそこで学んだ。

授業が終わると大学の図書館ワイドナーに向かう。セミナー室には、大学院生や講師、助教授など十人ほどが待っていて、その日授業で扱った人物の著作を原文で読む。十七、十八世紀のウクライナ語である。当時はほとんど歯が立たなかったが、すぐにそのあとワイドナーのキャレルでノートを見ながら訳を作成して復習をした。ザハリア・コピステンスキーの『パリノディア』(一六二一年頃)やメレティイ・スモトリツキー(一五七七頃―一六三三)の著作だった。それらはみな当時の研究所が出版を予定している著作だった。ワイドナーは遅くまで開いていた(現在は終日オープンだそうだ)ので、深夜、下宿につく頃は疲労困憊であった。

本書の三、四、五章は以前に書いたものに補筆修正を加えたものだが、一、二、六、七、八章は、二〇二二年の五月から二〇二三年の七月にかけて執筆した。きっかけは二月のロシアのウクライナ侵攻である。報道を聞き、最初に目に浮かんだのはウクライナに暮らす友人、知人、先生たちだった。詩人もいれば画家もいる。フランコやパヴリクについて夜まで話をした研究仲間もいる。侵攻後、北米の何人かの友人から、ウクライナを応援しようと言ってきたが、自分ができることは何だろうと考えて、結論はウクライナについて自分に書けるものを書くことしか思い浮かばなかった。積んであった本やコピーを引っ張り出して読み始めた。私にはアメリカから送った一トンのウクライナ関係の書籍があった。キエフ・モヒラ・アカデミー、オルリクの憲法、リピンスキー、フランコ、フルシェフスキーについての五つの章は、ほぼ一年で書くことができた。

ウクライナのインテレクチュアル・ヒストリーとしては、他に取り上げるべき思想家がいる。例えばモヒラ・アカデミーの卒業生で詩人、神秘思想家のフリホリイ・スコヴォロダー(一七二二―一七九四)や、神学者のテオファン・プロコポヴィチ(一六八一―一七三六)、「インテグラル・ナショナリズム」論を展開したドミトロ・ドンツォフ(一八八三―一九七三)、ウクライナの初期のマルクス主義者、セルヒイ・ポドリンスキー(一八五〇―一八九一)やミコラ・ジーベル(一八四四―一八八八)などである。また、ソ連時代のロシア化政策を批判して『インターナショナリズムかロシア化か』を著したイヴァン・ジューバ(一九三一―

二〇二二)、ペレヤスラフ協定(一六五四)が、「再合同」ではなくロシアによる「併合」であると主張した『併合か再合同か』を著したミハイロ・ブライチェフスキー(一九二四—二〇〇一)といった「六〇年代の人々」、リヴィウで独創的なウクライナ史を書き続けたヤロスラフ・ダシケヴィチ(一九二六—二〇一〇)、イヴァン・フランコについて大著を書き、ウクライナ史についてオリジナルな視点から多くの論考を発表し続けているヤロスラフ・フリツァク(一九六〇—)などが含まれていない。これは筆者の現在の力量と時間の制約により書けなかった人々である。本書ではキエフ・モヒラ・アカデミーからミハイロ・フルシェフスキーまでを扱って一つのくぎりとした。

本書の原稿は、波のまにまに漂っていたが、それを拾って出版してくれたのは、群像社の島田進矢氏である。島田氏がいなければ本書は日の目を見なかっただろうし、島田氏に出会えたことは幸運としか言いようがない。心から感謝の気持ちを述べたい。内外の先生や友人から受けた学恩にまだ十分に報いることができていない、と感じている。日々、文献を読みまとめたものを何とか結実させ、それができる内に恩返しをしたいと願っている。

第Ⅰ章

Valeriya Nichyk, *Petro Mohyla v dukhovnij istorij Ukrainy*, Kyiv, 1997.

Kyjevo-Mohylyans'ka akademiya v imenakh XII-XVIII st., Kyiv, 2001.

"The Kiev Mohyla Academy", *Harvard Ukrainian Studies*, Special issue, Vol.VIII, No.1/2, 1984.

Dmytro Cyzevs'kyj, *A History of Ukrainian Literature*, Littleton, Colo. 1975.

Mykola Symchych, "The Teaching of Philosophy at the Kyiv-Mohyla Academy at the End of the Seventeenth to Eighteenth Century", Edited by Zenon Kohut et.al, *Eighteenth-Century Ukraine*, Canadian Institute of Ukrainian Studies Press, 2023.

第Ⅱ章

The Diariusz Podorozny of Pylyp Orlyk(1720-1726) With an Introduction by Orest Subtelny. Harvard University Press, (Cambridge, Mass.) 1989.

Verchovna Rada Ukraijna, Dohovory i postanovy prav i svobod viis'kovych mizh Yasnovel'mozhnym Ioho Mylosti panam Pylypom Orlykom...,(Kyiv), 1994. (Bendery Constitution in contemporary Ukrainian).

Orest Subtelny, *Domination of Eastern Europe*. McGill-Queen's University Press, Gloucester, Canada, 1986.

"The Bendery Constitution (abridgment)", Translated by Bohdan Budurowycz in *Towards an Intellectual History of Ukraine*, Edited by Ralph Lindeheim and George S.N.Luckyi, Toronto, 1996.

Culture and Nations of Central and Eastern Europe. Essays in Honor of Roman Szporluk, Harvard University Press, 2000.

第三章

"Istoriia Rusov ili Moloi Rossii. Sochinenie Georgiia Koniskago, Arkhiepiskopa Beloruskago", *Chteniia v Imperatorskom Obshchestve Istorii i Drevnostei Rossiiskikh pri Moskovskom Universitete*, M., 1846.

O. Ohloblyn, "Vstupna stattia do Istorii Rusiv", *Istoriia Russiv,* New York, 1956.

A. Lazarevs'kii, *Opisanie Staroi Malorossi*i, v.1, Kiev, 1888.

M. Slabchenko, *Materialy do ekonomichni-sotsiial'noi istorii Ukrainy XIX stolittia*, v.1, Odesa, 1925.

M. Vozniak, *Psevdo-Konys'kyi I psevdo-Poletyka ("Istoriia Rusov" u literaturi i nautsi)*, L'viv-Kyiv, 1929.

D. Chyzhevs'kyi, *Istoriia ukrains'koi literatury,* New York, 1956.

D. Doroshenko, *A Survey of Ukrainian Historiography*, New York, 1957.

第四章

（一）

Taras Shevchenko, *Povne zbirannya tvoriv*, 6 tt., Kyiv, 1968.

Vissarion Belinsky, *Polnoe sobranie sochinenii*, 13 tt., Moskva, 1953-1959.

M. Novyts'kyj, "Shevchenko v protsesi 1847 r. i joho papery". *Ukraina,* 1925, No.1-2.

Zbirnyk pam'yaty Tarasa Shevchenka (1814-1914), Kyiv, 1959.

P. Zajonchkovskyj, *Kyrylo-Mefodyevskoe obshchestvo,* Moskva, 1959.

Lysty do Shevchenka: 1840-1861, Kyiv, 1982.

Hugh Seton-Watson, *The Russian Empire, 1801-1917*, London, 1967.

George S.N.Luckyj, *Between Gogol' and Sevcenko*, Muenchen, 1971.

シェフチェンコ詩集『コブザール』藤井悦子編訳、群像社、二〇一八年。

藤井悦子編訳『シェフチェンコ詩集』岩波文庫、二〇二二年。

(2)

Nikolai Kostomarov, "Dve russkija narodnosti", *Osnova*, Peterburg, 1861.

Mykola Kostomarov, *Tvory v dvokh tomakh*, Kyiv, 1967.

Omeljan Pritsak, "Potreba ukrajins'ko-rosiis'koho dialohu", *Visnyk Akademii Nauk Ukrainy*, Nr.11, 1992.

John Resheter, "Ukrajins'ko-rosiis'ki vzaemyny : politychni aspekty", *Visnyk Akademii Nauk Ukrajiny*, Nr.6, 1992.

Peter J. Potichnyj, et al. (eds.), *Ukraine and Russia in Their Hisorical Encounter*, Edmonton, Canada, 1992.

Zenon E. Kohut, *History as a Battleground : Russian Ukrainian Relation and Historical Consciousness in Contemporary Ukraine*, Saskatoon, 2002.

S. Frederick Sttar (ed.), *The Legacy of History in Russia and the New States of Eurasia*, New York and London, 1994.

Thomas M. Prymak, *Mykola Kostomarov: A Biography,* Toronto, 1996.

(3)

Kulish, Panteleimon, *Tvory*, 6tt., Lviv, 1908-1910.

Shenrok, V., "Kulish, P.A." , *Kievskaia Starina,* 1901, v.72.

Miiakovsky, V., "Liudy sorokovykh rokiv", M. Hrushevsky (ed.), *Za sto lit*, Kharkiv, 1928, v.II.

Doroshkevich, O., “Kulish na zaslanni”, *Panteleimon Kulish,* Kiev, 1927.
Hrushevsky, M., “Sotsialno-traditsiini pidosnovy Kulishevoi tvorchosty”, *Ukraina*, Nos.1-2, 1927.
Kulish, P., *Istoria vossoedinenia Rusi*, St. Peterburg, 1874, v.II.
Doroshenko, D., *Panteleimon Kulish*, Kiev-Leipzig, n.d.

第五章

M. P. Dragomanov, *Sobranie politicheskikh sochnenii,* tt.1-2, Parizh, 1905-06
M. P. Drahomanov, *Vybrani tvory*, t.1, Praha, 1937.
M. P. Drahomanov, *Literaturno-publitsystychni pratsi*, tt.1-2, Kyiv, 1970.
Arkhiv Mykhaila Drahomanova, t.1, Lystuvannya Kyivs’koi Staroi Hromady z Mykhailom Drahomanovym (1870-1895), Varshava, 1937.
Lystuvannya I. Franko i M.Drahomanova, Kyiv, 1926.
D. Zaslavskii, *Mikhail Petrovich Dragomanov; kritiko-biograficheskii ocherk*, Kiev, 1924.
F. Savchenko, *Zaborona ukrainstva 1876 r.*, Muenchen, 1970. (Peredruk. Kyiv, 1930)
M.Hrushevs’kyi, *Z pochyniv ukrains’koho sotsialstychnoho rukhu. Mykh. Drahomanov i zhenevs’kyi sotsialistychnyi hurtok*, Viden’ 1922.
Literatura Partii Narodnoi Voli, Parizh, 1905.
Boris Rogozin, *The Politics of Michail P. Dragomanov*, Cambridge/Mass., 1966.
M. Pavlyk, “Karol Marx”, *Praca,* 1883, No.6.

第十六章

Ivan Franko, *Zibrannia tvoriv u piatdesiaty tomakh*, edited by Ie.P.Kyryliuk et al. , Kyiv,1976-86.

Ivan Franko, *U spohadakh schasnykiv*, Lviv, 1956.

Ivan Franko, *Dokumenty i materialy*, Kyiv, 1966.

O. I.Dei, *Ivan Franko Zhittya i diialnist'*, Kyiv, 1981.

Yaroslav Hrytsak, *Prorok u svoii vitchyzni: Franko ta ioho spil'nota (1856-1886)*, Kyiv, 2006.

Ivan Franko, *Vybir iz tvoriv*, New York, 1956.

Yaroslav Hrytsak, *Ivan Franko and His Community*, CIUS, 2018.

第十七章

Vyacheslav Lypyns'kyj, *Lysty do brativ chliborobiv*, 1954(reprint of 1926), New York.

Vyacheslav Lypyns'kyj (Vasyl' Bezridnyj), "Druhyj akt", *Harvard Ukrainian Studie*s, Special issue, The Political and Social Ideas of Vjaceslav Lypyns'kyj, v.IX, no.3/4, 1985, pp.368-381.

Vyacheslav Lypyns'kyj, "Dorohi druzi", *Harvard Ukrainian Studies*, Special issue, The Political and Social Ideas of Vjaceslav Lypyns'kyj, v.IX, no.3/4, 1985, pp.392-396.

Vyacheslav Lypyns'kyj, "Tragediya ukrajins'koho Sancho Pancha Iz zapysnoji knyzhky emihranta)", *Harvard Ukrainian Studies*, Special issue, The Political and Social Ideas of Vjaceslav Lypyns'kyj, v.IX, no.3/4, 1985, pp.397-406.

Vyacheslav Lypyns'kyj, "Braters'ka spovid' ", *Harvard Ukrainian Studies*, Special issue, The Political and Social Ideas of Vjaceslav Lypyns'kyj, v.IX, no.3/4, 1985, pp.407-416.

Ivan Lysiak-Rudnyts'kyj, " Vyacheslav Lypyns'kyj ", *Mizh istorieyu j Politykoyu*, 1973, Muenchen.

Omeljan Pritsak, "V. Lypyns'kyj's Place in Ukrainian Intellectual History ", *Harvard Ukrainian Studies*, Special issue, The Political and Social Ideas of Vjaceslav Lypyns'kyj, v.IX, no.3/4, 1985, pp.245-262.

Lew R. Bilas, "The Intellectual Development of V. Lypyns'kyj: His World View and Political Activity before World War I ", *Harvard Ukrainian Studies*, Special issue, The Political and Social Ideas of Vjaceslav Lypyns'kyj, v.IX, no.3/4, 1985, pp.263-286.

Wsevolod W. Isajiw, "The Political Sociology of Vjaceslav Lypyns'kyj", *Harvard Ukrainian Studies*, Special issue, The Political and Social Ideas of Vjaceslav Lypyns'kyj, v.IX, no.3/4, 1985, pp.287-301.

Eugene Pyziur, "V. Lypyns'kyj's Idea of Nation", *Harvard Ukrainian Studies*, Special issue, The Political and Social Ideas of Vjaceslav Lypyns'kyj, v.IX, no.3/4, 1985, pp.302-325.

Jaroslaw Pelenski, "V. Lypyns'kyj' and the Problem of the Elite", *Harvard Ukrainian Studies*, Special issue, The Political and Social Ideas of Vjaceslav Lypyns'kyj, v.IX, no.3/4, 1985, pp.326-341.

Ivan L. Rudnytsky, "V. Lypyns'kyj's Political Ideas from the Perspevtive of Our Times", *Harvard Ukrainian Studies*, Special issue, The Political and Social Ideas of Vjaceslav Lypyns'kyj, v.IX, no.3/4, 1985, pp.343-356.

Eugene Zyblikewycz, "The Odyssey of V.Lypyns'kyj's Archives", *Harvard Ukrainian Studies,* Special issue, The Political and Social Ideas of Vjaceslav Lypyns'kyj, v.IX, no.3/4, 1985, pp.357-361.

Iwan Korowytsky, "The Archives of V. Lypyns'ky", *Harvard Ukrainian Studies*, Special issue, The Political and Social Ideas of Vjaceslav Lypyns'kyj, v.IX, no.3/4, 1985, pp.362-367.

Oleh Protsenko and Vasyl' Lisovyj, *Konservatyzm. Antolohiya*, Kyiv,1998.

第八章

Mykhailo Hrushevsky, *Istoriia Ukrainy-Rusy*, 10 vols. New York, 1954-8, (Reprint)

Mykhailo Hrushevsky, *History of Ukraine-Rus*', 10 vols. Toronto, 1997-2014.

Mykhailo Hrushevsky, *Istoriia ukrainskoi literatury*, 5 vols. New York, 1959-60, (Reprint)

Mykhailo Hrushevsky, *Ocherk istorii ukrainskogo naroda*. 3d ed. St. Petersburg, 1911.

Mykhailo Hrushevsky, *Iliustrovana istoriia Ukrainy*. Winnipeg, n.d. (Repr. of Kyiv edition of 1918)

M. S. Hrushevsky, *Shchodennyk 1886-1894 pp*. Kyiv, 1997.

M. Hrushevsky, *A History of Ukraine*, New Haven, 1941.

M. Hrushevsky, *Vybrani prats*i. ed. M.Halii. New York, 1960.

E. Bosch, *God bor'by*, Moskva, 1925.

O. S.Fedyshyn, *Germany's Drive to the East and the Ukrainian Revolution 1917-1918*, Newwark, NJ, 1971.

H. Kostiuk, Stalinist Rule in the Ukraine: A Study of the Decade of Mass Terror (1929-1939), London-New York, 1960.

Thomas M. Prymak, *Mykhailo Hrushevsky: The Politics of National Culture*, Toronto, 1987.

Serhii Plokhy, *Unmaking Imperial Russia: Mykhailo Hrushevsky and the Writing of Ukrainian History*, Toronto, 2005.

Encyclopedia of Ukraine, 5 vols. Toronto, 1984-1993.

作品名・事項名（初出順）

第一章

作品名

『聖職者の言葉』　ペトロ・モヒラの著作。一六四五年、キエフ。ポーランド語とルテニア語。

『祈禱書（Trebnyk あるいは Euchologion）』　ペトロ・モヒラの著作。一六四六年、キエフ。ラテン語。

『正教の信仰告白』　ペトロ・モヒラの著作。一六六七年、アムステルダム、ギリシア語。

『パリノディア』　Palinodia　一六二一年頃。ザハリヤ・コピステンスキーのユニエイト批判の著作。一六一九―一六二一年に執筆。

『スラヴ語文法』　Grammatica sclavonica　最初のルテニア語文法。一六四三年、パリ、ソルボンヌで刊行。

『モスクワとの戦争についての考察』（一六三二）　Discusus de bello Moscovitico anno,1632. ユーリイ・ネミリチ著。歴史書。パリ、ソルボンヌ。

『学びへの鍵』　Klyuch razumeniya　一六六五年、リヴィウ。イォアンニキ・ガリャトフスキー著。

『ヴラディーミル』　Vladymer　テオファン・プロコポヴィチ作。ヴォロディーミル聖公に擬えてイヴァン・マゼッパを称えた悲喜劇。

『悲嘆の詩』　Tristia　オウディウス Ovidius（紀元前四三―紀元一七または一八）の作。追放中のトミスで詠まれた詩集。テオファン・プロコポヴィチによるポーランド語と教会スラヴ語の訳がある。

『スラヴ正統語法文法』Grammatiky slavenskyia pravylnoe syntagma　メレティイ・スモトリッキー著。一六一九年。リトアニアのヴェヴィス（ヴィリニュスの近郊）で刊行。

事項名

ポーランド＝リトアニア共和国　ポーランド王国およびリトアニア大公国の通称。一五六九年から一七九五年まで。十六世から十七世紀のヨーロッパで最大の国。

ヘトマン　ドイツ語のハウプトマンHauptmanにあたるウクライナ語で、コサックの頭領の呼び名。

教会スラヴ語　古代教会スラヴ語が東・南スラヴ語地域の口語を反映して使われた文章語。およそ十一世紀から十二世紀に成立。典礼語として使われる。

ルテニア　Ruthenia ウクライナ西部とポーランド南東部にまたがる地域。ルシン語を話すルシン人の居住地。

アカデミー　研究教育の高等機関。古代ギリシアのアカデメイアに由来する。

キエフ洞窟修道院　キエフ・ペチェルシク大修道院。一〇五一年に建立と伝えられる。ラヴラ（修道院）とも呼ばれる。修道院内の一番大きな聖堂はウスペンシキー大聖堂。

ユニエイト　東方典礼カトリック教会。教義はカトリック、典礼は東方正教の教会。ウクライナでは一五九六年のブレスト合同以降成立。

マグナート　Magnat ポーランドで高い地位にある貴族。大きな領地を持つ。

ザモイスキ・アカデミー　Zamoyski Academy ポーランドの大法官ヤン・ザモイスキによって、ザモシチに設立された高等教育機関。

キエフ・モヒラ・コレギウム　ペトロ・モヒラが創設したキエフの神学校。後にキエフ・アカデミーに発展した。

ポディル　キエフ市の下町。ドニプロ河右岸の河川敷にある。

大主教　Archbishop 正教会の高位の聖職。総主教に次ぐ権威を有する。

ソフィア寺院　聖ソフィア大聖堂。キエフ市の中心にあるキリスト教の大聖堂。一〇三七年、キエフ・ルーシのヤロスラフ賢公によって建立。鐘楼は十七世紀、マゼッパの時代に立てられた。

ベレストヴォ救世主教会　十二世紀前半、ヴォロディーミル・モノマフによってキエフ市の中心に建立。

十分の一教会　Desiatynna Tserkva キエフで最初の石造りの教会。ヴォロディーミル聖公が収入の十分の一を建設資金としたことから命名。九八九年から九九六年にかけて建立。一二四〇年、モンゴル軍により破壊。一九二八年ソ連時代に再び破壊された。

人文主義（ユマニスム）　humanism ルネサンス期に、ギリシア・ローマの古典文芸や聖書の研究を元に人間の研究を行った学問分野。ペトラルカ、エラスムス、モンテーニュなど。

バロック　Baroque ルネサンスの後、十六世紀末から十八世紀にかけてヨーロッパで流行した芸術様式。ウクライナでは十七世紀後半、マゼッパ・バロックと言う。

反宗教改革　対抗宗教改革。カトリック改革。宗教改革に対するカトリック教会側の改革運動。イエズス会が先頭に立って活動した。

リベラルアーツ　liberal arts「自由学芸」や「教養諸学」とも呼ばれる。その由来はギリシア・ローマの文化を受け継ぐ中世ヨーロッパで生まれた自由七科で構成される。

ソッツーニ派　レリオ・ソッツーニとその甥ファウスト・ソッツーニの唱えたキリスト教の運動。三位一体説やキリストの神性などを否定した。

スタルシナ　コサックの長老、将校。ヘトマンを選出する。

ザポロージエ軍団　ドニエプル・コサックの軍団。ドニエプル河の中流、ホルティツァ島を本拠地とする。

ズボリフ条約　ボフダン・フメリニツキーがポーランドに勝利して一六四九年に結んだ条約。

ベレステチコの戦い　ポーランドとフメリニツキーに率いられたウクライナ・コサックの戦い。クリミア・タタールの戦線離脱により、ウクライナ側の敗北。この敗北がウクライナとロシアの間のペレヤスラフ協定（一六五四年）につながった。

ビラ・ツェルクヴァ合意　一六五一年、ポーランドとフメリニツキーの間の休戦協定。登録コサックの数を二万人に減少。ヘトマンの統治範囲をキエフ州に限定。

ルイナ　Ruina 荒廃、廃墟の意味。コサック年代記作家サミイロ・ヴェリチコが名付けた歴史の期間。ボフダン・フメリニツキーが死んだ一六五七年からイヴァン・マゼッパのヘトマン即位（一六八七年）の間の三十年間を言う。

ウニヴェルサール　Universal ヘトマンの発する布告、宣言、総告。

ポルタヴァの戦い　一七〇九年七月八日（新暦=グレゴリウス暦）ポルタヴァで行われた、マゼッパ・コサック軍とスウェーデンのカール十二世連合軍とロシアのピョートル一世の戦い。マゼッパ側の敗北に終わった。

小ロシア・コレギウム　一七二二年にウクライナを統治する機関としてピョートル一世が設けた組織。ウクライナのヘトマン国家の自治を制限する役割を担った。

国立ヴェルナツキー図書館　ヴォロディーミル・ヴェルナツキー Volodymyr Vernadsky（一八六三―一九四五）の名称を冠したウクライナの国立図書館。キエフ市。ヴェルナツキーは鉱物学者。ウクライナ学術アカデミーの創立者。

スロビツカ・ウクライナ　Slobids'ka Ukraina 自由ウクライナ。ウクライナの北東地域。ロシアとの国境線周辺。ハリコフを含む。

第二章

作品名

『旅行日誌』 "Diariusz podorozny" 亡命ヘトマン、ピリプ・オルリクが、ヨーロッパおよびトルコを旅行し滞在した一七二七年から一七三一年の日誌。ハーヴァード大学ウクライナ研究所 HURI, 一九八八年刊。

事項名

ベンデリ憲法　ピリプ・オルリクが発布した憲法。

ホティンの戦い　一六七三年にホティン（ポーランド）でのポーランド＝リトアニア軍とオスマン帝国軍の間の戦い。ポーランド＝リトアニア側の勝利に終わった。

頌徳文　Eulogy Eulogia（ギリシア語）人物を称賛する文章。

ハザール　Khazar, Kozar 六世紀から十世紀にカスピ海と黒海北岸で繁栄したトルコ系遊牧民。ハザール・ハン国を建てた。ユダヤ教を受容した。十一世紀初めにロシアとビザンツにより滅ぼされた。ピリプ・オルリクはコサックはハザールの末裔であると述べている。

ラードニク　radnyk コサック連隊等の相談役。

総顧問官　heneral'nyj radnyk ヘトマンの相談役。

総財務官　heneral'nyj skarbivnyk ヘトマン政府の財務を取り仕切る長官。

職杖　bulava 職位を示す棍棒状の権標。

国税徴収官　zbyrach derzhavnykh podatkyv ヘトマン国家における徴税官。

定期市　yarmarok 定期的に開催される市。出店には代金が徴収されることが多かった。

「協定条項」 Pacta conventa 一五七三年から一七六四年にかけてポーランド＝リトアニア共和国のシュラフタおよび選挙で選ばれた国王に課された協約。

大法官 generalnyj kantsler 尚書院長。ヘトマン国家におけるヘトマンに次ぐ役職。

第三章

作品名

『ザポロージエの遺産』 Zaporozhskaia starina スレジネフスキーによって刊行されたウクライナ・フォークロア、ドゥーマの集成。ハリコフで一八三三年から一八三八年刊。

『ポルタヴァ』 プーシキンの長詩。マゼッパとポルタヴァの戦いを題材にした詩。一八二九年作。

『ソヴレメンニク』 Sovremennik プーシキンが発行した雑誌。文学を中心として社会、政治評論も掲載。一八三六年から一八六六年。サンクトペテルブルク。

『タラス・ブーリバ』 ニコライ・ゴーゴリ作。一八三五年刊。一八三九年、一八四二年改訂。一八四三年再改訂版刊行。

『ミハイル・チャルヌィシェンコ』 Mikail Charnyshenko クリシの最初の歴史小説。ロシア語。一八四三年刊。

『ペレヤスラフの夜』 Pereiaslavs’ka nich コストマーロフの歴史劇。一八四一年。

『サヴァ・チャーリー』 Sava Chalyi コストマーロフの歴史劇。一八三八年。

『ウクライナ民族の創世記』 Knyhy Buttia Ukrainskoho Narodu コストマーロフ著。一八四五年末から一八四六年初めにかけて書かれた。一九一八年に刊行。

『キリル－メトディー団規約』 Ustav Slov’ians’koho tovarystva sv Kyryla i Metodiia コストマーロフ著。

『オスノーヴァ』　Osnova『礎』ヴォロディーミル・アントーノヴィチ、パヴロ・チュビンスキー、ヴァシル・ビロゼルスキー、クリシなどウクライナ知識人によって発行された雑誌。一八六一年から一八六二年、サンクトペテルブルク。
『ハイダマキ』　Haidamaky シェフチェンコの叙事詩。シェフチェンコの詩の中で最も長い。一八三九年から一八四一年にかけて書かれた。一八四一年刊行。サンクトペテルブルク。

事項名
ブレストの教会合同　Berestejs'ka uniya; Union of Brest ブレストの教会会議で正教とカトリックの合同が宣言され、ギリシア・カトリック教会、ウクライナ・東方カトリック教会が成立した。ユニエイト Uniate とも呼ばれる。
ハリコフ・ロマン主義グループ　Kharkivs'ka shkola romantykiv イズマイル・スレジネフスキー、アムブロシイ・メトリンスキー、ミコラ・コストマーロフ、レフコ・ボロヴィコフスキーなどが中心になってウクライナ民族誌を研究したグループ。フォークロアの収集に熱心だった。

第四章

作品名
「ソン」　Son「夢」シェフチェンコの詩。一八四四年執筆。ツァーリや皇后、貴族高官を風刺した詩。後に「不遜」な詩として重罪の理由となる。
『神の法』　Zakon Bozhyj コストマーロフ著。一八四五／四六年。
「ルーシの二つの民族」　Dve russkie narodnosti コストマーロフ著。サンクトペテルブルク、一八六一年。『オスノーヴァ』に掲載。

「ウクライナ」 Ukraine コストマーロフが一八六〇年『コーロコル』に寄せた論文。

『コーロコル』 Kolokol 『鐘』。アレクサンドル・ゲルツェンとニコライ・オガリョフによってロンドンとジュネーヴで刊行された新聞。

『大ロシア–小ロシア会話集』 Razgovor Velikorossii s Malorossiei セメン・ディヴォヴィチ著。サンクトペテルブルク、一七六二年。

『チョールナヤ・ラーダ』 Chornaya Rada ウクライナ語で『チョルナ・ラーダ』Chorna Rada。一八四六年、クリシ作。一六六三年にニジンで行われたコサックの集会（ラーダ）を題材にした歴史小説。『黒評議会』。

『オリーシャ』 Orysia 一八四五年、クリシの短編小説。ホメロスの『オデュッセイア』の中のエピソードに基づいた小説。

『南ロシア雑記』 Zapiski o Iuzhnoi Rusi 2vols. サンクトペテルブルク、一八五六–五七年。

『フラマトカ』 Hramatka ウクライナ語の初級読本。一八五七年、クリシ著。

「ネオフィティ（改宗者たち）」 Neofyty シェフチェンコ作の詩。一八五七年。

「あの世の兄弟タラスへ」 Bratu Tarasovi na toi svit クリシがシェフチェンコを悼んで書いた長詩。

「わが告白」 Moia ispoved ヴォロディーミル・アントーノヴィチが一八六二年、『オスノーヴァ』に寄稿した文書。

『ウクライナ再合同の歴史』 Istoriia vossoedineniia Rusi 3vols, 1874-1877, Sankt-Peterburg（サンクトペテルブルク）クリシ著。

「彩られたハイダマキ時代」 Mal'ovana haidamachchyna クリシ著。一八七六年。ガリツィアの雑誌『プラウダ』に掲載。

『ルーシ人とポーランド人のためのイースター・エッグ』 Krashanka rusynam i poliakam na Velykden' 1882 roku.

一八八二年、リヴィウ。クリシ著。

『フートルの歌』 Khutorna poeziia クリシの詩集。リヴィウ、一八八二年。フートルとは農地付き農家のこと。妻と住んだモトロニフカでの作品。

『マルーシャ・ボフスラフカ』 Marusia Bohuslavka ボフスラフ生まれのウクライナ人女性を歌った詩。マルーシャは奴隷としてトルコに連れていかれスルタンの妻となったロクソラーナのこと。

『鐘』 Dzvin クリシの詩集。ジュネーヴ、一八九三年出版。

『聖書』（ウクライナ語訳） モラチェフスキーに続いて、クリシ、ピュルイ、ネチュイ-レヴィツキーがウクライナ語訳を作った。クリシのフートルでの作業は完成しなかったが、一九〇三年に複数の翻訳者の共同訳がウィーンで一九〇三年に出版された。

『ウクラインスカ・ハタ』 Ukrains'ka khata『ウクライナの小屋』。月刊の文学雑誌。キエフ、一九〇九-一九一四。パヴロ・ボハツキーとミキータ・シャポヴァルの編集。

事項名

輔祭 dyiakon, diiakon 司祭を補佐する職務。カトリックの助祭、プロテスタントの執事にあたる。

コリイーフシチナ Koliivshchyna 一七六八年六月に右岸ウクライナで起こったハイダマキ（複数形）による大規模なポーランドに対する反乱。コサックと農民が参加。ハイダマクとは元々、山賊、盗賊を指す。シェフチェンコの詩に「ハイダマキ」がある。

ポーランド反乱（一八三〇） ロシア支配からの独立を目指したポーランドの反乱。十一月蜂起とも言う。ロシア軍により鎮圧された。この時ショパンは「革命」を作曲した。

コブザ Kobza ウクライナの伝統的弦楽器。最近ではバンドゥーラと呼ばれる。

モスカーリ　Moskal' ロシア人を侮蔑して呼ぶ言葉。ウクライナ、ポーランド、ルーマニア、ベラルーシで使われる。同類の言葉にカツァプ（雄やぎ）katsap がある。
ホリルカ　horilka ウクライナの酒。火酒。小麦やライ麦からつくる蒸留酒。
アンドルシフ条約　Andrusovskoye Pieriemiriye アンドルソヴォ条約。ロシアとポーランドの間の休戦協定。スモレンスク近くのアンドルソヴォ村で調印。
ホルティツァ　Khortytsia ザポロージエ・コサックのシーチ（本営）のあったドニプロ河中流の島。
古文書調査臨時委員会　Vremennaia komissiia dlia rasbora drevnikh aktov ミハイル・マクシモヴィチのイニシアティヴで一八四三年に設立された政府の組織。主に右岸ウクライナの調査研究を行った。調査結果は刊行された。
「家造りらの捨てたる石は、隅のかしら石となれり」　旧約聖書「詩篇」一一八篇二二節、新約聖書「マルコによる福音書」一二章一〇節、「ペテロの手紙一」二章七節。
シュリッセルブルグ要塞　Shlisselburg Krepost'(Fortress) オレシェク Oreshek 要塞。サンクトペテルブルクに近い要塞監獄。オレホフ島にある。一三二三年建設。
「公式民族」　Official Nationality ニコライ一世時代のロシアの公式イデオロギー。正教、専制、国民性で帝国を統一する教義。
ウクライナ蜂起軍　Ukrains'ka povstans'ka armiya, UPA 英語では Ukrainian Insurgent Army。一九四二年から一九五四年頃まで西ウクライナ、ポーランド南部で活動。当初ドイツ軍と協力したが、その後ドイツ軍とソ連軍の双方と戦い、戦後はソ連軍と戦った。司令官はローマン・シュヘーヴィチ Shukhevych, Roman（一九〇七－一九五〇）。
ザーパドニキ　Zapadniki Zapadnik の複数形。十九世紀前半のロシア帝国における西欧主義者。
カツァプ　Katsap ロシア人に対する蔑称。

クリシウカ　Kulishvka パンテレイモン・クリシが『南ルーシ雑記』（一八五六年）で使用した正書法。

第五章

作品名

『ウクライナ歴史雑誌』　Ukrainskyi Istorychnyi Zhurnal 隔月刊、一九五七年から刊行中。

『キエフ大学通報』　Kievskaya Universitetskaya Izvestiya キエフ大学の広報誌。

『キエフスキー・テレグラフ』　Kievskii telegraf 一八五九年から一八七六年の間キエフで初めて刊行された政治、文学、科学分野の記事を掲載したウクライナの新聞。週二回発行。一八七四年シルヴェストル・ホホツキーの妻が買収し編集権をウクライナ派に移した。一八七五年から一八七六年の間、ドラホマノフが編集し、キエフ・フロマーダの機関紙化した。一八七六年のエムス法により廃刊。

『サンクトペテルブルク彙報』　Sankt Peterburgskie Vedomosti ロシアの日刊紙。一七〇三―一九一七年。サンクトペテルブルク。

『ヨーロッパ通報』　Vestnik Evropy 一八六六―一九一八年。当初季刊、一八六八年以降月刊。初期の編集者はニコライ・カラムジン。後、ミハイル・スタシュレヴィチが編集者。歴史、政治の論考を掲載。リベラルな雑誌として知られていた。

『モスクワ通報』　Moskovskiye Vedomosti 一七五六―一九一七年。ニコライ・ノヴィコフ Nikolay Novikov が一時期編集者。週刊、週三回刊、日刊、それぞれの時期あり。保守的傾向。一九〇九年以降「黒百人組」の新聞となる。

「ドイツの東方政策とロシア化」　Vostochnaya politika Germanii i obruseniye 一八七二年にドラホマノフが『ヨー

ロッパ通報』に寄稿した論文。

『キエヴリャニン』 Kievlyanin キエフで一八六四年から一九一九年の間刊行された保守派の新聞。キエフ大学教授ヴィタリイ・シュリギン編集。彼の死後一八七九年からドミトリー・ピフノに代わる。さらにその後、ヴァシーリー・シュルギン。最初は週三回刊、一八七九年以降日刊。

「ティベリウス帝」 Imperator Tiberii ドラホマノフの修士論文。

『小ロシア民族の歴史的歌謡』 Istoricheskie pesni malorusskogo Naroda 2vols., Kiev, 1874-1875. ドラホマノフとアントーノヴィチの共同編集になるウクライナ・フォークロアの集成。

『プラウダ』 Pravda 十九世紀後半リヴィウで発行された雑誌。編集にはヴォロディーミル・バルヴィンスキー、フランコ、クリシ、オレクサンドル・コニスキーなどが参加した。一八六七年は月三回、一八六八－一八七〇年は月四回、一八七二－一八七八年は月二回、一八七九年は月一回、一八八〇年と一八八四年は論集として、一八八八－一八九三年は月一回、一八九四－一八九六年は月二回刊。一八八〇年に『ディーロ』が発行されるまでガリツィアのウクライナ人左派の主要な雑誌だった。ドラホマノフも多くの論考を寄稿。

『スローヴォ』 Slovo リヴィウで発行されたロシア主義者の新聞。政治、文学、社会問題を扱う。一八六一年から一八七二年は週二回刊。それ以降一八八七年までは週三回刊。使用言語は「ヤジーチエ」。一八七六年からロシア政府の資金助成を受けた。

『国内における奴隷制と解放戦争』 Vnutrennye rabstvo i voina za osvobozhdeniye ジュネーヴ、一八七七年。ドラホマノフ著。

『フペリョート』 Vpered『前進（前へ）』ラヴロフが発行した隔週刊の新聞。チューリヒ、ロンドン。

「ウクライナにおける大衆のための学校」 Narodni shkoly na Ukrayini ドラホマノフの論文。ジュネーヴ、一八七七年。

『悪魔の人々』 Lykhi lyudy パナス・ミールヌイ著。一八七七年、『フロマーダ』に掲載。

「シェフチェンコ、ウクライナ主義者、社会主義」 Shevchenko, ukrainofily i sotsializm ドラホマノフ著。一八七九年。『フロマーダ』第四巻所収。ドラホマノフのシェフチェンコ論。

「歴史的ポーランドと大ロシア民主主義」 Istoricheskaya Polsha i velikorusskaya demokratia ジュネーヴ、一八八二年。ドラホマノフのポーランドとウクライナの関係を歴史的に検討した論文。

「社会主義とダーウィンの理論」 Le Socialisme et la Theorie de Darwin. 1880. ポドリンスキー著。

『ナバート』 Nabat 『警鐘』。一八七五－一八八一年。ロンドン、ジュネーヴ。ピョートル・トカチョフ Pyotr Tkachev（一八四四－一八八六）によって発行された革命派の雑誌。

「ナロードナヤ・ヴォーリャ：ロシアにおける革命闘争の中央集権化について」 Narodnaya Volya o tsentralizatsii revoliutsionnoi borby v Rossii. ナロードナヤ・ヴォーリャを批判したドラホマノフの論文。一八八二年。

『リストーク・ナロードノイ・ヴォーリ』 Listok narodnoi voli. 『ナロードナヤ・ヴォーリャ文書』。一八八一年。

「ウクライナにおけるユダヤ人問題」 Evreiskii vopros na Ukraine. ドラホマノフのユダヤ人問題についての論考。一八八二年。

『ヴォリノエ・スローヴォ』 Vol’noe slovo. 『自由な言論』。雑誌。ドラホマノフは第五二号から編集者。ジュネーヴ、一八八一－一八八三年。

『自由な同盟――ウクライナの政治的、社会的綱領の試み』 Volny soyuz – Vilna spilka, Opyt ukrainskoi politico-sotsialnoi programmy. ドラホマノフ著。ジュネーヴ、一八八四年。

『ドルーフ』 Druh 『友』。リヴィウの学生たちの雑誌。一八七四－一八七七年、隔月刊。フランコ、パヴリクなどが寄稿。ドラホマノフの影響を受けた。

『フロマーダの友』 Hromads’kyi Druh フランコとパヴリクがリヴィウで発行した雑誌。

『モーロト』 Molot『槌』あるいは『ハンマー』。『フロマーダの友』の後継雑誌。

『ズヴィン』 Zvin『鐘』。『フロマーダの友』の後継雑誌。

『プラツァ』 Praca『労働』。リヴィウで発行されたポーランド語の新聞。社会主義派。パヴリク、フランコが多く寄稿。一八七八年から一八九二年の発行だが、しばしば没収や発行禁止にあったため、不定期刊。

『ナロード』 Narod『人民』。社会主義派の雑誌。リヴィウ、一八九〇－一八九二年およびコロミヤ、一八九四年、再びリヴィウ、一八九五年刊行。フランコとパヴリクの編集。一八九三年からルテニア・ウクライナ・ラディカル党の機関誌となった。

「ウクライナ民族問題についての特殊な考察」 Chdatski dumky pro ukrainsku natsionalnu spravu. ドラホマノフの論考。リヴィウ、一八九二年。

「ドニエプル・ウクライナへの手紙」 Lysty na Naddnipryansku Ukrainu. Kolomiya, 1894. ドラホマノフの論考。

事項名

フロマーダ Hromada コミューン、共同体、社会、市民、団体。
ドラホマニウカ Drahomanivka ドラホマノフによって提唱されたウクライナ語のアルファベットと正書法。一八七八年雑誌『Hromada』で初めて試みられた。主にガリツィアで使われた。
ヴァルーエフシチナ Valuevshchyna 一八六一年ロシア帝国内務大臣ピョートル・ヴァルーエフが発したウクライナ語の書籍出版禁止の指令。
「六〇年代の人々」 Shestydesyatnyk 一八六〇年代に活躍した文化人。一九六〇年代の文化人のことも同じ呼び名を使う。
雑階級（人） Raznochintsy 十八世紀から十九世紀のロシア帝国における雑多な階層の人たち。貴族に属さない知識人を指した。

キエフ・フロマーダ　**Kyiv Hromada**　十九世紀後半ウクライナのキエフで活動したインテリゲンツィアの文化的、政治的団体。主要なメンバーはヴォロディーミル・アントーノヴィチ、タデイ・ルィリスキー、パヴロ・チュビンスキー、コスティアンティン・ミハリチュークなど。一八六三年のヴァルーエフ指令で活動を停止したが、一八六九年頃にドラホマノフなど新しいメンバーが参加し活動を再開した。

エムス法　ウクライナ語出版物の全面的禁止令。ツァーリ、アレクサンドル二世がドイツの温泉保養地エムス（**Bad Ems**）で署名したので「エムス法」と呼ばれる。刊行されたロシア帝国法令集には収録されていない。

チョールヌイ・ペレジェール派　**Chornyi peredel**　ロシアの革命党派。ナロードニキ。総割替派とも言う。一八七九年から一八八一年まで。指導部はプレハノフ、アクセリロート、ヂェイチ、ザスーリチなど。

国民会議［ゼームスキー・ソボール］　**Zemsky Sobor**　十六世紀から十七世紀にロシアで行われた身分制議会。全国会議。

ポグロム　**Pogrom**　ユダヤ人に対する集団的暴力、迫害行為。

「ジード」　**Zyd**　ウクライナ語その他のスラヴ語でユダヤ人を指す。

チギリン事件　**Chyhyryn**　キエフ県チギリン郡で一八七六年ステファノヴィチやヂェイチが「ツァーリの召書」（「秘密勅書」）を偽造し農民を欺した事件。

ルテニア＝ウクライナ・ラディカル党　**Rus'ka Ukrainska radykalna partiia**　一八九〇年創立。後にウクライナ・ラディカル党、さらに一九二六年からウクライナ社会主義ラディカル（急進）党。ウクライナ最初の近代政党。一八九〇年代に分裂。

第六章

作品名

『鉛筆』 Olivets' フランコの掌編小説。一本の鉛筆を雪の中に落とした少年とそれを拾った少年が学校で巻き込まれる悲劇。ガリツィアの寒村の貧しさと小学校の教師の横暴を描いたもの。一八八五年。

『ペレヤスラフの夜』 Pereiaslavs'ka nich. 史劇。コストマーロフ著。一八四一年。

「復活祭」 Velykden' 1871 roku. フランコが死んだ父親（一八六三年死亡）に捧げた詩。一八七一年作。

「ペトリーとドウブシチューク」 Petrii i Dovbushchuky. フランコが一八七六年に書いた長編小説。『ドルーフ』に掲載。

『社会主義とはなにか』 Shcho take sotsializm? フランコが一八七八年にリヴィウで出版したパンフレット。

『ディーロ』 Dilo. 『行動』。リヴィウで発行された新聞。ウクライナ語。一八八〇年から一九三九年。最初週二回刊（一八八〇－一八八二）、次いで週三回刊（一八八三－一八八七）、一八八八年から日刊。初期の編集者には、ヴォロディーミル・バルヴィンスキー、アンティン・ホルバチェフスキー、イヴァン・ベレイ、ヴォロディーミル・オフリモヴィチなど加わっていた。

『ボリスラフは笑う』 Boryslav smiiet'sia フランコの代表作の一つ。一八八一年。

『スヴィト』 Svit 『世界』一八八〇－一八八一年。フランコが編集部員の一人。

『ザーハル・ベルクート』 Zakhar Berkut. 一八八三年。モンゴル軍襲来時の西ウクライナのカルパティア地方を描いたフランコの代表的歴史小説。

『ゾリャー』 Zorya. 『星』。一八八〇年から一八九七年までリヴィウで月二回刊行された文学学術雑誌。シェフチェンコ学術協会発行。後の『文学学術通報』。フランコ、フルシェフスキー、クリムスキーなどが寄稿。

一八八五年以降フランコが編集長。

『ポストゥプ』 Postup 『進歩』。フランコにより計画されたが実際には刊行されなかった雑誌。

『高みとどん底より』 Z vershyn i nyzyn フランコが妻オルハに捧げた詩集。リヴィウ、一八八七年。

「監獄ソナタ」 Tiuremni sonety. 詩。一八八七年、フランコ作。

『ルヴフのクーリエ』 Kurijer Lwowski. リヴィウのポーランド語新聞。フランコは一八八七年から一八九七年までこの新聞社で働いた。

『ナロード』 Narod. リヴィウ、一八九〇/九一–一八九二。ウクライナ・ラディカル党の機関誌。月二回刊。フランコとパヴリクの編集。社会主義者の雑誌。

「バルラアムとヨサファト」 Barlaam and Josaphat 一八九三年にフランコがウィーン大学に提出した博士論文。バルラアムとヨサファトはキリスト教の聖人。彼らの物語はゴータマ・ブッダの生涯に基づいている。

『生活と言葉』 Zhytie i slovo. リヴィウで一八九四–一八九七年にフランコの編集で刊行された、文学、歴史、政治、民族誌、フォークロア関連の隔月刊の雑誌。発行者はオルハ・フランコ。

「盗まれた幸福」 Ukradene shchastia. 社会心理学的なドラマ。一八九四年、フランコ作。

「ナナカマド」 Riabyna. フランコ作のコメディー。一八八六年。

「教師」 Uchytel'. フランコ作の喜劇。一八九六年。

「スヴャトスラフ公の夢」 Son kniazia Sviatoslava. フランコ作の歴史劇。韻文。

「枯葉」 Ziv'iale lystia. フランコの抒情詩。一八九六年作。

「ナタルカ・ポルタフカ」 Natalka Poltavka. ポルタヴァのナタルカ（ナタリアの愛称）。イヴァン・コトリャレフスキーによって一八一九年に書かれ、一八二一年にハリコフで上演されたオペレッタ。

「社会主義と社会民主主義」 Sotsiializm i sotsial-demokratyzm. 一八九八年、フランコ執筆の論文。

「私のエメラルド」 Mii smarahd. 一八九八年刊行のフランコの詩集。

『新しい鏡』 Nove Zerkalo. リヴィウで刊行された風刺雑誌。

『文学学術通報』 Zapysky Naukovoho tovarystva im. Shevchenka. シェフチェンコ学術協会の雑誌。一八九二年刊行開始。最初年四回刊、次いで隔月刊。一八九五–一九一三年はフルシェフスキーによる編集。一九三九年までに一五五巻が刊行された。第二次大戦後、ドイツ、アメリカで刊行が継続され、一九九〇年からリヴィウで二二二巻以降が刊行されている。

「進歩とはなにか」 Shcho take postup. フランコが一九〇三年に発表した論文。科学的社会主義と唯物論の紹介。

「十字路」 Perekhresni stezhky. フランコがガリツィア社会を描写した一九〇〇年の小説。

「悲しみの日々から」 Iz dniv zhurby. フランコの一九〇〇年刊行の詩集。

「モーセ」 Moisei. フランコが一九〇五年に書いた長詩。リーダーと一般の人々との対立を描いている。

『わが青春時代より』 Iz lit moyeyi molodosti. フランコの最後の詩集。一九一三年刊。

「作家活動四十年に際してのイヴァン・フランコへの挨拶」 Pryvit Ivanovi Frankovi. リヴィウ、一九一四年。

事項名

ハーリチ・ヴォルイニ大公国 Halyts'ko-Volyns'ke kniazivstvo. ヴォルイニの公ローマン・ムスチスラヴィチによって一一九九年にガリツィアを併合して建国された。一三四〇年まで続いた。一二五三年から王国。ガリツィア・ヴォルイニ大公国とも言う。

ハーリチ Halych. ドニエステル河岸の歴史的都市。ハーリチ・ヴォルイニ大公国の首都。

ハーリチ–ヴォルイニ継承戦争 一三四〇年から一三九二年。ハーリチ・ヴォルイニ王国（ルテニアとも呼ばれていた）で一三四〇年、ユーリー・ボレスラフ二世が毒殺されたあと起こった王位継承戦争。リトアニア大公国とポーランド王国の戦い。ハーリチ・ヴォルイニはポーランドとリトアニアによって分割され、ハーリチ（ガリツィア）はポーランド領に、ヴォルイニはリトアニア領になり、ルテニアは消滅した。
ポーランド＝リトアニア共和国　ポーランド王国とリトアニア大公国が同君連合を形成して成立した国。一五六九年から一七九五年。ポーランド分割により消滅。
ガリツィア・ロドメリア王国　ハプスブルク帝国下のガリツィアとヴォルイニを合わせた王国。一七七二年から一九一八年。ロドメリアはヴォロディーミルから転じたヴォルイニのラテン名。
アウスグライヒ　**Ausgleich.** 一八六七年オーストリア皇帝がハンガリー王国の独立を認めた「妥協」のこと。
バジリアン修道院　バシレイオス派。「修道院の父」と呼ばれる四世紀のギリシア教父バシレイオス派の修道院。
フツル　**Hutsul** 西ウクライナ（ブコヴィナ）からルーマニアにかけての山岳地帯カルパティア地方。そこに住む東スラヴ民族の一つをフツル人と呼ぶ。
ウクライナ＝ギリシア・カトリック教会　**Ukrains'ka Greko-Katolyts'ka Tserkva.** ウクライナ東方典礼教会。
民族民主党　**Natsionalno-Demokratychna partiia.** 一八九九年リヴィウで創立。ウクライナ・ラディカル党の左派によって作られた。一九一四年からウクライナ民族民主党。
ウクライナ民族民主連合　**Ukrains'ka natsional'no demokratychne ob'ednannia.** 一九二五年結成。一九三九年、独ソ秘密協定により解散。
シーチ射撃連隊　**Sichovi Striltsi.** ウクライナ人民共和国の有力な部隊。一九一七年から一九一九年の間に活動。
労働解放団　**Osvobozhdenie truda.** 一八八三年にジュネーヴでプレハノフやザスーリチによって結成されたロシア最初のマルクス主義団体。
シェフチェンコ学術協会　**Naukove tovarystvo im. Shevchenka.** 一八七三年、リヴィウで設立。一八九七年、フルシェフスキーが代表になって以来、ウクライナの在外アカデミーに成長した。

ウクライナ労働党　Ukrainska trudova partia. 一九一九年、スタニスラヴィフで結成大会開催。西ウクライナ人民共和国政府のメンバーの多くが所属。ウクライナ民族民主連合に一九二五年合流。

第七章

作品名

『ウクライナのシュラフタ』　Szlachta ukrainska i jej udzial w zyciu narodu ukrainskego. リピンスキーが一九〇九年に発表したパンフレット。

『国内評論』　Przeglad Krajowy. キエフで出版されたポーランド語新聞。一九〇九年。

「告白」　Moia spovid'. 一八六二年、ヴォロディーミル・アントーノヴィチ著。

『ポーランド評論』　Przeglad Polski. 一八六六－一九一四年、クラクフで発行された政治・文学の月刊誌。

『時』　Czas. 一八四八年から一九三四年、クラクフで発行された政治日刊紙。

『ウクライナ史より』　Z dziejow Ukrainy. リピンンスキー編のウクライナ史に関する論集。一九一二年刊。

『ラーダ』　Rada. キエフで一九〇六－一九一四年に刊行された政治・文化関係の日刊紙。ウクライナ語。

「第二幕」　Druhyj akt. リピンスキーが一九一一年に執筆した綱領的エッセイ。一九八七年に初めて『Harvard Ukrainian Studies』に印刷された。

「ウクライナ委員会への覚書」　Memorijal do Ukrajins'koho komitetu pro nase stanovyshche suproty napruzenoji sytuaciji v Evropi. リピンスキーの一九一二年執筆の論考。

『転換期のウクライナ』　Ukrajina na perelomi 1657-1659. リピンスキーの歴史的研究書。ウィーン、一九二〇年。

『農民のウクライナ』　Khliborobs'ka Ukraina. 一九二〇－一九二五年、リピンスキーがウィーンで刊行した不定期の論集。

「友人－農民への手紙」 **Lysty do brativ-khliborobiv.** リピンスキーが『農民のウクライナ』に連載した基本的な政治論文。一九二六年、ウィーン刊。

『農民ウクライナ論集』 **Khliborobs'koi Ukrainy, Zbirnyk.** 一九二〇－一九二四年。リピンスキーが発行した論集。第一巻から第八巻まで。

「ウクライナのサンチョ・パンサの悲劇」 **Tragediia ukrains'koho Sancho Pancha.** リピンスキーが一九二〇年に執筆した歴史的風刺小説。

『民族主義』 **Natsionalizm.** ドミトロ・ドンツォフの主著。リヴィウ、一九二六年。

大洪水 **Potop.** 十七世紀半ばの動乱の時代をポーランドで potop＝大洪水の時代と言う。フメリニツキーの乱、北方戦争が起こった。

リガ条約 **Treaty of Riga.** 一九一九年から一九二一年の間戦われたポーランド－ソヴェト戦争終結時に結ばれた平和条約。一九二一年、リガ。現ラトヴィア。

事項名

シュラフタ **Szlachta.** ポーランドの貴族。

ヤギエウォ大学 **Uniwersytet Jagiellonski.** クラクフにあるポーランド最古の大学。一三六四年、カジミェシュ三世により創建。

ピアスト朝 **Piast.** ポーランドの王朝。九六〇年ごろから一三七〇年まで。

黒百人組 **Chornaya sotnya.** 二十世紀初頭ロシアの反動的君主主義者の、ナショナリスティックで排外主義的な団体。「正教、専制、国民性（ナロードノスチ）」をスローガンにした。

バルカン連盟　Balkan League. 一九一二年にセルビア、ブルガリア、ギリシア、モンテネグロ間に結ばれた防衛同盟の総称。バルカン同盟とも言う。

ウクライナ解放同盟　Soyuz vyzvolennia Ukrayiny. 一九一四年にリヴィウで結成された政治組織。中心人物はアンドリイ・ジューク、ヴォロディーミル・ドロシェンコ、マルキアン・メレネフスキーなど。

中央ラーダ　Tsentralna Rada. 一九一七年三月、キエフで形成されたウクライナ自治政府。ミハイロ・フルシェフスキーが議長。

総書記局　Heneralnyi Sekretariiat Ukrainskoi Tsentralnoi Rady. 中央ラーダ政府の執行機関。軍事総書記はシモン・ペトリューラ。

ウクライナ人民共和国　Ukrainska Narodnia Respublika. 一九一八年一月二五日の中央ラーダの第四次ウニヴェルサールにより独立国家を宣言。

ウクライナ民主農民党　Ukrainska demokratychno-khliborobska partiia. 一九一七年五月、ポルタヴァ県ルブニで結成された保守主義、民主主義、民族主義の党。M・ボヤルスキー、L・クリミフ、セルヒイ・シェメト、ヴォロディーミル・シェメト、V・シクリャル、ヴィクトル・アンドリエフスキー、ミコラ・ミフノフスキー、リピンスキーなどが入っていた。

ブレスト講和　Treaty of Brest-Litovsk (Ukraine-Central powers). 一九一八年二月、同盟国（ドイツ、オーストリア、ハンガリー、ブルガリア）とウクライナ人民共和国の間で結ばれた講和。ドイツ、オーストリア側は「パンの講和」**Brotfrieden** と呼んだ。

ディレクトーリア　Dyrektoriia. 一九一八年十一月から一九二〇年十一月の間のウクライナ政府の名称。首班は一九一九年二月まではヴォロディーミル・ヴィンニチェンコ、一九二〇年十一月まではシモン・ペトリューラ。

ウクライナ農民国家同盟　Ukrainskyi soiuz khliborobiv derzhavnykiv. 略称ＵＳＸＤ。一九二〇年二月にリピンスキーやセルヒイ・シェメトを中心とした保守主義者で君主主義者の亡命者によって創設された政治組織。パヴロ・スコロパツキーを支持。

ジェチ・ポスポリタ　Rzeczpospolita. 共和国の意味。ポーランドあるいはポーランド゠リトアニア共和国を指す。

フートル　Khutor. 農地を所有した農民（経営）のこと。独立自営農民。

マグナート　Magnat. ポーランドの大貴族。

オフロクラシー　Okhlokratiia. Okhlo はギリシア語で群集、karatiia はギリシア語で権力。衆愚政治。ポリビウス、アリストテレスなどが言及。

皇帝教皇主義　Caesaropapism. 帝権が教権（キリスト教）に優越する権威をもつ体制。

クレリカリズム　Klerikalizm. 聖職権主義。政治的、社会的問題に関する聖職者のリーダーシップの適用。

ドゥヴォリヤンストヴォ　Dvoryanstvo. ロシアの貴族を意味するロシア語。

第八章

作品名

『ウクライナ・ルーシの歴史』　Istoriia Ukrainy-Rusy. 10 vols. Lviv-Kyiv, 1898-1937. フルシェフスキーの代表作。一六五八年までのウクライナ史。

『ウクライナ文学史』　Istoriia Ukrainskoi literatury. 5 vols., Kyiv-Lviv, 1923-1927. フルシェフスキー著のウクライナ文学史。

『キエフスカヤ・スタリナー』　Kievskaia starina. 『キエフの遺産』。一八八二年から一九〇六年までキエフで刊行されたウクライナ歴史研究のロシア語月刊学術誌。一九〇七年、『ウクライナ』と改名されウクライナ語で刊行された。テオファン・レヴェデンツェフ、ヴォロディーミル・アントーノヴィチ、オレクサンデル・ラザレフスキー、パヴロ・ジテツキーが創刊メンバー。資金はヴァシル・シミレンコが提供した。

「バール地方–歴史的素描」 Barskoe starostvo: Istoricheskie ocherki. Kiev, 1894. フルシェフスキーの修士論文。

「古代ルーシの歴史」 Vstupnyi vyklad z davh'oi istoryi Rusy. フルシェフスキーのリヴィウ大学教授就任講演。リヴィウ、一八九四年。

『シェフチェンコ学術協会雑記』 Zapysky Naukovoho tovarystva im. Shevchenka. 略称 ZNTSh. シェフチェンコ学術協会（NTSh）がリヴィウで刊行した学術雑誌。一八九四年から第一次世界大戦勃発まで。一八九五年から一九一三年、フルシェフスキーが編集。全一五五巻。

「ロシア史の伝統的な仮説と東スラヴ史の合理的組織化」 Zvychaina schema "ruskoi" istorii i sprava ratsional'noho ukladu istorii skhidn'oho slov'ianstva. 1904. フルシェフスキーが一九〇三年に執筆した論文。キエフ・ルーシからのウクライナ民族の歴史をロシア民族の歴史とは異なることを示した。

「ロシアの解放とウクライナ問題」 Osvobozhdenie Rossii i ukrainskoe vopros'. S.Peterburg, 1907. フルシェフスキーのウクライナとロシアの関係についての基本的なテーゼ。

「ウクライナ・コサックの父ボフダン・フメリニツキー」 Pro batka kozatskoho Bohdana Khmelnytskoho. Kiev, 1909. フルシェフスキーのフメリニツキーについての簡略な紹介本。

『絵入りウクライナ史』 Ilustrovana istoriia Ukrainy. Lviv, 1911. フルシェフスキーの一般向けウクライナ史。

「ウクライナ人とは誰で、何を欲しているか」 Khto taki Ukraintsi i choho vony khochut'. Kyiv, 1917. フルシェフスキー著（一五頁）。

「どのような自治と連邦をわれわれは欲しているか」 Yakoi my khochemo avtonomii i federatsii. Kyiv, 1917. フルシェフスキー著（一六頁）。

「ウクライナ人の運動はどこから来て、どこへ行こうとしているのか」 Zvidky pishlo Ukrainstvo i do choho vono ide. Kyiv, 1917. フルシェフスキー著（一五頁）。

「ウクライナ語とウクライナの学校について」 Pro ukrains’ku movu i ukrains’ku shkolu. Kyiv, 1917. フルシェフスキー著（六一頁）。

「自由ウクライナ」 Vil’na Ukraina. Kyiv, 1917. フルシェフスキー著（一六頁）。

「ウクライナ人民へ」 Narodam Ukrainy. Kyiv, 1917. フルシェフスキー著。

「ウクライナはウクライナ人だけのものか？」 Chy Ukraina til’ky dlya Ukraintsiv? Kyiv, 1917. フルシェフスキー著。

「砲火による純化」 Ochyshchennia ohnem. Lviv, 1918. フルシェフスキーによるパンフレット。

「モスクワ志向の終わり」 Kinets’ moskovs’koi orientatsii. Kyiv, 1918. フルシェフスキー著。

『ウクライナ社会主義運動の始まり：ドラホマノフとジュネーヴの社会主義グループ』 Z pochatkiv ukrains’koho sotsiialistychnoho rukhu: Mykhailo Drahomanov i zhenevs’kyi sotsiialistychnyi hurtok. Wien, 1922. フルシェフスキーがドラホマノフを論じた著作。

『ウクライナ』 Ukraina. 一九一四年から一九三〇年までキエフで発行された学術雑誌。フルシェフスキー編集。一九二四年からは全ウクライナ学術アカデミー歴史部門の刊行で三三冊。隔月刊。

『ヴィスチ』 Visti VUTsVK. 『全ウクライナ中央執行委員会通報』。一九一九年はキエフ、一九二〇年から一九三四年はハリコフ、それ以降は再びキエフで発行されたウクライナ政府の日刊紙。その後『ラヂャンスカ・ウクライナ（ソヴェト・ウクライナ）』に改名。

『文学ウクライナ』 Literaturna Ukraina. Kyiv, 1962 一九六二年より。文学、政治、社会関連の週刊新聞。ウクライナ作家同盟 Spilka pys’mennykiv Ukrainy の機関紙。ペレブドーヴァ（ペレストロイカ）期にルーフ Rukh の綱領などが掲載された。

『ウクライナ歴史雑誌』　Ukrainskyi Istorychnyi Zhurnal.　年六回刊。ウクライナ学術アカデミー歴史研究所刊。一九五七年より現在も刊行中。

『ウクライナのボリシェヴィキ』　Bil'shovyk Ukrainy.　ウクライナ共産党（ボリシェヴィキ）中央委員会発行の機関誌。隔週刊。一九二六年から一九三四年はハリコフで、それ以降はキエフで発行。一九五二年以降『ウクライナの共産主義者』Komunist Ukrainy　に改名。

事項名

ロシア考古学大会　Rossijskij arkheologicheskij s'ezd.　一八六七年に第一回大会。第十一回キエフ、第十二回ハリコフ。

ウラジーミル・スズダリ公国　Vladimiro-Suzdal'skye knyazhestvo.　一一五七年から一三六三年。ルーシの公国の一つ。十二世紀後半から大公国。

ドゥーマ　Duma.　ロシアの議会。第一ドゥーマ（一九〇六）。第二ドゥーマ（一九〇七）。第三ドゥーマ（一九〇七―一九一二）。第四ドゥーマ（一九一二―一九一七）。

ウクライナ人民共和国　Ukrainska Narodnia Respublika. UNR.　一九一七年十一月、中央ラーダ第三ウニヴェルサールで建国宣言。一九一八年一月、第四ウニヴェルサールにより独立。ロシア・ボリシェヴィキとの戦いに敗れ一九二〇年よりポーランド、フランスなどに在外亡命政府。

「大門」　Zoloti vorota.　十一世紀に建てられたキエフ市の金の門。一二四〇年、バトゥ汗によって破壊され、一九八二年に再建されたが、オリジナルのものとは異なっていると言われる。

ウクライナ社会学研究所　Ukrainskyi sotsiolohichnyi instytut.　一九一九年、フルシェフスキーによってウィーンに設立された研究所。一九二四年、フルシェフスキーがウクライナに帰国した時点で閉鎖。

ソヴェト-ポーランド戦争　The Soviet-Polish War. ピウスツキ率いるポーランド軍が一九一九年、東ガリツィアに侵攻、一九二〇年五月、キエフ占領。その後ソヴェト赤軍が反攻し一九二一年三月のリガ条約で終結。

コレニザーツィア　Korenizatsiia. 土着化、民族化。非ロシア地域でその地の民族を幹部に登用したり文化を保護、奨励するソヴェト政権一九二〇年代の政策。ウクライナではウクライナ化と言う。

ボロチビスト　Borot'bisty. ウクライナ・エスエル党左派。機関紙『ボロチバ（闘争）』から付けられた党名。非ボリシェヴィキのコミュニスト。一九二〇年、ボリシェヴィキに合流解散。幹部の多くは後に粛清された。

ゲー・ペー・ウー　GPU. 国家政治保安部。内務人民委員部附属国家政治局。一九二三年、内務人民委員部ＮＫＶＤから独立し合同国家政治保安部ＯＧＰＵとなった。一九五三年に国家保安委員会ＫＧＢとなる。

中井 和夫（なかい かずお）
ウクライナ研究（歴史、文学、言語）、国際関係論。東京大学名誉教授。
主な著書に『ソヴェト民族政策史——ウクライナ 1917-1945』（御茶の水書房、1988 年）、『ウクライナ語入門』（大学書林、1991 年）、『ウクライナ・ナショナリズム——独立のディレンマ』（東京大学出版会、1998 年）。

ウクライナ・インテレクチュアル・ヒストリー

2024 年 10 月 29 日　初版第 1 刷発行

著　者　中井和夫

発行人　島田進矢

発行所　株式会社 群像社
神奈川県横浜市南区中里 1-9-31 〒 232-0063
電話／FAX　045-270-5889　郵便振替　00150-4-547777
ホームページ　http://gunzosha.com　E メール info@gunzosha.com

印刷・製本　モリモト印刷

カバーデザイン　寺尾眞紀

An Intellectual History of Ukraine

ISBN978-4-910100-37-1

An Intellectual History of Ukraine

Contetnts

1. Kyiv Mohyla Academy
An Institution of Learning for Cossacks
2. The Constitution of Pylyp Orlyk
A Fundamental Law of Cossacks
3. "Istoriia Rusov"
A Myth of Cossacks
4. Three Young Men in Kyiv
Taras Shevchenko, Mykola Kostomarov, Panteleimon Kulish
5. Mykhailo Drahomanov
Political Freedom in Russia and Hromada
6. Ivan Franko
A Shining Star in Galicia
7. Viacheslav Lypynsky
Aristcracy and Conservatism in Ukraine
8. Mykhailo Hrushevsky
Between Historian and Politician

人名解説付索引

（50 音順、斜体数字は本書ページ数）

アクサコフ、イヴァン Aksakov, Ivan（1823-1886） *355* ロシアの詩人、作家。スラヴ派。

アクセリロート、パーヴェル Akselrod, Pavel（1850?-1928） *215, 225, 248* ロシアの革命家。メンシェヴィキ。チェルニヒフ生まれ。

アドリアン総主教 Patriarch Adrian（1638-1700） *31, 41* モスクワおよび全ロシアの総主教。モスクワクレムリンのチュドフ修道院（アレクシウス・アルハンゲリ・ミカエル修道院）長。

アポストル、ダニロ Apostol, Danylo（1654-1734） *43, 52, 84* ウクライナのヘトマン。モルダヴィア出身。キエフ・モヒラ・アカデミーの後援者。北方戦争に従軍。1724 年一時的に逮捕。ペトロパヴロフスク要塞監獄に収監。ピョートル 1 世の死後、ウクライナに帰る。1727 年ヘトマンに選出。

アリーナ Alina Krahelska（?-? 19 世紀） *163* アリーナ・クラヘルスカ。コストマーロフの婚約者。ピアニスト。1847 年 3 月 30 日に結婚の予定だったが、コストマーロフの逮捕により延期。1875 年ディヴィフツィ村の教会で結婚。

アルヴァレス、マニュエル Alvares, Manuel（1526-1582） *29* ポルトガル出身のイエズス会の教育者。『ラテン文典』（1575 年、ヴェネツィア）の著者。

アレクサンドル二世 Aleksandr II（1818-1881） *200, 203, 210, 212, 213, 233, 238, 242* ロシアのツァーリ（在位 1855 ～ 1881 年）。1861 年農奴解放令を発布。その他、地方自治機関としてゼムストヴォの設置など「大改革」を行なった。1881 年ペテルブルク市内で爆殺された。

アントーノヴィチ、ヴォロディーミル Antonovych, Volodymyr（1834-1908） *173, 175-177, 207, 250-251, 299, 301, 349-352, 357, 358, 367, 373* ウクライナの歴史家、考古学者。ベルディーチェフ生まれ。キエフ大学医学部と歴史言語学部卒業。1878 年からキエフ大学歴史学教授。キエフ・フロマーダの代表。

アントーノフ・オフセエンコ、ヴラジミル Antonov-Ovseenko, Vladimir（1883-1938）*365*　ボリシェヴィキのリーダーの一人。チェルニヒフ生まれ。政治家、軍人、外交官。1917年ウクライナに侵攻した「革命遠征軍」の司令官。1920年から1921年のタンボフ反乱鎮圧の軍司令官。スペイン内戦時駐バルセロナ・ソ連総領事。1937年逮捕、1938年銃殺。

アンドリエフスキー、ヴィクトル Andriievsky, Viktor（1885-1967）*310*　ポルタヴァ生まれ。政治評論家、教育者。ウクライナ民主農民党創立メンバー。1920年ドイツへ亡命。

アンドルズキー、ユーリー Andruzky, Yurii（1827-?）*133, 136*　ポルタヴァ県生まれ。キエフ大学で学ぶ。キリル－メトディー団のメンバー。1847年逮捕、カザンに流刑。1850年二度目の流刑。ソロフキ島の修道院へ。

アンネンコフ、ニコライ Annenkov, Nikolai（1799-1865）*202-203*　ニージニー・ノヴゴロド出身。ロシア陸軍の将軍。キエフ総督。

ヴァリャフスキー、イォアンニキ Valyavs'kyj, Joanykij（?-?）　キエフ・モヒラ・アカデミーで修辞学を講じる。

ヴァルーエフ、ピョートル Valuev, Petr（1825-1890）*177, 200-201, 203, 212*　ロシア帝国内務大臣（1861-1868年）。1863年にウクライナ語禁止の指令を出した。その際「ウクライナ語は無かったし、今も無いし、これからも無い」という有名な言葉を残した。

ヴィシネヴェツキー、ドミトロ Vyshnevetsky, Dmytro（?-1563）*18, 156*　ルテニア貴族の出。クリミアおよびトルコとの戦争に加わる。ザポロージエのコサックを組織化した。ヘトマンと称する最初の人物。ウクライナの歴史歌謡で「バイダ」と呼ばれる。

ヴィホフスキー、イヴァン Vyhovsky, Ivan（1608-1664）*20, 30, 34, 52, 101-102*　ヘトマン、フメリニツキーの後継者。ザポロージエ・コサックのヘトマン。ヘトマン在位1663～1665年。モスクワと袂を分かちポーランドと1658年にハーデャチ条約を結んだ。

ヴィンニチェンコ、ヴォロディーミル Vynnychenko, Volodymyr（1880-1951）*352, 361, 362-363, 364, 365*　ヘルソン県出身。ウクライナの作家、政治家。キエフ大学放校処分。ウクライナ社会民主党執行委員

会メンバー。革命まで外国に亡命。中央ラーダの副議長。中央ラーダ総書記局の中心メンバー。1919 年ウィーンに亡命。『民族の再生』Vidrozhennia natsii. (3 vols., Vienna, 1920) は回想録。

ヴェデリ、アルテム Vedel' Artem（1767-1808） *42* 作曲家、指揮者、歌手。キエフ・モヒラ・アカデミーを 1787 年卒業。

ヴェリチコ、サミイロ Velychko, Samijlo（1670 頃 -1728 以降） *51, 52* 歴史家。コサック年代記の著者。キエフ・モヒラ・アカデミーで学ぶ。マゼッパの軍に従軍。1708 年から 1715 年収監。釈放後、コサック年代記を記す。

ヴォフク、フェディル Vovk, Fedir（1847-1918） *291* ウクライナの人類学者、考古学者。キエフ大学卒業。キエフ・フロマーダのメンバー。

ヴォルチャンスキー、イォシフ Volchans'kyj, Iosyf（?-1745） *49* 1710 年キエフ・モヒラ・アカデミー卒業。同アカデミー学長。神学および哲学の教授。

ヴォルフ、クリスティアン Wolff, Christian（1679-1754） *47, 48* ドイツの哲学者。

ヴォロディーミル聖公 Vorodymyr Sviatoslavych（955 ?-1015） *22, 23, 28, 356, 358* キエフ大公。988 年キリスト教を導入したと伝えられている。東ローマ帝国皇帝の妹と結婚。

ヴォロディーミル・モノマフ Volodymyr Monomakh（1053-1125） *22* キエフ大公。ヤロスラフ賢公の孫。母は東ローマ皇帝コンスタンティノス 9 世モノマコスの娘。大公在位 1113 ～ 1125 年。

ウクラインカ、レーシャ Ukrainka, Lesya（1871-1913）*192, 252, 265, 281, 286, 352, 381* 本名ラリサ・コサチ-クヴィトカ Larysa Kosach-Kvitka ウクライナの作家。オレーナ・プチルカ（ウクライナの作家。Olena Pchilka 本名 オルハ・コサチ-ドラホマノヴァ Olha Kosach-Drahomanova。ドラホマノフの妹）の娘。ドラホマノフの姪。

ウジェヴィチ、イヴァン Uzhevych, Ivan（1610 ?-1645 以降） *26* クラクフ大学、ソルボンヌで学ぶ。ラテン語で『スラヴ語文法』Grammatica sclavonica を 1643 年に執筆。最初のルテニア語文法。

ヴワディスワフ四世 Wladyslaw IV Vasa（1595-1648） *25, 26* ヴァーサ家出身のポーランド国王。在位 1632 ～ 1648 年。

エフレーモフ、セルヒイ Yefremov, Serhii（1876-1939）*361, 363, 372–373* ウクライナの文学評論家、歴史家。キエフ県ズヴェニホロドカ生まれ。キエフ大学で学ぶ。中央ラーダ副議長。1929年ウクライナ解放同盟事件の見せ物裁判の主要な被告。最初死刑で後に10年の刑。刑期終了の数ヶ月前に死亡。

オジェホウスキ、スタニスワフ Orzechowski, Stanislaw（1513-1566）*21* プシェミシルのローマ・カトリックの司祭。

オストリャニン、ヤキフ Ostryanin, Ykiv（?-1641） *28, 101* オストリャニツャ Ostryanitsia とも言う。非登録コサック。ポーランド＝リトアニア共和国に対するコサックの蜂起の指導者。ゴーゴリの『タラス・ブーリバ』のモデルとされる。

オゼルスキー、シルイアン Ozers'kyj, Syluyan（?-?） *37* キエフ・モヒラ・アカデミー卒業。1691年同アカデミー学長。

オフリモヴィチ、ヴォロディーミル Okhrymovych, Volodymyr（1870-1931） *260* リヴィウ大学卒業。ウクライナ・ラディカル党員。弁護士。オーストリア議会議員。

オッポーコフ、ゲオルギー Oppokov, Georgy（1888-1937）*374* サラトフ生まれ。1903年ボリシェヴィキ党に入党。逮捕、流刑を繰り返す。党名アファナーシー・ローモフ。1917年革命後ソヴェト政府の法務人民委員。1931年ゴスプランの副議長。1937年逮捕、銃殺刑。

オフロブリン、オレクサンデル Ohloblyn, Oleksander（1899-1992） *55, 114, 320* 歴史家。政治家。1941年キエフ市長。1951年からアメリカに在住。『マゼッパとその時代』の著書がある。

オホノフスキー、オメリャン Ohonovsky, Omelian（1833-1894） *282* 言語学者。リヴィウ大学卒業。1870年リヴィウ大学ルテニア語・文学の教授。『ゾリャー』の寄稿者。

オルリク、ピリプ Orlyk, Pylyp（1672-1742） *11–12, 21, 39, 52, 57–62, 76, 78–98* マゼッパの後継ヘトマン。1710年、亡命地ベンデリで「オルリク憲法」を発布。『旅行日誌』を残す。

オルリク、フリホリイ（フリホル） Orlyk, Hryhorii（1702-1759） *60, 61, 79 , 86, 87, 88, 92–95, 97* ピリプ・オルリクの息子。ウクライナのバトゥーリン生まれ。スウェーデンのルンド大学に学ぶ。フランス政

府の外交官として活躍。父親の文書を保管し残した。後にフランスの将軍に任命され、伯爵となった。

オルロフ、グリゴリイ Orlov, Grigory（1734-1783） *136–137, 138, 165, 166, 185* ロシアの政治家、軍人。伯爵。

カトコフ、ミハイル Katkov, Mikhail（1818-1887） *174, 205* ロシア帝国の政治家。ジャーナリスト。

カラコーゾフ、ドミトリー Karakozov, Dmitry（1840-1866） *205*
1866年、ツァーリ、アレクサンドル二世の暗殺を試み失敗。コストロマ生まれ。カザン大学とモスクワ大学で学ぶ。両校とも放校処分。絞首刑に処せられた。

カラムジン、ニコライ Karamzin, Nikolai（1766-1826）*148* ロシアの歴史家、詩人、作家。主著『ロシア国家の歴史』Istoriya gosudarstva Rossiyskogo, vols.12. 1816–1826.

カリノフスキー、ステパン Kalynovs'kyj, Stepan（1700頃-1753） *49*
キエフ･モヒラ･アカデミー卒業。モスクワ･スラヴ･ギリシア･ラテン･アカデミー学長。

ガリャトフスキー、イォアンニキ Galyatovs'kyj, Joanykij（1620?-1688） *31, 34, 35* キエフ・モヒラ・アカデミー学長。『学びへの鍵』（リヴィウ、1665年）の著者。

カリンカ、ワレリアン Kalinka, Walerian（1826-1886） *299* ポーランドの司祭、歴史家。

カール10世 Karl X Gustav（1622-1660） 63 スウェーデン国王。プファルツ朝初代国王。「バルト帝国」の絶頂期の君主。「北方戦争」を引き起こした。

カール12世 Karl XII（1682-1718） 63, 78, 79 スウェーデン国王。「大北方戦争」でロシアのピョートル1世と戦う。1709年、マゼッパとの連合で戦ったポルタヴァの戦いで敗れる。

キシル、アダム Kysil' Adam（1600-1653） *28, 33* ヴォルイニの大貴族。ザモシチ・アカデミーで学ぶ。外交官、政治家。正教会とユニエイトの和解に努力。ブラツラフとキエフの総督。キエフ･モヒラ･アカデミーの後援者。

ギゼリ、イノケンティイ Gizel' Inokentij（1600?-1683） *26, 33, 35, 48*

キエフ・モヒラ・アカデミー学長。キエフ洞窟修道院長。ホシチャのコレギウムの学長。

キスチャコフスキー、オレクサンドル Kistiakovski, Oleksandr （1833-1885） *173, 181, 206, 279* 歴史家、法律家。キエフ大学教授。

キスチャコフスキー、ボフダン Kistyakovsky, Bohdan（1869-1920）*190* キエフ市生まれ。哲学者、法学者、社会学者。オレクサンドル・キスチャコフスキーの息子。キエフ大学、ハリコフ大学、ドルパト大学放校処分。その後ベルリン大学、ソルボンヌ、ストラスブール大学で学ぶ。革命後キエフ大学教授。

クヴィトカ-オスノヴャネンコ、フリホリイ Kvitka–Osnovianenko, Hryhorii（1778-1843） *123* 小説家、劇作家、歴史家。ハリコフ近郊の生まれ。1812年ハリコフ劇場を創設。その劇場の監督。

クチャブスキー、ヴァシル Kuchabsky, Vasyl（1895-1971） *314, 319* ガリツィア出身。歴史家、政治評論家、軍人。リヴィウ大学で学ぶ。ベルリン大学で博士号。シーチ射撃連隊の将校。

クハレンコ、ヤキフ Kukharenko, Yakiv（1799/1800-1862） *128* 民族誌学者、作家、陸軍少将。クバンの生まれ。黒海コサックのオタマン。シェフチェンコの友人。

グラボウスキ、ミハウ Grabowski, Michal（1804-1863） *155, 296* ポーランドの作家、文芸評論家。

クリピャケヴィチ、イヴァン Krypiakevych, Ivan（1886-1967） *319, 351* ウクライナの歴史家。リヴィウ生まれ。コサック史、特にボフダン・フメリニツキーとその時代のウクライナの研究家。シェフチェンコ学術協会会員。リヴィウ大学教授。フルシェフスキーの弟子。1934年『シェフチェンコ学術協会雑記』編集長。

グリム、ダヴィド Grimm, David（1864-1941）*360* ロシアの教育者。ペテルブルク大学学長（1899-1910）。

クリムスキー、アハタンヘル Krymsky, Ahatanhel（1871-1942）*283, 372, 381* 東洋学者。トルコ、イラン研究者。言語学者。クリミア・タタール人（自称）。モスクワ大学卒業。モスクワ大学、キエフ大学教授。ウクライナ学術アカデミー書記(1918-28)。1941年2度目の逮捕。カザフスタンに流刑。翌年死亡。1957年名誉回復。ウクライナ独立後、

アカデミーにクリムスキー名称東洋学研究所が創設された。
クリャブカ、シリヴェストル Kulyabka, Syl'vestr（1704-1761） *49, 54*
キエフ・モヒラ・アカデミー学長。神学者、哲学者。サンクトペテルブルクとシュリッセリブルク大主教。1714年から1726年の間キエフ・モヒラ・アカデミーで学ぶ。
クリュチェフスキー、ヴァシーリー Klyuchevsky, Vasily（1841-1911） *147, 354* ロシアの歴史家。モスクワ大学卒業。モスクワ大学教授。『ロシア史講話』Kurs Russkoi Istorii 全5巻の著者。
クルプニツキー、ボリス Krupnytsky, Borys（1894-1956） *97*
歴史家。キエフ大学で学ぶ。革命後ドイツに亡命。ウクライナ自由大学教授。17世紀から18世紀のウクライナ史の専門家。
クロコフスキー、イォアサフ Krokovs'kyj, Ioasaf（?-1718） *37*
歴史家。教育者。キエフ・モヒラ・アカデミー学長。キエフ大主教。キエフ洞窟修道院長。
ケレンスキー、アレクサンドル Kerensky, Aleksandr（1881-1970） *328, 360, 363* 1917年二月革命後の臨時政府の司法大臣、7月首相。十月革命後フランス、アメリカに亡命しロシア革命の研究に従事した。
ゴーゴリ、ニコライ Gogol' Nikolai（1809-1852） *106, 110, 129-130, 167-169, 173, 254, 277* ロシアの作家。ポルタヴァ県ソロチンツィ生まれ。ウクライナの民俗を反映した短編集『ディカーニカ近郷夜話』Vechera na khutore bliz Dikan'ka（1829-1831、サンクトペテルブルク）がある。『タラス・ブーリバ』Taras Bul'ba はコサックの隊長タラス・ブーリバと二人の息子たちの戦いと死を描いた小説。中編小説集『ミルゴロド』Mirgorod に収録。1835年刊。1852年、断食によりモスクワで死亡。
コザチンスキー、ミハイロ Kozachyns'kyj, Mykhajlo（1699-1755） *49, 54* 哲学者、作家。キエフ・モヒラ・アカデミー学事長。哲学教授。1720年から1733年にかけて同アカデミーで学ぶ。
コスィンスキー、クシシュトフ Kosinski, Krzystof（1545-1593） *101, 108* ウクライナの登録コサックの将軍。ポーランドとの戦いで死亡。
コソフ、シリヴェストル Kosov, Syl'vestr（1600?-1657） *26, 32, 33*
キエフ府主教。ワルシャワのセイム（議会）の議員。

コチュビンスキー、ミハイロ Kotsiubynsky, Mykhailo（1864-1913） *188, 291, 352* ウクライナの作家。ヴィンニツァ出身。印象派、モダニスト。カミャネツ-ポドリスク神学セミナー放校処分。作品に『ファタ　モルガナ（蜃気楼）』（1903-1910）、『インテルメッゾ（間奏曲）』（1908）、『忘れられた祖先の影』などがある。

コトリャレフスキー、イヴァン Kotliarevsky, Ivan（1769-1838）*120, 287, 352* 詩人、劇作家。近代ウクライナ文学の「創始者」と言われる。ポルタヴァ生まれ。「ポルタヴァ自由劇場」のディレクター。ヴェルギリウスの『アエネイス』のパロディー『エネイーダ』Eneida、オペレッタ『ナタルカ・ポルタフカ』Natalka Poltavka などの著者。

コニスキー、オレクサンドル Konysky, Oleksanndr（1836-1900） *250* 作家、詩人、辞書編集者、教育者。キエフ・フロマーダのメンバー。

コニスキー、ゲオルギー Konys'kyj, Georgii（1717-1795） *12, 48, 49, 51, 106-109, 112-113, 115* モヒリョフ（ベラルーシ）の大主教。1728 年から 1743 年までキエフ・モヒラ・アカデミーで学ぶ。1747 年から 1751 年までアカデミーの教授、学事長。

コノノヴィチ-ホルバツキー、ヨシフ Kononnovich-Horbatskyj, Josyf（?-1653） *30* 哲学者。キエフ・モヒラ・アカデミーの学長。

コピステンスキー、ザハリヤ Kopystenskij, Zacharija（1590?-1627） *21, 379* キエフ洞窟修道院長。『パリノディア』の著者。

コビリャンスカ、オリハ Kobylianska, Olha（1863-1942） *286, 352* ブコヴィナ生まれ。ウクライナの作家。モダニズム作家の先駆者。

コブリンスカ、ナタリヤ Kobrynska, Nataliya（1851-1920） *286* ガリツィアのベレルヤ生まれ。ウクライナの作家。社会主義フェミニスト。

ゴーリキー、マクシム Gorky, Maxim（1868-1936） *360* ロシア・ソ連の小説家、劇作家。本名アレクセイ・ペシコフ。

ゴリーツィン、セルゲイ Golitsyn, Sergei（1749-1810） *111* ロシアの軍人。貴族。公 kniaz。露土戦争に従軍。

コルシ、テオドール Korsch, Theodor（1843-1915） *149, 356, 360* ロシアの言語学者。サンスクリット語の専門家。モスクワ大学卒業。ロシア学術アカデミー会員。

コルドゥバ、ミロン Korduba, Myron（1876-1947） *351* ウクライナの

歴史家。リヴィウ大学、ウィーン大学で学ぶ。リヴィウ大学ではフルシェフスキーに学ぶ。ワルシャワ大学およびリヴィウ大学教授。シェフチェンコ学術協会会員。

ゴロヴニン、アレクサンドル Golovnin, Aleksandr（1821-1886）*200–201*
1861年から1866年までロシア帝国の教育大臣。

コンドラトヴィチ、キリャク Kondratovich, Kyriak（1701頃 -1788） *42*
翻訳者。教育者。キエフ・モヒラ・アカデミーで15年間学ぶ。1743年からサンクトペテルブルク学術アカデミーの翻訳官。

ザヴァドフスキー、ペトロ Zavadovs'kyj, Petro（1738-1812）*50*
ロシア帝国教育大臣。1760年キエフ・モヒラ・アカデミー卒業。

サコヴィチ、カシヤン Sakovich, Kasiyan（1578-1647） *27* スモトリツキーの後のキエフ顕現友愛団学校の校長。ザモシチとクラクフのアカデミーで学ぶ。

ザスーリチ、ヴェーラ Zasulich, Vera（1849-1919） *215, 231, 286*
ロシアの革命家。ナロードニキ運動に参加。トレポフ狙撃のあとスイスに亡命。マルクス主義に変わり、メンシェヴィキに属した。

ザトンスキー、ヴォロディーミル Zatonsky, Volodymyr（1888-1938）
373, 376 ウクライナの政治家。ポドリア県生まれ。キエフ大学卒業。1917年ボリシェヴィキ入党。革命後ウクライナ党・政府の要職に就く。1938年逮捕、処刑される。

サハイダーチヌイ、ペトロ Sahaidachny, Petro（1575-1622） *27–28, 31, 101, 105* ウクライナ・コサックのヘトマン。ヘトマン在位1616～1622年。クリミア汗国、トルコ、ロシアと戦った。1621年トルコとのホティンの戦いに勝利するも重傷を負い、直後に死亡した。

ザボロフスキー、ラファイル Zaborovs'kyj Rafajil（1676-1747）*43–44, 54* キエフ大主教。在位1731～1747年。イエズス会コレギウムからキエフ・モヒラ・アカデミーに転じる。キエフ・モヒラ・アカデミーの後援者。

サムソノフ、アレクサンドル Samsonov, Aleksandr（1859-1914） *309*
ロシア帝国の軍人。騎兵大将。日露戦争と第一次世界大戦に従軍。1914年8月タンネンベルクの戦いでドイツ軍に敗北し自決。

ザモイスキ、ヴワディスワフ Zamoiski, Wladyslaw Stanislaw（1803-1868）

95　ポーランドの貴族、政治家、将軍。

ザモイスキ、トマシュ Zamoiski, Tomasz（1594-1638） *18, 25*
ポーランド＝リトアニア共和国の大貴族。大法官、ヘトマンを兼任。

サモイロヴィチ、イヴァン Samojlovych, Ivan（?-1690年以降） *30, 36, 52*　左岸ウクライナのヘトマン。在位1672～1687年。キエフ・モヒラ・アカデミー卒業。

サルティコフ－シチェドリン、ミハイル Saltykov-Shchedrin, Mikhail（1826-1899） *173*　ロシアの風刺作家。

ザロゼツキー、ヴォロディーミル Zalozetsky-Sas, Volodymyr（1896-1959） *314*　リヴィウ生まれ。ウィーン大学卒業。美術史家。シェフチェンコ学術協会メンバー。1947年からグラーツ大学教授。

シェフチェンコ、イーホル Shevchenko, Ihor（1922-2009） *23*
ハーヴァード大学教授。ビザンツ研究およびウクライナ研究。ハーヴァード大学ウクライナ研究所副所長。

シェプティツキー、アンドレイ Sheptytsky, Andrei（1865-1944） *315*
ギリシア－カトリック教会のリヴィウ大司教。リヴィウのオヌフリウス修道院長。1899年大司教。戦前のガリツィアで影響力の大きな宗教者。

シェメト、セルヒイ Shemet, Serhii（1875-1957） *310, 311*　技師、政治家。サンクトペテルブルク工科大学卒業。ウクライナ民主農民党創立メンバー。ヘトマン、パヴロ・スコロパツキーの個人秘書。

ジェリャーボフ、アンドレイ Zhelyabov, Andrei（1851-1881） *218-219, 225, 244* ロシア帝国の革命家、「ナロードナヤ・ヴォーリャ（人民の意志）」党執行委員会メンバー。1881年のアレクサンドル2世暗殺計画の首謀者。暗殺の直前に逮捕され、暗殺の一ヶ月後に絞首刑に処される。

シェレスト、ペトロ Shelest, Petro（1908-1996） *194*　ウクライナ共産党第一書記。第一書記在任1963-1972年。ハリコフ近郊の村に生まれる。1968年「プラハの春」に際してソ連政治局内で強硬派。1972年失脚。1970年に刊行した『ウクライナよ　わがソヴェトの』Ukraino Nasha Radians'ka が呼格（ロシア語にはない）を使用したことで民族主義と批判された。

シェンロク、ヴラディーミル Shenrok, Vladimir（1853-1910） *176-177*

ロシアの作家。文学史家。

シシマノフ、イヴァン Shishmanov, Ivan（1862-1928） *262* 作家、民族誌学者、外交官、政治家。ライプツィヒ大学で博士号。1903 ～ 1907 年、ブルガリア政府の教育大臣。ドラホマノフの娘リディアと結婚。

シチェルバツキー、ティモフィイ Shcherbats’kyj, Tymofij（1698-1767） *47* キエフ大主教。キエフ・モヒラ・アカデミー卒業。キエフ洞窟修道院長。

シチルスキー、イヴァン Shchyrs’kyj, Ivan（1650 頃 -1714） *42* 銅版画家、肖像画家、イコン画家、詩人、修道士。1660 年頃から 1670 年代にかけてキエフ・モヒラ・アカデミーで学ぶ。

ジテツキー、パヴロ Zhytetsky, Pavlo（1837-1911） *250* ウクライナの言語学者。民俗誌学者。キエフ神学校とキエフ大学で学ぶ。キエフ・フロマーダのメンバー。ボリス・フリンチェンコのウクライナ語 - ロシア語辞書を手伝う。

シートン－ワトソン、ヒュー Seton-Watson, Hugh（1916-1984） *139* イギリスの歴史学者、政治学者。オクスフォード大学卒業。ロシア・東欧史が専門。

シフマトフ、アレクサンデル Shikhmatov, Aleksander（?-?19 世紀半ば頃） *205* （Aleksander Shrinsky–Shikhmatov）ドラホマノフが批判したキエフ学区教育主事。

ジーベル、ミコラ Ziber, Mykola（1844-1888） *206, 210, 224–225, 248, 379* ウクライナで最初のマルクス経済学者。クリミア生まれ。キエフ大学卒業後、西欧で学ぶ。帰国後キエフ大学で政治経済学を教える。ロシア地理学協会南西（キエフ）支部で活動。友人のドラホマノフが解職になった時、これに抗議して自らも解雇され、スイスに亡命した。1884 年にクリミアに帰り死亡した。

シャフマートフ、アレクセイ Shakhmatov, Aleksey（1864-1920） *149, 356, 360* ロシアの言語学者、文献学者。モスクワ大学卒業。サンクトペテルブルク学術アカデミーおよびロシア学術アカデミーのメンバー。

シャルル・ヴェルジェンヌ Charles Gravier Count of Vergennes（1719-1787） *93, 94* ルイ 16 世時代のフランス外務大臣。

シュヴァーロフ、ピョートル Shuvalov, Pyotr（1827-1889） *247, 248*

ロシアの伯爵。外交官。軍人。内務大臣。第三部長官。

ジュウキェフスキ、スタニスワフ Zholkievski, Stanislaw（1547-1620）*18, 20* ポーランド＝リトアニア共和国の大貴族。宰相、ヘトマンを兼任。ジョフクヴァ（現西ウクライナの都市）の建設者。

ジューク、アンドリイ Zuk, Andrii（1880-1968） *302, 304, 308* 政治、社会運動家。政治評論家。ウクライナ革命党員。

ジュコフスキー、ヴァシーリー Zhukovsky, Vasily（1783-1852） *120* ロシア・ロマン主義を代表する詩人。父はトゥーラの地主で母はトルコ人の召使い。モスクワ大学に学ぶ。

シュポルルク、ローマン Szporluk, Roman（1933-） *58* ミシガン大学およびハーヴァード大学教授。東欧の政治学、歴史学が専門。

シュムスキー、オレクサンデル Shumsky, Oleksander（1890-1946） *371* ヴォルイニ県出身。1918年ボロチビスト党のリーダーの一人。1920年ボリシェヴィキ党に合流。ウクライナ・ソヴェト政府の内務人民委員。駐ポーランド・ウクライナ大使。1927年全ての役職を解任されモスクワに移される。1933年ソロヴェツキー島の監獄に収監。1946年サラトフからキエフ行きの列車で不審死。

シュリギン、ヴィタリイ Shulgin, Vitarii（1822-1878） *203* ロシア帝国カルーガ生まれ。キエフ大学卒業。キエフ大学歴史学教授。保守的な新聞『キエヴリャニン（キエフ人）』Kievlianin 紙を1863年に創刊しその編集長を死ぬまで務めた。

シリャエフ、ヴァシーリー Shiryaev, Vasily（19世紀前半から後半）*119* 画家、装飾家。サンクトペテルブルクにおけるシェフチェンコの先生。

スヴャトスラフ、イゴレヴィチ Svyatoalv, Igorevich（935-972）*283, 370* キエフ・ルーシの大公。在位935～972年。イーゴリ一世とオリガの子。ハザール・ハン国を滅ぼした。

スクリプニク、ミコラ Skrypnyk, Mykola（1872-1933） *224, 375* ウクライナの古参ボリシェヴィキ、革命家。エカテリノスラフ県出身。革命前逮捕15回、流刑7回。レーニンの指名によりウクライナのボリシェヴィキ党の代表。ウクライナ政府の内務、法務、教育人民委員を歴任。ウクライナ化政策の推進者。1927年ウクライナ正書法会議を招集。1933年7月スターリンにより批判されハリコフの自宅で短

銃自殺。
スコヴォロダー、フルホリイ Skovoroda, Hryhorii（1722-1794） *53, 379*
詩人、神秘家、哲学者、作家、教育者。放浪の吟遊詩人。ウクライナのソクラテスと言われる。1734年、キエフ・モヒラ・アカデミー入学。1741年卒業。ハレに遊学。ハリコフ・コレギウムでギリシア語を教える。「神の歌の庭」を書く。
スコロパツキー、イヴァン Skoropadsky, Ivan（1646-1722） *43, 52, 103*
ウクライナ・コサックのヘトマン。在位1708～1722年。前任者はヘトマン、イヴァン・マゼッパ。
スコロパツキー、パヴロ Skoropadskyi, Pavlo（1873-1945） *310, 312-314, 331, 368*　1918年4月ヘトマンとしてウクライナ政府を指揮。18世紀初頭のヘトマン・イヴァン・スコロパツキーの末裔。ロシア帝国の軍人。1919年ドイツに亡命。
スコロピス-ヨルトゥホフスキー、オレクサンデル Skoropys-Yoltukhovsky, Oleksander.（1880-1950） *311*　ポディリア生まれ。ウクライナ社会民主同盟（スピルカ Spilka）のリーダーの一人。ウクライナ解放同盟のリーダーの一人。ウクライナ農民国家同盟のリーダーの一人。1945年にベルリンでソヴェト軍に逮捕され以後消息不明。
ステシェンコ、イヴァン Steshenko, Ivan（1874-1918） *364*　ウクライナの政治家、詩人、文学者。ポルタヴァ生まれ。キエフ大学卒業。ドラホマノフの政治的影響を受ける。中央ラーダの教育書記。コトリャレフスキーの研究者。1918年不詳の暗殺者により殺害された。
ステパンキフスキー、ヴォロディーミル Stepankivsky, Vorodymyr（1885-1960） *302, 304*　ウクライナの政治家、ジャーナリスト。ポディリア生まれ。ウクライナ社会民主労働党員。1912年以降西欧で活動。1929年アメリカに渡る。
ステファニク、ヴァシル Stefanyk, Vasyl（1871-1936） *263, 286*
ウクライナの作家。ガリツィアのルシフ村生まれ。クラクフ大学卒業。オーストリア議会議員。
ステファノヴィチ、ヤコフ Stefanovich, Yakov（1854-1915） *51, 246*
ナロードニキ。ウクライナのコノトプ生まれ。キエフ大学放校処分。失敗に終わったチギリン事件の首謀者の一人。

ステプニャク-クラフチンスキー、セルゲイ Stepnyak-Kravchinsky, Sergei（1851-1895） *215, 264* ウクライナのヘルソン出身。1878 年秘密警察長官ニコライ・メゼンツォフを暗殺。スイスに、後にロンドンに亡命。『地下ロシア』Underground Russia (London, 1882) を出版。

ストルイピン、ピョートル Stolypin, Pyotr（1862-1911） *357* ロシアの政治家。1906 年から 1911 年首相。1911 年 9 月キエフで暗殺される。

ストルーヴェ、ピョートル Struve, Pyotr（1870-1944） *150-151* ロシアの政治経済学者、哲学者、歴史家。サンクトペテルブルク大学卒業。自然科学および法律を学ぶ。ロシア革命後パリで亡命生活を送る。

ストロニン、オレクサンデル Stronin, Oleksander（1826-1889） *200* クルスク県出身。キエフ大学卒業。ポルタヴァなどのギムナジウムで教師。学生だったドラホマノフに影響を与えた。1862 年逮捕されアルハンゲリスクに流刑。釈放後、法律関係の仕事に就く。

スブテルニイ、オレスト Subtelny, Orest（1941-2016） *93, 94, 97* 歴史家。ヨーク大学（トロント）教授。『ウクライナ史』Ukraine: A History, 1988.『マゼピスト』The Mazepists: Ukrainian Separatism in the Early Eighteenth Century (1981) などの著者。マゼッパ時代の専門家。

スモトリツキー、メレティイ Smotrytskyi, Meltii（1577?-1633） *27, 45, 379* ポロツク大主教。キエフ府主教。教育者、作家でもある。キエフ顕現友愛団学校の校長。18 世紀終わりまで教会スラヴ語の標準的な教科書『スラヴ正統語法文法』（1619）の著者。

スモルカ、スタニスワウ Smolka, Stanislaw（1854-1924） *299, 301* ポーランドの歴史家。

スラブチェンコ、ミハイロ Slabchenko, Mykhailo（1882-1952）*113, 320, 373* ウクライナの歴史家。オデッサ大学卒業。ウクライナ学術アカデミー会員。ウクライナ社会民主労働党員。コサック時代の法と経済の専門家。ザポロージエ・コサックとボフダン・フメリニツキー、ヘトマン国家の研究者。「ウクライナ解放同盟」事件で 1929 年逮捕。ソロヴェツキー島で 6 年の刑。第二次大戦後、ミコライフ州ペルヴォマイスク市で教員。1989 年名誉回復。

スレジネフスキー、イズマイル Sreznevsky, Izmail（1812-1880） *105, 106, 108, 115* ハリコフ・ロマン主義グループの中心人物。ハリコフ

大学、サンクトペテルブルク大学で学ぶ。言語学者。スラヴ学者。ロシア帝国アカデミー会員。

スロミンスキー（スロニムスキー）、ゲデオン Slomyns'kyj (Slonyms'kyj), Gedeon（1715-1772） *49* キエフ・モヒラ・アカデミーで学ぶ。同アカデミーで詩学を講義。1758 年から 1761 年、モスクワ・スラヴ・ギリシア・ラテン・アカデミー学長。

ソクレンコ、ヴラディミル Sokurenko, Vladimir（? 20c.） *194* ウクライナの歴史家。1966 年にドラホマノフ、ポドリンスキー、テルレツキーについての本をリヴィウで刊行。

ソシェンコ、イヴァン Soshenko, Ivan（1807-1876） *120, 198* キエフ県生まれ。ペテルブルクの美術アカデミーで学んだ後、ウクライナのギムナジウムで教師をした。1835 年シェフチェンコと知り合い、ブリューロフ、ジュコフスキーに紹介した。

ダシケヴィチ、ヤロスラフ Dashkevych, Yaroslav（1926-2010） *359, 380* ウクライナの歴史家、東洋学者。アルメニア史の研究者。リヴィウ生まれ。リヴィウ医科大学およびリヴィウ大学で学ぶ。リヴィウ学術図書館司書。1949 年逮捕。釈放後 1995 年からリヴィウ大学で教える。1000 以上の研究論文を発表。

ダニイロ　Danylo Romanovych（1201-1264）*356* ガリツィア・ヴォルイニ公国の公。ローマンの息子。

ダニロヴィチ、セヴェリン Danylovych, Severyn（1860-1939） *260* リヴィウ大学卒業。弁護士。ウクライナ・ラディカル党創設メンバー。

タルノウスキ、スタニスワウ Tarnowski, Stanislaw（1837-1917） *299* ポーランドの歴史家。ヤギェウォ大学学長。

タルノフスキー、ヴァシル Tarnovsky, Vasyl（1837-1899） *125* 文化運動家。ポルタヴァ県出身。キエフ大学卒業。シェフチェンコの資質を認め彼を援助。キエフ歴史博物館を創設。コサック時代の遺産の蒐集家として知られる。友人たちから「ヘトマン」と呼ばれた。

ヂェイチ、レフ Deich, Lev（1855-1941） *215, 246* ロシアの革命家。メンシェヴィキ。ザスーリチの友人。

チェトヴェルティンスキー、ステファン Chetvertynskyj, Stefan（1574?-1665） *28* キエフ・モヒラ・アカデミーの後援者。ペトロ・モヒラ、

シリヴェストル・コソフ、キエフ大主教ドミトロ・バラバンの友人。

チェルヌイシェフスキー、ニコライ Chernyshevsky, Nikolai（1828-1889）*258* ロシアの思想家、経済学者。『何をなすべきか』（1863）の著者。

チェレーシチェンコ、ミハイル Tereshchenko, Mikhail（1886-1956）*363* ロシア臨時政府の外務大臣（1917年5月から1917年11月）。キエフ大学、ライプツィヒ大学卒業。

チジェフスキー、ドミトロ Chyzhevsky, Dmytro（1894-1977） *53, 104, 323* ウクライナ生まれのスラヴ文学、歴史、哲学の学者。サンクトペテルブルク大学およびキエフ大学で学ぶ。革命後ドイツに亡命。マールブルク大学で教え、1949年にアメリカに移住。ハーヴァード大学教授。さらにハイデルベルク大学で教授。『ウクライナ文学史』（1975）の著者。

チホミロフ、レフ Tikhomirov, Lev（1852-1923） *245* ナロードナヤ・ヴォーリャ執行委員会メンバー。スイス、フランスに亡命。後に保守派のイデオローグ。

チャイコウスキ、ミハウ Czajkowski, Mihal（1804-86）*296* ポーランドの作家。「ウクライナ派」。

チャルトリスキ、アダム Czartoryski, Adam Jerzy（1770-1861）*82, 95* ポーランドの貴族、政治家、外交官、著述者。

チャルヌツキー、フリストフォル Charnuts'kyj, Khrystofor（?-1726）*48* キエフ・モヒラ・アカデミー学長。

チュビンスキー、パヴロ Chubynskyi, Pavlo（1839-1884）*206-208, 212* ウクライナの詩人、民族誌学者。ポルタヴァ県ホラ村近郊の出身。現ウクライナ国歌「ウクライナの栄光と自由は未だ死なず…」の作詞者。1863年作詞。作曲はミハイロ・ヴェルビツキー（1815-1870）。

ツェルニン、オットカル Czernin, Ottokar（1872-1932） *365* オーストリア＝ハンガリー帝国の外務大臣（在任1916～1918年）。

ツェレテリ、イラクリー Tsereteli, Irakli（1881-1959） *363* ロシア臨時政府の郵政大臣。グルジア人。メンシェヴィキ。フランス次いでアメリカに亡命した。

ツルゲーネフ、イヴァン Turgenev, Ivan（1818-1883） *174, 217, 348* ロシアの作家。作品に『父と子』（1862年）など。

ディヴォヴィチ、セメン Divovych, Semen（1730年代 -1763年以降）*50, 52, 147*　翻訳家、通訳官。1740年代にキエフ・モヒラ・アカデミーで学ぶ。1754年からサンクトペテルブルク大学で学ぶ。「大ロシア－小ロシア会話集」Razgovor Velikorossii s Malorossiiei の著者。『キエフスカヤ・スタリナー』1882年、nos.2,7. 所収。

テテリャ、パヴロ Tetrya, Pavro（1620/22-1671）*30, 52*　右岸ウクライナのヘトマン。在位1657～1659年。キエフ・モヒラ・アカデミーの卒業生。

デボゴリイ－モクリエヴィチ、ヴラディミル Debogorii–Mokrievich, Vladimir（1848-1926）*216*　ロシアの革命家。ナロードニキ。キエフ大学入学。1879年逮捕、シベリア流刑。同年脱走。1881年海外へ。スイスで活動。

テルレツキー、オスタプ Terletsky, Ostap（1850-1902）*214, 225, 258, 260, 261, 272*　ウクライナの政治運動家、文学研究家。リヴィウ大学、ウィーン大学卒業。ウィーンのウクライナ人学生組織「シーチ」の代表。ルテニア＝ウクライナ・ラディカル党の創立メンバーの一人。

トゥプタロ、ドミトリイ Tuptalo, Dymytrij（1651-1709）*37, 54*　伝道師。著述者。ロストフとペレヤスラフの大主教。ガリャトフスキーが学長の時キエフ・モヒラ・アカデミーで学ぶ。

ドゥブネヴィチ、アムヴロシイ Dubnevych, Amvrosij（17世紀末 -1750）*49, 54*　キエフ・モヒラ・アカデミー学長。哲学教授。同アカデミー卒業。

トドルスキー、シモン Todors'kyj, Symon（1701-1754）*44*　言語学者、教育者。1718年から1727年にかけてキエフ・モヒラ・アカデミーで学ぶ。1729年から1735年の間ドイツのハレ市のマクデブルク・アカデミーで学ぶ。1738年ウクライナに還りキエフ・モヒラ・アカデミーで教壇に立つ。

トマシフスキー、ステパン Tomashivsky, Stepan（1875-1930）*319, 351*　ウクライナの歴史家。ガリツィア出身。リヴィウ大学で博士号。シェフチェンコ学術協会メンバー。ヘトマン・マゼッパ時代の研究者。

ドラチ、イヴァン Drach, Ivan（1936-2018）*99*　ウクライナの詩人。「ルーフ」Rukh（運動）ウクライナ人民運動のリーダーの一人。

ドラホマノヴァ、リディア Drahomanova, Lidia（1866-1937）*252, 256,*

262　作家、ジャーナリスト、翻訳家。ドラホマノフの娘。ジュネーヴ大学卒業。イヴァン・シシマノフと結婚。

トルストイ、ドミトリー Tolstoy, Dmitry（1823-1889）*209*　ロシア帝国の教育大臣。在任 1866 ～ 1880 年。

ドロシェンコ、ヴォロディーミル Doroshenko, Volodymyr（1879-1963）*305*　書誌学者、文学研究者、政治家。サンクトペテルブルクで生まれ、ポルタヴァで育つ。ウクライナ社会民主労働党員。ウクライナ解放同盟創設に参加。1944 年までリヴィウのシェフチェンコ学術協会の図書館員。1949 年以降アメリカで活動。さまざまなウクライナ史、文学関連のビブリオを作成した。

ドロシェンコ、ドミトロ Doroshenko, Dmytro（1882-1951）*114, 310, 311, 319*　17 世紀のウクライナのヘトマンの末裔。政治家、歴史家。1918 年スコロパツキー（ヘトマン）政権の外務大臣。1919 年プラハに、1947 年カナダ、ウィニペグに亡命。

ドロシェンコ、ペトロ Doroshenko, Petro（1627-1698）*36, 52, 102*　ウクライナのヘトマン。ヘトマン在位 1665 ～ 1676 年。ヘトマン、ミハイロ・ドロシェンコの孫。フメリニツキーの陣営に参加。1655 年モスクワに派遣された使節団の団長。1665 年右岸ウクライナのヘトマン。1668 年ブリュホヴェツキーの死後ザポロージエ軍団のヘトマンを宣言。

トロシチンスキー、ドミトロ Troshchyns'kyj, Dmytro（1749/54-1829）*50*　ロシア帝国法務大臣。セナート議員。キエフ・モヒラ・アカデミー卒業。1768 年から 1774 年の露土戦争に従軍。ナポレオン戦争の時、左岸ウクライナのコサック軍を組織した。

トロツキー、レフ Trotsky, Lev（1879-1940）*365*　ロシアの革命家。本名レフ・ブロンシュテイン Lev Bronshtein。1940 年メキシコで暗殺。

ドンツォフ、ドミトロ Dontsov, Dmytro（1883-1973）*340–341, 349*　政治評論家、政治思想家、ジャーナリスト。メリトポリ生まれ。ウクライナ社会民主労働党員。ウクライナ解放同盟のリーダーの一人。ウクライナの統合ナショナリズム（反ロシア、反民主主義）Integral Nationalism の提唱者。ガリツィアの若者に強い影響。ヘトマン政権の電信部門の長。1945 年アメリカに渡り、カナダのモントリオー

ル大学でウクライナ文学の講義を担当。主著は『ナショナリズム』Natsionalizm（リヴィウ、1926）。

ドンドゥコフ–コルサコフ、アレクサンデル Dondukov–Korsakov, Alexander（1820-1893） *206, 213* カフカス戦役に従軍。1869年キエフ、ポドリア、ヴォルイニの総督。1882年から1890年、カフカス総督。

ナヴロツキー、オレクサンデル Navrots'kyj, Oleksander（1823-1892） *133, 136* 詩人、教育者。キリル－メトディー団メンバー。キエフ大学卒業。

ナシチンスキー、ダヴィド Nashchyns'kyj, Davyd（1721-1793） *44, 47, 48* キエフ・モヒラ・アカデミーで学ぶ。のちに同アカデミー学長。大修道院長。ハレのマクデブルク・アカデミーで学ぶ。

ナリヴァイコ、セヴェリン Nalyvajko, Severyn（1560-1597） *101, 104-105, 109* コサックの反乱のリーダー。1597年ポーランド軍により処刑。ウクライナのフォークロアに歌われる。ルイレーエフの詩「ナリヴァイコ」が有名。

ニコライ1世 Nikolai I（1796-1855） *128, 137, 138, 148* ロシア帝国のツァーリ。在位1825～1855年。

ネクラーソフ、ニコライ Nekrasov, Nikolai（1821-1878） *173* ロシアの詩人、雑誌編集者。

ネチュイ－レヴィツキー、イヴァン Nechuy–Levytsky, Ivan（1838-1918） *186, 277, 348, 352* ウクライナの作家。チェルカスィ出身。キエフ神学アカデミー卒業。各地のギムナジウムで教鞭をとる。第一次世界大戦中、キエフの救貧院で死亡。『カイダシュの家族』（Kaidasheva sim'ia. Lviv, 1879.）などの作品がある。

ネミリチ、ユーリー Nemyrych, Yurii（1612-1659） *20, 27* ウクライナの政治家、外交官。歴史家。『モスクワとの戦争についての考察』（1633）Discusus de bello Moscovitico anno 1632 の著者。ソッツーニ派。

ノシグ、アルフレッド Nossig, Alfred（1864-1943） *290* リヴィウ生まれ。リヴィウ大学、チューリヒ大学で学ぶ。ユダヤ人彫刻家、作家、シオニズム運動の活動家。

パヴリク、ミハイロ Pavlyk, Mykhailo（1853-1915） *214, 218, 224, 226, 248, 252, 256, 258-263, 265, 271, 272-275, 279, 283, 286-288, 292, 352*

イヴァン・フランコの終生の友人。コロミヤ（フツル地方の中心都市）出身。リヴィウ大学入学。数回の逮捕のあと1879年にジュネーヴに亡命。『フロマーダ』の出版などでドラホマノフと共同作業をする。

パヴロフ、プラトン Pavlov, Platon（1823-1895） *198* ニージニー・ノヴゴロド生まれ。1875年キエフ大学教授。歴史、美術史および統計学が専門。1859年キエフの日曜学校組織化に参加。考古学委員会のメンバー。

パヴロフスキー、オレクシイ Pavlovs'kyj, Oleksij（1773-1822頃） *46*
言語学者、作家、教育者。キエフ・モヒラ・アカデミーで学ぶ。サンクトペテルブルクのギムナジウムでも学ぶ。ニジンのリツェイで教師。『小ロシア方言文法』Grammatyka malorossijskago narechiya をサンクトペテルブルクで出版。初版1798年、以下1802、1805、1808、1813、1818年に刊行。

バチンスキー、ユリアン Bachyns'kyi, Yulian（1870-1940） *260* リヴィウ大学卒業。ベルリン大学でも学ぶ。ウクライナ・ラディカル党の主要メンバー。

バデニ、カジメシ Badeni, Kazimierz（1846-1909） *282* オーストリアの政治家。クラクフ大学卒業。1868年からガリツィア総督。1895～1897年オーストリア首相。

バトーリ、ステファン Batory, Stefan（1533-1586）*63*
ポーランド国王。バートリ・イシュトヴァーンとも呼ばれる。トランシルヴァニア出身。ポーランド＝リトアニア共和国の女王アンナ・ヤギェロンカの共同統治王（在位1576～1586年）。

パトロナ、ハリル Patrona, Halil（1690頃-1730） *87* 1730年にオスマン帝国で起こった反乱の指導者。

ハネンコ、ミコラ Khanenko, Mykola（1693-1760） *44, 51, 52* コサック軍の総旗手。日記を残している。また息子ヴァシルとの間の手紙も残されている。

バハリイ、ドミトロ Bahalii, Dmytro（1857-1932） *373* ウクライナの歴史家。ハリコフ大学教授、学長。ウクライナ学術アカデミーの創設者の一人。左岸ウクライナ、スロビツカ・ウクライナの歴史の専門家。スコヴォロダーの研究でも知られる。

バラノヴィチ、ラザル Baranovych, Lazar（1620-1693） *31, 33, 35, 37*
キエフ・モヒラ・アカデミー学長。

バラバン、ディオニシイ Balaban, Dionysij（17 世紀初め -1663） *34*
キエフ大主教。キエフ・モヒラ・アカデミーの後援者。

バリツキー、フセヴォロド Balitsky, Vsevolod（1892-1937） *374* ウクライナ内務人民委員。1915 年ボリシェヴィキ党入党。1932 年ウクライナに派遣される。1937 年 5 月極東に派遣される。1937 年 7 月交代で派遣されたリシュコフに逮捕される。同年 11 月にモスクワで銃殺刑。

バルヴィンスキー、オレクサンデル Barvinsky, Oleksander（1847-1926） *252* 西ウクライナの政治家。オーストリア議会の議員。後にガリツィア議会の議員。

バルメン、ヤコフ デ Balmen, Yakov de（19 世紀半ば ?）
シェフチェンコの友人。ロシア軍のカフカス遠征に従軍し戦死。

パレート、ヴィルフレド Pareto, Vilfredo（1848-1923） *320, 328* イタリアの経済学者､哲学者､社会学者。パレートの法則（パレート最適解）で知られる。

ハンケヴィチ、ミコラ Hankevych, Mykola（1869-1931） *260* リヴィウ大学卒業。労働運動家。ウクライナ・ラディカル党創設メンバー。

バンティシ-カメンスキー、ドミトロ Bantysh-Kamensky, Dmitro（1788-1850） *111, 113* 歴史家、政治家、外交官。『小ロシア史』（3 vols, Moscow,1830.）の著者。

ピウスツキ、ユゼフ Pilsudski, Jozef（1867-1935） *368* ポーランドの政治家。陸軍元帥。1926 年から 1928 年まで首相。

ビビコフ、ドミトリイ Bibikov, Dmitriy（1791-1870） *135* ロシアの政治家、軍人。

ピピン、アレクサンドル Pypin, Aleksandr（1833-1904） *348* ロシアの民族誌学者、文学史家。ロシア学術アカデミー会員。サラトフ生まれ。サンクトペテルブルク大学卒業。『ロシア民族誌史』4 巻（サンクトペテルブルク、1890-1892 年）。

ピョートル 1 世（大帝）Pyotr I, Alekseevich（1672-1725） *37, 38, 40, 41, 57, 84, 92, 103, 105, 128, 166, 178-179, 184, 354* モスクワ・ロシアのツァーリ（在位 1682 ～ 1725 年）。初代ロシア皇帝（インペラートル、

在位 1721 ～ 1725 年）。大帝と呼ばれる。大北方戦争でスウェーデンのカール 12 世と戦い勝利した。サンクトペテルブルクを建設した。

ピロゴフ、ニコライ Pirogov, Nikolai（1810-1881） *197-198* ロシア帝国の医者、教育者。モスクワ生まれ。ドルパト大学卒業。同大学教授。1858 年キエフ学区教育主事（教育長）。

ビロゼルスキー、ヴァシル Bilozersky, Vasyl（1825-1899） *133, 134, 136, 163, 167, 173* チェルニヒフ県出身。文化運動家、ジャーナリスト、教育家。キリル－メトディー団のメンバー。ペトロザヴォツクに流刑。サンクトペテルブルクに帰ってから『オスノーヴァ』刊行に参加。

フヴィリョヴィー、ミコラ Khvylovy, Mykola（1893-1933） *151-152, 189, 371* 本名フィティリョフ、ミコラ。作家、詩人、政治評論家。1917 年ウクライナ・エスエル党入党。1919 年ウクライナ共産党（ボリシェヴィキ）入党。1920 年代の「民族の再生」の時期のウクライナ文学の旗手。「モスクワから離れよ！」というスローガンを掲げ、ウクライナ文化の発展はロシア文化からの離脱にあると主張し、スターリンの批判を浴びた。1933 年 5 月ハリコフの自宅で自殺。1991 年キエフで 2 巻本の選集が刊行された。

プーシキン、アレクサンドル Pushkin, Aleksandr（1799-1837）*105-106, 110, 113, 155, 158, 173, 182, 185, 254* ロシアの詩人、作家。1829 年に詩『ポルタヴァ』を執筆。

ブジノフスキー、ヴャチェスラフ Budzynovs'kyi Vyacheslav（1868-1935） *260-261, 288* ガリツィアのバヴォリフ村生まれ。政治家、作家、ジャーナリスト。ウィーン大学卒業。ウクライナ・ラディカル党創設メンバー。民族民主党の創設に加わる。オーストリア議会議員。

プチルカ、オレーナ Pchilka, Olena（1849-1930） *252* 本名オルハ・コサチ Olha Kosach。作家、詩人、翻訳家、民俗誌学者。ドラホマノフの妹。作家のレーシャ・ウクラインカの母。

ブチンスキー、メリトン Buchynsky, Meliton（1847-1903） *225* ガリツィアのクリヴェ村生まれ。リヴィウ大学、ウィーン大学卒業。法律家。フォークロア研究家。ウィーンのウクライナ人学生団体「シーチ」のメンバー。

フナチューク、ヴォロディーミル Hnatiuk, Volodymyr（1871-1926）*286,*

291　作家、民族誌学者。ガリツィアのヴェレスニフ生まれ。リヴィウ大学卒業。カルパティア地方の民族、特にレムコとそのフォークロアの研究者。

フメリニツキー、ボフダン Khmelnytsky, Bohdan（1595?-1657）*30–34, 36, 63, 65, 66, 83, 101, 102, 107, 112–113, 115, 155, 168, 179, 180, 217, 301, 303, 306, 316–318, 358–359*　ヘトマン。在位 1648 ～ 1657 年。ポーランド＝リトアニア共和国に対するコサックの反乱の指導者。1654 年、モスクワのツァーリ、アレクセイ・ミハイロヴィチとの間にペレヤスラフ協定を結ぶ。

フメリニツキー、ユーリー Khmel'nyts'kyj, Yurij（1641-1681 頃）*36, 52, 112*　ウクライナのヘトマン。ボフダンの息子。キエフ・モヒラ・アカデミーの卒業生。

フラク、ミコラ Hulk, Mykola（1822-1899）*133–136, 138, 162*　学者、教育者。ドルパト（タルトゥ）大学卒業。キリル－メトディー団メンバー。ペルムに流刑。釈放後、南ウクライナとカフカスで教職に就く。

フラビャンカ、フリホリイ Hrab'yanka, Hryhorii（1670 年代初め -1738）*51, 52*　コサック年代記の著者。キエフ・モヒラ・アカデミーの卒業生。ボフダン・フメリニツキーについての著書で有名。

フラボフスキー、パヴロ Hrabovsky, Pavlo（1864-1902）*282*　詩人、翻訳家、革命家。ハリコフ県生まれ。ハリコフ神学セミナー放校処分。1886 年シベリア流刑。『ゾリャー』、『ナロード』、『生活と言葉』などの雑誌に多くの作品を寄稿。

フランコ、アンドリイ Franko, Andrii（1887-1913）*278, 291*　ウクライナの文献学者、人類学者。イヴァン・フランコの長男。

フランコ、タラス Franko, Taras（1889-1971）*291*　文献学者、作家、翻訳家。リヴィウ大学で教える。イヴァン・フランコの息子。

フランコ、ハンナ Franko, Hanna（1892-1988）*291, 292*　イヴァン・フランコの娘。結婚してハンナ・クリュチコ Hanna Klyuchko。

フランコ、ペトロ Franko, Petro（1890-1941）*291*　教育者、作家、軍人、政治家。リヴィウ工科大学卒業。1940 年ウクライナ最高会議議員。イヴァン・フランコの息子。

フランコ、ヤキフ Franko, Yakiv（1802-1863）*269*　イヴァン・フラン

コの父。鍛冶屋。

フリツァク、ヤロスラフ Hrytsak, Yaroslav（1960-） *276, 283, 359, 380* ウクライナ・カトリック大学教授。リヴィウ大学歴史研究所所長。現代ウクライナを代表する歴史家。Prorok u svoij vitchyzni, Franko ta joho spil'nota (Kyiv, 2006) はフランコの半生を描いた研究書。

プリツァク、オメリャン　Pritsak, Omelyan（1919-2006）*58, 378* ハーヴァード大学ウクライナ研究所の創設者で初代所長。『ルーシの起源』Origin of Rus' の著者。

フリホロヴィチ-バルスキー、イヴァン Hryhorovych–Bars'kyj, Ivan（1713-1791） *42* 建築家。1720年代半ばから1730年代初めにキエフ・モヒラ・アカデミーで学ぶ。

ブリュホヴェツキー、イヴァン Bryukhovets'kyj, Ivan（1623頃-1668） *35, 36* 左岸ウクライナのヘトマン。ヘトマン在位1663～1668年。ユーリー・フメリニツキーとともにキエフ・モヒラ・アカデミーに学ぶ。

ブリューロフ、カール Briullov, Karl（1799-1852） *120* 画家。サンクトペテルブルク美術アカデミー教授。シェフチェンコの農奴身分からの解放に尽力。シェフチェンコの教師で友人。

フリンチェンコ、ボリス Hrinchenko, Borys（1863-1910） *286* ウクライナの散文作家、言語学者、民族誌学者、歴史家。ハリコフのヴィルホヴィイ・ヤール生まれ。最初のウクライナ語辞書 Slovar ukrains'koi movy. (4vols., 1907–1909) の編纂者。

フルシェフスカ、カテリーナ Hrushevska, Katerina（1900-1943）*374, 376* 民族誌学者、社会学者。ウクライナの歴史歌謡、フォークロアの研究者。ウクライナ学術アカデミー文学研究所の研究員。ミハイロ・フルシェフスキーの娘。『ウクライナ - ルーシの歴史』出版に尽力。1938年逮捕、ノガイスクに流刑。1948年ロシア極東の Temlaz で死亡。

フルシェフスカ、マリア Hrushevska, Maria（1868-1948）*368, 374, 375, 376* 旧姓ヴォヤキフスカ。ミハイロ・フルシェフスキーの妻。リヴィウの教員セミナール卒業。翻訳家。1896年結婚。1900年娘カテリーナ誕生。

フルシェフスキー、オレクサンデル Hrushevsky, Oleksander（1877-1943） *376* 歴史家。カザフスタン生まれ。ミハイロ・フルシェフスキーの弟。

ヴォロディーミル・アントーノヴィチの下で学びキエフ大学卒業。オデッサ大学、キエフ大学で私講師。オデッサ大学で初めてウクライナ語で講義をした人物。1918年キエフ大学教授。1938年逮捕されカザフスタンへ5年の流刑。

プルショー、エドモン Pourchot, Edmond（1651-1734） *48* パリ大学教授。アリストテレス主義からデカルト主義への転換を提唱。

プレテネツキー、エリセイ Pletenets'kyj, Elysej（1554?-1624） *23* キエフ洞窟修道院長。キエフ友愛団学校の共同創始者。

プレハノフ、ゲオルギー Plekhanov, Georgij（1856-1918） *245–246, 249, 286* ロシアの社会主義者。

フレビンカ、エフヘン Hrebinka, Yevhen（1812-1848） *105* ウクライナの作家、詩人。タラス・シェフチェンコの友人。

プロコポヴィチ、テオファン Prokopovych, Teofan（1681-1736） *30, 37, 38–40, 42, 43, 46–47, 49–50, 54, 379* 哲学者、教育者、作家。キエフ・モヒラ・アカデミー学長。1716年ピョートル1世に呼ばれペテルブルクに行き、学術アカデミーの創設に参加する。

ブロニツキー、ヤキフ Blonyts'kyj, Yakiv（1711-1774） *44* 言語学者、翻訳家、教育者。1724年から1729年キエフ・モヒラ・アカデミーで学ぶ。辞書編纂者。

プロヒー、セルヒイ Prokhy, Serhii（1957-） *115, 116, 376* ウクライナ史家。ロシアのニージニー・ノヴゴロド生まれ。ザポリージャ（ロシア語でザポロージエ）育ち。ドニプロペトロスク大学とロシア人民友好大学で学ぶ。ドニプロペトロフスク大学で教鞭を取った後、キエフ大学で教授資格を取得。カナダのアルバータ大学を経てハーヴァード大学ウクライナ研究所教授。2013年から所長。

ベズボロヂコ、オレクサンデル Bezborod'ko, Oleksander（1747-1799） ロシア名：ベズボロトコ、アレクサンドル Bezborodko, Aleksandr *50, 55–56, 114* 外交官、セナート（上院）議員。ロシア帝国宰相。フルヒフ出身。キエフ・モヒラ・アカデミー卒業。ウクライナ総督。妻はバレリーナのオレクシヤ・カラテヒナ。

ペタ Peta（生没年不詳） *277* バイダル Baidar。モンゴル軍の武将。チャガタイ汗の第6子。

ペトリジツキー、イヴァン Petryzhytskyj, Ivan（?-1632）*28*　キエフ顕現友愛団コレギウムの後援者。1631年ザポロージエ・コサックのヘトマンに選出される。クリミア・タタールおよびトルコとの戦争を指揮。

ペトリューラ、シモン Petliura, Symon（1879-1926）*311, 341, 363, 368-369*　ウクライナの政治家、軍人。中央ラーダの軍事書記。ディレクトーリア政府の議長。ポルタヴァ生まれ。革命前は文学評論家、ジャーナリスト。ポルタヴァ正教セミナリー卒業。1924年パリに亡命。1926年パリでショロム・シュヴァルツヴァルドにより暗殺された。

ベリンスキー、ヴィッサリオン Belinsky, Vissarion（1811-1848）*122-125, 138-139*　ロシアの文芸評論家。

ベリンダ、パムヴォ Berynda, Pamvo（1555/60-1632）*46*　言語学者、作家、翻訳家、印刷者、教育者。キエフ洞窟修道院印刷所で活動。教会スラヴ語-ウクライナ語の辞書 Leksykon slavenorosskyj i imen tl'kovanie を1627年に印刷所から刊行。

ヘルツル、テオドール Herzl, Theodor（1860-1904）290　ハンガリーのペシュト生まれ。ウィーン大学卒業。シオニズム運動の指導者。

ベルンシュタイン、エドゥアルト Bernstein, Eduard（1850-1932）*227*　ドイツの社会民主主義者。チューリヒ、ロンドン等で亡命生活。

ベレゾフスキー、マクシム Berezovs'kyj, Maksym（1745-1777）*42*　作曲家、歌手。キエフ・モヒラ・アカデミーの卒業生。

ポゴージン、アレクサンドル Pogodin, Alexsandr（1872-1947）*354*　ロシアの歴史家、スラヴ言語学者。サンクトペテルブルク大学卒業。ワルシャワ大学、ハリコフ大学、ベオグラード大学教授。

ポシャーダ、イヴァン Posyada, Ivan（1823-1894）*133, 136*　教育者。キリル-メトディー団メンバー。キエフ大学卒業。カザンに流刑。

ボジャンスキー、オシプ Bodyansky, Osip（1808-1877）*109, 111, 113*　現チェルニヒフ州出身。スラヴィスト。モスクワ大学教授。ロシア帝国アカデミー会員。『イストーリア・ルーソフ』をモスクワ大学の雑誌に初めて掲載した。ウクライナ語、ウクライナ・フォークロアの研究者。シェフチェンコの友人。

ホトキェヴィチ、フリホリイ Khodkevych, Hryhorii（1513?-1572）*20*　ポーランドの政治家、ヘトマン。

ポトツキ、ヴァツワフ Potocki, Waclaw（1621-1696）
ポーランドの貴族、詩人。最も重要なポーランドのバロック芸術家の一人。

ポドリンスキー、セルヒイ Podolynsky, Serhiy（1850-1891） *218, 224–228, 258, 379* ウクライナの社会主義者、医者。キエフ大学卒業。エコロジー経済学の先駆者。「社会主義とダーウィンの理論」（1880 年）の著者。

ポポフスキー、イノケンティイ Popovs'kyj, Inokentij（?-?） *48* キエフ・モヒラ・アカデミー学長。

ボルシチャク、イリコ Borshchak, Il'ko（1894-1959） *93, 94–95, 96–98*
ウクライナの歴史家、ジャーナリスト、政治家。現モルドヴァ出身。キエフ大学およびノヴォロシア大学で学ぶ。1920 年からパリ在住。

ホルジンスカ（フランコ）、オルハ Khoruzhynska, Olha（1864?-?） *278, 281* イヴァン・フランコの妻。1886 年結婚。

ホルディエンコ、コスティアンティン Hordienko, Kostiantyn（コスチ Kost'）（?-1733）*52, 64, 78* ザポロージエ軍団のコショヴィイ（チーフ、主）・アタマン（オタマン）。

ホルボヴィチ、フセヴォロド Holubovych, Vsevolod（1885-?） *365*
ポディリァ県出身。ウクライナ・エスエル党幹部。1918 年のブレスト講和交渉におけるウクライナ人民共和国の代表。後に同共和国首相。1931 年ボリシェヴィキ政府に逮捕され、見せ物裁判「ウクライナ民族センター」事件の被告となった。その後の消息は不明。

ボルボチャン、ペトロ Borbochan, Petro（?-?） *311* ウクライナの軍人。1918 年 4 月ドイツ軍と協力してタヴリダ・ソヴェト社会主義共和国を攻撃した。

ボレツキー、イヴァン Boretskyj, Ivan（?-1631） *27* キエフ大主教。キエフ顕現友愛団学校の初代校長。

ポロツキー、シメオン Polotskij, Simeon（1629-1680） *30* 哲学者、作家、教育者。キエフ・モヒラ・アカデミー卒。モスクワに招聘され、ザイコノスパスク修道院を建てる。ツァーリの子弟を教育。モスクワに劇場を建設。

ポロンスカ－ヴァシレンコ、ナタリア Polonska-Vasylenko, Nataliia

（1884-1973） *372* ウクライナの歴史家。キエフ・ルーシ、ザポロージエ・コサックの専門家。キエフ大学卒業。キエフ大学教授。戦後ミュンヘンで暮らす。2巻本の『ウクライナ史』（1973-1976）がある。

ポレティカ、フリホリイ Poletyka, Hryhorii（1723/25-1784） *51, 52–53, 55, 113, 114* 作家、書誌学者、法律家。1737年から1745年キエフ・モヒラ・アカデミーで学ぶ。ロシア帝国法典編纂委員会のメンバー。『イストーリア・ルーソフ』の著者の候補の一人。

マクシモヴィチ、イヴァン Maksymovych, Ivan（1670年代-1732） *37, 78* 翻訳家。辞書学者。書誌学者。モスクワで活動。キエフ・モヒラ・アカデミー卒業。

マクシモヴィチ、ミハイロ Maksymovych, Mykhailo（1804-1873） *105, 107, 111, 113–115, 154, 348, 355* ウクライナの歴史家、生物学者。ポルタヴァ県生まれ。モスクワ大学卒。モスクワ大学教授。1834年キエフ大学初代学長。シェフチェンコ、コストマーロフの友人。1834年『ウクライナ民謡』Ukrainskie narodnye pesni, Moscow, 1834. を刊行。

マサリク、トマーシュ Masaryk, Tomas（1850-1937） *290, 364, 368* チェコスロヴァキア共和国の初代大統領。在任1918～1937年。

マゼッパ、イヴァン Mazepa, Ivan（1639-1709） *20, 30, 37–43, 52, 57, 59, 60, 62, 63–64, 78, 81, 83, 86, 92, 94, 101, 102–103, 105* ウクライナのヘトマン。北方戦争の時、スウェーデンのカール12世と連合し、ロシアのピョートル1世と戦ったが、1709年ポルタヴァの会戦で敗北した。

マテイコ、ヤン Matejko, Jan（1838-1893） *288* ポーランドの画家。

マルケヴィチ、ミコラ Markevych, Mykola（1804-1860） *106* ウクライナの歴史家。民族誌学者。チェルニヒフ県生まれ。『小ロシア史』Istoriia Malorossii, 5 vols, Moscow, 1842–1843. の著者。

マルコヴィチ、オパナス Markovych, Opanas（1822-1867） *133, 136, 157* キリル-メトディー団メンバー。民族誌学者、作曲家。作家のマルコ・ヴォヴチョークの夫。チェルニヒフ生まれ。キエフ大学卒業。オリョールへ流刑。『オスノーヴァ』刊行に参加。

ミツケーヴィチ、アダム Mickiewicz, Adam（1798-1855） *182* ポーランドの詩人。

ミトケヴィチ、イエロニム Mytkevych, Jeronim（?-?） *49* キエフ・モ

ヒラ・アカデミーで学ぶ。同アカデミー学事長。哲学。神学を講義。

ミハリチューク、コスティアンティン Mykhalchuk, Kostiantyn （1841-1914） *206, 250* 言語学者。キエフ大学に学ぶ。キエフ日曜学校で教師をする。キエフ・フロマーダのメンバー。

ミールヌイ、パナス Myrny, Panas（1849-1920） *218* 本名パナス・ルトチェンコ。ウクライナの作家。『悪魔の人々』Lykhi lyudy の著者。1875 年執筆。1877 年ジュネーヴでドラホマノフにより刊行。

ムノホフリシヌイ、デミアン Mnohohrishnyj, Dem'yan（1621-1703） *36, 52* 左岸ウクライナのヘトマン。キエフ・モヒラ・アカデミーの後援者。シベリアに流刑される。

ムラヴィヨフ、ミハイル Muravyov, Mikhail（1880-!918） *366* ロシアの軍人。ロシアの 1918 年キエフ攻撃部隊の指揮官。キエフでウクライナ人に対する無差別の大量テロを行う。1918 年ボリシェヴィキにより銃殺された。

メンシコフ、アレクサンドル Menshikov, Aleksandr（1673-1729） *103* ロシア帝国の軍人、政治家。大元帥。ピョートル 1 世とエカチェリーナ 1 世に仕えた。ポルタヴァの戦いでスウェーデンのカール 12 世とマゼッパのコサック軍を破る。

モヒラ、イェレミア Mohyla, Ieremia（1555 頃 -1606） *17, 18* シメオン・モヒラの弟。モルダヴィア公国の総督。

モヒラ、シメオン Mohyla, Simion（1559?-1607） *17* ペトロ・モヒラの父。モルダヴィア公。

モヒラ、ペトロ Mohyla, Petro（1596-1646） *17-27* キエフ洞窟修道院長。モヒラ神学校（後のアカデミー）の創設者。

モラチェフスキー、ピリプ Morachevskyi, Pylyp（1806-1879） *177, 201-202* 詩人。ハリコフ大学卒業。新約聖書のウクライナ語訳者。出版は死後の 1906 年。

ヤヴォルスキー、ステファン Yavors'kyj, Stefan（1658-1722） *37, 42, 48, 54, 55, 59, 81, 84, 95* 学者。詩人。教育者。キエフ・モヒラ・アカデミーの学部長。リャザンとムーロムの大主教。モスクワでピョートル 1 世の改革を支持。モスクワ・スラヴ・ギリシア・ラテン・アカデミー付属劇場で上演された劇のシナリオを書いた。

ヤギチ、ヴァトロスラフ　Jagic, Vatroslav（1838-1923）　*281*　クロアチア出身のスラヴ学者。ウィーン大学卒業。オデッサ大学、ベルリン大学、サンクトペテルブルク大学を経て、ウィーン大学教授。シェフチェンコ学術協会会員。

ヤシンスキー、バルラアム Yasyns'kyj, Barlaam（?-1707）　*31, 35, 37*　キエフ洞窟修道院長。キエフ・モヒラ・アカデミー学長。著述家。キエフ大主教。

ヤロシェフスキー、ボフダン Yaroshevsky, Bohdan（1869-1914）　*299*　ウクライナの政治家、文筆家。ポーランド化されたウクライナの貴族の出。

ユーゴー、ヴィクトル Hugo, Victor（1802-1885）　*217, 277*　フランスの詩人、小説家。

ユゼフォヴィチ、ミハイル Yuzefovich, Mikhail（1802-1889）*181, 208-210*　ブレスト出身。陸軍少佐。キエフ学区の教育副主事。キエフ考古学委員会代表。ロシア・ナショナリスト派でウクライナ文化やウクライナ語の再興に強く反対していた。エムス法制定の主導者。

ユルケヴィチ、レフ Yurkevych, Lev（1883-1919）　*302*　ウクライナのマルクス主義者。1905年ウクライナ社会民主労働党の創立メンバー。リバルカ Rybalka の偽名で知られる。

ラヴロフ、ピョートル Lavrov, Pyotr（1823-1900）　*217, 225-226, 239, 245*　ロシアの思想家、哲学者、歴史家。ナロードニキの理論家。

ラコフスキー、クリスチアン Rakovsky, Christian（1873-1941）　*369*　ブルガリア生まれのボリシェヴィキ。ウクライナ・ソヴェト政府の首班。トロツキー派。1938年「右翼－トロツキスト裁判」の被告。第二次世界大戦中に銃殺刑。

ラザレフスキー、オレクサンデル Lazarevsky, Oleksander（1834-1902）　*111, 113*　チェルニヒフ県出身。サンクトペテルブルク大学卒業。歴史家、法律家。コサック時代の研究者。

ラディヴィロフスキー、アントニー Radyvylovs'kyj, Antonij（17世紀初め-1688）　*31, 35*　キエフ洞窟修道院長。著述家。キエフ・モヒラ・アカデミーで学ぶ。ラザル・バラノヴィチの教え子。

リチツキー、アンドリイ Richytsky, Andrii（1890-1934）　*374*　ウクライ

ナの政治家。文学評論家。キエフ県生まれ。1917年革命後ウカピスト UKP（非ボリシェヴィキのウクライナ共産党）のリーダー。1925年コミンテルンのウカピスト解散指令を受けてボリシェヴィキ党入党。ウクライナ化政策を推進。1933年批判され、逮捕、銃殺される。

リーゲルマン、ニコライ Rigelman, Nikolai（1817-1888） *209-210*
歴史家。チェルニヒフ県生まれ。キエフ考古学委員会メンバー。保守的なスラヴ主義者。

リマノウスキ、ボレスラフ Limanowski, Boleslaw（1835-1935） *229, 231*
ポーランドの社会主義者。政治家、歴史家、ジャーナリスト。1878年スイスに亡命。社会主義新聞『ロウノスチ（平等）』を発行。

リャシチェフスキー、ヴァルラアム Lyashchevs'kyj, Varlaam（1704頃-1774） *44, 54* 言語学者。モスクワ・スラヴ・ギリシア・ラテン・アカデミーの教授、学長。キエフ・モヒラ・アカデミーで学ぶ。

ルィリスキー、タデイ Rylsky, Tadei（1841-1902） *173-174, 297, 301*
民族誌学者。文化運動家。キエフ大学卒業。『オスノーヴァ』、『キエフスカヤ・スタリナー』誌の寄稿者。フロポマン運動のリーダーの一人。

ルステム、ヤン Rustem, Jan（1762-1835） *118* アルメニア人の肖像画家。ヴィリノ（ヴィリニュス）大学教授。シェフチェンコの絵の先生。

ルバチ、ミハイロ Rubach, Mykhailo（1899-1980） *374*
ウクライナの歴史家。アーキビスト。ポルタヴァ県生まれ。1917年からボリシェヴィキ党組織で活動。1923年からウクライナ共産党（ボリシェヴィキ）の機関誌『レートピシ・レヴォリューツィイ』の編集長。

レヴィツキー、エフヘン Levyts'kyi, Evhen（1870-1925） *260, 288*
ウクライナの政治家。テルノピリ地方のカチャニフカ村生まれ。リヴィウ大学で学び、ウィーン大学で博士号。弁護士。ウクライナ民族民主党創立のメンバー。オーストリア議会の議員。

レヴィツキー、イラリオン Levyts'kyj, Ilarion（?-1731） *49* キエフ・モヒラ・アカデミー学長。同アカデミーで学ぶ。哲学を講義。

レヴィツキー、コスチ Levyts'kyi, Kost'（1859-1941） *288* ガリツィアの法律家、政治家。ティスメニツィア生まれ。1899年からシェフチェンコ学術協会会員。1907年オーストリア議会議員。1902年民族民主党の代表。ウクライナ民族民主連合幹部。

レシチンスキ、スタニスワフ Leszczynski, Stanislaw I（1677-1766）
83-86 ポーランド国王。在位 1704 ～ 1709 年、1733 ～ 1736 年。

レベジ、ドミトリー Lebed, Dmitry（1893-1937） *151*
1920 年から 1924 年までウクライナ共産党(ボリシェヴィキ)第二書記。

ロクソナラエ Roksonalae（1502-1558）
ロクソラーナ Roksolana。オスマン帝国スレイマン 1 世の皇后。ウクライナのロハティン出身と伝えられる。

ロシュケヴィチ、オリハ Roshkevych, Olha（1857-1935） *271* イヴァン・フランコの初恋の人。

ロズモフスキー、キリロ Rozumovs'kyj, Kyrylo（1724/28-1803） *51, 103*
ヘトマン国家最後のヘトマン。ドイツ、イタリア、フランスの高等教育機関で学ぶ。1745 年から 1765 年、ロシア学術アカデミー総裁。

ロマネンコ、ゲラシム Romanenko, Gerasim（1855-1928） *240*
ゲラシム・タルノフスキーとしても知られている。

ローマン Roman Mstyslavych（1160 年以降 - 1205） *356* ムスチスラフの息子。ガリツィア・ヴォルイニ公国の公。ダニイロの父。

ロマンチューク、ユリアン Romanchuk, Yuliian（1842-1932） *288, 354*
ガリツィアの政治家、学者。リヴィウ大学卒業。シェフチェンコ学術協会会員。民族民主党創設者の一人。

ロリス－メリコフ、ミハイル Loris–Melikov, Mikhail（1824-1888） *250*
ロシアの政治家。内務大臣。伯爵。アルメニア出身。本名はミカエル・ロリス－メリキァン。